■2025年度中学受験用

京華中学校

4年間スーパー過去問

●収録内容一覧

入試問題と解説・解答の収録内容

2024年度　１回午前	算数・社会・理科・国語	実物解答用紙DL
2024年度　１回午後	算数・社会・理科・国語 （解答のみ）	実物解答用紙DL
2023年度　１回午前	算数・社会・理科・国語	実物解答用紙DL
2023年度 １回午前・適性検査型	適性検査Ⅰ・適性検査Ⅱ・適性検査Ⅲ （解答のみ）	実物解答用紙DL
2022年度　１回午前	算数・社会・理科・国語	実物解答用紙DL
2022年度 １回午前・適性検査型	適性検査Ⅰ・適性検査Ⅱ・適性検査Ⅲ （解答のみ）	実物解答用紙DL
2021年度　１回午前	算数・社会・理科・国語	
2021年度 １回午前・適性検査型	適性検査Ⅰ・適性検査Ⅱ・適性検査Ⅲ （解答のみ）	

～本書ご利用上の注意～　以下の点について，あらかじめご了承ください。

★**別冊解答用紙は巻末にございます。実物解答用紙は，弊社サイトの各校商品情報ページより，一部または全部をダウンロードできます。**

★編集の都合上，学校実施のすべての試験を掲載していない場合がございます。

★当問題集のバックナンバーは，弊社には在庫がございません（ネット書店などに一部在庫あり）。

JN048724

合格を勝ち取るための『スーパー過去問』の使い方

本書に掲載されている過去問をご覧になって，「難しそう」と感じたかもしれません。でも，多くの受験生が同じように感じているはずです。なぜなら，中学入試で出題される問題は，小学校で習う内容よりも高度なものが多く，たくさんの知識や解き方のコツを身につけることも必要だからです。ですから，初めて本書に取り組むさいには，点数を気にしすぎないようにしましょう。本番でしっかり点数を取れることが大事なのです。

過去問で重要なのは「まちがえること」です。自分の弱点を知るために，過去問に取り組むのです。当然，まちがえた問題をそのままにしておいては意味がありません。

本書には，長年にわたって中学入試にたずさわっているスタッフによるていねいな解説がついています。まちがえた問題はしっかりと解説を読み，できるようになるまで何度も解き直しをしてください。理解できていないと感じた分野については，参考書や資料集などを活用し，改めて整理しておきましょう。

このページも参考にしてみましょう！

◆どの年度から解こうかな　「入試問題と解説・解答の収録内容一覧」

本書のはじめには収録内容が掲載されていますので，収録年度や収録されている入試回などを確認できます。

※著作権上の都合によって掲載できない問題が収録されている場合は，最新年度の問題の前に，ピンク色の紙を差しこんでご案内しています。

◆学校の情報を知ろう!!「学校紹介ページ」

このページのあとに，各学校の基本情報などを掲載しています。問題を解くのに疲れたら息ぬきに読んで，志望校合格への気持ちを新たにし，再び過去問に挑戦してみるのもよいでしょう。なお，最新の情報につきましては，学校のホームページなどでご確認ください。

◆入試に向けてどんな対策をしよう？「出題傾向＆対策」

「学校紹介ページ」に続いて，「出題傾向＆対策」ページがあります。過去にどのような分野の問題が出題され，どのように対策すればよいかをアドバイスしていますので，参考にしてください。

◇別冊「入試問題解答用紙編」

本書の巻末には，ぬき取って使える別冊の解答用紙が収録してあります。解答用紙が非公表の場合などを除き，(注) が記載されたページの指定倍率にしたがって拡大コピーをとれば，実際の入試問題とほぼ同じ解答欄の大きさで，何度でも過去問に取り組むことができます。このように，入試本番に近い条件で練習できるのも，本書の強みです。また，データが公表されている学校は別冊の１ページ目に過去の「入試結果表」を掲載しています。合格に必要な得点の目安として活用してください。

本書がみなさんの志望校合格の助けとなることを，心より願っています。

株式会社　声の教育社　編集部

京華中学校

所在地 〒112-8612 東京都文京区白山5-6-6
電　話 03-3946-4451
ホームページ https://www.keika.ed.jp/
交通案内 都営三田線「白山駅」 A1出口より徒歩3分，東京メトロ南北線「本駒込駅」1番出口より徒歩8分，東京メトロ千代田線「千駄木駅」団子坂出口より徒歩18分

くわしい情報はホームページへ

トピックス
★入学時より中高一貫クラスと特別選抜クラスに分かれる。
★京華祭（文化祭）は京華商業高・京華女子中高と合同開催。

創立年 明治30年｜男子校｜高校募集あり

▌応募状況

年度	募集数			応募数	受験数	合格数	倍率
2024	①	一貫	30名	187名	138名	66名	2.1倍
		適性特選	10名	17名	17名	8名	2.1倍
		特選(AM)	50名	24名	14名	5名	2.8倍
		特選(PM)		223名	188名	87名	2.2倍
	②	一貫	25名	388名	247名	115名	2.1倍
		特選	25名	103名	43名	20名	2.2倍
	③	一貫	15名	366名	156名	72名	2.2倍
		特選	15名	99名	30名	17名	1.8倍

※①適性特選は，ほかに４名が一貫で合格。

▌入試情報（参考：昨年度）

中高一貫入試
第１回…2024年２月１日午前
第２回…2024年２月２日午後
第３回…2024年２月３日午前
〔試験科目〕２科（国算）または４科（国算理社）

特別選抜入試
第１回…2024年２月１日午前／午後
適性検査型…2024年２月１日午前
第２回…2024年２月２日午後
第３回…2024年２月３日午前
〔試験科目〕第１回～第３回：４科（国算理社）
※第１回午後は２科（英国または英算）も選択可
適性検査型：適性検査Ⅰ型～Ⅲ型

▌2024年度学校説明会等日程（※予定）

オープンキャンパス【要予約】
６月29日　10:00～12:00／14:30～16:00
ナイト説明会【要予約】
６月14日／11月８日／12月６日
各回とも18:30～19:30
KEIKAフェスタ【要予約】
９月15日　10:00～15:30
説明会【要予約】
10月13日　10:30～12:00
11月４日　14:00～15:30
11月24日　14:00～15:30
12月15日　10:30～12:00
（適性検査型入試説明会）
12月15日　14:30～16:00
１月12日　９:00～11:00
個別相談会【要予約】
12月15日　10:30～12:00
１月12日　９:00～12:00

▌2024年春の主な大学合格実績

＜国公立大学＞
千葉大，電気通信大，宇都宮大，鹿児島大，高崎経済大
＜私立大学＞
早稲田大，上智大，東京理科大，明治大，青山学院大，立教大，中央大，法政大，成蹊大，成城大，明治学院大，武蔵大，國學院大，獨協大，芝浦工業大，東京都市大，東京電機大

編集部注―本書の内容は2024年5月現在のものであり，変更されている場合があります。正確な情報は，学校のホームページ等で必ずご確認ください。

算数 出題傾向＆対策

◆基本データ（2024年度１回午前）

試験時間／満点	50分／100点
問題構成	・大問数…７題 計算１題（３問）／応用小問２題（12問）／応用問題４題 ・小問数…25問
解答形式	すべて解答のみを記入する形式になっている。必要な単位などは解答用紙にあらかじめ印刷されている。
実際の問題用紙	Ａ４サイズ，小冊子形式
実際の解答用紙	Ａ４サイズ

◆出題傾向と内容

▶過去３年の出題率トップ３
１位：四則計算・逆算21％　２位：角度・面積・長さ12％　３位：速さ６％
▶今年の出題率トップ３
１位：四則計算・逆算12％　２位：角度・面積・長さ，旅人算10％

基本問題が多いですが，最近は思考力を必要とする問題も増えています。また，大問数が多く，出題範囲もはば広くなっています。ただし，複数単元の融合問題はあまり出題されていません。

計算問題は，四則計算や逆算が中心で，複雑なものはほとんどありません。応用問題では，思考力を必要とする問題がよく出題されます。図形問題では，面積や体積を求めるものが必出となっています。また，グラフを用いた旅人算などの特殊算もよく出されています。

◆対策～合格点を取るには？～

全体的に見て素直な出題が多いので，問題集や参考書でひととおりの単元の基礎的な事項をしっかりと消化しておくことが大切です。

計算問題は，標準的な内容なのでミスをすると合否に大きくかかわります。正確ですばやい計算力を毎日の計算練習できたえましょう。

図形の分野では，面積や体積の公式をしっかり覚えましょう。

グラフでは，速さに関連するものや，水の量の変化に関する問題を練習しておきましょう。特殊算については，「○○算」というものの基本を学習してください。

分野	年度	2024 1前	2024 1後	2023	2022	2021
計算	四則計算・逆算	●	●	●	●	●
	計算のくふう			○		
	単位の計算			○		○
和と差	和差算・分配算		○			○
	消去算					○
	つるかめ算	○			○	
	平均とのべ		○	○	○	
	過不足算・差集め算				○	
	集まり			○	○	○
	年齢算	○				
割合と比	割合と比	○			○	○
	正比例と反比例					
	還元算・相当算	○	○			○
	比の性質				○	
	倍数算					
	売買損益	○	○	○		○
	濃度	○		○	○	
	仕事算	○	◎		○	
	ニュートン算					
速さ	速さ		○	○	○	◎
	旅人算	◎	●	○		
	通過算					
	流水算					
	時計算					
	速さと比	○				
図形	角度・面積・長さ	◎	●	◎	◎	●
	辺の比と面積の比・相似	○	◎		◎	
	体積・表面積		●	◎	○	
	水の深さと体積	●				
	展開図				○	
	構成・分割	○				○
	図形・点の移動		○			
表とグラフ		◎			○	○
数の性質	約数と倍数	○	○	○		○
	N進数					
	約束記号・文字式					
	整数・小数・分数の性質				○	○
規則性	植木算		○	○		
	周期算					
	数列					○
	方陣算					
	図形と規則					
場合の数			○	○		
調べ・推理・条件の整理		◎			○	○
その他						

※　○印はその分野の問題が１題，◎印は２題，●印は３題以上出題されたことをしめします。

社会 出題傾向&対策

◆基本データ(2024年度1回午前)

試験時間／満点	理科と合わせて50分／50点
問題構成	・大問数…2題 ・小問数…20問
解答形式	大半が記号選択と適語の記入(漢字指定もあり)だが，記述問題が出されるもある。
実際の問題用紙	B4サイズ
実際の解答用紙	B4サイズ

◆出題傾向と内容

大問2問構成のため，長文のテーマは地理・歴史・公民のいずれかに重点が置かれるものの，複数分野にわたる形で総合的に出題されています。出題比率は比較的歴史が高いといえます。

●地理…長文のテーマになった場合は，単元をしぼって出題されることが多く，地形や気候から農林水産業への展開がよく見られます。グラフや表を使った問題は必ず出題されます。また，世界遺産もよく出題される単元です。

●歴史…一つのテーマに基づいて全時代を網羅する形の大問が多いといえます。今年度は紙幣の肖像画となった人物がテーマで，公民との総合問題の形式での出題でした。写真や図版を扱った問題も多く見られます。語句記述の問題は，人物名を中心に漢字指定がされることが多いため，注意が必要です。

●政治…出題割合は比較的低いものの，憲法や国会・内閣・裁判所などの基本的な事項とともに，国際関係や時事問題も出題されることが多いです。

分野＼年度			2024		2023	2022	2021
			1前	1後			
日本の地理		地図の見方					
		国土・自然・気候	○	○		○	○
		資源					
		農林水産業		○	○	○	○
		工業		○			○
		交通・通信・貿易			○		
		人口・生活・文化	○				
		各地方の特色					
		地理総合				○	
世界の地理			○	○			
日本の歴史	時代	原始～古代	○	○	○	○	○
		中世～近世	○	★	○	○	★
		近代～現代	○	○		○	
	テーマ	政治・法律史					
		産業・経済史					
		文化・宗教史					
		外交・戦争史					○
		歴史総合			★	○	
世界の歴史							
政治		憲法				○	
		国会・内閣・裁判所				○	
		地方自治					
		経済	○	○	○		
		生活と福祉	○				
		国際関係・国際政治	○		○		
		政治総合				★	
環境問題							
時事問題			○	○		○	○
世界遺産			○				○
複数分野総合			★	★	★	★	★

※　原始～古代…平安時代以前，中世～近世…鎌倉時代～江戸時代，近代～現代…明治時代以降

※　★印は大問の中心となる分野をしめします。

◆対策～合格点を取るには？～

基本的な内容を問うものがほとんどですから，まず基礎を固めることを心がけてください。小問数が少ない分，不得意な単元をつくらないことが大切です。漢字指定の語句記述対策として，普段から答えを漢字で書くように心がけましょう。

地理分野では，地形と気候をまとめ，そこから産業のようすへと広げていってください。なお，世界地理は，日本とかかわりの深い国については，自分で参考書などを使ってまとめておきましょう。

歴史分野では，教科書や参考書を読むだけでなく，自分で年表をつくって覚えると学習効果が上がります。それぞれの分野ごとに記入らんをつくり，重要なことがらを書きこんでいくのです。できあがった年表は，各時代，各分野のまとめに活用できます。

政治分野では，日本国憲法の基本的な内容，特に政治のしくみが憲法でどのように定められているかを中心に勉強してください。また，国連のしくみや日本と世界とのかかわりについても基本的な内容は頭に入れておきましょう。なお，時事問題をテーマにした長文が出題されることも多いので，中学受験用の時事問題集にも目を通しておきましょう。

理科　出題傾向＆対策

◆基本データ（2024年度１回午前）

試験時間／満点	社会と合わせて50分／50点
問題構成	・大問数…４題 ・小問数…23問
解答形式	記号選択が大半をしめる。ほかに，用語の記入，計算問題なども見られる。
実際の問題用紙	Ｂ４サイズ
実際の解答用紙	Ｂ４サイズ

分野＼年度		2024		2023	2022	2021
		1前	1後			
生命	植物					
	動物					★
	人体		★		★	
	生物と環境					
	季節と生物					
	生命総合	★				
物質	物質のすがた					
	気体の性質	○			○	
	水溶液の性質					
	ものの溶け方		★	★		★
	金属の性質				★	
	ものの燃え方	★				
	物質総合					
エネルギー	てこ・滑車・輪軸				★	
	ばねののび方	★				
	ふりこ・物体の運動					
	浮力と密度・圧力		★			
	光の進み方					
	ものの温まり方					
	音の伝わり方					
	電気回路			★		★
	磁石・電磁石					
	エネルギー総合					
地球	地球・月・太陽系		★			
	星と星座					★
	風・雲と天候				★	
	気温・地温・湿度				○	
	流水のはたらき・地層と岩石	★		★		
	火山・地震					
	地球総合					
実験器具			○	★		
観察						
環境問題						
時事問題						
複数分野総合						

※　★印は大問の中心となる分野をしめします。

◆出題傾向と内容

●**生命**…植物や細菌の利用，植物のつくり，ヒトのからだのつくりなどはば広く取り上げられています。また，顕微鏡の使い方なども出題されています。

●**物質**…金属と水溶液の反応，ものの溶け方，水溶液の性質，気体の発生と性質，金属の性質などが，実験にそったかたちで出されています。特に，気体・水溶液の性質を好んで取り上げる傾向にあるようです。

●**エネルギー**…ばねののび，てこのつり合い，浮力など，力のつり合いがさまざまな角度から出題されています。本校を複数回受験したら一度は見かけるほどですから，じゅうぶんな対策が欠かせません。このほかでは，ふりこ，電磁石，圧力，熱の伝わり方，電気回路などが過去に出題されています。

●**地球**…星の動き，流水のはたらき，太陽の動き，気温，月の満ち欠けなどはば広い知識を問うもののほか，天気や，岩石と地層などが取り上げられています。

◆対策～合格点を取るには？～

本校の理科は実験・観察をもとにした基本的な問題が大部分なので，細かい知識を覚えるよりも，教科書・参考書の基本的な内容をしっかり身につけることや，資料（グラフや表，実験や観察の結果）をもとにして考える訓練を積んでおくことが大切です。そのために，次のことを実行してみるとよいでしょう。①教科書や標準的な受験参考書を中心とした学習をする。難問はさけて基本的なことがらの理解に努めること。グラフや表の読みとり方に慣れるだけでなく，その意味やそこからわかることなども確認しておく。②学校で行う実験や観察には積極的に参加し，目的，方法，経過，結果，実験器具の使用方法などをノートに整理する。わからないことがあれば，図鑑などで調べる。③科学ニュースにも目を向ける。新聞や雑誌の記事，テレビのニュース番組や科学番組などをできるだけ関心を持って見るようにして，はば広い知識を身につける。また，日ごろから身近な現象に目を向ける。④ある程度の理解が得られたら，標準的でよくまとまったうすめの問題集で確認する。⑤「物質」「エネルギー」からは，濃度や力のつり合いなどの計算問題が出されやすいので，計算ミスをしないように日ごろからよく練習しておく。

国語 出題傾向＆対策

◆基本データ(2024年度１回午前)

試験時間／満点	50分／100点
問題構成	・大問数…４題 文章読解題２題／知識問題２題 ・小問数…25問
解答形式	記号選択と書きぬきが多いが，50字程度の記述問題も出題されている。
実際の問題用紙	Ｂ５サイズ，小冊子形式
実際の解答用紙	Ｂ４サイズ

◆出題傾向と内容

▶近年の出典情報(著者名)
説明文：稲垣栄洋　市橋伯一　鴻上尚史
小　説：椰月美智子　如月かずさ　佐藤いつ子

●読解問題…説明文と小説・物語が１題ずつ出題されることが多いです。どちらも，小学六年生がじゅうぶんに読みこなせるレベルのものといえます。説明文では，指示語・接続語をふくめた文脈をとらえる問題，文章の展開をとらえて細部を読み取る問題や文章構成を問うものが出題されています。小説・物語では，場面，登場人物の心情や言動の理由などを読み取るものが出されています。

●知識問題…漢字の書き取りと読みは，毎年出題されています。取り上げられている漢字は，ほとんどが小学校で学習する範囲で，難解なものはありません。読解文中に出てくる慣用句や四字熟語などは，文脈から意味を読み取れるものがほとんどです。

◆対策～合格点を取るには？～

試験問題で正しい答えを出せるようにするためには，多くの読解題にあたり，出題内容や形式に慣れることが大切です。問題集に取り組むさいは，指示語の内容や接続語，文章の展開に注意すること。答え合わせをした後は，漢字やことばの意味を辞書で調べ，正解した設問でも解説をしっかり読んで解答の道すじを明らかにしておきましょう。

知識分野については，慣用句やことわざ，ことばのきまりなどを分野ごとに覚えておくのが効果的です。ただし，漢字については，決まった量を毎日少しずつ練習することが大切です。

分野		年度	2024 1前	2024 1後	2023	2022	2021
読解	文章の種類	説明文・論説文	★	★	★	★	★
		小説・物語・伝記	★	★	★	★	★
		随筆・紀行・日記					
		会話・戯曲					
		詩					
		短歌・俳句					
	内容の分類	主題・要旨	○	○	○	○	○
		内容理解	○	○	○	○	○
		文脈・段落構成					
		指示語・接続語	○	○	○	○	○
		その他	○	○	○	○	○
知識	漢字	漢字の読み	★	★	★	★	★
		漢字の書き取り	★	★	★	★	★
		部首・画数・筆順					
	語句	語句の意味					
		かなづかい					
		熟語					
		慣用句・ことわざ					
	文法	文の組み立て					
		品詞・用法					
		敬語					
	形式・技法						○
	文学作品の知識						
	その他						
	知識総合						
表現	作文						
	短文記述						
	その他						
放送問題							

※　★印は大問の中心となる分野をしめします。

2024年度　京華中学校

【算　数】〈**第１回午前試験**〉（50分）〈満点：100点〉

注意　１．答えが分数になるときは，**それ以上約分できない形**にしなさい。
　　　２．必要であれば，円周率は3.14として計算しなさい。
　　　３．コンパス，分度器，定規，計算機は使用できません。

1　次の□の中にあてはまる数を求めなさい。

(1)　$4\times(35-24\div8)-13\times8=\square$

(2)　$(35.6+26.8)\div0.32\times0.4=\square$

(3)　$(0.5-\square)\times\frac{3}{4}\div0.25+2\frac{1}{6}=2\frac{2}{3}$

2　次の問いに答えなさい。

(1)　１から100までの整数の中に，４でも６でも割り切れる数は全部で何個ありますか。

(2)　袋の中に米が入っています。この袋の中の米の $\frac{7}{15}$ をＡさんに，$\frac{3}{10}$ をＢさんにそれぞれ渡したところ，袋の中には3.5kg の米が残りました。はじめに袋に入っていた米は何kg ですか。

(3)　現在，３人兄弟のＡさん，Ｂさん，Ｃさんの年齢《れい》の合計は14歳《さい》で，お母さんの年齢は38歳です。お母さんの年齢が３人兄弟の年齢の合計と同じになるのは今から何年後ですか。

(4)　原価800円の品物に３割の利益を見込んで定価をつけましたが，売れなかったので定価の20％引きで売りました。値引き後の売値は何円ですか。

(5)　同じ機械を３台使ってある仕事の $\frac{1}{4}$ を２日で終わらせました。残りをあと３日で，できるだけ少ない台数で仕上げるためには，この機械はあと何台必要ですか。

(6)　15％の食塩水320ｇに水を加えて12％の食塩水を作りました。加えた水は何ｇですか。

(7)　ＡさんとＢさんが持っているビー玉の合計は108個です。ＡさんとＢさんが持っているビー玉の合計とＣさんとＤさんが持っているビー玉の合計の比は６：５です。また，ＡさんはＢさんより２個多く持っていて，ＣさんはＤさんより４個多く持っています。ＡさんとＣさんが持っているビー玉の合計は何個ですか。

(8)　１個380円のショートケーキと１個320円のチーズケーキを合わせて25個買ったときの代金は8600円でした。ショートケーキを何個買いましたか。

3　次の問いに答えなさい。

(1)　下の図１のように，２つの正方形を重ねました。x の角の大きさは何度ですか。

図１

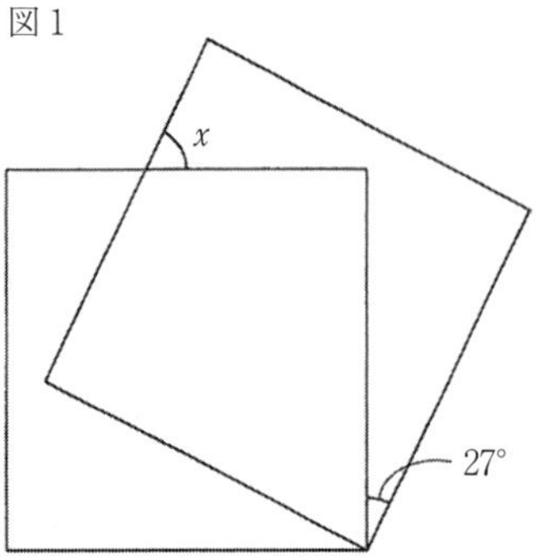

図２

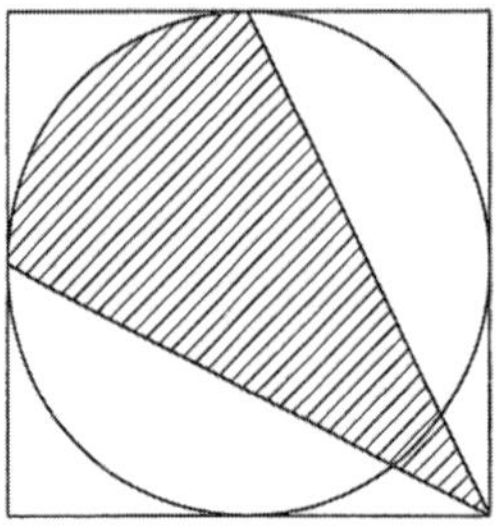

(2)　上の図２のように，１辺８cm の正方形と半径４cm の円と２つの直角三角形を重ねました。このとき， 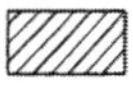 の部分の面積は何 cm^2 ですか。

(3)　下の図３は，縦20cm，横30cm の長方形です。 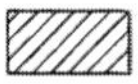 の部分の面積は何 cm^2 ですか。

図３

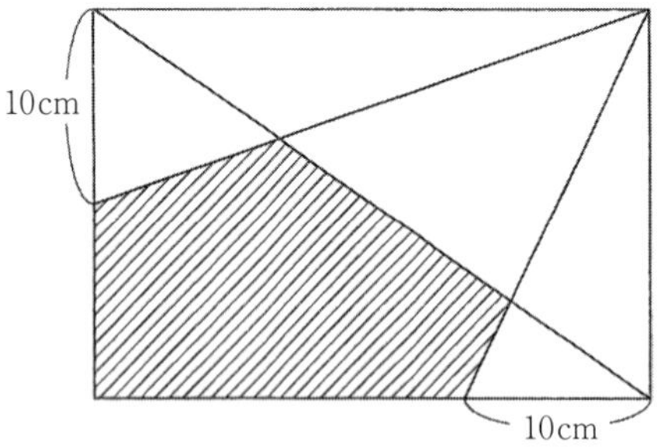

(4)　右の図４のように，同じ大きさの18個の立方体をすきまなく組み合わせた立体があります。この立体の表面全体に色をつけたとき，２つの面だけ色がついている立方体は何個ありますか。

図４

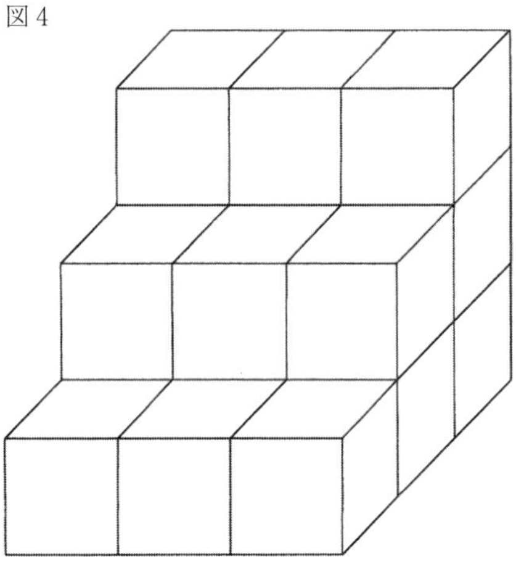

4　あるクラスの生徒50人が算数と国語のテストを受けました。右の表はそのときの50人の得点の結果をまとめたものです。表からは算数が７点，国語が９点の生徒が５人だったことがわかります。

次の問いに答えなさい。

(1)　算数の得点が７点以上の生徒は何人いますか。

(2)　算数と国語の合計が10点以上の生徒は全体の何％ですか。

算数(点) ／ 国語(点)	0	1	2	3	4	5	6	7	8	9	10
0											
1											
2	1		1								
3	1			1	2						
4				1							
5				1	1	1	2				
6					2	1	1	1			
7						3	2	3			
8						2	1	2	3	1	
9							3	5	2	2	1
10								1	1		1

5　図１のように２枚の長方形のしきりを入れた直方体の形をした水そうがあります。この水そうの①の部分に毎分８Ｌの割合で水を入れました。図２のグラフは，水を入れ始めてからの時間と①の部分の水面の高さの関係を表したものです。

図１

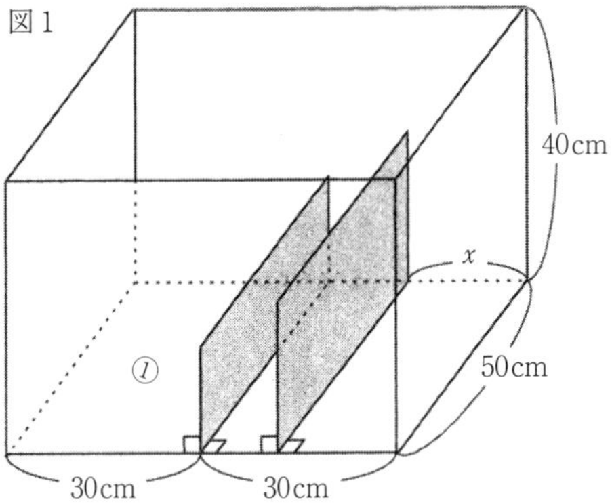

図２

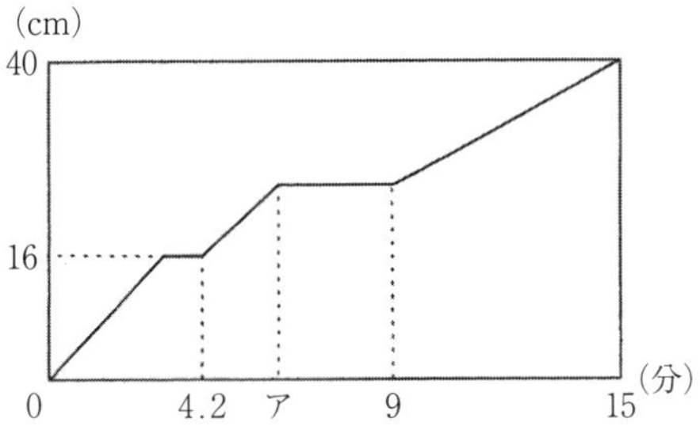

次の問いに答えなさい。

(1)　２枚のしきりの高さはそれぞれ何cmですか。

(2)　図１のxの長さは何cmですか。

(3)　図２のアにあてはまる数を求めなさい。

6　Ａさんは，家から12km離《はな》れた図書館に自転車で一定の速さで向かいました。父はＡさんが家を出発してから７分後に，家から図書館に車で一定の速さで向かい，図書館で13分間過ごしました。その後，父は図書館に向かったときの速さの$\frac{4}{3}$倍の速さで家に向かい，Ａさんが図書館に着いたときに，父は家に着きました。右のグラフはそのときの様子を表したものです。

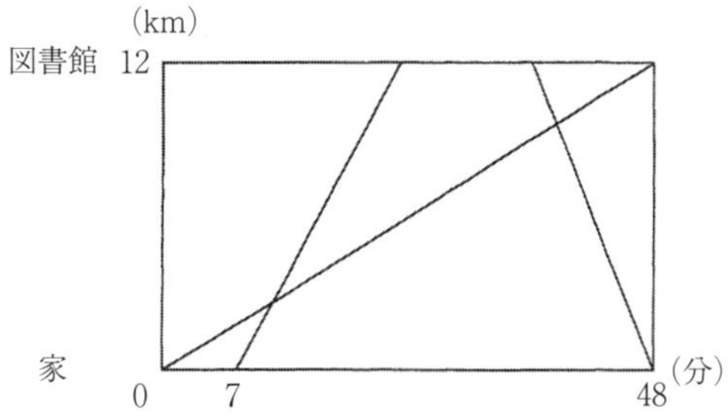

次の問いに答えなさい。

(1)　父が家から図書館に向かったときの速さは分速何mですか。

(2)　父がＡさんを追いこしたのはＡさんが家を出発してから何分何秒後ですか。

(3)　父が図書館を出発してＡさんとすれ違ったのは，図書館から何kmのところですか。

7　右の図のように，上から順に１から60までの数が書かれた60枚のカードが重ねてあります。

次の問いに答えなさい。

(1)　この重ねたカードを上から同じ枚数ずつ３つに分け，上から順番に１組目，２組目，３組目とします。上から２組目，１組目，３組目の順番になるように重ねました。上から31枚目に書かれている数字はいくつですか。

(2)　(1)で重ねなおした60枚を上から同じ枚数ずつ４つに分け，あらためて上から順番に１組目，２組目，３組目，４組目とします。上から順に３組目，１組目，２組目，４組目の順番になるように重ねました。下から27枚目に書かれている数字はいくつですか。

【社　会】〈第１回午前試験〉（理科と合わせて50分）〈満点：50点〉

1　次の新聞記事を読んであとの問いに答えなさい。

財務省と①日銀は28日，新紙幣《しへい》を2024年７月前半をメドに発行すると発表した。デザイン刷新《さっしん》は04年以来20年ぶり。１万円札は「日本の資本主義の父」と称される【 Ａ 】をえがいた。偽造《ぎぞう》防止に加え，経済効果も期待される。

…略…

【 Ａ 】は第一国立銀行(現みずほ銀行)はじめ数多くの企業を設立した。１万円札の肖《しょう》像画《ぞうが》の変更は②聖徳太子から③福沢諭吉になった1984年以来となる。

５千円札は④樋口一葉から【 Ｂ 】になる。津田塾大学の創始者《そうししゃ》で女性の英語教育に注《ちゅう》力《りょく》した。

１千円札は⑤野口英世から北里柴三郎に変わる。日本の近代医学の父として知られ，国内外の感染症《かんせんしょう》予防や治療《ちりょう》に貢献《こうけん》した。ペスト菌を発見した功績《こうせき》もある。

裏の図柄は１万円札が東京駅舎《えきしゃ》，５千円札が藤《ふじ》の花，１千円札が葛飾北斎の名画「富嶽三十六景」のひとつ「⑥神奈川沖浪裏」となる。

…略…

新紙幣には肖像画を立体的に見せるホログラム技術を導入する。紙幣では世界初だ。⑦視覚障害者に配慮《はいりょ》し，触ることで識別しやすくした。金額の表記は漢字より洋数字を大きくした。

…略…

日本は紙幣の流通量が多い。国際決済銀行(BIS)によると，21年の流通額は名目の⑧国内総生産比で20％を超《こ》えていた。米国や英国は10％を下回っており，現金大国といえる。

海外でも紙幣刷新の動きはある。欧州《おうしゅう》中央銀行(ECB)は24年までに【 Ｃ 】の新紙幣を考案する計画だ。英国のイングランド銀行(中央銀行)は22年12月に⑨チャールズ国王をえがいたポンドの新デザインを公表。24年半ばまでに流通する見通しだ。

日本経済新聞電子版(2023年６月30日朝刊)

問１　下線部①の日銀とは，日本銀行のことですが，この銀行の役割について誤《あやま》っているものを，次のア～エの中から一つ選び，記号で答えなさい。

ア　政府のお金の出し入れをする。

イ　一般の銀行とお金のやりとりをする。

ウ　紙幣(日本銀行券)を発行する。

エ　増税をすることで，景気をコントロールする。

問２　空欄《らん》【Ａ】にあてはまる人物名を漢字４字で答えなさい。

問３　下線部②が示した，仏教や儒学《じゅがく》の考えを取り入れ，天皇の命令にしたがうべきことなどが条文に記されている役人の心構えを答えなさい。

問４　下線部③の説明として，正しいものを，次のア～エの中から一つ選び，記号で答えなさい。

ア　「天は人の上に人を造《つく》らず，人の下に人を造らずと云《い》へ《え》り」から始まる『学問のすゝ《す》め』を著した。

イ　征韓論の主張が通らず，鹿児島の士族におされて，西南戦争をおこした。

ウ　ヨーロッパにわたり各国の憲法や議会政治のようすを調べ，のちに初代内閣総理大臣となった。

エ　のちの早稲田大学となる学校をつくり，立憲改進党を結成し，その党首に就任した。

問５　下線部④が執筆《しっぴつ》した作品として，正しいものを，次のア～エの中から一つ選び，記号で答えなさい。

ア　『たけくらべ』

イ　『君死にたま《も》ふ《う》ことなかれ』

ウ　『一握《いちあく》の砂』

エ　『坊っちゃん』

問６　空欄【Ｂ】にあてはまる人物名を漢字４字で答えなさい。

問７　下線部⑤の説明として，正しいものを，次のア～エの中から一つ選び，記号で答えなさい。

ア　イギリスと交渉して，領事裁判権の廃止を実現した。

イ　赤痢菌《せきりきん》を発見した細菌学者として知られている。

ウ　黄熱病《おうねつびょう》の研究中に自身も黄熱病に感染し，アフリカの地で亡くなった。

エ　全財産を投げうって，足尾鉱毒事件の解決に全力を注《そそ》いだ。

問８　下線部⑥の作品として，正しいものを，次のア～エの中から一つ選び，記号で答えなさい。

ア

イ

ウ

エ

問９　下線部⑦について，あなたの身の周りにある，視覚障害者に配慮した工夫がなされているものを，10字以内で一つ挙げなさい。ただし，記事の内容以外のものとする。

問10　下線部⑧をアルファベット３字で答えなさい。

問11　空欄【Ｃ】にあてはまる語句は，「€」の単位で表すことができる。【Ｃ】にあてはまる語句を答えなさい。

問12　下線部⑨の人物として正しいものを，次のア～エの中から一つ選び，記号で答えなさい。

ア

イ

ウ

エ

2　次の文を読んであとの問いに答えなさい。

今この問題を解いている受験生の皆《みな》さんは，およそ12年間生きてきました。皆さんがこれまで大きく成長してきた間に，社会も大きな変化をとげてきました。ここでは，これまでの12年間でどのような出来事があったかを振《ふ》り返りながら，その背景にある社会の仕組みや，解決していかなければいけない課題について考えていきましょう。

Ⅰ　2011年３月，まだ皆さんが生まれる少し前，東日本大震災が発生しました。死者・行方不明者は１万人以上となり，戦後最悪といわれる災害となりました。地震そのものはもちろん，①二次災害による犠牲者《ぎせいしゃ》もとても大きなものでした。皆さんは，そんな激動《げきどう》の時代に生まれたのです。このとき，外国からは日本人の行動が評価されました。震災の混乱で町が混み合う中でも落ち着いて行動し，順番を守るなど，マナーのよさが注目されたのです。

この話に関連するのですが，2012年に中学校の体育の授業で変化があったことを皆さんは知っていますか？　実はこの年に，授業内で②武道を行うことが必修化されたのです。京華中学校でも，週に１時間かならず武道の授業があります。なぜ，武道を学校で学ぶのでしょうか？　勝敗を競《きそ》い合う楽しさや喜びを味わうことも魅力《みりょく》ですが，稽古《けいこ》を通じて得られる礼やマナーを理解する大切な機会となっているからです。東日本大震災で日本人が見せた礼やマナーは，古来より日本人が受け継いできた文化といえるのではないでしょうか。

文化の観点では，2013年に富士山が③世界遺産に登録されたことにもふれておきましょう。日本人にとって，富士山は日本の象徴《しょうちょう》ともいえるものだからです。その雄大《ゆうだい》な姿を見て，昔から日本人は富士山を信仰《しんこう》の対象としたり，芸術作品に残したりしてきました。世界遺産に登録された際に富士山におくられた「信仰の対象と芸術の源泉《げんせん》」という言葉からも，未来に受け継ぐべき世界の宝として，富士山を守っていくことが求められています。

問１　下線部①について，二次災害とは，最初に起こった災害がきっかけとなり，さらに別の災害が起きることをいいます。地震による二次災害の例として，誤っているものを，次のア～カの中から一つ選び，記号で答えなさい。

ア　津波　　イ　大雪　　ウ　火災

エ　地割れ　　オ　余震　　カ　液状化現象

問２　下線部②について，剣術や柔術は，武士にとって身につけておかなくてはならないものでした。しかし，こうした訓練が実戦で使われることは次第になくなり，剣術には竹刀が使われるようになりました。このように武術は，現在の岐阜県を主戦場として行われた大きな戦いの結果，武道に変わっていったともいえるでしょう。この戦いを何といいますか。【資料１】も参考にして，解答欄にしたがって答えなさい。

【資料１】　それぞれの年代における戦いの数

西暦	時代区分	戦いの数
1301年～1400年	鎌倉時代～南北朝時代～室町時代	10
1401年～1500年	室町時代～戦国時代	10
1501年～1600年	戦国時代～安土・桃山時代	28
1601年～1700年	安土・桃山時代～江戸時代	6
1701年～1800年	江戸時代	3

※「戦いの数」は，帝国書院『図説日本史通覧』の年表を参考に作成した。

問３　下線部③に関する文として，正しいものを，次のア～エの中から一つ選び，記号で答えなさい。

ア　富士山は，世界遺産の中でも，特に自然遺産として登録された。

イ　姫路城のように，自然地形ではないものも世界遺産として認定できる。

ウ　富士山は，世界遺産として守るために登山が禁止されるようになった。

エ　世界遺産にふさわしいかを調べ，認定している機関のことをUNICEFという。

Ⅱ　次は，皆さんの日常生活の中に起こった大きな変化にもふれていきましょう。2015年には，[　④　]制度が導入されました。これまでは，引っ越しをするときに役所に行ったり，病院で健康保険証を出したりと，様々な場面で私たちは自分の身分を証明する必要がありました。[　④　]カードが１枚あれば，面倒《めんどう》だったこれらの手続きが簡単にできるようになるといわれています。しかし，カードを無くしてしまったり盗《ぬす》まれてしまったりしたときに，[　⑤　]が悪用されるかもしれない，という不安の声もあります。そんな中，2016年に総務省は，65歳《さい》以上の⑥人口が総人口の４分の１を超えたと発表しました。日本は，世界一の高齢《こうれい》社会であると同時に，生まれる子どもの数も減っている少子化の問題も同時に抱《かか》え，対策を急ぐ必要性がさけばれています。

問４　空欄[④]にあてはまる語句を，６字で答えなさい。

問５　空欄[⑤]にあてはまる，特定の人の氏名や住所，生年月日などのデータを表す語句を，漢字４字で答えなさい。

問６　下線部⑥について，【資料２】は東京都多摩《たま》市の小学校数の変化を年代別に示したものです。【資料２】について説明した次の文章中の空欄〈Ａ〉と空欄〈Ｂ〉にあてはまる語句の組合《くみあわ》せとして正しいものを，下のア～エの中から一つ選び，記号で答えなさい。

【資料２について説明した文章】

多摩市は，〈 A 〉期に建設されたニュータウンの中でも，1971年に最初の入居が始まった地区です。多摩市内ではその後もニュータウンの開発が進みましたが，1990年代に入ると新たな開発はあまり行われなくなりました。そしてここ数年では，初期に入居が始まった地区で，高齢化による様々な問題が発生しています。このような背景を考えると，ａとｂのうち，〈 B 〉が開校数を，もう一方が閉校数を表したものだということがわかります。

【資料２】 多摩市の小学校数の変化

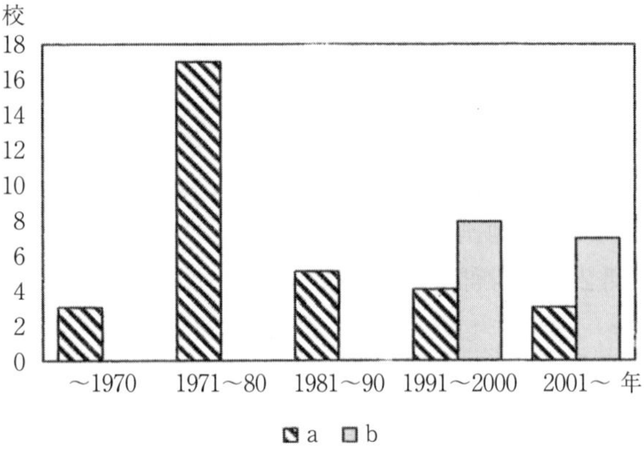

※多摩市のホームページを参考に作成した。

	ア	イ	ウ	エ
〈A〉	高度経済成長	高度経済成長	バブル経済	バブル経済
〈B〉	a	b	a	b

Ⅲ　さて，ここまで皆さんがまだ小さいころの出来事を振り返ってきましたが，最後に皆さんにとって比較《ひかく》的最近の記憶《きおく》として残っていることを取り上げましょう。2019年，元号が平成から令和へと変わりました。このとき，天皇が生きているうちに次の天皇に地位をわたす「⑦譲《じょう》位《い》」が実に約200年ぶりに行われたのです。明治時代になってからこの時まで，天皇は生前に退位することができなかったため，歴史が大きく変わった瞬間《しゅんかん》でした。さらにその翌年の2020年には⑧新型コロナウィルス感染症の拡大が起こり，社会の常識も大きく変化することになりました。皆さんもマスクを着用した学校生活を送るなど，今までの日常生活の「当たり前」の姿が変化する経験を数多くしてきたと思います。新しい時代の暮らし方が求められ，新しい歴史が生まれていく瞬間に，皆さんは常に立ち会っているといえるでしょう。

問７　下線部⑦について，明治時代以前では譲位はそれほどめずらしいことではありませんでした。たとえば，平安時代に生きた白河天皇は，自分の子に天皇の地位を譲《ゆず》り，上皇として政治の実権をにぎりました。このような政治のありかたを何といいますか。漢字２字で答えなさい。

問８　下線部⑧について，新型コロナウィルス感染症をめぐって変化したことに関する文として正しいものを，次のア～エの中から一つ選び，記号で答えなさい。

ア　感染を避《さ》けるためにお店に行く人が減ったが，キャッシュレス決済が使えるので，どのお店も売り上げが下がらなかった。

イ　テレワークをすることで出社する必要が無くなったため，会社内での働き方改革がまったく進まなくなってしまった。

ウ　どこの家庭にも高速のインターネット回線があるので，誰もがスムーズにオンライン授業を受けることができた。

エ　病原体に対する不安や恐怖から，事実とは全く関係がない偏見《へんけん》やデマが数多く流れ，社会問題となった。

【理　科】〈第１回午前試験〉（社会と合わせて50分）〈満点：50点〉

1　古くからヒトは植物や細菌《さいきん》を利用し，生活に取り入れてきました。次の問いに答えなさい。

問１　ヒトをはじめとする動植物は，酸素をとりこむことで生活しています。酸素は，植物のあるはたらきでつくられています。このはたらきを何といいますか。次のア～エから最も適切なものを１つ選び，記号で答えなさい。

ア　呼吸　　イ　消化

ウ　光合成　　エ　発酵《はっこう》

問２　ヒトはさまざまな野菜を栽培《さいばい》しています。野菜の中で，おもに根を食べているものはどれですか。次のア～エから最も適切なものを１つ選び，記号で答えなさい。

ア　ゴボウ　　イ　キャベツ

ウ　ジャガイモ　　エ　スイカ

問３　植物の葉の成分をお湯で煮《に》だしているのがお茶です。入れたばかりのお茶は黄緑色をしていますが，何も加えず放置しておくと色が変わっていきます。変化すると何色になりますか。次のア～エから最も適切なものを１つ選び，記号で答えなさい。

ア　青色　　イ　茶色

ウ　赤色　　エ　桃色

問４　ヨーグルトは，乳酸菌を利用してつくられる代表的な食品です。この乳酸菌のはたらきを何といいますか。次のア～エから最も適切なものを１つ選び，記号で答えなさい。

ア　腐敗《ふはい》　　イ　昇華《しょうか》

ウ　発酵　　エ　液状化

問５　紀元前のエジプトではパピルスという植物の繊維《せんい》を用いて，記録に使用するあるものがつくられました。それは何ですか。次のア～エから最も適切なものを１つ選び，記号で答えなさい。

ア　布　　イ　プラスチック

ウ　石板　　エ　紙

問６　生物が地中に埋《う》もれ，数千万年～数億年かけて化石燃料がつくられます。固体の状態で利用されている化石燃料は何ですか。次のア～エから最も適切なものを１つ選び，記号で答えなさい。

ア　レアメタル　　イ　石炭

ウ　原油　　エ　バイオエタノール

2　次の問いに答えなさい。

問１　下図のように，底のない集気びんとねん土を使って，ろうそくの燃え方を調べました。火がすぐ消えずに燃え続けるものはどれですか。次のア〜エから２つ選び，記号で答えなさい。

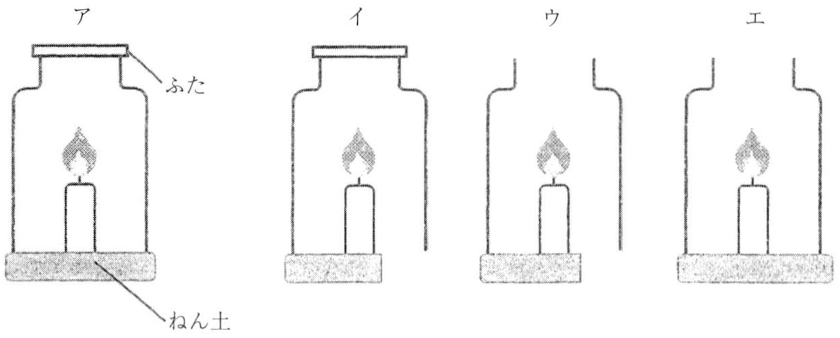

問２　右図は，集気びんの中でろうそくを燃やす前と，燃やした後の集気びんの中にある空気のようすを模式的に表したものです。「○」「●」「◎」は空気の成分を表しています。◎は何という気体と考えられますか。

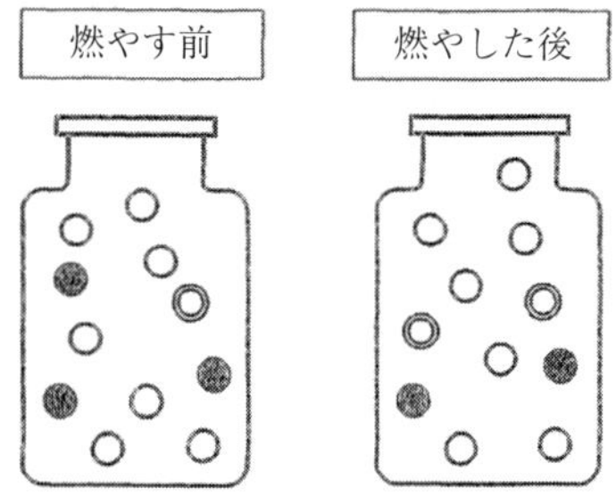

問３　問２の空気の重さを測ると，燃やした後の空気の方が重くなっていました。この理由として考えられることは何ですか。問２の図を参考にしながら，簡単に答えなさい。必要があれば「○」「●」「◎」の記号を用いても構いません。

問４　下のグラフは，空気に含《ふく》まれる気体の割合を表しています。Ｂはオキシドールに二酸化マンガンを加えると発生します。Ｂは何という気体ですか。また，Ｂの捕集《ほしゅう》方法として，次のア〜ウから最も適切なものを１つ選び，記号で答えなさい。

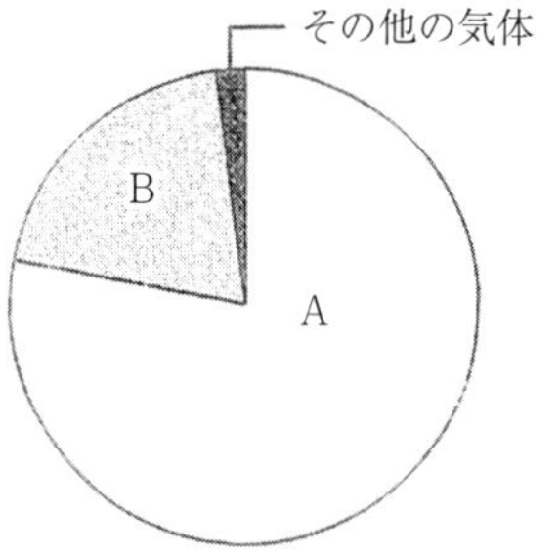

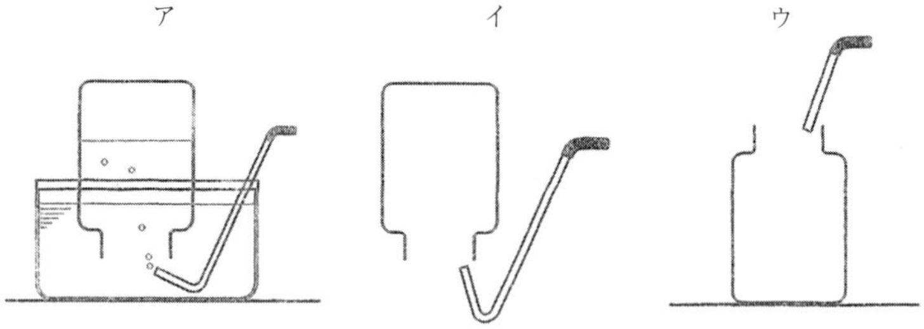

問５　ろうそくが燃え続けるための酸素の量を調べるために，容量200mL の集気びんに空気180mL と窒素《ちっそ》20mL を入れ，火のついたろうそくに被《かぶ》せたところ，火はしばらく燃え続けました。空気と窒素の量を140mL と60mL に変えたところ，火はすぐに消えました。この実験において，ろうそくの火が「しばらく燃え続ける」と「すぐに消える」の境目になる酸素の割合は，何％から何％の間にあると考えられますか。次のア〜オから最も適切なものを１つ選び，記号で答えなさい。ただし，空気は窒素と酸素のみで構成され，４：１の比であるものとします。

ア　７〜９％　　イ　14〜18％　　ウ　18〜23％

エ　28〜36％　　オ　35〜45％

3　図は，ある川の河口付近を表しており，点線は昔の海岸線を，実線は現在の海岸線を示しています。下の問いに答えなさい。

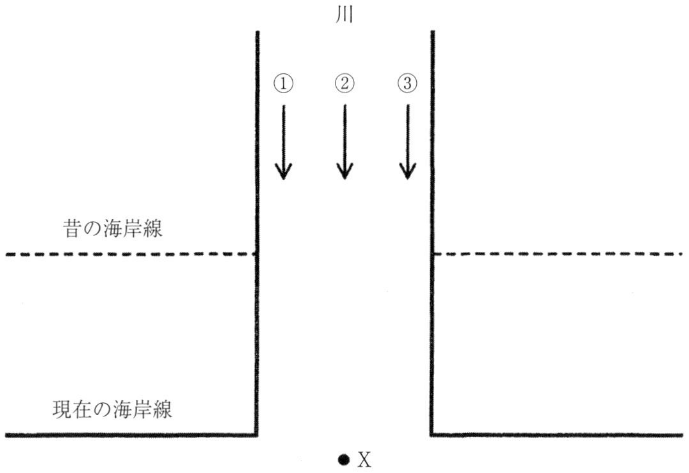

問１　川の流れが最も速いのはどこですか。図の①～③から１つ選び，番号で答えなさい。

問２　川を流れる水が，地層の表面や岩石をけずりとるはたらきを何といいますか。

問３　地層の表面や岩石が，急激な温度変化や風雨などの影響を受け，表面から自然とくずれていくことを何といいますか。

問４　川を流れる水が，れき・砂・泥などを運ぶはたらきを何といいますか。

問５　川を流れる水が，れき・砂・泥などを積もらせるはたらきを何といいますか。

問６　現在のXの海底の地層はどのようになっていると考えられますか。次のア～エから最も適切なものを１つ選び，記号で答えなさい。

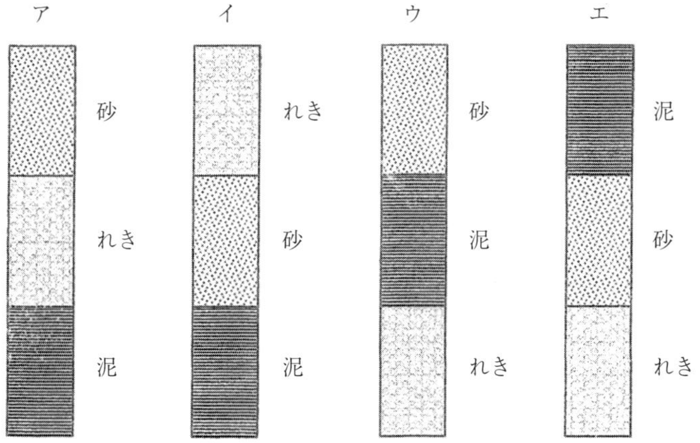

問７　川の流れがしだいに遅くなる場合，Xの海底に積もる粒の大きさは，時間とともにどのように変化していくと考えられますか。簡単に答えなさい。ただし，海岸線は現在の位置から変化しないものとします。

4　ばねＡは自然の長さが6cmで，10gのおもりをつり下げると1cmのびます。ばねＢは自然の長さが10cmで，20gのおもりをつり下げると1cmのびます。このばねＡ，Ｂの長さやのびについて，次の問いに答えなさい。ただし，ばねの重さは考えないものとします。

問１　図１のように，ばねＡ，Ｂに同じ重さのおもりをつり下げて，ばねＡ，Ｂを同じ長さにするには，何gのおもりをつり下げればよいですか。また，このときのばねＡ，Ｂの長さは何cmになっていますか。

問２　図２のように，ばねＡ，Ｂをつないで，100gのおもりをつり下げました。ばねＡ，Ｂはそれぞれ何cmのびますか。

問３　図２のように，ばねＡ，Ｂをつないで，おもりをつり下げました。ばねＡ，Ｂの長さの合計を22cmにするには，何gのおもりをつり下げればよいですか。

問４　図３のように，ばねＡ，Ｂをつないで，おもり①を20g，おもり②を40gにしてつり下げました。ばねＡ，Ｂはそれぞれ何cmのびますか。

問５　図３のように，ばねＡ，Ｂをつないで，おもり①を20gにしてつり下げました。ばねＡ，Ｂの長さの合計を21cmにするには，おもり②を何gにすればよいですか。

図１

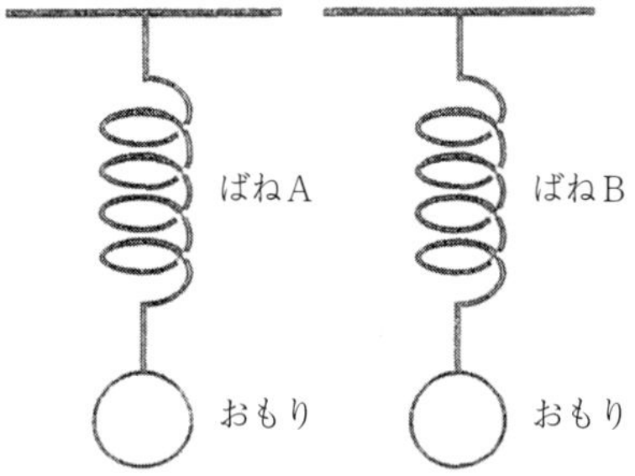

図２

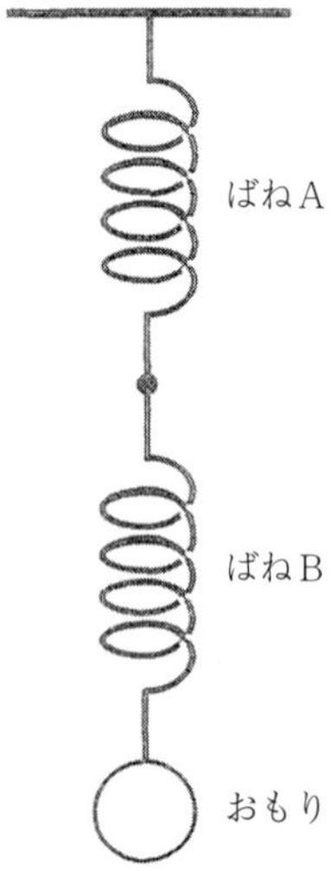

図３

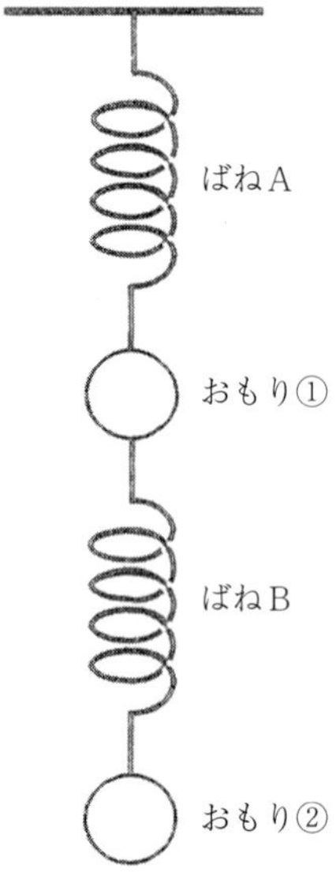

エ　異なった性質の種子を二つ持つオナモミを例に出すことによって、どのような状況に置かれるかわからないときには複数の選択肢を用意することが大切であると読者に理解させようとしている。

6．——線部4に「人間の世界は、年老いた個体や病気やケガをした個体も、『多様性』の一員にしてきた」とありますが、その理由を五十字以内で答えなさい。

7．本文の内容としてあてはまるものには○、そうでないものには×をそれぞれつけなさい。

ア　自然界においては力が強く足が速いものが生き残り、力が弱く足が遅いものが滅びるのが掟である。

イ　特定の分野が苦手なことを自分の個性であると受け入れたとしても、苦手克服《こくふく》の努力をすべきである。

ウ　人間は他の生物と比べると知能が高いため、他者と愛し合い助け合う慈愛に満ちた唯一の生き物に進化した。

エ　人間も他の動物と同様に、生存上不要な個性は作らずに、必要かもしれない個性を用意して進化してきた。

オ　他人と比較《ひかく》したときに差を感じてしまう能力だとしても何らかの意味があるため、悲観する必要はない。

三

次の①～⑤の——線部の漢字の読みを、それぞれひらがなで答えなさい。

①　鍵《かぎ》を拝借しよう。

②　背後に気配を感じる。

③　あきれて閉口した。

④　漢字の読み書きは国語の要だ。

⑤　台風が猛威《もうい》を奮う。

四

次の①～⑤の——線部のカタカナを、それぞれ漢字に直しなさい。

①　メンミツな計画。

②　リョクオウ色野菜。

③　社長をタイニンする。

④　アリがおかしにムラがる。

⑤　この会社にツトめる。

それはけっして人間が慈愛《じあい》に満ちた生き物だったからだけではない。それは長い人類史の中で人間が少しずつ培《つちか》ってきたものでもある。そうしなければ人間は自然界で生きていけなかったのだ。

ダメだなぁと思うところもあるけれど、良いところもいっぱいある。ダメだなぁと絶望しながらも、やっぱり理想を求めずにいられない。

人間もやっぱり、そのままでいいんだね。

（稲垣栄洋『ナマケモノは、なぜ怠けるのか？　生き物の個性と進化のふしぎ』による）

1. [A]～[D]にあてはまる言葉として適当なものを選び、それぞれ符号で答えなさい。

ア　しかし　　イ　つまり　　ウ　しかも　　エ　たとえば

2. 本文には次の一文が欠落しています。この一文は【①】～【④】のどこに入りますか。最も適当な箇所《かしょ》を選び、番号で答えなさい。

> あちらを立てればこちらが立たず。

3. ――線部1「私たちには、個性がある」について説明した次の文の、[Ⅰ]～[Ⅲ]にあてはまる言葉を指定字数でそれぞれ抜き出しなさい。

> 人間以外の生き物はある程度の[Ⅰ（三字）]はあるものの、種として得意なことで勝負するという、生存のための[Ⅱ（四字）]を持つが、人間は同じことであっても得意な人と不得意な人がいるように[Ⅲ（五字）]があるということ。

4. ――線部2に「どうして神さまは、『個性』など生み出したのだろう」とありますが、ここでの「個性」の具体例としてあてはまらないものを選び、符号で答えなさい。

ア　Aさんは僕《ぼく》よりも算数のテストで良い点をとるが、国語のテストでは毎回僕のほうが良い点をとれるということは、得意な科目が異なる。

イ　僕の弟は赤ちゃんで誰とも会話はできないが、僕が他の人と会話することができるということは、年を重ねるにつれてできることは増えていくようだ。

ウ　僕はAさんよりも握力《あくりょく》が強かったが、ハンドボール投げでAさんに負けてしまったということは、ボールを遠くに投げる力と握力は関係がない。

エ　Aさんは僕が困ったときにいつも助けてくれるが、Bさんはいつも僕に意地悪をしてくるということは、Bさんは人を思いやることが苦手なのだろう。

5. ――線部3「オナモミ」という具体例の効果として最も適当なものを選び、符号で答えなさい。

ア　状況に合わせて二つの種子を使い分けるオナモミを例に出すことによって、実際には答えがないにもかかわらずわかったフリをしてしまうのが人間の個性であると読者に理解させようとしている。

イ　ゆっくりと芽を出す種子を持つオナモミを例に出すことによって、答えをすぐに求めるよりも状況に合わせてじっくり考えるほうが良い結果につながる可能性があると読者に理解させようとしている。

ウ　どちらが優れているかわからない二つの種子を持つオナモミを例に出すことによって、自分と他人の能力がどちらのほうが優れているかを比べることに意味がないと読者に理解させようとしている。

個性はないのだ。

しかし、人間の能力には個性がある。顔にも個性がある。性格にも個性がある。

生物はいらない個性は作らない。

個性があるということは、そこに意味があるということなのだ。

人間は足の速い人と、足の遅い人がいる。

それは、足の速さに正解がないからだ。

足が速い方がいいに決まっていると思うかもしれないが、そうではない。

生物の能力は「トレードオフ」と言って、どれかが良いとどれかが悪くなるようにバランスが取れている。たとえば、足が長ければ歩幅《ほはば》が大きくて速く走れるかもしれない。[C]、重心が高くなるので、不安定になって、転びやすくなるかもしれない。背が高ければ遠くまで見渡《みわた》せて天敵を見つけやすいかもしれないが、草陰《くさかげ》に隠《かく》れるときには、背が低い方がいい。

【④】

どちらが良いかわからないのであれば、どちらも用意しておくのが生物の戦略だ。

人間に足の速い人と足の遅い人がいるということは、足が速いことはそうでなければ生きていけないというほど重要ではないということだ。もちろん、足が速いことはすばらしいことだけれど、他の能力で足が遅いことはカバーできる。他の能力を捨ててまで、チーターのように人類みんなで足が速くならない方が良いというのが、おそらくは人間の進化なのだ。

ただし、それだけではない。

人類には人類の特殊《とくしゅ》な事情がある。

生物としての人間の強みは何だったろう。

一三七ページで紹介したように、それは、「弱いけれど助け合う」ということだ。

ふしぎなことに、古代の遺跡《いせき》からは、歯の抜けた年寄りの骨や、足をけがした人の骨が見つかるらしい。[D]、狩《か》りには参加できないような高齢者《こうれいしゃ》や傷病者の世話をしていたのだ。

人間は他の生物に比べると力もないし、足も遅い弱い生物である。だから知恵《ちえ》を出し合って生き抜いてきた。

知恵を出し合って助け合うときには、経験が大切になる。経験が豊富な高齢者や危険を経験した傷病者の知恵は、人類が生き抜く上で参考になったのだろう。色々な人がいれば、それだけ色々な意見が出るし、色々なアイデアが生まれる。

そうして、人類は知恵を出し合い、知恵を集めて、知恵を伝えて発展をしてきたのだ。

自然界は優れたものが生き残り、劣《おと》ったものは滅《ほろ》んでいくのが掟《おきて》である。

もっとも、何が優れているかという答えはないから、生物は多様性のある集団を作る。しかし、年老いた個体や、病気やケガをした個体は、生き残れないことが多い。

しかし、4人間の世界は、年老いた個体や病気やケガをした個体も、「多様性」の一員にしてきた。それが人間の強さだったのだ。

人間の世界には「弱い者をいじめてはいけない」とか、「人間同士で傷つけ合ってはいけない」とか、生物の世界とは違った法律や道徳や正義感がある。

残念ながら有史を振《ふ》り返《かえ》れば、人々が殺し合う戦争や弱い者が虐《しいた》げられる歴史は繰《く》り返《かえ》されている。しかし、それでも人は、そのようなことは悪いことだ、人々は愛し合い助け合うのが本来の姿なのだと心の底で信じている。

り屋である。

このせっかち屋の種子とのんびり屋の種子は、どちらがより優《すぐ》れていると言えるだろうか？

早く芽を出した方が良いような気もするが、そうでもない。

急いで芽を出しても、成長に適した時期かどうかがわからないのだ。仮に適した時期だったとしても、問題はある。オナモミは雑草である。気まぐれな人間が、いつ草取りをするかわからない。その場合は、ゆっくりと芽を出した方が良いかもしれない。

早く芽を出す種子と、遅く芽を出す種子はどちらが優れているのだろう？

そんなことは、わからない。

【②】

早く芽を出す方が有利なときもあるし、遅く芽を出す方が成功するときもある。

だからオナモミは、性質の異なる二つの種子を用意しているのである。

私たち人間は、状況《じょうきょう》判断を迫《せま》られるとどちらが優れているのか、比べたがる。

どちらが良いのか、答えを求めたがる。

しかし、実際には答えのないことが多い。

本当は答えなどないのに、人間はさも答えがあるようなフリをしている。そして、さもわかったようなフリをして、「これは良い」とか、「それはダメだ」と言っている。

わかったつもりでいるだけなのだ。

本当は答えなどない。

何が優れているかなど本当はわからない。

答えがないとすれば、どうすれば良いのだろうか。

それは簡単である。オナモミの例に見るように、両方用意しておけば良いのである。

答えがわからないから、たくさんの選択肢《せんたくし》を用意する。

それが生物たちの戦略なのである。

生物がたくさんの選択肢を用意することは「遺伝的多様性」と呼ばれている。

しかし、不思議なことがある。

自然界の生物は遺伝的多様性を持つ。

それなのに、「みんなが同じ」という生き物も多い。

多少の個体差はあるものの、たとえば、ゾウはみんな鼻が長い。鼻が短いという個性はない。キリンもそうだ。首が短いキリンはいない。チーターはみんな足が速い。人間は足が速かったり、遅かったりするのに、チーターはどれも足が速い。どうして、足の遅いチーターはいないのだろう。

それはチーターにとって足が速いことが答えだからである。答えがあるときには、生物はその答えに向かって進化をする。獲物《えもの》を追いかけて捕《と》らえるチーターにとって足が速い方が有利である。「足が遅いよりも足が速い方が良い」というのが、チーターにとっての答えだ。だから、チーターの足の速さに個性はないのである。

【③】

ゾウも鼻が長いことが正解だ。キリンも首が長いことが正解だ。答えがあるときに、そこに個性は必要ないのである。

それでは答えがないときはどうだろう。何が正解かわからない。何が有利かわからない。そのときに生物はたくさんの答えを用意する。それが「たくさんの個性」であり、遺伝的な多様性なのだ。

人間も同じである。

人間の目の数は二つである。そこに個性はない。答えがあるものに

功させようとやる気に満ちている。

8．本文の表現の説明として最も適当なものを選び、符号で答えなさい。

ア　短い会話文でテンポよく物語が展開することで、主人公の境《きょう》遇《ぐう》を読者が把握《はあく》しやすくなっている。

イ　会話文以外の部分でも「！」を使用することで、主人公の心情を読者が読み取りやすくなっている。

ウ　場面ごとに視点が切《き》り替《か》わることで、主人公以外の人物にも読者が感情移入しやすくなっている。

エ　主人公の心情をできる限り客観的に描《えが》くことで、読者が正確に理解しやすくなっている。

［二］　次の文章を読んで、あとの問いに答えなさい。

「苦手なところで勝負しない」「得意なところで勝負する」という生き物の基本戦略は、私たちが生きていく上でもとても参考になる。

ただし、気をつけなければいけないのは、それは、生き物の種類ごとの戦略ということだ。

［Ａ］、「海の中で速く泳ぐ」ことは、すべてのイルカが得意としていることだ。自分は泳ぐのが苦手だから、泳ぐこと以外で勝負しようというイルカはいない。

陸上を一番速く走る動物は、チーターだ。チーターは時速一〇〇キロメートル以上の速さで走ることができる。もちろん、チーターの足の速さも個体差はあるだろうが、走るのが苦手なチーターはいない。

人間の中には、泳ぐのが得意な人もいれば苦手な人もいる。練習しなくても足が速い人もいれば、どんなに練習しても足が遅《おそ》い人もいる。

【①】

どうしてなのだろう。

どうして、人間にだけ、能力に差があるのだろう。

私たちには、能力に差がある。

それは「個性」と呼ばれるものかもしれない。

1私たちには、個性がある。

個性と言えばカッコいいけれど、能力の違《ちが》いということは、優劣《ゆうれつ》があるということだ。頭の良い人とそうでない人がいる。運動神経の良い人とそうでない人がいる。

ときには、それは容姿の優劣だったりもする。

個性があるということは、「差」があるということなのだ。

［Ｂ］、個性は、努力だけでは変えられないときもある。

努力しても外見で敵《かな》わない人はいる。どんなに努力しても能力で敵わない人もいる。どんなに努力しても、自分の性格が好きになれないこともある。

世界の人たちは、平等でありたいと思っているのに、実際には個性という差がある。

どうして神さまは、もっと平等な世界を創らなかったのだろう。

2どうして、私たちには、個性があるのだろう。

「3オナモミ」という雑草がある。

トゲトゲした実が服にくっつくので「くっつき虫」や「ひっつき虫」とも呼ばれている。実を服につけて飾《かざ》りにしたり、手裏剣《しゅりけん》のように投げ合って遊んだりした人もいるかもしれない。

オナモミのトゲトゲしたものは、タネではなく実である。この実の中にはタネが入っている。

オナモミの実の中には、二つの種子が入っている。

この二つの種子は性格が違う。二つの種子のうち、一つはすぐに芽を出すせっかち屋、そしてもう一つは、なかなか芽を出さないのんび

1．[A]～[C]にあてはまる言葉として適当なものをそれぞれ選び、符号《ふごう》で答えなさい。

ア　わざとらしい笑顔《えがお》　　イ　怒ったような顔
ウ　不思議そうな顔　　エ　真剣《しんけん》な顔つき

2．[　]にあてはまる言葉として最も適当なものを選び、符号で答えなさい。

ア　鬼《おに》の首　　イ　揚《あ》げ足《あし》　　ウ　音頭《おんど》　　エ　機嫌《きげん》

3．〰線部a～dを説明した言葉の組み合わせとして最も適当なものを選び、符号で答えなさい。

ア　a　心配　b　勇気　c　油断　d　依存《いそん》
イ　a　恐怖《きょうふ》　b　決心　c　動揺《どうよう》　d　信頼《しんらい》
ウ　a　興奮　b　自信　c　反省　d　仰天《ぎょうてん》
エ　a　緊張　b　奮起　c　図星　d　意表

4．――線部1に「この企画を、ぜひみんなに協力してもらいたいんです！」とありますが、「おれ」がこのように考える理由を説明した次の文の、[Ⅰ]～[Ⅲ]にあてはまる言葉を指定字数でそれぞれ抜《ぬ》き出しなさい。

> 自分たちと[Ⅰ（三字）]だったときに家族を戦争で亡くした、花林神社の管理人で[Ⅱ（六字）]をしている田中さんに話をしてもらうことで、自分があこがれている田中さんをみんなに[Ⅲ（八字）]と思っている。

5．――線部2に「おれは反射的に目をそらした」とありますが、このときの「おれ」の心情を五十字以内で答えなさい。

6．――線部3に「胸に熱いかたまりが突然現れたみたいに、ぼわんと熱くなる」とありますが、このときの「おれ」の説明として最も適当なものを選び、符号で答えなさい。

ア　自分のありのままの気持ちを伝えたものの、みんなが受け止めてくれたか不安に思っていたが、全員が賛成してくれたので、自分の気持ちが同級生に伝わったことがわかりうれしくなっている。
イ　田中さんに講演してもらうことを一部の人に反対され、クラスメイトを説得しようとあせっていたが、全員が賛成してくれたので、講演ができることがわかりほっとしている。
ウ　田中さんに講演してもらいたいという自分の気持ちを熱く語ってしまい反省していたが、全員が賛成してくれたので、本当はみんな田中さんの話を聞きたがっていたことがわかり喜んでいる。
エ　田中さんがすごくいい人であるという自分の気持ちを理解してくれないことを不満に思っていたが、全員が賛成してくれたので、みんなが田中さんのことを知りたがっていることがわかり満足している。

7．――線部4に「おれは、腹の底からむくむくと気力がわき上がってくるのを感じていた」とありますが、このときの「おれ」の心情として最も適当なものを選び、符号で答えなさい。

ア　忍が講演の実現のために勉強していたことを知り、講演を最初に企画した自分は誰よりも戦争について学び、詳しくなりたいと意気込んでいる。
イ　クラスメイトと講演の準備をしていくなかで、講演を成功させたいという気持ちがより一層強くなり、提案者の一人である自分は人一倍がんばろうと思っている。
ウ　反対していた人が講演に賛成し、協力してくれていることがわかり、みんなのために自分が中心となって準備を進めようと感情が高ぶっている。
エ　企画の発案者である小野田と忍、宇太佳も協力してくれたことで、反対していた人たちを説得することができたため、講演を成

たちと同じ歳だったときにお母さんと妹さんを空襲で亡くした。そんなのって、ちょっと想像つかないだろ？　急に家族がいなくなったんだよ。それって、確かに怖いし、悲しいことだけど、田中さんはそれからの人生、一生懸命《いっしょうけんめい》生きてきたんだ。田中さん、すっごくいい人でさ。おれも年をとったら、あんなおじいさんになりたいって思った。そんな田中さんのことを、みんなに紹介《しょうかい》したいんだよ。それだけなんだよ」

　クラスがまた一瞬、しずかになった。ヤベ、やっちまったか、と思ったすぐあとで、

「いいね、その通り」

と、宇太佳が言って、

「だな」

と、忍が続けた。

　それからまた少し話し合いがあった。真面目男子は、勉強が遅《おく》れないならいいと言い、戦争の話を聞きたくないと言った女子は、田中さんの人生の話ならと、了承《りょうしょう》してくれた。

「他に、田中さんに講演をしてもらうことについて反対の人、いますか？」

　小野田の問いかけに、手をあげる生徒はいなかった。

「では、花林神社の管理人である田中喜市さんに、学校で講演をしてもらうことに賛成の人、手をあげてください」

　おれは一人一人のクラスメイトの顔を見ていった。全員だ。全員の手があがった。3胸に熱いかたまりが突然《とつぜん》現れたみたいに、ぼわんと熱くなる。

「ありがとうございます！」

　三人で声がそろった。忍も宇太佳も満面の笑《え》みだった。もちろんおれも。

　具体的な企画についてクラスで話し合い、日程や場所を決めて、校長先生に許可をもらいにいくことになった。いちばんの問題は、誰に聞いてもらうかだ。六年生だけじゃなくて、この学校の生徒全員に聞いてもらいたいのはもちろんだったけれど、できれば親や地域の人たちにも聞いてもらいたい。

「ＰＴＡに話してみればいいんじゃない？」

と言ったのは、またしても小野田だ。小野田のお父さんが、今年度の保護者会の会長なのだ。

「そこから保護者たちに連絡《れんらく》してもらって、自治会の回覧板で伝えてもらえばいいんじゃない。どう？」

「ナイスだ、小野田！　今日の小野田はさえている！」

　忍が大げさに言って、クラスのみんなが笑った。てっきり怒《おこ》ると思った小野田は、得意げに胸を張って鼻の穴をふくらませていた。もしかして、忍のことが好きなのか？　なんて思ったけど、そんなことはどうでもいい。今日の小野田は確かにさえている。

　みんなでいろいろと話し合って、担当のグループに分かれて計画を練っていくことになった。チラシを作って、近所のスーパーや商店街、習い事先などに配ることも決めた。

「実はさ、今日の提案のために、戦争について勉強してきたんだ」

と、忍にこっそり打ち明けられた。忍らしい。どうりで、詳《くわ》しいと思った。

　五時間目だけでは時間が足りなくて、集まれる人だけで放課後にも打ち合わせをした。田中さんのことを、みんなに知ってもらいたい。4おれは、腹の底からむくむくと気力がわき上がってくるのを感じていた。

（椰月美智子『昔はおれと同い年だった田中さんとの友情』による）

＊中受…中学受験の略。

ゃないですか」

　ｃうぐっ、と言葉に詰《つ》まる。

「すまんすまん。それは先生が決めたことなんだ。今日の理科の授業はどこかで必ず埋《う》め合《あ》わせをするから」

　トランクスが謝《あやま》った。かすかなブーイングは、今日の理科の授業がなくなって喜んでいる連中だろう。

「他の反対意見ありますか？」

　小野田が仕切る。

「はい」

　と、女子が手をあげた。

「わたしは、人がたくさん死んだ戦争の話なんて聞きたくありません。そんな怖《こわ》い話をわざわざ聞きたくないです。悲しい気分になるし」

　クラスが一瞬しんとして、そのあとざわついた。ｄおれも思わず忍と宇太佳の顔をすがるように見てしまった。そんな意見が出るなんて、びっくりしたのだった。

「なるほど。貴重なご意見をどうもありがとうございます。もしかしたら、戦争の話を聞きたくない人が、他にもいるかもしれません。それについてはどう思いますか？」

　聞きわけのいい、つまらない司会者のようにまとめて、小野田がこっちを見た。２おれは反射的に目をそらした。なんて答えたらいいかわからない。実のところ、内心ムカついていた。聞きたくない、ってなんだ？　大勢の人が亡くなった戦争じゃないか。怖い？　悲しい？その場にいなかった人間がなに言ってんだ！

「正直な気持ちを教えてくれて、どうもありがとうございます」

　忍が頭を下げた。おれの顔を見て、拓人じゃ無理だと思ったんだろう。賢明《けんめい》だ。

「戦争では大勢の人が亡くなりました。兵士だけではなく、一般《いっぱん》の人たちもたくさんです。軍人が二百三十万人、民間人が八十万人亡くなったと推定されています。尊い命が次々と消えていきました。民間人というのは、ぼくたちのことです。ぼくたちや家族が戦争に巻《ま》き込《こ》まれて死んだっていうことです」

「だから、それは昔のことで、今のわたしたちとは関係ありません。日本はもう戦争しないでしょ。憲法第九条に戦争放棄《ほうき》について記載《きさい》されています」

　怖い話を聞きたくないと言った女子が、忍に反論する。憲法九条？戦争放棄？　難しい話になってきた。ついていけない。

「いや、戦争に参加する可能性はあります。可能性がゼロなんてものはこの世にない。現に自衛隊はイラク戦争に派遣《はけん》された。人道復興支《し》援《えん》活動ってことだけど、現地でどんなことがあったのかはわからないだろ。集団的自衛権だってそうだ。日本が攻撃《こうげき》されなくても、海外での自衛隊の武力行使ができるようになっちまった。憲法九条なんて意味ねえじゃないかよ」

　忍の顔が赤い。口調が悪くなったのも、興奮したせいだろう。忍の言ったことは、おれの知らないことばかりだった。

「……なによ、そんな言い方しなくてもいいでしょっ」

「ちょっとちょっと、ケンカはやめてください！」

　小野田があせったように仲裁《ちゅうさい》に入る。

「冷静に話し合いをしましょうよ。ねっ」

　［Ｃ］で小野田が首を傾《かし》げた。

「あの！」

　無意識のうちに声が出た。

「あのさ、戦争のことも大事だけど、おれはただ田中さんのことを知ってもらいたいんだよ。花林神社の管理人をしているおじいさんのことを、一人でも多くの人に知ってもらいたいんだ。田中さんは、おれ

2024年度 京華中学校

【国語】〈第一回午前試験〉（五〇分）〈満点：一〇〇点〉

一　次の文章を読んで、あとの問いに答えなさい。

「あ、あのおっ！」
a声が裏返ってしまった。一瞬《いっしゅん》の間のあと、忍がかすかに唇《くちびる》を持ち上げ、宇太佳はおれを見てひとつうなずいた。
「あの、今日は提案がありますっ」
みんなは依然《いぜん》として、［Ａ］でおれたちを見ている。ヤベッ、心臓がばくばくしてきた。忍が、ちょんとおれの肘《ひじ》を突《つ》いて目配せする。忍は人前で話すのが得意だ。出だしは忍に任せた。
「みなさん、終戦日にこの町に空襲《くうしゅう》があったことを知っていますか？」
忍が、クラス全員に語りかけるように声を出した。クラスがざわめく。
「なにそれ」
「知らない」
「なんの話？」
などという声が耳に届く。
「しずかにしてください」
宇太佳が言い、それから忍と宇太佳がおれを見て促《うなが》した。bおれは小さくうなずいて、息を大きく吸った。
「花林神社には、管理人の田中喜市さんという人が住んでいます」
大きな声で言ったら、緊張《きんちょう》がとれた。
「田中さんは、八十五歳《さい》です。この町にずっと住んでいます。終戦のとき、田中さんはおれたちと同じ十一歳でした。田中さんは戦争で家族を亡《な》くしました」
教室がしずまる。
「田中さんは、戦争の語《かた》り部《べ》をやっています。田中さんに、ぜひ学校に来てもらって、戦争についての講演をしてもらいたいんです」
みんな、［Ｂ］でこっちを見ている。
「1この企画《きかく》を、ぜひみんなに協力してもらいたいんです！　お願いします！」
大きな声で言って頭を下げると、忍と宇太佳も「お願いします！」と言って、頭を下げた。
誰《だれ》かが「へえ」と言い、誰かが「いいじゃん」と言った。
「賛成の人、手をあげてください」
いきなり立ち上がって、［　　］をとったのは小野田だ。小野田が自ら手をまっすぐにあげると、クラスのみんなも次々と手をあげた。けれど、手をあげない人もいた。
「反対の人、意見をお願いします」
小野田が手をあげなかった生徒を指名する。
「準備が大変だと思います。ぼくは*中受《ちゅうじゅ》を控《ひか》えてるから、授業時間を減らされるのは困ります」
真面目《まじめ》男子が意見する。
「なるほど。そのへんのことはどう考えてますか？」
小野田がおれに振《ふ》る。
「授業には支障が出ないようにします。学級活動の時間内や放課後に準備したいと思っています。もちろん塾《じゅく》や習い事がある人は、そっちを優先してくれてかまいません」
忍だって中学受験組だ。支障があったら困る。
「でも実際、今日の五時間目の理科の授業をこんなことに使ってるじ

2024年度
京 華 中 学 校
▶解説と解答

算 数 ＜第１回午前試験＞（50分）＜満点：100点＞

解 答

$\boxed{1}$ (1) 24 (2) 78 (3) $\frac{1}{3}$ $\boxed{2}$ (1) 8個 (2) 15kg (3) 12年後 (4) 832円 (5) あと3台 (6) 80g (7) 102個 (8) 10個 $\boxed{3}$ (1) 63度 (2) 28.56cm^2 (3) 225cm^2 (4) 6個 $\boxed{4}$ (1) 23人 (2) 82% $\boxed{5}$ (1) 16cm, 24cm (2) 18cm (3) 6.3 $\boxed{6}$ (1) 分速750m (2) 10分30秒後 (3) 2.4km $\boxed{7}$ (1) 11 (2) 39

解 説

$\boxed{1}$ 四則計算，逆算

(1) $4\times(35-24\div8)-13\times8=4\times(35-3)-104=4\times32-104=128-104=24$

(2) $(35.6+26.8)\div0.32\times0.4=62.4\div0.32\times0.4=195\times0.4=78$

(3) $(0.5-\square)\times\frac{3}{4}\div0.25+2\frac{1}{6}=2\frac{2}{3}$ より，$(0.5-\square)\times\frac{3}{4}\div\frac{1}{4}+\frac{13}{6}=\frac{8}{3}$，$(0.5-\square)\times\frac{3}{4}\times\frac{4}{1}=\frac{8}{3}-\frac{13}{6}=\frac{16}{6}-\frac{13}{6}=\frac{3}{6}=\frac{1}{2}$，$(0.5-\square)\times3=\frac{1}{2}$，$0.5-\square=\frac{1}{2}\div3=\frac{1}{6}$ よって，$\square=\frac{1}{2}-\frac{1}{6}=\frac{3}{6}-\frac{1}{6}=\frac{2}{6}=\frac{1}{3}$

$\boxed{2}$ 公倍数，相当算，年齢算《ねんれいざん》，売買損益，仕事算，濃度《のうど》，割合と比，つるかめ算

(1) 4でも6でも割り切れる数は，4と6の最小公倍数である12の倍数なので，100までにふくまれる12の倍数の個数を求めればよい。100÷12＝8あまり4なので，1から100までの整数の中に，4でも6でも割り切れる数は8個ある。

(2) はじめに袋に入っていた米を1とすると，Aさんに$\frac{7}{15}$，Bさんに$\frac{3}{10}$渡《わた》したので，残りは，$1-\frac{7}{15}-\frac{3}{10}=\frac{7}{30}$である。これが3.5kgにあたるので，はじめに入っていた米は，$3.5\div\frac{7}{30}=15$(kg)と求まる。

(3) Aさん，Bさん，Cさんの年齢の合計とお母さんの年齢の差は，38−14＝24(歳)である。1年で差は2歳ずつ小さくなっていくので，3人の年齢の合計とお母さんの年齢が同じになるのは，24÷2＝12(年後)となる。

(4) 定価は，800×(1＋0.3)＝1040(円)で，値引き後の売値は，1040×(1－0.2)＝832(円)である。

(5) 仕事全体を1とすると，機械1台で1日にできる仕事は，$\frac{1}{4}\div2\div3=\frac{1}{24}$である。残りの，$1-\frac{1}{4}=\frac{3}{4}$を3日で仕上げるためには，$\frac{3}{4}\div3\div\frac{1}{24}=6$(台)必要なので，必要なのはあと，6－3＝3(台)である。

(6) 15%の食塩水320gにふくまれる食塩の重さは，320×0.15＝48(g)である。食塩48gがふくまれる12%の食塩水の全体の重さは，48÷0.12＝400(g)なので，加えた水は，400－320＝80(g)となる。

⑺　Ａさんと Ｂさんが持っているビー玉の合計は108個で，Ａさんは Ｂさんより２個多く持っているから，Ａさんが持っているビー玉は，(108＋２)÷２＝55(個)である。Ａさんと Ｂさんが持っているビー玉の合計と Ｃさんと Ｄさんが持っているビー玉の合計の比は６：５なので，Ｃさんと Ｄさんが持っているビー玉の合計は，108÷６×５＝90(個)で，Ｃさんは Ｄさんより４個多く持っているから，Ｃさんが持っているビー玉は，(90＋４)÷２＝47(個)となる。よって，Ａさんと Ｃさんが持っているビー玉の合計は，55＋47＝102(個)と求まる。

⑻　25個すべてチーズケーキを買うと代金は，320×25＝8000(円)である。チーズケーキをショートケーキに１個おきかえるごとに代金は，380－320＝60(円)ずつ増えるから，ショートケーキは，(8600－8000)÷60＝10(個)買ったとわかる。

３　角度，複合図形の面積，辺の比と面積の比，立体の見え方

⑴　右の図１のように，●の部分の角度は，90－27＝63(度)である。四角形の内角の和は360度なので，○の部分の角度は，360－(90＋63＋90)＝117(度)となる。よって，x の角の大きさは，180－117＝63(度)と求まる。

図１

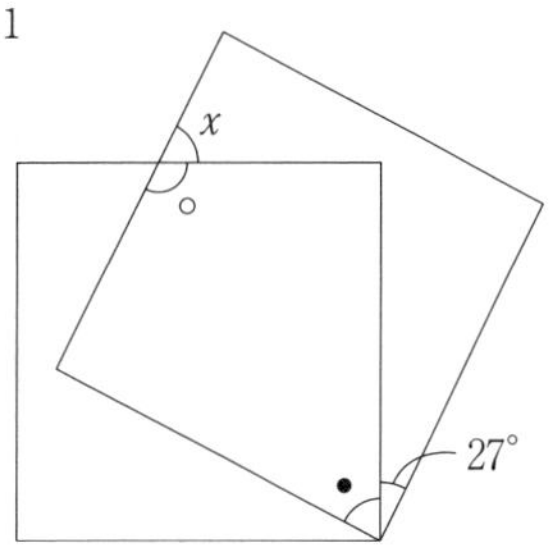

⑵　右下の図２の㋐の部分の面積は，１辺が４cmの正方形から，半径が４cmで中心角が90度のおうぎ形をひいた面積なので，４×４－４×４×3.14÷４＝3.44(cm²)である。㋑と㋒の部分の面積は，底辺が８cmで高さが４cmの三角形の面積なので，８×４÷２＝16(cm²)となる。よって，斜線《しゃせん》の部分の面積は，１辺が８cmの正方形から㋐，㋑，㋒の面積をひいた，８×８－3.44－16×２＝28.56(cm²)となる。

図２

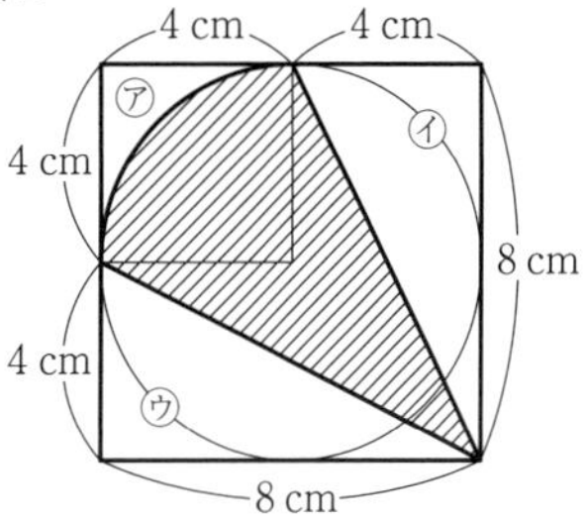

⑶　右下の図３の斜線の部分の面積は，底辺が20cmで高さが30cmの三角形の面積から，三角形 AEG と三角形 HFC の面積をひいたものである。三角形 AEG は三角形 CDG と相似でその比は，AE：CD＝10：20＝１：２となる。よって，三角形 AEG の高さは，30÷(１＋２)×１＝10(cm)である。三角形 HFC は三角形 HDA と相似でその比は，FC：DA＝10：30＝１：３となる。したがって，三角形 HFC の高さは，20÷(１＋３)×１＝５(cm)である。以上のことから，斜線の部分の面積は，20×30÷２－10×10÷２－10×５÷２＝225(cm²)と求まる。

図３

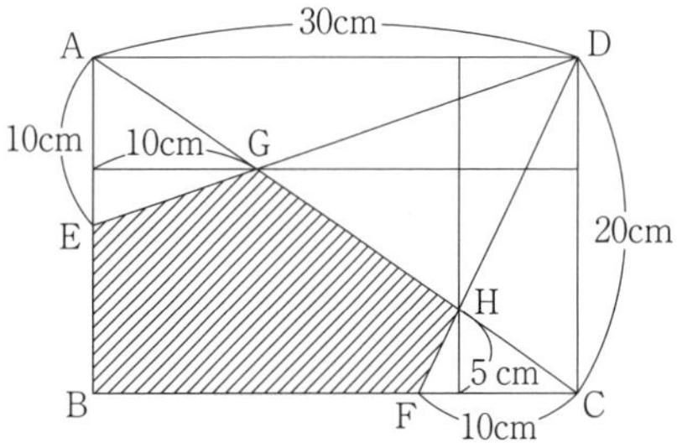

⑷　２つの面だけ色がついている立方体は，下の図４と図５の①～⑥の６個である。

図４　正面から見た図

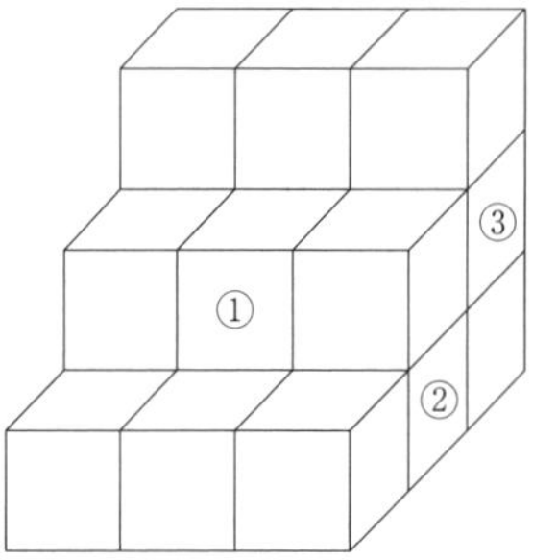

図５　後ろから見た図

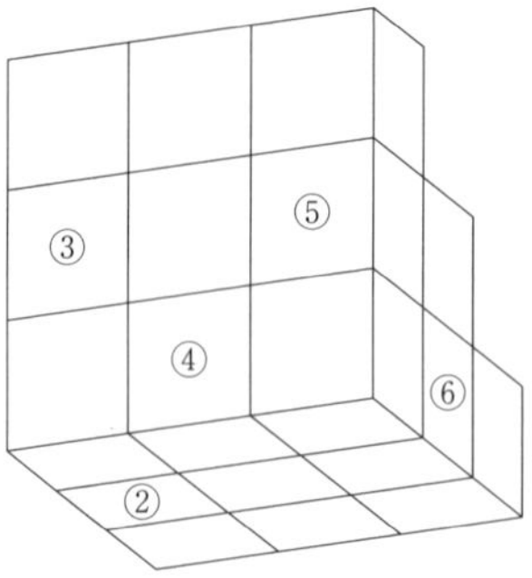

4 データの調べ方

⑴　算数の得点が７点の生徒は，１＋３＋２＋５＋１＝12(人)，８点の生徒は，３＋２＋１＝６(人)，９点の生徒は，１＋２＝３(人)，10点の生徒は，１＋１＝２(人)なので，７点以上の生徒は，12＋６＋３＋２＝23(人)となる。

⑵　算数と国語の合計が10点以上なのは，右の図の太線でかこまれた部分にふくまれる生徒である。算数の得点が７点以上の生徒は23人なので，それ以外の生徒も合わせると，２＋１＋１＋３＋２＋２＋１＋２＋１＋３＋23＝41(人)である。これは全体の，41÷50×100＝82(％)となる。

国語(点)＼算数(点)	0	1	2	3	4	5	6	7	8	9	10
0											
1											
2	1		1								
3	1			1	2						
4				1							
5				1	1	1	2				
6					2	1	1	1			
7						3	2	3			
8						2	1	2	3	1	
9							3	5	2	2	1
10								1	1		1

5 水の深さと体積

⑴　右の図のように，３つにしきられた底面を左から①，②，③とする。グラフを見ると平らになるところが２つあり，１回目に平らになるのは16cmのところなので，左のしきりの高さは16cmである。２回目に平らになるところを見ると，９分で平らな部分が終わっているので，水を入れ始めた９分後，①，②，③のすべての部分に右の仕切りの高さまで水が入ったことがわかる。右のしきりの高さまで水が入ったあと，15－９＝６(分)かかって満水となっており，６分で入った水の量は，８×６＝48(L)＝48000(cm³)である。よって，右のしきりの高さと水そうの深さの差は，48000÷50÷(30＋30)＝16(cm)である。したがって，右のしきりの高さは，40－16＝24(cm)と求まる。

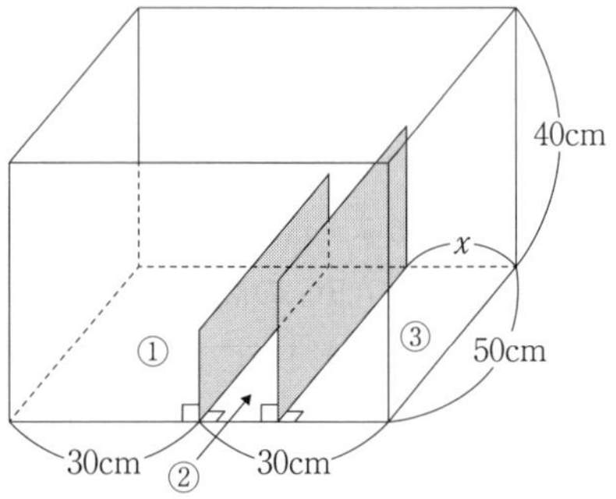

⑵　①と②の部分に16cmの深さまで水が入るのにかかる時間は4.2分である。4.2分で入った水の量は，８×4.2＝33.6(L)＝33600(cm³)となる。よって，①と②を合わせた部分の水そうの横の長さは，33600÷50÷16＝42(cm)である。したがって，xの長さは，60－42＝18(cm)である。

⑶　アにあたるのは，①と②の部分に24cmの高さまで水が入るのにかかった時間である。このときに入っている水の量は，50×42×24＝50400(cm³)＝50.4(L)となる。よって，アにあてはまる数

は，50.4÷８＝6.3と求まる。

6 旅人算

⑴　父はＡさんが家を出発した７分後に家を出発し，図書館に13分間いたので，車で移動した時間は，48－７－13＝28(分)である。家に向かったときは，図書館に向かったときの$\frac{4}{3}$倍の速さで進んだので，図書館に向かったときと家に向かったときにかかった時間の比は，１：$\frac{3}{4}$＝４：３となる。これより，図書館に向かったときにかかった時間は，28÷(４＋３)×４＝16(分)であり，そのときの速さは，12000÷16＝750より，分速750ｍとなる。

⑵　Ａさんが自転車で進む速さは，12000÷48＝250より，分速250ｍである。よって，父が出発したときにＡさんが進んでいた道のりは，250×７＝1750(ｍ)である。１分間に２人は，750－250＝500(ｍ)ずつ近づくので，父がＡさんを追いこしたのは，父が家を出発してから，1750÷500＝3.5(分後)となり，Ａさんが家を出発してから，3.5＋７＝10.5(分後)とわかる。0.5分は，0.5×60＝30(秒)より，10.5分は10分30秒なので，Ａさんが家を出発してから10分30秒後と求まる。

⑶　父が図書館を出発したのは，Ａさんが家を出発してから，７＋16＋13＝36(分後)である。このとき，Ａさんは，250×36＝9000(ｍ)進んでいるから，２人の間の道のりは，12000－9000＝3000(ｍ)となる。父が家に向かったときの速さは，750×$\frac{4}{3}$＝1000より，分速1000ｍである。１分間に２人は，1000＋250＝1250(ｍ)ずつ近づくので，父とＡさんがすれ違うのは，父が図書館を出発してから，3000÷1250＝2.4(分後)となる。2.4分で父が進んだのは，1000×2.4＝2400(ｍ)より，図書館から2.4kmのところだとわかる。

7 条件の整理

⑴　60枚のカードを上から同じ枚数ずつ３つに分けるので，カードは20枚ずつに分かれる。１組目のカードは「１～20」，２組目のカードは「21～40」，３組目のカードは「41～60」である。上から２組目，１組目，３組目の順番になるように重ねたので，カードは上から「21～40」，「１～20」，「41～60」となっている。31－20＝11より，上から31枚目は，１組目の「１～20」の上から11枚目のカードとなるので，11と求まる。

⑵　60枚のカードを上から同じ枚数ずつ４つに分けるので，カードは15枚ずつに分かれる。上から「21～40」，「１～20」，「41～60」の順に重ねられているので，１組目のカードは「21～35」，２組目のカードは「36～40」，「１～10」，３組目のカードは「11～20」，「41～45」，４組目のカードは「46～60」となる。上から順に３組目，１組目，２組目，４組目の順番になるように重ねたので，カードは上から「11～20」，「41～45」，「21～35」，「36～40」，「１～10」，「46～60」となっている。下から27枚目は，上から，60－27＋１＝34(枚目)であり，34－15－15＝４より，２組目の「36～40」，「１～10」の中で上から４枚目の39と求まる。

社　会　＜第１回午前試験＞（理科と合わせて50分）＜満点：50点＞

解　答

1 問１　エ　　問２　渋沢栄一　　問３　十七条の憲法(憲法十七条)　　問４　ア　　問５　ア　　問６　津田梅子　　問７　ウ　　問８　ア　　問９　(例)　点字ブロック　　問10

GDP　**問11**　ユーロ　**問12**　エ　**2**　**問１**　イ　**問２**　関ケ原(の戦い)　**問３**　イ　**問４**　マイナンバー　**問５**　個人情報　**問６**　ア　**問７**　院政　**問８**　エ

解　説

1　新紙幣《しんしへい》を題材にした問題

問１　日本銀行の３つの役割は，アの「政府の銀行」，イの「銀行の銀行」，ウの「発券銀行」である。エの増税による景気のコントロールは政府の役割である。政府は公共事業の量を増減させたり，税金を増減させたりする財政政策をとり，極端《きょくたん》な景気の変動を防いでいる。

問２　渋沢《しぶさわ》栄一は数多くの企業《きぎょう》の設立に携《たずさ》わるとともに，福祉《ふくし》や医療《いりょう》などの社会貢献《こうけん》にも力を注いだ。

問３　聖徳太子は十七条の憲法のほかに冠位《かんい》十二階の制度を設けて，家柄《いえがら》にとらわれず，有能な人を役人に用いた。

問４　イは西郷隆盛《たかもり》，ウは伊藤《いとう》博文，エは大隈《おおくま》重信の説明である。　　イ　西南戦争は西郷隆盛を中心とした士族らが起こした反乱で，士族らは徴兵令《ちょうへいれい》によって組織された近代的な軍隊に敗れた。西南戦争以降，武力による反乱はなくなり，言論の時代となった。　　ウ　伊藤博文はヨーロッパにわたり，特に君主の権力が強いドイツ(プロイセン)の憲法を中心に調査した。帰国後，伊藤らが作成した憲法案は枢密院《すうみついん》の審議《しんぎ》を経て，1889年に大日本帝国憲法《だいにっぽんていこくけんぽう》として発布された。　　エ　大隈重信はイギリスのような議会政治を目指すべく，1882年に立憲改進党をつくった。

問５　イは与謝野晶子《よさのあきこ》が日露《にちろ》戦争に出兵した弟を思って詠《よ》んだ詩，ウは石川啄木《たくぼく》の歌集，エは夏目漱石《そうせき》が書いた小説である。

問６　津田《つだ》梅子は岩倉使節団に同行し，アメリカに留学した女子留学生である。最年少であった津田梅子はアメリカで11年教育を受け，帰国後，1900年に女子英学塾《じゅく》(現在の津田塾大学)をつくった。

問７　アは陸奥《むつ》宗光，イは志賀潔，エは田中正造の説明である。　　ア　陸奥宗光が1894年に日英通商航海条約をむすび，領事裁判権の廃止《はいし》に成功した後，1911年には小村寿太郎《じゅたろう》外相のもと，関税自主権を完全に回復した。　　イ　明治時代，徐々《じょじょ》に帝国大学や専門学校などの制度が整えられるようになり，国民に教育が広がる中で，19世紀には野口英世や北里柴三郎《しばさぶろう》，志賀潔など世界的に評価される人物も登場した。　　エ　田中正造は栃木《とちぎ》県出身の政治家で，足尾《あしお》銅山の鉱毒事件に対し，天皇に直訴《じきそ》するなどの反対運動を行ったり，被害者の救済を訴《うった》えたりするなど事件の解決に全力を注いだ。

問８　イは「凱風《がいふう》快晴」，ウは「東海道金谷ノ不二」，エは「穏田之《おんでんの》水車」という作品で，いずれもアの「神奈川沖浪裏《かながわおきなみうら》」とともに葛飾北斎《かつしかほくさい》による『富嶽《ふがく》三十六景』に収められている。『富嶽三十六景』は富士山を各地のあらゆる角度から描いた全46図の錦絵である。

問９　道路にある点字ブロックは，進む方向，曲がり角や横断歩道など気を付けるべき場所を視覚障害者に示すためのものである。他にも視覚障害者に配慮《はいりょ》した工夫として，青信号で音楽の流れる信号機，切符《きっぷ》の券売機などに付けられた点字の表示，音声で入力できるパソコンなどがある。

問10　国内総生産(GDP)とは，国内で一定期間に生産された財やサービスなどの付加価値の合計である。2023年の日本の名目GDPがドイツに抜《ぬ》かれ，世界４位となった。

問11　ユーロはEU加盟国の多くの国で導入されている共通通貨である。ユーロを導入している国どうしの場合，両替《りょうがえ》の必要がなくなるために経済活動が活発になるという利点がある。

問12　アは元アメリカ合衆国大統領トランプ，イは2024年現在のアメリカ合衆国大統領であるバイデン，ウはイギリスのコメディ俳優ローワン・アトキンソンである。

2　2011年からおよそ12年間の出来事を題材にした問題

問１　大雪は気象災害のため，地震《じしん》の二次災害にあてはまらないので，イが誤っている。　ア　津波《つなみ》は，地震の震源が海底下の浅いところにあると，海底面が上下に動き，海底から海面までの海水全体を動かし，海面も上下に変化することで起こる。　ウ　1923年に起きた関東大震災では，地震発生が正午ごろで多くの家庭が昼食の準備をしていたこともあり，倒《たお》れた家屋から次々と出火し，東京，横浜《よこはま》を中心に各地が火災に見舞《みま》われた。　エ　弱い地盤《じばん》などが，地盤の動きや地震の揺《ゆ》れによって地面が裂《さ》けたり，ひびが入ったりする現象。　オ　大きな地震の発生後に引き続いて発生する，最初に発生した大きな地震よりも小さな地震を余震という。　カ　地震の振動《しんどう》で地面の中の土砂が液体のようになる現象。埋《う》め立て地や河口の低地などで起きやすく，地面が液体のようになってしまうため，建物が傾《かたむ》いたり，うきあがったりすることがある。

問２　岐阜《ぎふ》県が主戦場となった関ケ原の戦いが起きたのは1600年である。関ケ原の戦いで勝利した徳川家康は，1603年に征夷《せいい》大将軍に任命され，江戸《えど》幕府を開いた。江戸幕府は幕藩《ばくはん》体制をとり，大名や朝廷《ちょうてい》を様々な政策で統制したため，大きな戦いが起きることなく約260年間にわたって全国を支配することができた。

問３　ア　富士山は「富士山—信仰《しんこう》の対象と芸術の源泉」という名称《めいしょう》で世界文化遺産として登録されている。　ウ　富士登山に訪れる人は年間約20～30万人おり，2020年は新型コロナウイルスの影響《えいきょう》により閉山したが，2021年からは再び多くの登山観光客が訪れている。　エ　世界遺産の認定を担っているのはUNESCO（国連教育科学文化機関）で，UNICEF（国連児童基金）は発展途《と》上《じょう》国や紛争地《ふんそうち》の子どもたちの支援《しえん》を行う機関である。

問４　マイナンバーは国民一人一人に与《あた》えられた12桁《けた》の番号で，社会保障制度，税制，災害対策など，法令または条例で定められた事務手続において使用される。政府はマイナンバーカードの普《ふ》及《きゅう》に努めており，2024年２月現在，人口に対するマイナンバーカード保有枚数率は73.3％となっている。

問５　個人情報保護法では，氏名，生年月日，住所，顔写真などによって特定の個人を識別できる情報が個人情報であると規定されている。

問６　高度経済成長期は1955～1973年，バブル経済の時期は1980年代後半～1990年代初めにあたる。高度経済成長期，都市の過密問題を解消するため，都市の周辺地域に開発された新しい市街地をニュータウンという。開発から50年以上が経過して施設《しせつ》の老朽化《ろうきゅうか》が進むとともに，入居者の高齢化《こうれいか》が進んでいる。高度経済成長期には増加する人口に対応するために小学校が次々に開校されたが，現在は閉校が増えている。

問７　白河上皇は1086年に院政を開始した。

問８　ア　営業時間などの規制や客の自粛《じしゅく》によって，多くのお店で売り上げが激減した。2020年における小売業全体の販売額《はんばいがく》は前年から－3.2％，外食産業全体では前年から－15.1％となった。
イ　コロナ禍《か》の緊急対応によりテレワークを利用する企業が増え，コロナ禍が落ち着いた現在でもテレワークを継続し，働く場所の自由度が高まった企業が増えたことは働き方改革のひとつである。　ウ　オンライン授業の実施に関して各家庭のIT環境《かんきょう》の格差が問題となった。

理　科　＜第１回午前試験＞（社会と合わせて50分）＜満点：50点＞

解　答

1 **問１**　ウ　**問２**　ア　**問３**　イ　**問４**　ウ　**問５**　エ　**問６**　イ　**2** **問１**　ウ，エ　**問２**　二酸化炭素　**問３**　（例）●よりも◎の方が重いため。　**問４**　**気体Ｂ**…酸素　**捕集方法**…ア　**問５**　イ　**3** **問１**　②　**問２**　しん食　**問３**　風化　**問４**　運ぱん　**問５**　たい積　**問６**　イ　**問７**　（例）しだいに小さくなる。　**4** **問１**　**おもり**…80g　**長さ**…14cm　**問２**　**Ａののび**…10cm　**Ｂののび**…５cm　**問３**　40g　**問４**　**Ａののび**…６cm　**Ｂののび**…２cm　**問５**　20g

解　説

1　**植物や細菌《さいきん》の利用についての問題**

問１　植物が行っている光合成は，二酸化炭素と水を材料にし，光のエネルギーを利用して養分(デンプン)と酸素をつくるはたらきのことである。植物が光合成によってつくり出す酸素は，ほかの生物が呼吸をするのに使われる。

問２　主に食用としている部分は，ゴボウでは根，キャベツでは葉，ジャガイモでは茎《くき》，スイカでは果実である。ジャガイモのイモは，地下にのびた茎の先の部分である。

問３　お茶(緑茶)を空気にふれる状態で放置していると，お茶に含《ふく》まれる成分が空気中の酸素と結びついて変化し，お茶が茶色っぽい色に変わっていく。

問４　食材に有益な変化をもたらしてくれるような，微《び》生物が養分を分解するはたらきのことを発《はっ》酵《こう》という。発酵によってつくられる食品には，酒類，みそ，しょうゆ，チーズ，ヨーグルト，納豆，漬物《つけもの》などがある。

問５　紙は，繊維《せんい》をからみ合わせて平たくしたものである。現在は一般的に木材の繊維を原料としているが，古来日本ではコウゾやミツマタなどの植物の繊維が利用されていた。

問６　化石燃料には石油(原油)，石炭，天然ガスがある。石油はドロドロとした液体状をしており，これを精製してガソリンや軽油などに分けている。石炭は固体の状態でとれ，ふつう固体のまま使用する。天然ガスは気体だが，輸送や保存のさいには冷やして液体にするのが一般的である。

2　**ものの燃え方についての問題**

問１　ろうそくが燃えると，火のまわりの空気に含まれる酸素は燃えるのに使われて量が少なくなる。また，空気はあたためられて軽くなって上に動く。そのため，アやイのように集気びんにふたがしてあると，酸素の少ない空気が集気びんの中にたまり，火は燃え続けることができなくなり消えてしまう。これに対して，ウでは，酸素の少ない空気が集気びんの口から出ていき，かわりに外の酸素の多い空気が底の方から入ってくるので，よく燃え続ける。エでも，酸素の少ない空気が集気びんの口の中央部から出ていき，かわりに外の酸素の多い空気が口の端《はし》の方から入ってくるので，燃え続けることができる。

問２　ろうそくが燃えると，酸素が使われて減り，二酸化炭素が発生して増える。図で，●は燃やした後の方が少ないので酸素，◎は燃やした後の方が多いので二酸化炭素とわかる。○は，燃やす前と燃やした後で量に変化がないので，空気中に主に含まれている窒素《ちっそ》である。

問３　図を見比べると，燃やした後は燃やす前に比べて，●の酸素が減り，◎の二酸化炭素が増えている。二酸化炭素は酸素の1.5倍ぐらいの重さがあるので，燃やす前の空気より燃やした後の空気の方が重くなる。

問４　空気は，約８割が窒素，約２割が酸素で，ほかの気体(アルゴンや二酸化炭素など)はわずかである。よって，グラフのＡは窒素，Ｂは酸素であり，酸素はオキシドール(過酸化水素水)に二酸化マンガンを加えると発生する。酸素は水にとけにくい気体であるため，アの水上置換《ちかん》法で集める。

問５　空気180mLと窒素20mLを入れた集気びんでは，酸素が，$180\times\frac{1}{4+1}=36$(mL)入っていて，その割合は，$36\div(180+20)\times100=18$(％)である。また，空気140mLと窒素60mLを入れた集気びんでは，酸素が，$140\times\frac{1}{4+1}=28$(mL)入っていて，その割合は，$28\div(140+60)\times100=14$(％)になる。したがって，境目になる酸素の割合は，14％から18％の間にあると考えられる。

3　流れる水のはたらきについての問題

問１　川がまっすぐ流れているところでは，川の真ん中あたりの流れが最も速く，川岸に近づくほど流れが遅《おそ》くなる。

問２　川を流れる水が，地層の表面や岩石をけずりとるはたらきを，しん食という。

問３　地層の表面や岩石は，温度変化や風雨などの影響《えいきょう》を受けることで少しずつもろくなっていき，くずれていく。これを風化という。

問４　川を流れる水が，れき・砂・泥《どろ》などを運ぶはたらきを，運ぱんという。

問５　川を流れる水が，れき・砂・泥などを積もらせるはたらきを，たい積という。

問６　川を流れる水によって運ばれてきた，れき・砂・泥などが海に出ると，粒《つぶ》が大きいものほど早くしずむため，河口に近い順にれき，砂，泥がたい積する。Ｘの海底は，昔は海岸線から遠く，現在は海岸線に近いので，しだいに海岸線が近づいてきたと考えられる。したがって，たい積するものもだんだん粒が大きくなっていき，泥→砂→れきの順にたい積したと考えられる。地層の逆転がないとき，地層は下の方ほど古いので，イが適切である。

問７　川の流れが遅くなると，河口から出たときの勢いが小さくなり，大きい粒はＸの海底に届く前にしずんでしまい，Ｘの海底よりも海岸線から遠いところにしずんでいた小さい粒が，Ｘの海底にしずんでしまう。このように，Ｘの海底にたい積する粒の大きさは小さくなっていく。

4　ばねののびについての問題

問１　自然の長さはばねＡの方がばねＢより，$10-6=4$(cm)短い。また，20gのおもりをつり下げると，ばねＡは，$1\times\frac{20}{10}=2$(cm)のび，ばねＢは１cmのびるから，ばねＡの方が，$2-1=1$(cm)長くなる。したがって，つり下げるおもりの重さが20g増えるごとに，ばねＡとばねＢの長さの差は１cmずつ縮まっていくから，両方のばねに，$20\times\frac{4}{1}=80$(g)のおもりをつり下げると，同じ長さ(14cm)になる。

問２　ばねＡにもばねＢにも100gの重さがかかるので，ばねＡは，$1\times\frac{100}{10}=10$(cm)のび，ばねＢは，$1\times\frac{100}{20}=5$(cm)のびる。

問３　長さの合計を22cmにするには，両方のばねを合わせて，$22-(6+10)=6$(cm)のばせばよい。つり下げるおもりの重さが20g増えるごとに，両方のばねを合わせて，$2+1=3$(cm)のびるから，$20\times\frac{6}{3}=40$(g)のおもりをつり下げればよい。

問４　ばねＡは，それより下にあるおもり①と②の重さの合計，$20+40=60$(g)がかかるので，$1\times\frac{60}{10}=6$(cm)のびる。ばねＢは，それより下にあるおもり②の重さ40gがかかるので，$1\times\frac{40}{20}=2$(cm)のびる。

問５　長さの合計を21cmにするには，両方のばねを合わせて，$21-(6+10)=5$(cm)のばせばよい。このうち20gのおもり①によってばねＡが，$1\times\frac{20}{10}=2$(cm)のびるから，おもり②によって両方のばねを合わせて，$5-2=3$(cm)のばせばよいことがわかる。したがって，おもり②の重さは，20g増えるごとに両方のばねを合わせて３cmのばすから，$20\times\frac{3}{3}=20$(g)にすればよい。

国　語　＜第１回午前試験＞（50分）＜満点：100点＞

解　答

一　**1**　**A**　ウ　**B**　エ　**C**　ア　**2**　ウ　**3**　エ　**4**　Ⅰ　同じ歳　Ⅱ　戦争の語り部　Ⅲ　知ってもらいたい　**5**　（例）　反対する女子に腹を立てると同時に，小野田の問いかけにどう答えていいかわからないと思っている。　**6**　ア　**7**　イ　**8**　イ

二　**1**　**A**　エ　**B**　ウ　**C**　ア　**D**　イ　**2**　④　**3**　Ⅰ　個体差　Ⅱ　基本戦略　Ⅲ　能力の違い　**4**　イ　**5**　エ　**6**　（例）　経験豊富な高齢者や危険を経験した傷病者の知恵は身体的に弱い人類が生き抜くうえで参考になったから。　**7**　**ア**　×　**イ**　×　**ウ**　×　**エ**　○　**オ**　○　三　①　はいしゃく　②　けはい　③　へいこう　④　かなめ　⑤　ふる(う)　四　下記を参照のこと。

●漢字の書き取り

四　①　綿密　②　緑黄　③　退任　④　群(がる)　⑤　勤(める)

解　説

一　**出典：椰月美智子《やづきみちこ》『昔はおれと同い年だった田中さんとの友情』**。十一歳《さい》の「おれ」は，神社の管理人であり，戦争の語り部をやっている八十五歳の田中さんと知り合い，田中さんのことをクラスの仲間たちに紹介《しょうかい》したいと思って，学校で戦争についての講演をしてもらう企画《きかく》を立ててみんなに提案する。

1　空欄《くうらん》Ａはクラスのみんなの様子である。「おれ」の発言が「あ，あのおっ！」といきなり言い出したものであることや，クラスのみんながこのあと「なにそれ」「知らない」「なんの話？」などと言っていることから，「おれ」の行動が唐突《とうとつ》なもので，みんながそれについて不思議に思っていることがわかる。空欄Ｂもやはりみんなの様子だが，ここでは，「田中さんは戦争で家族を亡《な》くしました」という深刻な内容を聞いて教室がしずまったあとのことなので，みんなは「おれ」に対して真剣《しんけん》な態度を向けるようになったと考えられる。空欄Ｃは小野田の様子である。小野田はここで女子と忍とのケンカの仲裁に入っており，「ねっ」と呼びかけているので，なんとかその場を収めようと笑顔を作っているのだと考えられる。　**2**　「鬼《おに》の首をとる」は「鬼の首をとったよう」などと使い，大きな手柄《てがら》を立てたように得意になっている様子を表す。「揚《あ》げ足をとる」は人のち

ょっとした言い間違《まちが》いや言葉足らずなどをとらえて相手を責めたり馬鹿《ばか》にしたりすること。「音頭をとる」は先に立ってみんなを誘導《ゆうどう》したりまとめたりすること。「機嫌《きげん》をとる」は気に入られるような言動をしたり人の気持ちを慰《なぐさ》めたりすること。ここでの小野田は，「賛成の人，手をあげてください」とみんなを誘導し，まとめているので，ウの「音頭」が適当。　**3**　ａでは「おれ」がいきなり発言しようとしていることや最初に「あ，」とつっかえていることから，不安や興奮，緊《きん》張《ちょう》した状態であることが考えられる。ｂは「おれ」が仲間から発言を促《うなが》されてうなずき，これからしっかり話そうというように息を大きく吸っている様子から，奮起や決意が感じられる。ｃは「おれ」が言葉に詰《つ》まっていることから，「真面目男子」に図星を指されて動揺《どうよう》していることがわかる。ｄは「戦争の話」について「そんな怖《こわ》い話をわざわざ聞きたくないです」と思いがけないことを言われ，「そんな意見が出るなんて，びっくりしたのだった」と感じているところなので，意表を突《つ》かれた気持ちになっていることがわかる。これらを全て満たしているものはエ。　**4**　それぞれの空欄の前後に書かれた内容と同じ内容や近い表現を本文から探す。Ⅰは「おれたちと同じ歳《とし》だったときにお母さんと妹さんを空襲《くうしゅう》で亡くした」，Ⅱは「田中さんは，戦争の語り部をやっています」，Ⅲは「田中さんのことを，みんなに知ってもらいたい」とそれぞれ書かれている。　**5**　直後から「おれ」の心情が述べられているので，そこにある「なんて答えたらいいかわからない」「ムカついていた」という気持ちを中心にまとめる。「ムカついていた」よりあとに書かれている内容は「ムカついていた」ことの詳《くわ》しい説明なので，解答に入れなくてよい。　**6**　クラスの全員が賛成してくれたときの「おれ」の気持ちである。「無意識のうちに声が出た」とあるように，「おれ」が自分の率直な気持ちを伝えたあとにクラスが一瞬《いっしゅん》しずかになったことから，「ヤベ，やっちまったか」と不安になっていたが，その後にみんなが賛成してくれたのでうれしくなり，胸が熱く感じられるほど感動しているのである。アはこれに合っている。イは「講演ができることがわかりほっとしている」だけでは，「熱いかたまり」「熱くなる」といった強い気持ちとして足りていない。ウは「みんな田中さんの話を聞きたがっていたことがわかり」，エは「みんなが田中さんのことを知りたがっていることがわかり」とあるが，「真面目男子」や「戦争の話を聞きたくないと言った女子」は「勉強が遅《おく》れないなら」「田中さんの人生の話なら」と了承《りょうしょう》してくれただけで，積極的に聞きたがったり知りたがったりしているわけではないので，適当とは言えない。　**7**　直前にある「田中さんのことを，みんなに知ってもらいたい」ということについて「気力がわき上がってくるのを感じて」いるときの気持ちなので，アの「誰《だれ》よりも戦争について学び，詳しくなりたい」は合わない。イはがんばろうと思っている内容と合っている。ウは「反対していた人」について，「講演に賛成し」は述べられていたが「協力してくれている」というほど協力しているかどうかは不明だし，ここは「集まれる人だけで放課後にも打ち合わせをし」てからの気持ちなので，改めて「反対していた人が……協力してくれていることがわかり」というのは時間の流れから考えて適当ではない。エも「反対していた人たちを説得することができた」のは五時間目のできごとなので，放課後の打ち合わせで改めて感じるのはおかしい。　**8**　「主人公の境遇《きょうぐう》」は述べられていないので，アは合わない。「その場にいなかった人間がなに言ってんだ！」の部分で会話文以外の部分でも「！」を使用し，主人公の興奮を表現しているので，イは合う。視点は主人公に固定されていて，他の人物に切り替わることはないので，ウは合わない。主人公の心情は主人公の主観で感情的に描《えが》かれているので，エは合わない。

二 出典：稲垣栄洋《いながきひでひろ》『ナマケモノは，なぜ怠《なま》けるのか？　生き物の個性と進化のふしぎ』。筆者は，人間にはなぜ「個性」があるのか，「個性」にはどのような重要性があるのかということについて，生存のための戦略という視点から論じている。

１　Ａ　前で述べられていた「生き物の種類ごとの戦略」という内容についての具体例があとから述べられている。よって，例を挙げて説明するときに用いる「たとえば」があてはまる。　**Ｂ**　前で述べられていた「個性」の説明にあとの内容を付け加えているので，「しかも」があてはまる。　**Ｃ**　前では足が長いことの長所が述べられ，あとでは短所が述べられていることから，空欄の前後で逆の内容を述べる流れになっている。したがって，前の言葉をうけ，それに反する内容を述べるときに用いる「しかし」があてはまる。　**Ｄ**　前で述べた内容がどのような意味かをあとで補って説明しているので，「つまり」があてはまる。　**２**　欠落した一文「あちらを立てればこちらが立たず。」は物事を両立させることの難しさを述べたことわざなので，両立させることができれば便利だがそれは難しいといった内容が書かれているところに入る。④の直前で，背が高い方が便利なときと背が低い方が便利なときを書いており，背が高いことと低いことは両立しないということになるのであてはまる。　**３**　それぞれの空欄の前後に書かれた内容と同じ内容や近い表現を本文から探すと，Ⅰは「個体差はあるだろうが」，Ⅱは「『得意なところで勝負する』という生き物の基本戦略」，Ⅲは「能力の違いということは，優劣《ゆうれつ》があるということ」と書かれている。　**４**　アはＡさんと僕《ぼく》の「得意な科目」の違い，ウはＡさんと僕の「握力《あくりょく》」の強さや「ハンドボール投げ」の能力の違い，エはＡさんとＢさんの「人を思いやること」が苦手かどうかという，人による違いなので個性である。一方，イは僕と弟の成長による発達の違いなので，個性ではない。　**５**　オナモミが性質の異なる二つの種子を持つことを述べた上で，何が優れているかわからないときにどうすれば良いかということについて「オナモミの例に見るように，両方用意しておけば良いのである」と書いている。これと合うものはエ。アは「実際には答えがないにもかかわらずわかったフリをしてしまうのが人間の個性」，イは「答えをすぐに求めるよりも状況《じょうきょう》に合わせてじっくり考えるほうが良い結果につながる」，ウは「比べることに意味がない」ということを伝えるためにオナモミの例を出したわけではないので合わない。　**６**　「年老いた個体や病気やケガをした個体」の持つ意義を説明している「人間は他の生物に比べると力もないし，足も遅い弱い生物である。だから知恵《ちえ》を出し合って生き抜《ぬ》いてきた。知恵を出し合って助け合うときには，経験が大切になる。経験が豊富な高齢者《こうれいしゃ》や危険を経験した傷病者の知恵は，人類が生き抜く上で参考になった」という部分を用いてまとめる。　**７**　アはチーターにとっては正解だが，他の生物全てにあてはまることではないので×。イは「苦手克服《こくふく》の努力をすべき」は一般《いっぱん》的な考え方としてはあてはまるが，本文に書かれてはいないので×。ウは「知能が高いため」ではなく，「そうしなければ人間は自然界で生きていけなかった」から培《つちか》ってきたものと述べられているので×。エとオはいずれも何が正しいかわからないから多様性を用意しているという内容にあてはまるので○。

三 漢字の読み

①　「拝借する」は「借りる」の謙譲語《けんじょうご》。　②　はっきり見えるわけではないが，ぼんやりと感じ取れるもののこと。　③　いやになって言葉を失うこと。　④　音読みは「ヨウ」で，「要求」などの熟語がある。　⑤　音読みは「フン」で，「奮起」などの熟語がある。

四 漢字の書き取り

①　詳しくて細かいこと。隅々《すみずみ》まで注意が行き届いていること。　②「緑黄色」は緑色を帯びた黄色のこと。　③　役目から退くこと。　④　音読みは「グン」で，「群生」などの熟語がある。　⑤「会社に勤める」のように，働く・勤務するというときは「勤める」だが，「会長を務める」のように，役目・役割をするというときは「務める」，「問題の解決に努める」のように，努力して行うというときは「努める」になるので，使い分けに注意する。

Memo

2024年度 京華中学校

【算　数】〈第１回午後試験〉（50分）〈満点：100点〉

注意　1．答えが分数になるときは，**それ以上約分できない形**にしなさい。
　　　2．必要であれば，円周率は3.14として計算しなさい。
　　　3．コンパス，分度器，定規，計算機は使用できません。

1　次の $\square$ の中にあてはまる数を求めなさい。

(1)　$(51-36)\times4-(2\times12+3\times11)\div3=\square$

(2)　$5-\square\div\frac{18}{35}=2\frac{1}{3}-\frac{1}{4}$

(3)　$10-\left(2.25\div1\frac{2}{7}-\frac{1}{4}\right)\div\frac{3}{16}=\square$

2　次の問いに答えなさい。

(1)　９で割っても12で割っても２あまる整数のうち，201にいちばん近い整数を求めなさい。

(2)　時速108kmで走る電車は７秒で何m進みますか。

(3)　ある池のまわりに木を植えるのに，５m間かくと３m間かくでは木の本数に20本の差があります。この池のまわりの長さは何mですか。

(4)　はじめ所持金の $\frac{1}{8}$ を使い，次に残りの $\frac{2}{7}$ より60円多く使ったところ，340円残りました。はじめの所持金は何円でしたか。

(5)　大きいバス２台と小さいバス１台で115名が旅行に行きます。大きいバス１台の座席数は小さいバス１台の座席数よりも18席多く，全員が座席に座ったところ３台のバスの座席があわせて５席あまりました。大きいバス１台の座席数は何席ですか。

(6)　ある品物を定価の15%引きで売ると利益は300円で，定価の20%引きで売ると利益は100円です。この品物の原価は何円ですか。

(7)　あるテストを行ったところ，Ａさん，Ｂさん，Ｃさん，Ｄさん，Ｅさん５人の平均よりＤさん，Ｅさん２人の平均の方が３点低く，Ａさん，Ｂさん，Ｃさん３人の合計は240点でした。５人の平均は何点ですか。

(8)　右の図のように，立方体を２個ならべて立体を作りました。立方体の辺上を点Ａから点Ｂまでいちばん短い距離《きょり》で進むとき，進み方は全部で何通りありますか。

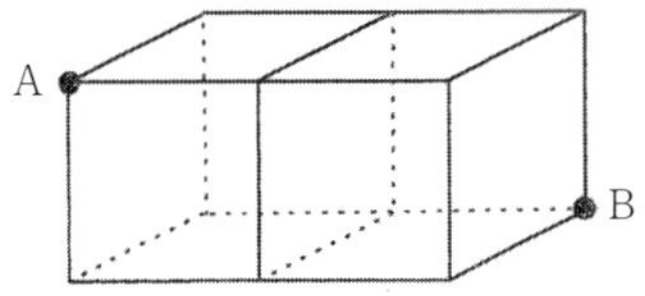

3　次の問いに答えなさい。

⑴　下の図１の正三角形 ABC で，辺上の各点はそれぞれの辺を３等分する点です。正三角形 ABC の面積が126cm^2のとき，四角形 PQRS の面積は何cm^2ですか。

図１

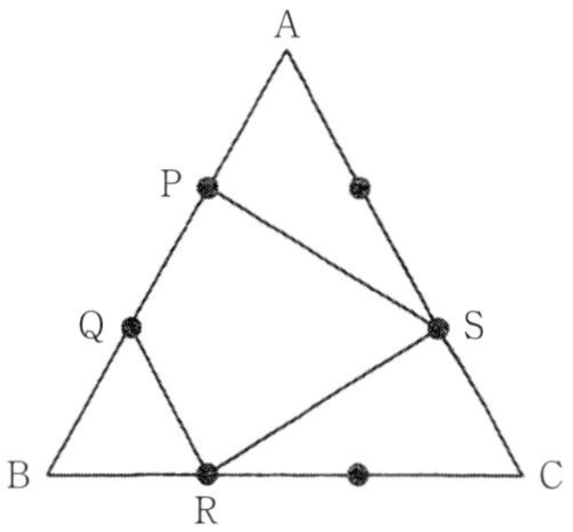

図２

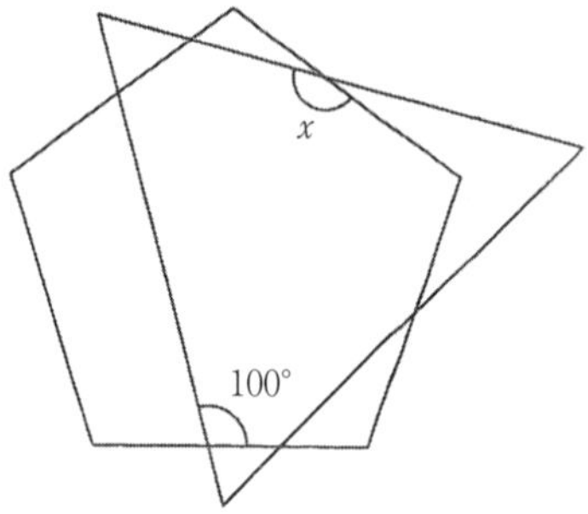

⑵　上の図２のように，正五角形と正三角形を重ねました。xの角の大きさは何度ですか。

⑶　下の図３のように，半径４cm のおうぎ形 OAB を図の位置から直線上をすべることなく矢印の向きに回転させます。OA が直線とはじめて重なるまで回転させたとき，点Oの動いた長さは何cm ですか。

図３

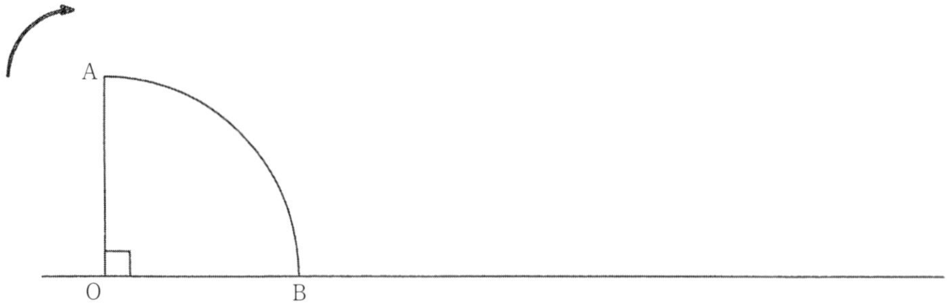

4　ある仕事をＡさんとＢさんが２人でしたところ，15日で全体の $\frac{8}{13}$ が終わりました。残りの仕事を仕上げるのに，Ａさん１人で25日かかりました。

次の問いに答えなさい。

⑴　この仕事をはじめから終わりまでＡさん１人で仕上げると何日かかりますか。

⑵　この仕事をはじめから終わりまでＡさん，Ｂさんの順に１日交代で仕上げると何日かかりますか。

5　太郎君は８時にＡ町を走って出発し，途中《とちゅう》で休けいをしてＢ町に向かいました。次郎君は太郎君がＡ町を出発した後，Ａ町を自転車で出発し，同じ道を通ってＢ町に向かったところ，Ｂ町で太郎君に追いつきました。右のグラフは，太郎君がＡ町を出発してからの時間と，太郎君と次郎君の距《きょ》離《り》の関係を表しています。２人の進む速さはそれぞれ一定として，次の問いに答えなさい。

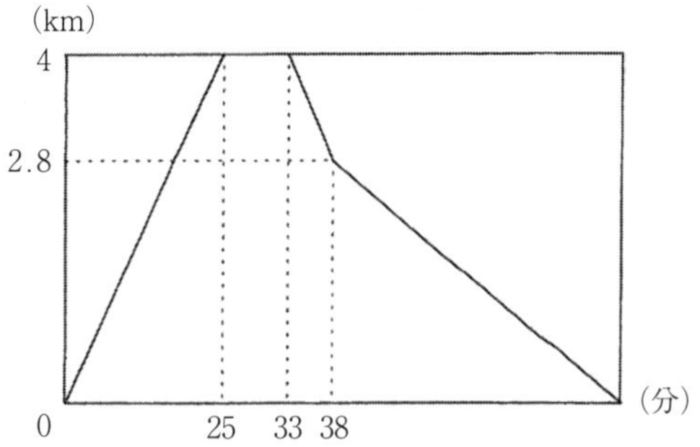

(1)　太郎君の走る速さは毎分何ｍですか。

(2)　次郎君の自転車の速さは毎分何ｍですか。

(3)　Ａ町からＢ町までの距離は何km ですか。

6　右の図のように，正方形ABCD を面積が等しい５つの図形に分けます。四角形AEJI と四角形IJHD は長方形，四角形EBFJ と四角形JGCH は台形，三角形JFG はJF＝JG の二等辺三角形です。四角形AEJI のまわりの長さが72cm のとき，次の問いに答えなさい。

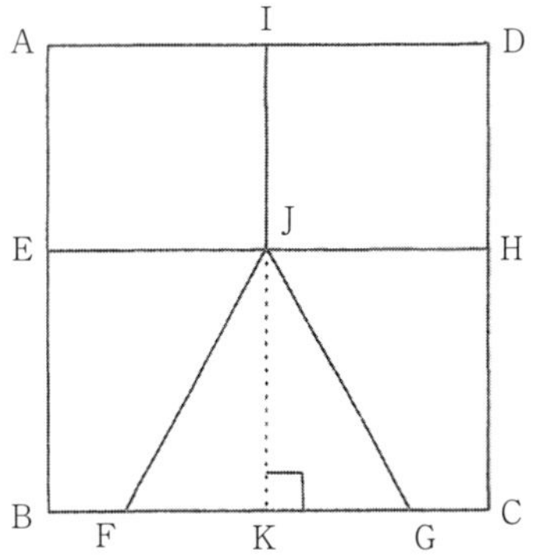

(1)　四角形AEJI と四角形EBKJ の面積の比をいちばん簡単な整数の比で答えなさい。

(2)　正方形ABCD の面積は何cm^2ですか。

(3)　BF の長さは何cm ですか。

7　右の図のように，縦12cm，横４cm，高さ４cm の直方体の積み木を，６個すき間なくはりあわせて立体Ｋを作りました。

　次の問いに答えなさい。

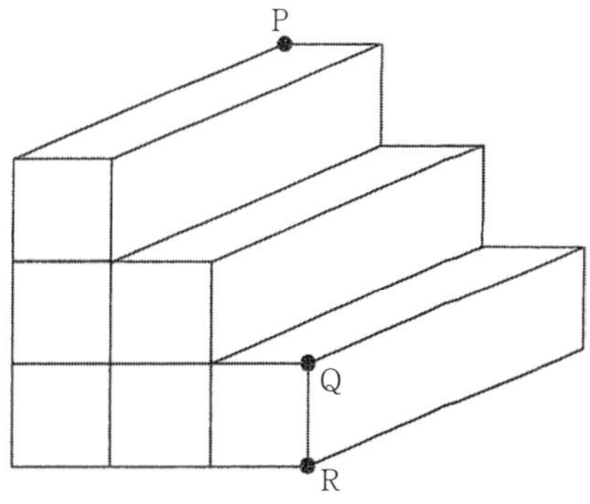

(1)　立体Ｋの表面の面積は何cm^2ですか。

(2)　立体Ｋを３点Ｐ，Ｑ，Ｒを通る平面で切り分けたとき，できた２つの立体の体積の差は何cm^3ですか。

(3)　立体Ｋを３点Ｐ，Ｑ，Ｒを通る平面で切り分けたとき，できた２つの立体の表面の面積の差は何cm^2ですか。

【社　会】〈第１回午後試験〉（理科と合わせて50分）〈満点：50点〉

1　次の会話文を読み，あとの問いに答えなさい。

【A】

京太郎：この前，築地《つきじ》から移転した豊洲《とよす》市場に行ってきました。早朝からセリの見学をして，昼には市場で仕入れた新鮮な材料を用いた飲食店をめぐりました。

先　生：築地市場が老朽《ろうきゅう》化したために移転したのですよね。そもそも築地市場は，江戸時代の魚河岸《うおがし》をもととしています。幕府を開いた徳川家康が，江戸城内の食事をまかなうため①大阪の佃《つくだ》村から漁師たちを呼び寄せ，江戸湾内での漁業の特権を与えました。漁師たちは魚を幕府に納《おさ》め，その残りを日本橋で売るようになったことが，魚河岸の始まりのようです。その後，②関東大震災のために魚河岸は焼け落ち，いったん芝浦に仮設《かせつ》した後，築地に移っていきました。

京太郎：江戸時代に起源があったのですね。江戸の人もセリをしていたのでしょうか。

先　生：③この頃は卸売《おろしうり》の値段を後から決めていたそうですよ。

京太郎：今では考えられない取引ですね。

問１　下線部①の都市の様子を説明した文として，正しいものを次の中から一つ選んで，記号を答えなさい。

ア．旗本《はたもと》・御家人《ごけにん》や全国の大名《だいみょう》屋敷が立ち並《なら》び，日本の政治の中心として栄えた。

イ．諸大名の蔵《くら》屋敷が立ち並び，全国の商業・経済の中心として栄えた。

ウ．天皇の住む都市で，寺社も多く，文化・芸能の中心として栄えた。

エ．政治上，軍事上の理由から五街道が整備《せいび》され，その中心となった。

問２　下線部②について，次の資料は，関東大震災・阪神淡路《あわじ》大震災・東日本大震災それぞれの状況を示したものです。関東大震災にあてはまるものとして，正しいものを次の中から一つ選んで，記号を答えなさい。

	ア	イ	ウ
地震規模	M7.3	M7.9	Mw9.0
直接死・行方不明	約５千５百人	約10万５千人	約１万８千人
全壊・全焼住家	約11万棟	約29万棟	約12万棟
経済被害	約９兆６千億円	約55億円	約16兆９千億円
当時の国家予算	約73兆円	約14億円	約92兆円

※M＝マグニチュード，Mw＝モーメントマグニチュード　　（内閣府 HP から作成）

問３　下線部③に関連して，次の⑴と⑵に答えなさい。

⑴　次の文は下線部③の取引について説明したものです。 X ～ Z にあてはまる語句の組み合わせとして，正しいものを下の中から一つ選んで，記号を答えなさい。

> この頃の取引は，まず X が荷主から魚などの品物を買い取ります。 X はこの品物の値段を決めないまま Y に渡します。 Y はその品物を Z に売らせたのです。 Z は市が終わると， X に集まって，その日の売上結果を持ち寄りました。そしてこの時点で話し合いにより，値段を決めたのです。

ア．Ｘ：問屋　　Ｙ：仲買人　Ｚ：小売人
イ．Ｘ：仲買人　Ｙ：小売人　Ｚ：問屋
ウ．Ｘ：小売人　Ｙ：仲買人　Ｚ：問屋
エ．Ｘ：問屋　　Ｙ：小売人　Ｚ：仲買人
オ．Ｘ：仲買人　Ｙ：問屋　　Ｚ：小売人
カ．Ｘ：小売人　Ｙ：問屋　　Ｚ：仲買人

(2)　豊洲市場における国産クロマグロの月別卸売取扱数量と平均卸売価格の推移《すいい》を示しているグラフとして，正しいものを次の中から一つ選んで，記号を答えなさい。(『中央卸売市場日報』市場統計情報月報2023をもとに作成)

ア

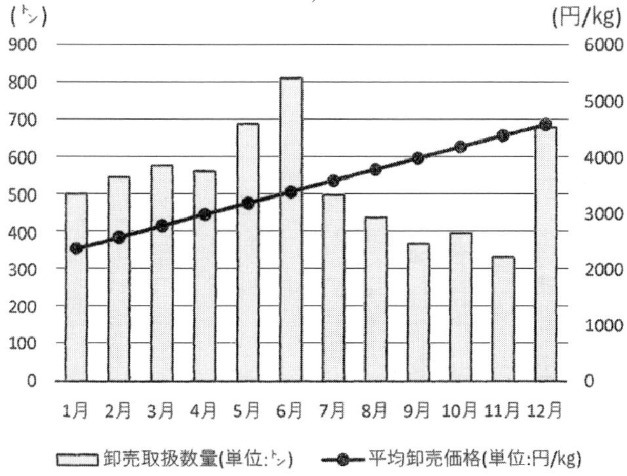

イ

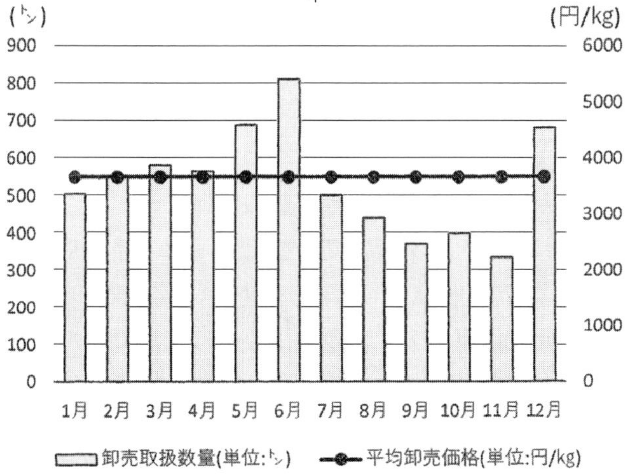

ウ

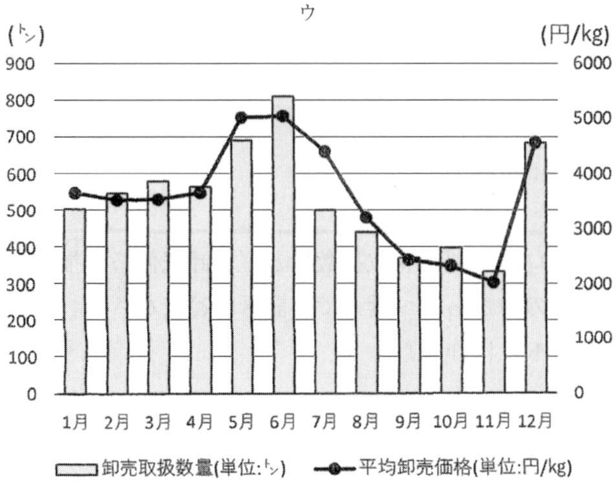

エ

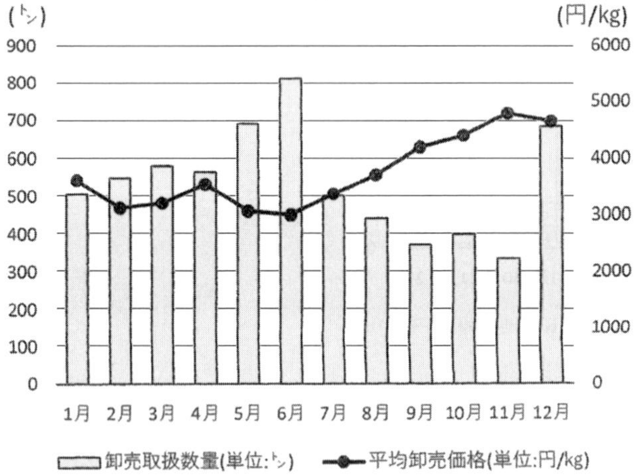

【Ｂ】

華　子：豊洲市場での昼食は何が一番美味《おい》しかった？

京太郎：やっぱり，日本人にとって馴染《なじ》み深いお寿司《すし》が一番。豊洲に運ばれてきた新鮮《しんせん》なネタが乗っかっていて，お腹いっぱい食べたよ。ネタだけではなく，④米の品種や⑤醤油《しょうゆ》の種類にもこだわっていたよ。

華　子：お寿司の歴史を調べてみると，元々は東南アジアの山岳《さんがく》地帯に住んでいた民族が，米を発酵《はっこう》させて川魚を漬《つ》け込んだものが起源とされ，それが奈良時代に貴族の食事として伝わったみたい。

京太郎：山岳地帯の生活に合わせた料理なんだね。

華　子：そして，室町時代にはあまり発酵せず食べるようになって，現在の形に近づいたのは，江戸時代のようね。すぐに食べられる握《にぎ》り寿司は，江戸の街で流行《はや》っていた屋台で生まれたようだよ。

京太郎：さすが江戸っ子だね。気が短い。てやんでい。

華　子：江戸湾《わん》でとれた海苔《のり》や魚を使ったから江戸前寿司と呼ばれるのね。今の東京湾が⑥漁場だったなんて驚《おどろ》きね。

問４　下線部④について，稲作が盛《さか》んな東北や北陸地方の様子を説明した文として，誤っているものを次の中から一つ選んで，記号を答えなさい。

ア．水田単作地帯であり，肥料やりや雑草とりをこまめに行うなど，集約的な農業が行われている。

イ．積雪のため，二毛作ができず，冬は田に肥料を入れて休ませるので土地が肥える。

ウ．寒さに強い品種の開発や，土地改良などの努力を続けている。

エ．夏の気温が比較的温暖で，降水量は少なく，稲作に適《てき》した気候である。

問５　下線部⑤について，都道府県別の醤油の出荷量の割合を示すグラフとして，正しいものを次の中から一つ選んで，記号を答えなさい。（「しょうゆ情報センター」HPから作成）

ア

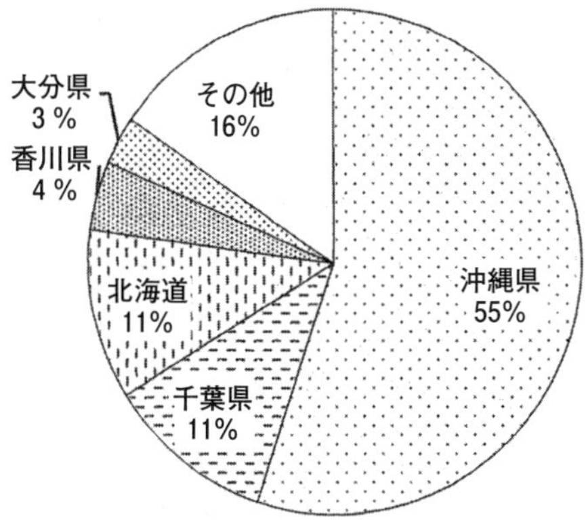

イ

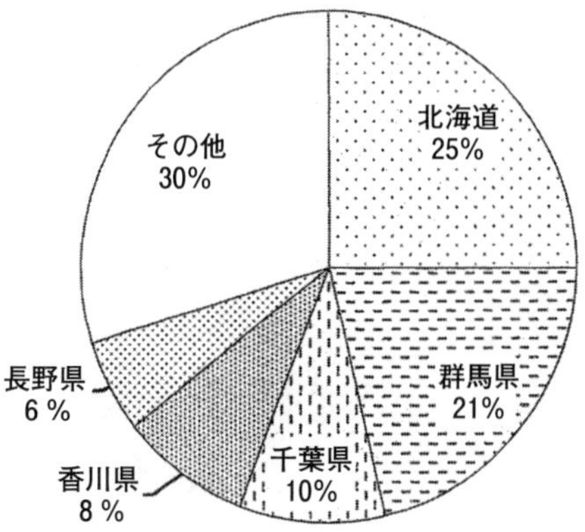

ウ

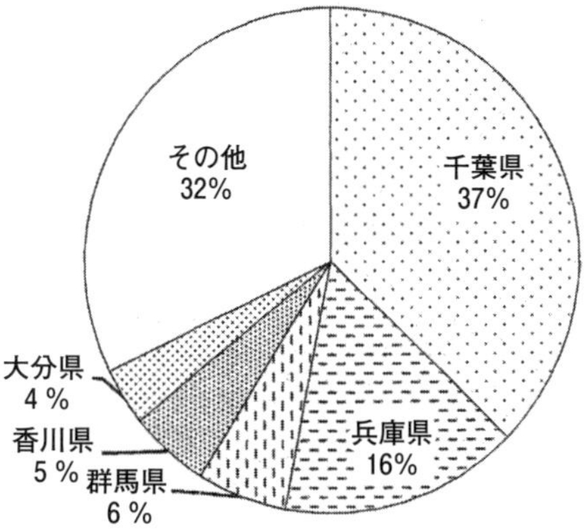

問６　下線部⑥について，次の文は良い漁場の条件を述べたものです。文中で誤っている語句を，次の中から一つ選んで，記号を答えなさい。また，それに代わる語句を答えなさい。

> (ア)プランクトンが豊富なのは，(イ)暖流が流れ，水深の浅い(ウ)海溝が広がっている場所です。とくに寒流と暖流がぶつかる(エ)潮目《しおめ》や，(オ)バンクと呼ばれるところが良い漁場となります。

【Ｃ】

先　生：京太郎くんの好物はお寿司だということですが，そういえばこの前，「将来，お寿司のネタがなくなる！」という内容のニュース記事を読みました。これはどういうことだと思いますか。

京太郎：物価が高くなって，手軽に食べられなくなるということでしょうか。

華　子：確かに⑦日本の水産業は輸入も多いからね。そうではなくて，地球温暖化が関係するのではないかしら。

先　生：その通りです。このままいけば，海の生物が絶滅《ぜつめつ》してしまうかもしれないです。

京太郎：⑧マグロも乱獲《らんかく》で，すでに絶滅危惧《きぐ》種だと聞いたことがあるな。カッパ巻きやガリだけなんて嫌だよ。

華　子：国際社会全体で地球環境問題にとり組んでいかなければならないね。

問７　下線部⑦に関連して，次の(1)と(2)を答えなさい。

(1)　日本は，ベトナムやインドネシアなどから養殖《ようしょく》されたえびを輸入しています。日本向けのえびの養殖場は，写真のような海岸の林を切り開いてつくられていますが，この林を何といいますか。解答らんに従って６字で答えなさい。

(2)　次のグラフは中国・ペルー・日本の漁獲量の変化を示したものです。日本にあてはまるものとして，正しいものを次の中から一つ選んで，記号を答えなさい。（水産庁『令和４年度水産白書』より作成）

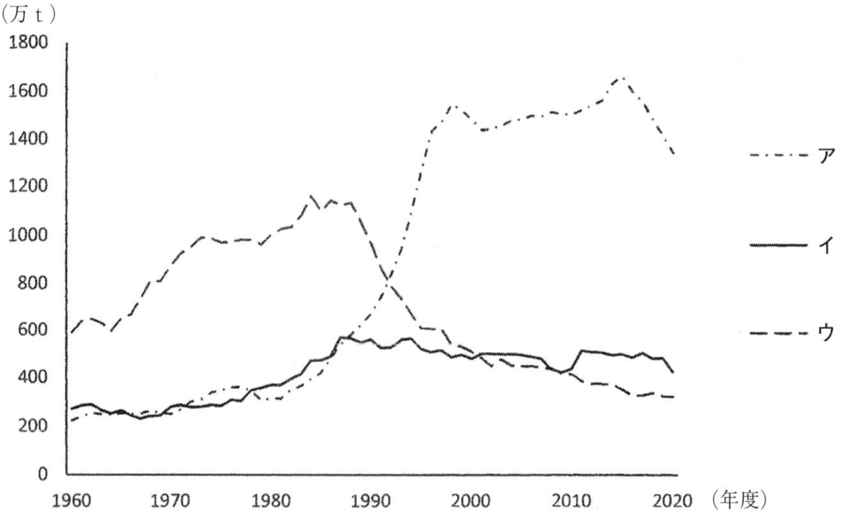

問８　下線部⑧について，マグロ漁で取り入れられる主な漁法とマグロの水あげ金額が日本１位

の港の組み合わせとして，正しいものを次の中から一つ選んで，記号を答えなさい。

ア．漁法：はえなわ　港：焼津《やいづ》　　イ．漁法：定置《ていち》網　　港：焼津

ウ．漁法：まき網　　港：焼津　　エ．漁法：はえなわ　港：銚子《ちょうし》

オ．漁法：定置網　　港：銚子　　カ．漁法：まき網　　港：銚子

2　次の問題文を読み，あとの問いに答えなさい。

昨年の大河ドラマ『どうする家康』は，本来は「①今川家の人質として，ひっそり生涯《しょうがい》を終える」はずだった少年・竹千代(徳川家康)が，やがて②三河という「小国」の主として生きる運命を受け入れ，戦国の世を生き抜くため，時には悩みながら，時には勇気を持ってさまざまな「決断」を下し，やがて天下人へと成長していく姿が描《えが》かれた。

主人公の徳川家康が下した「決断」の中で，印象的なシーンの一つが，家臣たちに織田信長を討つ計画を明かした場面であろう。結局，③明智光秀が織田信長を襲撃《しゅうげき》したため，この計画は実行されなかったが，信長が滅んだ後，家康は関東の領地を手に入れるために北条氏との戦いを始める。やがて和平が成立すると，自分の娘を北条家の当主・北条氏直に嫁《とつ》がせることで同盟を成立させるなど，戦国大名として力をつけていった。

なお，実際に徳川家康が織田信長への襲撃を計画していたことを証明する史料は見つかっておらず，このシーンはあくまでドラマにおけるフィクションと言える。一方で，家康の家臣が，明智光秀の行動を「やれるからやった。…までのことかと」と評価した点はおもしろい。なぜ光秀は，天下統一を目前にした信長を襲撃したのかという謎については，多くの説が唱えられている。そのうち，最近の研究では，当時は④身分の低い者が身分の高い者を実力で倒す下剋《げこく》上《じょう》の時代であり，どの大名でも家臣に油断した姿を見せれば下剋上にあう可能性があったことを指摘《してき》しているものがある。すなわち，当時の光秀が⑤信長の家臣団の中で力を失いつつあったという事情はあったものの，最終的に襲撃を決断したのは，その時の信長が少数の軍勢しか連れておらず，無防備《むぼうび》に近い状況だったから――まさに「やれるからやった」という可能性を指摘している。このように，さりげない場面に最新の研究成果が反映されている点も，大河ドラマのおもしろさと言えるだろう。

今回の大河ドラマでは，徳川家康の「決断」が一つの見せ場となっているが，実際の歴史を見ても，当時のリーダーが「決断する／決断しない」ことにより，その後の歴史が大きく変わったという出来事は多い。

例えば「応仁の乱」は，リーダーである将軍が「決断しなかった」ことにより，大きく歴史が変わった一例と言える。⑥当時の室町幕府の将軍は，後継者の指名を決断できなかったため，幕府の有力者は，後継者候補とされていた将軍の弟と息子をそれぞれ支持する勢力に分かれ，ついには武力衝突《しょうとつ》に発展した。この戦いにより，⑦京都は焼け野原となり，幕府は大きく衰《すい》退《たい》した。

一方で，当時のリーダーが「決断する」ことで大きく歴史が動いた例としては，太平洋戦争の「終戦」が挙げられる。敗戦が近かった日本に対して，アメリカなどの連合国は⑧無条件降《こう》伏《ふく》を求める宣言を発表した。日本政府がこれを「黙殺《もくさつ》」すると，アメリカは⑨広島・長崎に原爆を投下し，ソ連は中立条約を破棄《はき》して日本に宣戦布告した。政府内では宣言を受け入れるべきだとする声が強まったが，一方で，戦争を続けるべきだとする声も存在した。当時の首相は，

最終的な判断を昭和天皇にゆだね，天皇は宣言を受け入れることを決断した。これを受けて⑩ラジオ放送を通じて国民に日本の降伏が伝えられた。

ちなみに，現在放送されている大河ドラマ『光る君へ』は，世界最古の女性文学とも言われる『源氏物語』の著者・紫式部の生涯が描かれている。この物語の主人公・光源氏のモデルの一人とも言われている⑪人物もまた，平安王朝の権力闘争を勝ち抜いてきた過去を持つ。そんな彼や紫式部がどのような「決断」を通して物語を紡《つむ》いでいくのか，楽しみである。

問１　下線部①について，今川家とは駿河・遠江（現在の静岡県）を支配していた戦国大名で，分国法と呼ばれる独自のルールを作成していました。次の一文はその一部で，家臣たちが他の領国の者と勝手に結婚することを禁止した条文です。なぜ，このようなルールが設けられたのかを，問題文を参考にして，解答らんに従って20字以内で説明しなさい。

一　駿・遠両国の輩，或はわたくしとして他国より嫁《よめ》をとり，或は婿《むこ》にとり，娘をつかはす事，自今已後停止し畢ぬ。 （駿河・遠江両国の今川氏の家臣たちは，主君の許可なしに他国から嫁をとったり，婿を迎えたり，娘を他国に嫁にやることは，今後は禁止する）

問２　下線部②について，三河とは現在の愛知県の一部にあたる地域です。現在の愛知県について説明した文章として，正しいものを次の中から一つ選んで，記号を答えなさい。

ア．愛知県の気候は，冬は雪や雨の日が多くなる一方，夏の降水量はそれほど多くない。

イ．愛知県は東海工業地域に含まれ，特に自動車工業がさかんである。

ウ．愛知県の渥美半島では，ビニールハウスを利用した電照菊の栽培が行われている。

エ．愛知県の瀬戸市では，楽器・オートバイの製造がさかんである。

問３　下線部③について，織田信長が明智光秀の襲撃を受けた際に滞在《たいざい》していた場所を，漢字３字で答えなさい。

問４　下線部④について，この問題文で使われている「下剋上」の例として最も適切なものを，次の中から一つ選んで，記号を答えなさい。

ア．それまで実権を握っていた足利義持《あしかがよしもち》が亡くなると，家臣たちは話し合いの末，くじ引きで次の将軍に足利義教《あしかがよしのり》を選んだ。

イ．戦国大名の毛利元就《もうりもとなり》が，現在における中国地方の大部分を支配するきっかけとなったのは，それまで中国地方を支配していた大名・大内氏の領地を乗っ取った陶晴賢《すえはるかた》に厳島の戦いで勝利したことであった。

ウ．関東10カ国を支配する鎌倉府の長官（鎌倉公方）であった足利成氏《あしかがしげうじ》は，長官の補佐役（関東管領）であった上杉憲忠《うえすぎのりただ》と対立した末に，彼を暗殺したため，関東地方一帯に内乱が広がった。

エ．美濃（現在の岐阜県）の守護代（守護の役職を代行する役職）を務めていた斎藤利政《さいとうとしまさ》は，対立する美濃の守護・土岐頼芸《ときよりのり》の居城を攻撃し，彼を追放した。

問５　下線部⑤について，当時の家臣団の中で最も力を持っていた人物の一人が「羽柴秀吉（後の豊臣秀吉）」です。彼について説明した文章として，正しいものを次の中から一つ選んで，記号を答えなさい。

ア．長篠の戦いにおいて，大量の鉄砲を用いて武田勝頼を破った。

イ．全国の土地を統一した基準で調査する検地を行った。

ウ．反乱を防止するため，武士に対して刀などを持つことを禁止し，これを回収した。

エ．文永の役・弘安の役において，朝鮮に出兵したが，失敗に終わった。

問６　下線部⑥について，この室町幕府の将軍を説明した文章として，正しいものを次の中から一つ選んで，記号を答えなさい。

ア．それまで二つに分裂していた朝廷を再び統一させることに成功した。

イ．先代の将軍が中断していた日明貿易を再開した。

ウ．現在の京都府に銀閣を建立した。

エ．側近の大名たちと対立した結果，暗殺された。

問７　下線部⑦に関連して，応仁の乱において片方の軍勢が陣地を築いたことが名前の由来となっている，京都の伝統工芸品は何ですか。その名前を解答らんに従って漢字２字で答えなさい。

問８　下線部⑧について，この宣言の名称を解答らんに従ってカタカナで答えなさい。

問９　下線部⑨に関連して，2023年に行われた第49回先進国首脳会議（G７）では，被爆《ひばく》者の遺品や被爆の惨状《さんじょう》を示す資料などが展示されている平和記念資料館を各国の首脳が訪問したことで話題となりました。この首脳会議に参加した国として，誤っているものを次の中から一つ選んで，記号を答えなさい。

ア．ロシア　　イ．カナダ　　ウ．ドイツ　　エ．イタリア

問10　下線部⑩について，この日の日付を解答らんに従って答えなさい。

問11　下線部⑪について，この人物は次の歌を詠《よ》んだことでも有名な人物です。この人物名を漢字４字で答えなさい。

この世をば　わが世とぞ思う　望月の　欠けたることも　なしと思えば

【理　科】〈第１回午後試験〉（社会と合わせて50分）〈満点：50点〉

1　図は，ヒトの血液の循環《じゅんかん》と各器官を模式的に表したものです。次の問いに答えなさい。

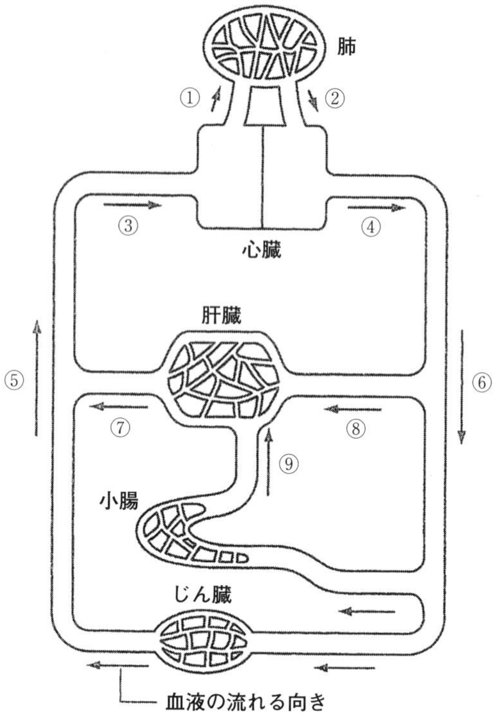

問１　血管が枝分かれしてしだいに細くなり，網《あみ》目《め》状になったものを何といいますか。漢字４字で答えなさい。

問２　食事後，養分を最も多く含《ふく》む血液が流れる血管はどれですか。図の①～⑨から最も適切なものを１つ選び，番号で答えなさい。

問３　酸素を最も多く含む血液が流れる血管はどれですか。図の①～⑨から最も適切なものを１つ選び，番号で答えなさい。

問４　ヒトの赤血球に含まれ，酸素と結びつきやすい性質をもつ赤い色素を何といいますか。次のア～エから最も適切なものを１つ選び，記号で答えなさい。

ア　ミオグロビン　　イ　ヘモグロビン

ウ　グロブリン　　エ　フィブリン

問５　ヒトの心臓のつくりは，２心房《しんぼう》２心室になっています。心臓のつくりがヒトと同じものはどれですか。次のア～エから最も適切なものを１つ選び，記号で答えなさい。

ア　イモリ　　イ　ニワトリ　　ウ　フナ　　エ　ヤモリ

問６　心臓は，からだ全体に血液を循環させるポンプのはたらきをしている重要な器官です。ヒトの心臓は，１回の収縮で60mLの血液を送り出し，１分間に80回収縮するとして，ヒトの心臓が送り出している血液の量は，１時間で何Lになりますか。

2　２種類の固体A，Bについて，水100ｇに溶《と》ける最大の重さを10℃ごとに調べてグラフにしました。下の問いに答えなさい。

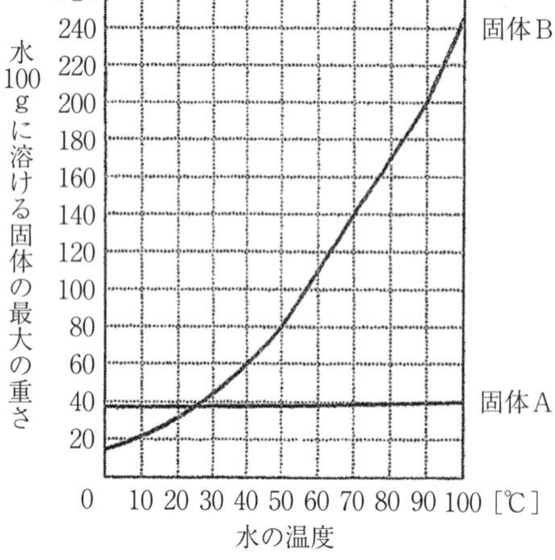

問１　水100ｇへの固体Ａ，Ｂの溶け方について述べた次の文のうち，正しいものに○，誤《あやま》っているものに×と答えなさい。

①　固体Ｂの方が，固体Ａより常に多く溶ける。

②　水の温度が変化すると，固体Ｂの溶ける量はいちじるしく変わるが，固体Ａの溶ける量はあまり変わらない。

③　ある温度以下では，固体Ａの方が固体Ｂよりも多く溶ける。

問２　70℃の水100ｇに，固体Ｂを溶けるだけ溶かしました。そのときの水溶液《すいようえき》の濃度は何％ですか。小数第一位を四捨五入して整数で答えなさい。

問３　固体Ｂ60ｇを80℃の水100ｇに溶かした水溶液を冷やしていったとき，結晶《けっしょう》が出はじめるときの温度はおよそ何℃ですか。

問４　問３で出てきた結晶をろ紙でこす方法として，正しいものはどれですか。次のア～エから最も適切なものを１つ選び，記号で答えなさい。

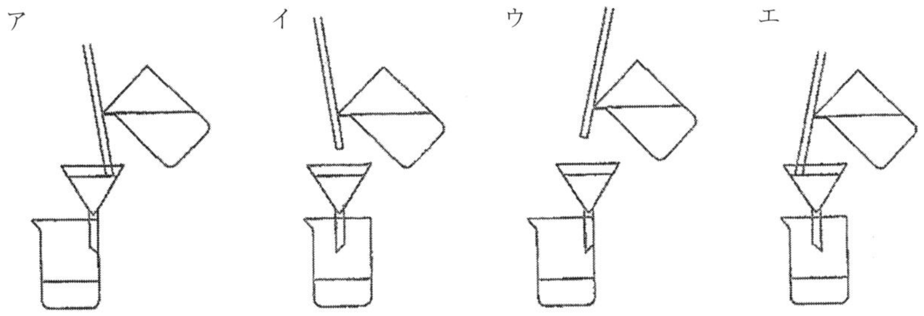

問５　固体Ａ，Ｂのうち，どちらか一方は食塩です。食塩はどちらですか。Ａ，Ｂの記号で答えなさい。

問６　もの(物質)をはやく水に溶かすときの工夫として，物質が水と触《ふ》れ合う面積を大きくすることが考えられます。物質が水と触れ合う面積を大きくするには，どうすればよいですか。簡単に答えなさい。

3　地球は地軸《ちじく》を中心に回転しています。図１は，地球が太陽の周りを回るようすの一部を模式的に表し，図２は，地球の周りを回る月のようすを模式的に表しています。下の問いに答えなさい。

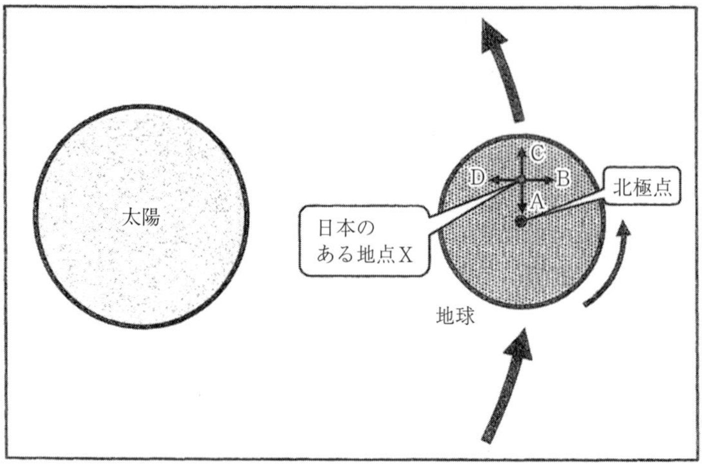

図１

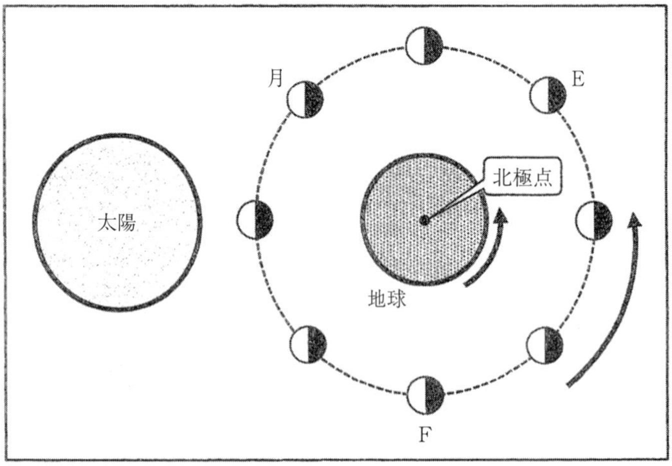

図２

問１　地軸を中心に地球が回転することを何といいますか。

問２　太陽の周りを地球が回ることを何といいますか。

問３　図１の日本のある地点Ｘから見たときの方角Ｂ，Ｃはそれぞれ何ですか。東，西，南，北のいずれかで答えなさい。

問４　図１のときの，地点Ｘでの時間帯はいつごろですか。次のア～エから最も適切なものを１つ選び，記号で答えなさい。

ア　明け方

イ　真夜中

ウ　正午

エ　夕方

問５　図２のＥ，Ｆの位置にある月は，日本から見たときにどのような形に見えますか。次のア～キから最も適切なものを１つ選び，それぞれ記号で答えなさい。

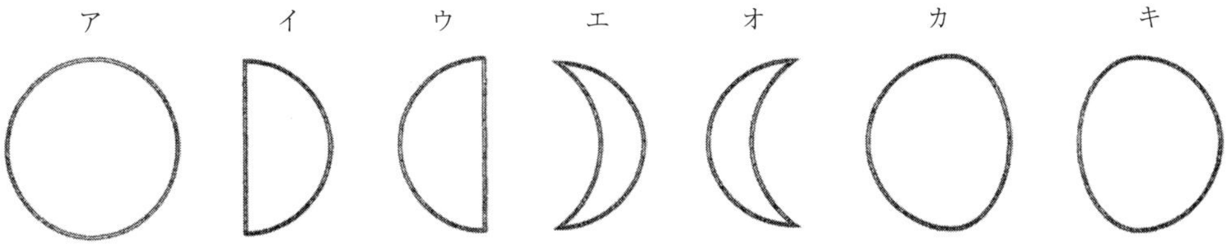

問６　図２において，Ｅの位置に月があるとき，この日の日の出ごろに月はどこに見えますか。図３のＧ，Ｈ，Ｉから最も適切なものを１つ選び，記号で答えなさい。ただし，見えない場合は「見えない」と答えなさい。

問７　問６の日から４日後の同じ時刻に，月はどこに見えますか。図３のＧ，Ｈ，Ｉから最も適切なものを１つ選び，記号で答えなさい。ただし，見えない場合は「見えない」と答えなさい。

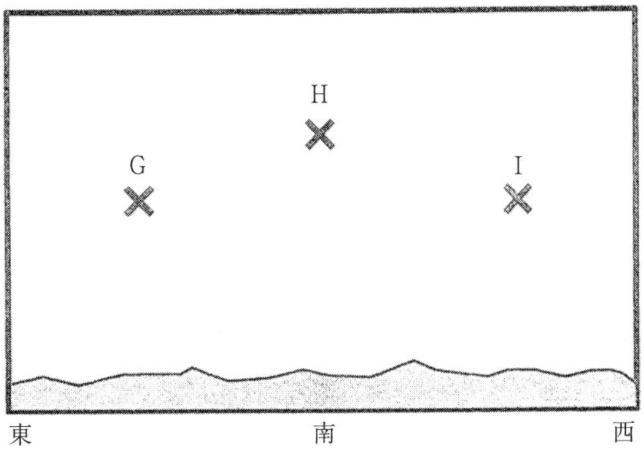

図３

4　浮力《ふりょく》について，次の問いに答えなさい。

問１　次の文は浮力について説明したものです。空欄ａ～ｃに入ることばの組み合わせはどれですか。下のア～クから最も適切なものを１つ選び，記号で答えなさい。

> 物体の重さを液体に入れて測ると，液体に入れずに測ったときよりも［　a　］なります。これは物体が押しのけた液体の重さの分だけ，［　b　］がはたらくためです。これを［　c　］の原理といいます。

	a	b	c
ア	軽く	重力	アルキメデス
イ	軽く	浮力	アルキメデス
ウ	重く	重力	アルキメデス
エ	重く	浮力	アルキメデス
オ	軽く	重力	エジソン
カ	軽く	浮力	エジソン
キ	重く	重力	エジソン
ク	重く	浮力	エジソン

問２　図１は，体積の等しい物体Ａ～Ｃを水の中に入れ，静かに手を離《はな》した後の状態を表しています。物体Ａ～Ｃにはたらく浮力の大きさが最も大きいのは，どの物体を入れたときですか。Ａ～Ｃの記号で答えなさい。ただし，複数ある場合は，すべて答えなさい。

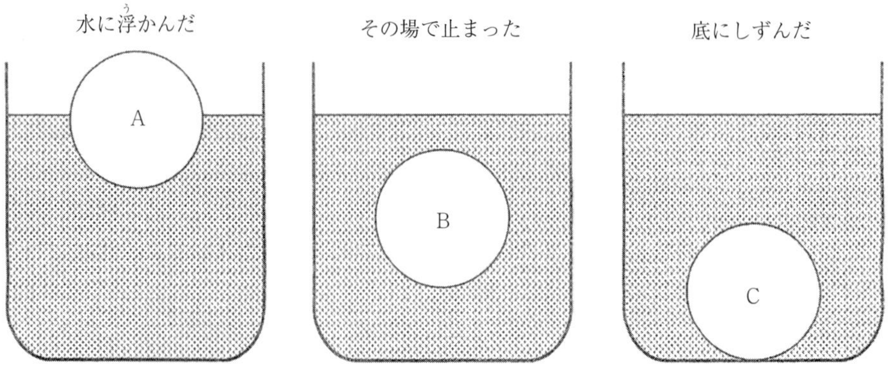

図１

問３　図１の物体Ａ～Ｃのうち，物体の重さと物体にはたらく浮力の大きさが等しくなっているものはどれですか。Ａ～Ｃの記号で答えなさい。ただし，複数ある場合は，すべて答えなさい。

図２のように，体積が$600cm^3$の直方体を水の入った水槽《すいそう》に入れたところ，水面から，長い辺の４分の１の長さが出た状態で静止しました。ただし，$1000cm^3$の水の重さは1000ｇとします。

問４　図２で，直方体にはたらく浮力の大きさは何ｇですか。

問５　直方体の空気中での重さは何ｇですか。

問６　直方体を上から押して，全体を水にしずめました。このときの直方体にはたらく浮力の大きさは何ｇですか。

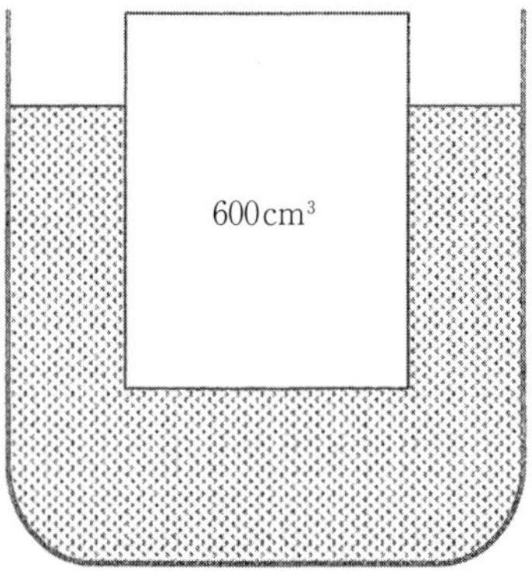

図２

生物だから。

エ　人間は言語によって他者の心情を推測する知力を持っており、他者との協力関係を最もうまく作り上げることができる生物だから。

7．本文の内容としてあてはまるものには○、そうでないものには×をそれぞれつけなさい。

ア　安定した協力関係の構築には協同的な行動が有利に働くため、人見知りをせず他者と交流する必要がある。

イ　人間は狩猟採集社会において、それぞれが身体的に向いている役割を担《にな》うことで生き残ることができていた。

ウ　人間にしか備わっていない高いコミュニケーション能力により、少産少死の戦略を成立させてきた。

エ　人間は非血縁個体との協力関係を発展させてきたことで、社会の中に組み込まれる存在になっていった。

オ　人間は大規模な協力関係という特徴を持ち、他の生物と協力することで自身の命を守って種を増やしてきた。

三　**次の①～⑤の――線部の漢字の読みを、それぞれひらがなで答えなさい。**

①　経費を横領する。

②　呼応の副詞。

③　クリスマスはキリストの降誕記念日だ。

④　お墓に花を供える。

⑤　五十人の選手を率いる。

四　**次の①～⑤の――線部のカタカナを、それぞれ漢字に直しなさい。**

①　サンパイ客でにぎわう神社。

②　ヒキョウを目指して旅する。

③　ガイトウを新しく設置する。

④　知性にトんだ発言。

⑤　ホトケの顔も三度まで。

●小型の同性の多細胞生物
…他の個体と遭遇《そうぐう》しても特に何もせず無視をする。
〈例〉セミ、アリ
〈理由〉［Ⅰ（十七字）］から。

●［Ⅱ（六字）］をもつ生物
…仲良くなる場合もあれば、喧嘩する場合もある。
〈例〉イヌ、ネコ
〈理由〉相性《あいしょう》や飼い主どうしの関係性などにより状況は異なるが、他個体とも仲良くなれるのは、飼い主どうしが仲良しだと同じ群れの仲間とみなしたり、好き嫌いが生じたりするから。

●野生動物
…敵対する場合が多くある。
〈例〉オオカミ、ライオン
〈理由〉つがいを中心とした［Ⅲ（十二字）］で群れるから。
↓
［Ⅳ（八字）］との遭遇＝［Ⅴ（三字）］への侵入。
↓
侵入者とみなし、威嚇や攻撃により追い払う。

３．――線部２に「現代の人間の場合は、初対面の人に威嚇や攻撃など敵対的な行動をすることはまずありません」とありますが、その理由を説明したものとして最も適当なものを選び、符号で答えなさい。

ア　人間は寿命が長く、成長に時間がかかる生物であるため、すべての人と協力関係を築いていたほうがよいから。
イ　人間は寿命が長く、初対面の人とは二度と会わない可能性があるため、敵対的な行動をとる必要性がないから。
ウ　人間は寿命が長く、合理的に物事を考える生物であるため、他の人との関係性により態度を変えるものだから。
エ　人間は寿命が長く、一度出会った人と再会する可能性があるため、険悪な関係にならないほうがよいから。

４．――線部３「職業という協力関係」を説明したものとして最も適当なものを選び、符号で答えなさい。
ア　皆が与えられた仕事をするだけで生きていくことができる関係。
イ　皆が生きていくために質の高い仕事を相互的《そうごてき》に行っている関係。
ウ　皆が自分の快適な生活を維持《いじ》するために特定の仕事をする関係。
エ　皆が個性を発揮して専門性の高い仕事を一方的に行っている関係。

５．――線部４に「『社会の歯車になる』」とありますが、筆者がいう「社会の歯車になる」とはどういうことですか。二十五字以内で答えなさい。

６．――線部５に「『やさしい』生物」とありますが、筆者が人間をそのように述べる理由として最も適当なものを選び、符号で答えなさい。
ア　人間は高い知能と相手の気持ちをくみ取る共感能力を持っており、協力関係の構築のために他者の命を最優先させる生物だから。
イ　人間は寿命の長さから他の生物よりも多くの個体と関係を築くため、他者の気持ちを察しながら接することができる生物だから。
ウ　人間は他の生物とは異なる知性だけでなく相手の気持ちを理解できる能力を持ち、生存のために他の個体との関係を強化させる

とえ、狩りなんて荒《あら》っぽいことが嫌いな男性や、採集よりも狩りの方が好きな女性だったとしても、餓《う》えないためには身体的に向いている方をやらざるをえません。狩りに失敗したり、食べ物を見つけることに失敗したりすれば、すぐに命の危機が訪《おとず》れます。また、この世界では、勉強が得意とか、絵をかくのが得意とか、コミュニケーション能力が高いとか低いなどの個性が役に立つことはありません。なにより必要なのは、獲物《えもの》をしとめたり、食料を確保する能力です。力や体力が何よりも重要です。強く丈夫《じょうぶ》で健康な人間だけが生き残る世界です。それ以外の個性には出番はありません。

一方で私たちの社会は違《ちが》います。力や体力が必要な職業もあれば、勉強や絵を描くことやコミュニケーション能力が必要な職業もあります。どれか1つの能力が優《すぐ》れていれば、十分に活躍の場が見つかります。少なくとも狩猟《しゅりょう》採集社会よりは、今の社会の方が自分に合った役割(歯車)が見つかる可能性が高いように思います。

こうした他人との協力からなる社会を形成するようになると、人間という生物が増える単位も変わってきます。人間以前の生き物は自分の力で自分だけを増やしていました。細菌《さいきん》も線虫もカエルも虫もサルも、増えることができるかどうかは自分の能力や運によって決まっていました。優れた能力を持っていれば生殖《せいしょく》に成功し、子孫を作ることができますし、そうでなければ血統は途絶えてしまいます。

[C]協力関係の網の目の中にいる人間は違います。自分が生き残って増えるためには他の人の能力も重要です。また自分の能力もほかの人が生き残って増えることに貢献《こうけん》しています。自分の命が大事なのと同じように、他の人の命も大事になっていきます。増える単位が自分の体を超《こ》えて広がっているといってもいいかもしれません。

このような大規模な協力関係は人間ならではの特徴です。人間以外の生物が非血縁個体と協力することは、特殊《とくしゅ》なケースを除いてほとんどありません。なぜ人間のみでこのような特殊な能力が生まれたのかについてはいろいろな説があります。人間の持つ高度な言語能力や認《にん》知《ち》能力や寿命の長さが大事だったと言われています。また、それらの能力が生まれた背景には、狩猟採集生活の中で協力する必要性があったことや、子どもが成長するまでに時間がかかることから子育てに他の個体の協力が必要だったことなどが指摘《してき》されています。

このような性質のどれが直接的な原因だったのかはわかりませんが、いずれにせよ、このような他の個体との協力を可能とする人間の性質は、元をたどれば少産少死の戦略によってもたらされたものです。命を大事にして長く生きるようになり、他個体と付き合うことが可能になったために協力することが有利になりました。

しかも、人間には他者を認識する知能や、他者の気持ちを察することのできる共感能力も備わっています。結果として協力関係がどんどん発展していきました。私たち人間は地球上の他のどんな生物よりも協力的な、いわば5「やさしい」生物です。このようなやさしさの進化は少産少死の戦略を極《きわ》めてきた生物にとって必然だったように思えます。

(市橋伯一『増えるものたちの進化生物学』による)

1. [A]～[C]にあてはまる言葉として適当なものを選び、それぞれ符号で答えなさい。

ア　たとえば
イ　そして
ウ　つまり
エ　ところが

2. ――線部1に「仲良くなるか、無視するか、敵対するか」とありますが、このことについて次のようにノートにまとめました。[I]～[V]にあてはまる言葉を、指定字数でそれぞれ抜き出しなさい。

関係にならないように努力するのではないかと思います。

それでは近所の人ではなく、旅先でたまたま出会った人であればどうでしょうか。たとえ険悪な雰囲気《ふんいき》になったとしても二度と会うことはありません。失礼のない程度の付き合いはするにしても、良好な関係を築く必要性は感じないのではないでしょうか。

このように、今後もつきあう可能性がある人とない人で態度を変えることは、いたって合理的です。この傾向《けいこう》は「進化ゲーム理論」という理論的な研究でも確かめられています。同じ個体と長く付き合えば付き合うほど、協調的な行動が有利に働くことから、付き合いの長さが安定な協力関係を生み出すひとつの要因になることが分かっています。

そして付き合いの長さに大きく影響《えいきょう》を与《あた》えるのは寿命《じゅみょう》の長さです。寿命の長い生物どうしは生涯《しょうがい》でまた出会う可能性が高まります。人間は長生きで成長に時間のかかる生物です。これは少産少死の戦略によるものです。その結果として同じ他人と長く付き合うことになり、敵対したり無視したりするよりも仲良くなって協力し合うほうがお互いの生存に有利になっています。こうして人間の場合は、血縁関係にない個体との協力関係が発展してきたと考えられています。

現在の人間たちの協力の最たるものは「職業」です。多くの人は職を持っていて、特定の仕事をするだけで生きていけるようになっています。私の場合であれば大学教員ですので、大学で講義をしたり、研究をしているだけで給料をもらって、衣食住を賄《まかな》うことができます。私が身に着けている衣服も毎日食べている食料も、住んでいる家も、自分で作ったものではありません。作ろうと思っても質の高いものは作ることができません。その代わりに他のもっと技術のある人間が仕事として作ってくれたものを買っています。

現代人には当たり前すぎて普段はあまり意識しないかもしれませんが、これは大きな協力関係です。皆《みな》が自分以外の誰《だれ》かのために質の高い仕事をすることで、全員が安全で快適な生活を送ることができています。

3職業という協力関係の重要さは、誰かが仕事を辞めたらどうなるかを考えるとすぐにわかります。たとえば、衣服を作る仕事の人が全員辞めてしまったら、みんな自分の服は自分で作らないといけなくなります。きっと粗末《そまつ》な衣服しか作れないことでしょう。忙《いそが》しい人は全く作れないかもしれません。着替《きが》えを用意しておくのも大変ですし、洗っているうちにぼろになるでしょうから、洗濯《せんたく》もあまりしなくなるでしょう。衣服は汚《よご》れ、感染症《かんせんしょう》も広まりやすくなるかもしれません。現代人が安く品質の高い衣服を手に入れることができているのは、作ることに特化した人が専門に作ってくれるおかげです。

[B] それは一方的な関係ではありません。衣服を作る人も食料や住居は別の専門家に作ってもらっています。私たち人間は、現在、社会という大きな協力関係の網《あみ》の目の中に組み込まれています。

「社会の中に組み込まれる」ということは4「社会の歯車になる」ということです。この言葉にはあまりいい印象はないかもしれません。自分の個性とかアイデンティティがおびやかされていると感じるかもしれません。しかしそれは誤解だと私は思います。むしろ社会の歯車になることでほとんどの人は個性を発揮して、みんなの役に立てるのだと思います。

たとえば、社会が全く存在しない状況《じょうきょう》を考えてみましょう。父親、母親、小さい子どもの3人家族だけで無人島で暮らしているような状況です。この場合、生きていくために必要な仕事はすべて3人だけで分担しないといけません。狩《か》りをするのは、生物的に力の強い大人の男性である父親になるでしょう。植物や果物を採集したり、調理したりするのは、狩りに不向きな女性や子どもの仕事になるでしょう。た

二 次の文章を読んで、あとの問いに答えなさい。

他の個体との付き合い方としては大きく3通りありえます。1仲良くなるか、無視するか、敵対するかです。

昆虫《こんちゅう》ほどの小型の多細胞《たさいぼう》生物の場合は、敵対するか無視をします。たとえばカブトムシやクワガタムシのように樹液を食べる生物の場合は、限られた樹液を取り合うために争うことがあります。子どものころにカブトムシどうしを戦わせるカブトムシ相撲《ずもう》をしたことがある人もいるのではないでしょうか。カブトムシ以外にも、同性の他個体と出会うと戦う昆虫はいくつか知られていて、昆虫相撲として競技になっているものもあります。有名なところでは中国のコオロギを戦わせるものがありますし、日本でもコガネグモを戦わせる競技があります。

ただ、このような一部の昆虫を除くと、ほとんどの昆虫は同性の他の個体と出会っても特に何もせず無視をします。虫取りをしてセミやバッタを何匹《なんびき》も捕《つか》まえて虫かごに入れておいても、彼らはお互《たが》いなんの干渉《かんしょう》もしません。公園などで観察してみると、地面にはいろいろな種類のアリが走り回っています。ときどきアリどうしがぶつかることもありますが、何事もなかったかのように通り過ぎていきます。彼らは餌《えさ》以外のものには興味がないように見えます。このようなふるまいは合理的です。普通《ふつう》の生物にとって、餌にもならず、交配相手にもならない生物にかかわるメリットは何もないからです。

イヌやネコなどある程度の知能と社会性をもった生き物には、仲良くなるケースも見ることができます。散歩中のイヌを見ていると、〝犬友達〟というのでしょうか、飼い主どうしが話している間、兄弟でもないだろうに仲良くじゃれあっているイヌを見ることがあります。逆に、吠《ほ》えかかっている様子や、片方は近づいていくのにもう片方が嫌そうに離《はな》れていくのもよく見かけます。昔、私の実家では2匹のネコを飼っていたのですが、この2匹は仲が悪く、出会うとすぐに喧嘩《けんか》をするので1階と2階に分けて飼っていました。イヌやネコくらいになると、餌にも交配相手にもならない生物にも好《す》き嫌《きら》いが出てくるようです。

野生では敵対的なケースも多く観察されます。たとえば、イヌの祖先種であるオオカミであれば、多くの場合、オスとメスのつがいを中心とした血縁《けつえん》関係のある個体どうしで群れを作ります。もしその群れに属さないオオカミと出会ったならば、縄張りに対する侵入者《しんにゅうしゃ》ですので、威嚇《いかく》や攻撃《こうげき》をされ、追《お》い払《はら》われます。ネコ科のライオンでも一《いっ》般的《ぱんてき》に群れの中にはオスは1頭か2、3頭の兄弟で、他のオスがやってきたら争いになります。

こうした縄張りを持つ生物であれば、同性の非血縁個体に出会うということは、縄張りに侵入されたということですので、戦って追い出す必要があります。ペットとして買われているイヌが別個体とも仲良くなれるのは、餌の心配がなく、縄張りを守る必要がないうえ、ボスの飼い主どうしが仲良くしていることから同じ群れのメンバーだとみなしているのかもしれません。

イヌやネコなどに対して、2現代の人間の場合は、初対面の人に威嚇や攻撃など敵対的な行動をすることはまずありません。小さな子どもどうしであればありえるかもしれませんが、普通の大人であれば、失礼のない程度に愛想《あいそ》よくするのではないでしょうか。

どのくらい愛想よくするかは、「その人とまた会うかどうか」も重要なポイントになっているように思います。[A]、近所に住んでいる人や、学校の同級生、あるいは会社の同僚《どうりょう》など毎日のように顔を合わせる人であれば、敵対していてもいいことは何もありません。もし敵対していたら、顔を合わせるたびに嫌な気分になってしまいますし、困ったときに助けてくれないかもしれません。多くの人は、頻《ひん》繁《ぱん》に会う人たちとはできるだけ仲良くするように、少なくとも険悪な

「ぼく」は考えていたが、実際には「ぼく」がバスケから逃げるような人物ではないと信頼してくれていることがわかったから。

6. ――線部4に「吹奏楽部に入るかどうか迷い続けていた」とありますが、その理由として適当なものを二つ選び、符号で答えなさい。

ア　吹奏楽部から勧誘されたが、バスケ部を途中《とちゅう》で退部したときと同じように、周囲の期待を裏切ることになりかねないか心配だから。

イ　吹奏楽をやってみたい気持ちはあるが、脚の状態が早くよくなる可能性もあるため、卒業前までに再びバスケ部に復帰するという希望を捨てきれないでいるから。

ウ　脚が治ることを期待してバスケ部への復帰を考えているが、バスケ部の仲間の後押《あとお》しをうけて、より自分を歓迎《かんげい》してくれる吹奏楽部に気持ちがかたむいているから。

エ　バスケ部が全国大会に出場した際に応援の演奏をしてみたいが、今までバスケの経験しかないため、今から吹奏楽を始めて活躍できるのか不安だから。

オ　バスケ部の仲間と距離をとっていたが、彼《かれ》らと話をしたことで自分のほんとうの気持ちに気がついて、もう一度一緒《いっしょ》にバスケをしたくなったから。

7. ――線部5に「ぼくは意を決してアーモンドフィッシュの袋を開けた」とありますが、ここからの「ぼく」の気持ちの変化を説明した次の文章の［Ⅰ］・［Ⅱ］にあてはまる言葉として適当なものをそれぞれ選び、符号で答えなさい。

> どのような結果になるのか緊張しながらアーモンドを数えた末に、吹奏楽部には入部しないことになったが、［Ⅰ］。しかし北野くんのアクシデントによって、アーモンドの数が奇数になることに気づいて安堵《あんど》した。それと同時にうれしさがわき上がってきて、［Ⅱ］。

Ⅰ
ア　結果については変えることはできないので潔《いさぎよ》く受け入れている
イ　結果についてはコインの裏表で決めるべきだったと後悔している
ウ　結果については心が晴れない自分がいることに気づいている
エ　結果については予想通りになってよかったと納得《なっとく》している

Ⅱ
ア　吹奏楽部に入部したいという本心を持つ自分に気づいた
イ　吹奏楽部に入部したいという願いを改めて嚙《か》みしめている
ウ　バスケ部と決別する理由を求めている自分に気づいた
エ　バスケ部の仲間に対する感謝を改めて嚙みしめている

8. この文章の表現の特徴《とくちょう》として最も適当なものを選び、符号で答えなさい。

ア　「おそるおそる」や「おろおろ」などの擬態語《ぎたいご》を多用することで、「ぼく」の不安な気持ちが強調されている。

イ　「ぼく」の発言の中に「……」を多用することで、揺れ動く「ぼく」の気持ちが読者に伝わりやすくなっている。

ウ　複数の人物が登場することで、「ぼく」が多くの仲間に囲まれる中で成長していく姿が描《えが》かれている。

エ　「ぼく」の心の中の声が会話文以外にも描かれることで、読者が「ぼく」の気持ちを理解しやすくなっている。

れといっしょに、うれしさがわきあがってくる。

なんだ、[D]悩み続けていたくせに、ほんとうはどうしたいのか、とっくに決まってたんじゃないか。自分にあきれてくすっと笑うと、ぼくは飛んできたアーモンドをトレイの列に加えた。そしてまた迷いはじめたりしないうちに、小宮山さんに話しかける。

「小宮山さん、きょうの放課後、また吹奏楽部の見学に行ってもいい？　ずっと悩んでたんだけど、やっぱり吹奏楽部に入部することにしようと思って」

小宮山さんが春巻きを口に運びかけたまま、呆気《あっけ》に取られた顔でぼくのことを見つめた。いくらなんでも急すぎたかなと、その反応を見てぼくは恥《は》ずかしくなった。

けれどそのうち小宮山さんは顔を輝《かがや》かせて、「うんっ、もちろん！」とうなずいてくれた。ぼくもつられて笑顔《えがお》になると、トレイにならべたアーモンドをつまんで食べた。

ぼくの気持ちを教えてくれたアーモンドが、口の中でカリッと音を立てて砕《くだ》けた。

（如月かずさ『給食アンサンブル２』による）

1．[A]～[D]にあてはまる言葉として適当なものを選び、それぞれ符号《ふごう》で答えなさい。

ア　ぐずぐず　　イ　びくびく

ウ　おずおずと　　エ　ぽつりと

2．□にあてはまる四字熟語として最も適当なものを選び、符号で答えなさい。

ア　大胆不敵《だいたんふてき》　　イ　疑心暗鬼《ぎしんあんき》

ウ　優柔不断《ゆうじゅうふだん》　　エ　八方美人

3．――線部１に「満だけじゃなくて、ほかのみんなもおなじように沈んだ顔をしていた」とありますが、その理由として最も適当なものを選び、符号で答えなさい。

ア　慎吾の怪我についてなぐさめの言葉をかけなかったことが原因で、慎吾を退部に追《お》い込《こ》んでしまったことに対して責任を感じているから。

イ　自分たちが慎吾の足の怪我を大したことはないと考えて、通院をすすめなかったせいで退部することになったため、慎吾が腹を立てていると考えているから。

ウ　退部したことに対して慎吾がうしろめたく思っていることを察して、次の部活が決まるまでそっと見守ることにしようと考えているから。

エ　慎吾が怪我をして退部を決断するときに引き留めることができなかったので、以前と同じように接することにうしろめたさを感じているから。

4．――線部２「ほんとうのこと」とは、どのようなことですか。解答欄に合うように四十字以内で答えなさい。

5．――線部３に「胸の底から熱いものがこみあげてきた」とありますが、その理由として最も適当なものを選び、符号で答えなさい。

ア　みんなから成長痛のせいで部活を辞めた薄情者《はくじょうもの》だと思われていると「ぼく」は考えていたが、実際には「ぼく」を今でも部活の仲間として受け入れようとしていることがわかったから。

イ　みんなから怪我で部活を辞めた弱虫だと思われていると「ぼく」は考えていたが、実際には「ぼく」を励《はげ》ましもう一度バスケ部に戻《もど》って来てくれると信じてくれていることがわかったから。

ウ　みんなから能力に限界を感じて部活を辞めた根性《こんじょう》なしだと思われていると「ぼく」は考えていたが、実際には「ぼく」をバスケに貪欲《どんよく》な努力家だと認めてくれていることがわかったから。

エ　みんなから怪我で部活を辞めた意気地《いくじ》なしだと思われていると

「えっ、それはちょっと適当すぎるような……」
「適当だけど、悩んでる時間がもったいないだろ。入部するなら早いほうが絶対いいだろうしさ。なんならいま決めちゃう？　コインならおれ持ってるぜ？」
せっかちなバリーがカバンの中を漁《あさ》りはじめる。ぼくがそれを見ておろおろしていると、雅人が「待て待て」とバリーを止めた。
「コインの裏表なんてありきたりでおもしろみに欠けるだろ。どうせならもっと特別感のある決めかたをしようぜ」
「特別感のある決めかたって、例えばどんなだよ？」
雅人が「そうだなあ」と考えこんだ。そしてぽんっ、と手を打ってこたえる。
「例えばあれだ。給食のカレーに入ってる肉の数が奇数《きすう》か偶数《ぐうすう》か、とか」
「カレーってきょう食ったばっかじゃん！　次に出るまで決められないじゃないかよ！」
「カレーがだめなら、ＡＢＣスープのうずらの卵の数とか、フルーツポンチの寒天の数とかでもいいんじゃね？」
「なんで給食限定なんだよ。雅人おまえ、いま絶対腹減ってるだろ」
雅人が「ばれたか」と舌を出すと、もっさんが「じゃあこれ食べる？」とどこからか干《ひ》からびた給食のコッペパンの袋を持ってきた。そのコッペパンをめぐってどたばた騒《さわ》いでいるうちに、先輩《せんぱい》たちが体育館にやってきて、みんなとの会話はそこでおしまいになった。
いまになって思うと、あのとき雅人は本気であんなギャグみたいな決めかたを提案したわけじゃなくて、ただ話をぐだぐだにすることで、決断を急《せ》かそうとするバリーから、ぼくをかばってくれたのかもしれない。けれどぼくはそのアイデアを思いだして、アーモンドフィッシュの袋を手に［Ｃ］つぶやいた。

「……アーモンドフィッシュのアーモンドが、奇数か偶数か」
自分の意志で決めないと、また後々《あとあと》まで後悔《こうかい》しそうな予感もあった。だけどこれだけ悩んでも決められないんだから、もうしょうがないじゃないか。
いただきますのあいさつで給食が始まると、5ぼくは意を決してアーモンドフィッシュの袋を開けた。そして中に入っているアーモンドの数を数えはじめる。奇数だったら吹奏楽部に入部する。偶数だったら入部しない。頭の中でそう決めて。
ほかのメニューに手をつけようともせず、真剣《しんけん》な顔でアーモンドの数をたしかめているぼくは、はたから見たら確実に変なやつだ。けれどそんなことも気にならないほど、ぼくはアーモンドを数えることに集中していた。
トレイにならべたアーモンドが七個になり、八個に増え、それ以上は袋の中をよくたしかめても、アーモンドはもう見つからなかった。八個、偶数だ。吹奏楽部には入部しない。
ぼくは緊張《きんちょう》でつめていた息を吐《は》きだした。なんとなくもやもやするけど、そういうふうに決まったんだからしかたがない。ぼくは自分にいいきかせて、給食を食べはじめようとした。
そのとき、となりの席の北野くんが、アーモンドフィッシュの袋を破くのを失敗して、中身を派手にばらまいた。
「うわっ、悪い！」
北野くんが散らばったアーモンドフィッシュを慌てて回収する。そのあとでぼくは、自分の制服のズボンに、飛んできたアーモンドがひとつ、載っているのを発見した。
すぐに北野くんに知らせようとして、ぼくは思《おも》い留《とど》まった。この一個を含《ふく》めれば、アーモンドの数は奇数になる。
そのことに気がついた瞬間、ぼくはほっとため息をついていた。そ

「おまえ、本気でそんなこと気に病《や》んでたのかよ。おまえみたいに真面目で練習熱心なやつが、まだ頑張《がんば》れるのに怪我《けが》のせいにしてあきらめたりするわけないだろ」

バリーともっさんもしきりにうなずいていた。その反応を目にしたとたん、3胸の底から熱いものがこみあげてきた。

正直、ぼくはみんなのことを疑っていた。あいつは怪我を理由にしてバスケ部から逃げた。そう思われているんじゃないかと想像して怖かった。

だけど、そんなことはなかったんだ。ぼくはずっと自分の本心を疑い続けていたのに、みんなはいまでもぼくのことを信頼《しんらい》してくれていたんだ。

ありがとう、とぼくは心からみんなに感謝した。なにいってんだよ、と雅人が茶化すようにぼくの肩《かた》を揺《ゆ》さぶってくる。

「……もっとみんなとバスケをしてたかったな」

みんなの顔を見ていたら泣いてしまいそうで、ぼくはステージの床《ゆか》を見つめてつぶやいた。退部から半月以上がたってようやく、ぼくは自分のほんとうの気持ちに気がついた。

バスケ部の仲間と話してから数日がたって、部活の体験入部期間も終わりが近づいてきた。けれどぼくはまだ、4吹奏楽《すいそうがく》部に入るかどうか迷い続けていた。

給食の時間、ぼくは机を班の形に動かしながら、小宮山さんの顔を盗《ぬす》み見《み》た。せっかく誘《さそ》ってもらったのに、いつまでたっても入部の返事ができなくて申し訳ないな。いや、もうとっくに期待されていないのかもしれないけど。

ごめんね、と胸の中で小宮山さんに謝って、ぼくは給食をもらいに席を立った。

吹奏楽部に勧誘《かんゆう》されていることは、バスケ部の仲間たちにも話した。ぼくが入部を迷っていることを明かすと、みんなはそろってぼくの背中を押《お》してくれた。

「いいじゃん吹奏楽部。おれらが全国大会に出場したとき、慎吾が吹奏楽部で応援《おうえん》の演奏をしてくれたらすっげえ感動的じゃね？」

「全国大会はともかく、慎吾は努力家だから、二年から始めてもちゃんと活躍《かつやく》できるだろう」

雅人や満にそういってもらっても、ぼくが入部を決められなかったのは、心の底にあった願いに気づいたせいだ。もっとみんなといっしょにバスケがしたい、という願いに。

ぼくのひざの異常は、成長期が終わると自然によくなることが多いらしい。だからもし早めに成長期が終われば、バスケ部に復帰することもできるかもしれない。

とはいえもちろん、ひざが治らないまま中学校生活が終わってしまう可能性も高い。吹奏楽をやってみたいという気持ちもある。だけどやっぱりバスケ部復帰もあきらめきれなくて、もうどっちにしたらいいか全然わからなかった。ああ、まったくほんとうに、どうしてぼくはこう□なんだろう。

悩《なや》み続けているうちに、いつのまにか給食はもらい終わっていた。トレイに載《の》っているのは、中華麺《ちゅうかめん》と味噌《みそ》ラーメンのスープ、春巻きとミニトマトとアーモンドフィッシュだった。

自分の席にもどったあと、ぼくはそのアーモンドフィッシュの袋《ふくろ》を見つめながら、再びバスケ部のみんなとの会話を思いだした。

「もうさ、どうしても決められないんだったら、コインの裏表とかで決めちゃえばいいんじゃねえの？」

煮《に》えきらない態度を続けるぼくに、バリーがしびれをきらしたようにいった。

2024年度 京華中学校

【国語】〈第一回午後試験〉（五〇分）〈満点：一〇〇点〉

一 **次の文章を読んで、あとの問いに答えなさい。**

それからぼくたちは自分のクラスのことや最近のできごとについて話をした。ぼくがまだバスケ部にいたころの、練習前や休憩《きゅうけい》時間とおなじように。

なのにぼくは仲間たちとのあいだに、これまではなかった距離《きょり》を感じていた。それはきっと、ぼくがみんなに隠《かく》していることがあるから。そしてみんながぼくに気を遣《つか》ってくれているからだ。その証拠《しょうこ》に、ぼくの脚《あし》や退部のことには、だれも触《ふ》れようとはしない。

しばらく話したところで、ふいに会話が途切《とぎ》れた。一年生がスリーポイントシュートを決めて歓声《かんせい》をあげた。ぼくがそっちに注目するふりをして、気まずさをまぎらわせていると、満が「慎吾」と話しかけてきた。不安をこらえるような、硬《かた》い表情で。

「おまえの脚のことを聞いたときから、謝《あやま》らないととずっと思ってたんだ。成長痛だろうなんて適当なことをいって、ほんとうに悪かった。あのときすぐに病院に行くようにすすめてれば、部を辞《や》めなくてすんだかもしれないのに……」

「えっ、そんなの謝ることないよ。ぼくだって、自分の脚が退部しなきゃいけないほどひどい状態になってるなんて思ってもいなかったんだから」

慌《あわ》ててそういいかえしても、満の顔は晴れなかった。1満だけじゃなくて、ほかのみんなもおなじように沈《しず》んだ顔をしていた。

バリーが［A］ぼくにいった。

「けどよぉ、慎吾、最近ずっとおれらのことを避《さ》けてたろ。だからやっぱそのことで怒《おこ》ってんじゃないかと思ってよぉ」

「誤解だよ！　ぼくがみんなと顔を合わせづらかったのは、ただ、バスケ部を辞めたことがうしろめたかったからなんだ」

口にした瞬間《しゅんかん》に、いってしまった、と思った。うろたえているぼくに、バリーが首を傾《かし》げて聞きかえしてきた。

「なんでだよ。退部は脚のせいなんだからしょうがないだろ。うしろめたさなんて感じる必要ないじゃん」

2ほんとうのことを、正直に話さなくちゃいけない。たとえみんなに軽蔑《けいべつ》されたとしても。そうしなければ、きっとこれからもみんなに、ぼくのことで責任を感じさせてしまう。

仲間たちの視線から逃《のが》れてうつむくと、ぼくはおそるおそるそのことを明かした。

「たしかに、脚のせいなんだけどさ。親とか医者に退部をすすめられたとき、ぼくははっきり嫌《いや》だっていわなかったんだ。続けようとしていれば、続けられたかもしれないのに。だからもしかするとぼくは、心の底でバスケ部を辞めたがってたのかもしれないって、そう思ってるんだよ。いくら練習してもみんなみたいにうまくなれないから、それがつらくて部活から逃《に》げたんじゃないか、って……」

言葉を終えたあとも、ぼくはみんなの反応が怖《こわ》くてうつむいたままでいた。ぼくが［B］しながら沈黙《ちんもく》に耐《た》えていると、満が最初に口を開いた。

「慎吾はそういうことはしないだろう」

それはまるで、ぼくがなにかおかしなことをいったかのような口調だった。驚《おどろ》いて顔を上げると、満は明らかに戸惑《とまど》った表情を浮《う》かべていた。

雅人が「だよな」と相槌《あいづち》を打ってぼくの顔を見た。

2024年度

京華中学校 ▶解答

※　編集上の都合により，第１回午後試験の解説は省略させていただきました。

算数 ＜第１回午後試験＞（50分）＜満点：100点＞

解答

[1] (1)　41　(2)　$\frac{3}{2}$　(3)　2　[2] (1)　218　(2)　210m　(3)　150m　(4)　640円　(5)　46席　(6)　3100円　(7)　78点　(8)　12通り　[3] (1)　56cm^2　(2)　164度　(3)　18.84cm　[4] (1)　65日　(2)　49日　[5] (1)　毎分160m　(2)　毎分240m　(3)　9.6km　[6] (1)　2：3　(2)　1600cm^2　(3)　$\frac{20}{3}$cm　[7] (1)　768cm^2　(2)　256cm^3　(3)　96cm^2

社会 ＜第１回午後試験＞（理科と合わせて50分）＜満点：50点＞

解答

[1] 問１　イ　問２　イ　問３　(1)　ア　(2)　エ　問４　エ　問５　ウ　問６　記号－ウ　語句－大陸だな　問７　(1)　マングローブ(林)　(2)　ウ　問８　ア　[2] 問１　(例)　(主君の知らないところで，)家臣が他の領国の者と勝手に同盟を組むこと(を防ぐため。)　問２　ウ　問３　本能寺　問４　エ　問５　イ　問６　ウ　問７　西陣(織)　問８　ポツダム(宣言)　問９　ア　問10　8(月)15(日)　問11　藤原道長

理科 ＜第１回午後試験＞（社会と合わせて50分）＜満点：50点＞

解答

[1] 問１　毛細血管　問２　⑨　問３　②　問４　イ　問５　イ　問６　288L　[2] 問１　①　×　②　○　③　○　問２　58%　問３　40℃　問４　ア　問５　A　問６　(例)　物質を細かくくだく。　[3] 問１　自転　問２　公転　問３　B　西　C　南　問４　ア　問５　E　カ　F　イ　問６　I　問７　H　[4] 問１　イ　問２　B，C　問３　A，B　問４　450g　問５　450g　問６　600g

国語 ＜第１回午後試験＞（50分）＜満点：100点＞

解答

[一] 1　A　ウ　B　イ　C　エ　D　ア　2　ウ　3　イ　4　(例)　(バスケ

部を辞めた理由を，）いくら練習してもみんなと同じように上達しないことがつらくて部活から逃げだした（と慎吾が考えていること。）　**5**　エ　**6**　イ，オ　**7**　Ⅰ　ウ　Ⅱ　ア　**8**　エ　二　**1**　**A**　ア　**B**　イ　**C**　エ　**2**　Ⅰ　餌にもならず，交配相手にもならない　Ⅱ　知能と社会性　Ⅲ　血縁関係のある個体どうし　Ⅳ　同性の非血縁個体　Ⅴ　縄張り　**3**　エ　**4**　イ　**5**　（例）社会の中で自分にあった個性を発揮すること。　**6**　ウ　**7**　ア　×　イ　○　ウ　×　エ　○　オ　×　三　①　おうりょう　②　こおう　③　こうたん　④　そな（える）　⑤　ひき（いる）　四　下記を参照のこと。

●漢字の書き取り

四　①　参拝　②　秘境　③　街灯（外灯）　④　富（んだ）　⑤　仏

Memo

Memo

2023 年度

京華中学校

【算　数】〈第１回午前試験〉（50分）〈満点：100点〉

注意　1．答えが分数になるときは，**それ以上約分できない形**にしなさい。
　　　2．必要であれば，円周率は3.14として計算しなさい。
　　　3．コンパス，分度器，定規，計算機は使用できません。

1　次の□の中にあてはまる数を求めなさい。

(1) $\frac{14}{15}-\frac{2}{5}\div\frac{3}{14}\times\frac{3}{7}=\square$

(2) $14+\{63-(13-6)\times6\}\div7-4=\square$

(3) $13.4\times0.4+11.6\div2.5=\square$

(4) $\frac{1}{18}+\left(6+5\frac{1}{2}\div\square\right)\times\frac{2}{9}=2$

(5) １日３時間５分－12時間32分＝□時間□分

2　次の問いに答えなさい。

(1) 100以上300以下の整数の中に14の倍数は何個ありますか。

(2) 時速162kmは秒速何mですか。

(3) 仕入れ値に２割の利益を見込んで定価をつけましたが，売れなかったので380円安くして，5620円で売りました。仕入れ値は何円でしたか。

(4) １周1.4kmの池の周りに200mの間かくで木を植えました。そして，木と木の間に５mの間かくでくいを打つことにしました。くいは何本必要ですか。

(5) 10％の食塩水240ｇに，別の食塩水を120ｇ加えて，８％の食塩水をつくりました。加えた食塩水は何％でしたか。

(6) [0]，[1]，[2]，[3]，[4]のカードが１枚ずつあります。これらのカードから２枚を選んで並べて２けたの整数をつくるとき，偶数は何通りできますか。

(7) Ｋ中学校の１年生でサッカーが好きな人は126人，野球が好きな人は78人でした。また，両方好きな人は１年生全体の$\frac{1}{9}$，両方とも好きではない人は１年生全体の$\frac{1}{6}$でした。Ｋ中学校の１年生は全体で何人ですか。

3　次の問いに答えなさい。

(1)　下の図１で四角形 ABCD は正方形，三角形 FBC と三角形 DCE は正三角形です。x の角の大きさは何度ですか。

(2)　下の図２は面積が36cm^{2}の正六角形 ABCDEF で，●は各辺の真ん中の点です。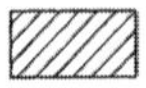の部分の面積は何cm^{2}ですか。

(3)　下の図３のように，底面の円の半径が３cm の円柱と，底面の円の半径が５cm の円柱をそれぞれ半分に切って組み合わせました。この立体の体積は何cm^{3}ですか。

図１

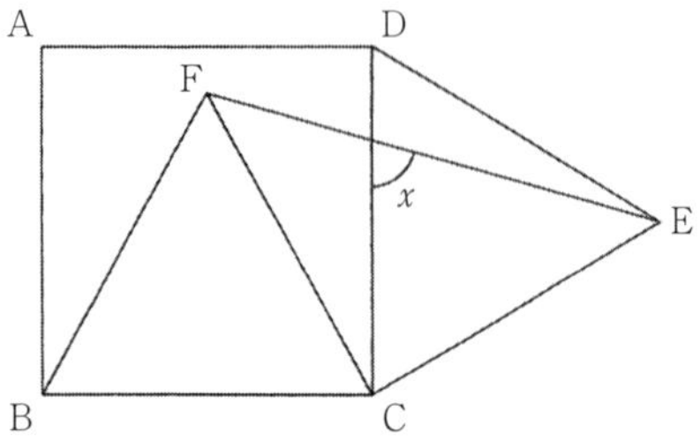

図２

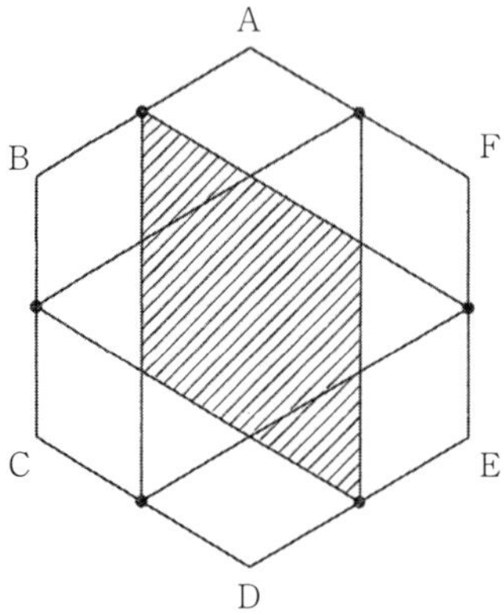

図３

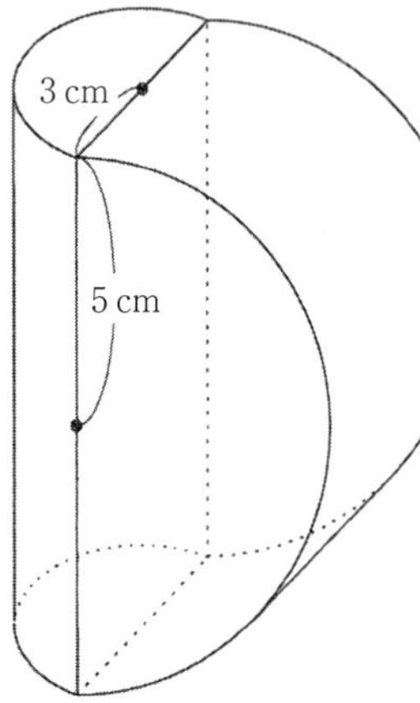

4　京太郎さんは，国語，算数，社会，理科のテストを受けました。結果について，次のことがわかっています。

＊　国語，算数，理科の平均は74点でした。

＊　国語，社会，理科の平均は76点でした。

＊　算数と社会の平均は89点でした。

＊　理科の点数は国語の点数より高く，その差は10点でした。

次の問いに答えなさい。

(1)　国語，算数，社会，理科の合計は何点でしたか。

(2)　国語は何点でしたか。

5　駅から学校までの道のりは5100mで，その途中に公園があります。Ａさん，Ｂさん，Ｃさんの３人は同時に出発して，Ａさんは駅から学校へ，Ｂさんは公園から駅へ，Ｃさんは学校から駅へ歩いて向かいました。Ｂさんは，駅から1700mの地点でＡさんと出会い，その25分後に駅に着きました。右のグラフは，そのときの様子を表したものです。３人の歩く速さは一定で，Ｃさんの

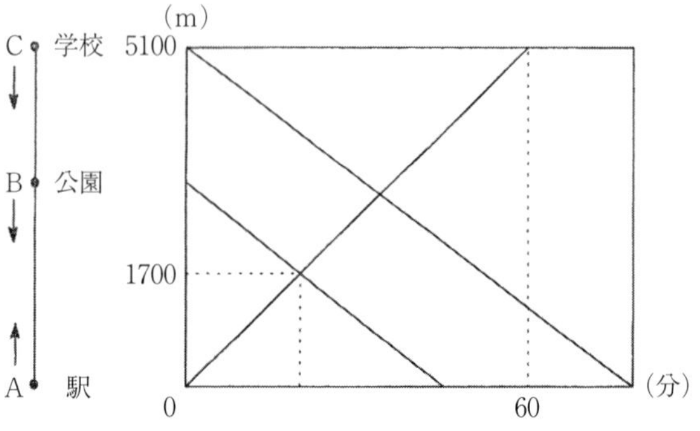

歩く速さを毎分65ｍとして，次の問いに答えなさい。

(1)　Ｂさんの歩く速さは毎分何ｍでしたか。

(2)　ＡさんとＣさんが出会ったのは，３人が出発してから何分後でしたか。

(3)　Ｂさんが駅に着くまでの間に，ＢさんとＣさんの間の距離《きょり》が2150ｍになるのは，３人が出発してから何分何秒後でしたか。

6　図１のような直方体の積み木６個を，図２のように直方体の形に積み上げました。その後ア，イの積み木を引きぬいて，図３のように積み上げました。

次の問いに答えなさい。

(1)　図３の立体の体積は何cm^3ですか。

(2)　図３の立体の表面の面積の和は何cm^2ですか。

図１

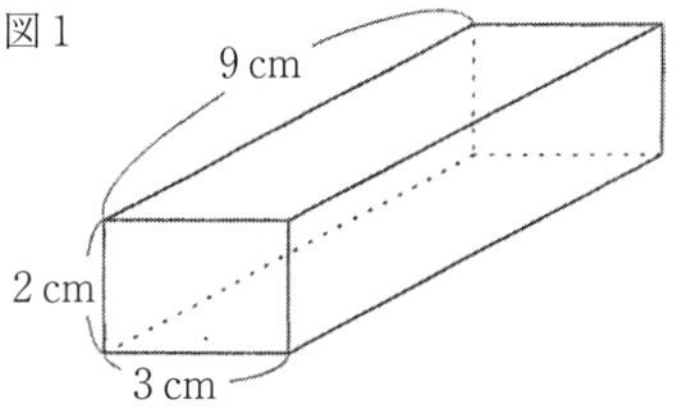

図２

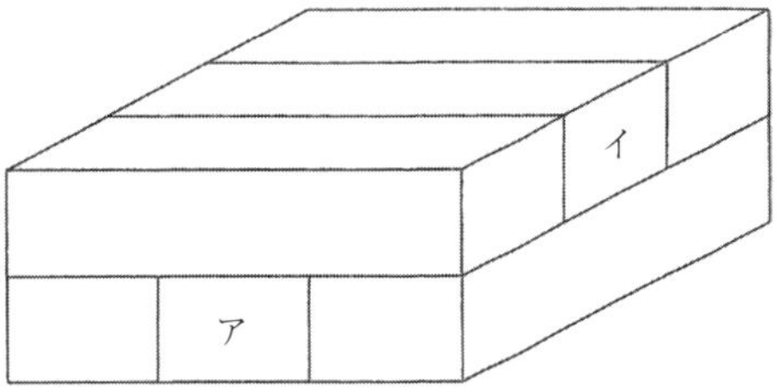

図３

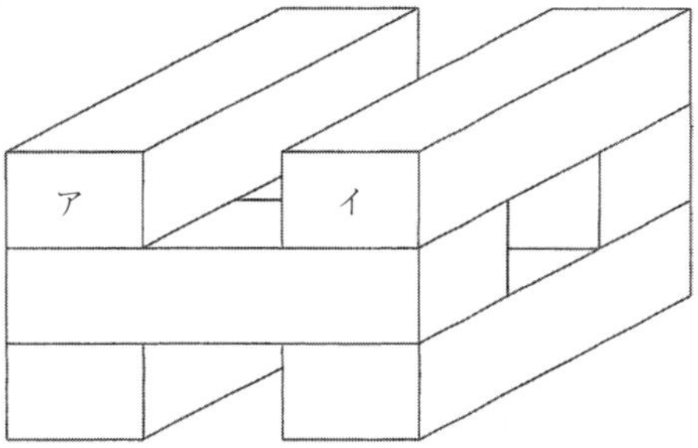

7　１から順に並んでいる整数を，下のように，ある規則にしたがってグループに分けます。

１番目	２番目	３番目	４番目	５番目	６番目	……
1	2，3	4，5，6	7	8，9	10，11，12	……

次の問いに答えなさい。

(1)　800は何番目のグループに入っていますか。

(2)　グループに入っている整数の合計を考えるとき，次の〈１〉，〈２〉に答えなさい。ただし，グループに入っている整数が１つのときの合計はその整数とします。たとえば，４番目のグループに入っている整数は７の１つだけなので合計は７とします。

〈１〉　36番目のグループに入っている整数の合計を求めなさい。

〈２〉　グループに入っている整数の合計が141になるのは，何番目のグループですか。

【社　会】〈第１回午前試験〉（理科と合わせて50分）〈満点：50点〉

1　次の問題文を読み，あとの問いに答えなさい。

昨年の大河ドラマ『鎌倉殿《どの》の13人』は，①源氏の統率者《とうそつしゃ》である源頼朝が鎌倉幕府を開いた後，②誰が政治の実権をにぎるのかといった駆《か》け引きが描《えが》かれた。こうした駆け引きは，他の時代でも見られる。

例えば，弥生時代に成立した邪馬台国については，その国の指導者がどのような人物であったのかが，中国の歴史書である『魏志』倭人伝に書かれている。その内容をおおまかに要約したのが，以下の文章である。

> 邪馬台国はもともと男性が王であったが，長い間，争《あらそ》いが続いていた。そこで人びとは一人の女性を王とした。その女性の名前は［　③　］という。彼女は呪術《じゅじゅつ》をよくして，人びとから支持《しじ》されていた。すでに高齢《れい》であったが，夫はおらず，弟が補佐《ほさ》しながら国を治めていた。彼女が亡《な》くなった時は，大きなお墓《はか》がつくられた。そして，新たに男性が王となったが，人びとはしたがわず，また争いが始まった。そのため，再び壱与《いよ》という女性が王になったところ，国は安定した。

このように④邪馬台国の指導者の座《ざ》をめぐっても，さまざまな動きがあったことが分かる。

やがて古墳時代・飛鳥時代になると，大王（天皇）を中心とする朝廷が国づくりを進めるようになり，政治の実権は天皇が持つようになった。特に，天智天皇が亡くなった後には，その跡《あと》継《つ》ぎをめぐって［　⑤　］の乱が起き，これに勝利した大海人皇子が天武天皇として即《そく》位したことで，天皇の権力はより強くなった。しかし，奈良時代・平安時代になると，しだいに貴族である⑥藤原氏が政治の実権をにぎるようになり，その中でも，藤原道長とその息子である［　⑦　］は，天皇に代わって政治をおこなうほどの力を持つようになった。

鎌倉時代・室町時代には幕府による政治が続いたが，1467年に［　⑧　］の乱が起こると，身分にかかわらず，実力のある者が政治の実権をにぎる「下剋上《げこくじょう》」の世となり，多くの⑨戦国大名が争った。結局，この争いに勝利したのは豊臣秀吉であり，彼は天下人として⑩新たな政治の仕組みを築《きず》いた。

しかし，1592年から開始した朝鮮半島への出兵が失敗に終わり，２度目の出兵である［　⑪　］の役をおこなっている中で秀吉が亡くなると，豊臣家は力を失っていった。代わりに政治の実権をにぎったのが徳川家康である。1603年に江戸幕府を開くと，1615年には豊臣家を滅《ほろ》ぼし，その後は約250年にわたって徳川家の政治が続いた。その政治の仕組みは，地方の支配は大名に任せ，幕府は大名を監督《かんとく》するというものであった。そのため，幕府は⑫大名を統制するための法令をつくり，大名は幕府に抵抗できなくなった。

なお，今年の大河ドラマは，この徳川家康を主人公にしたものである。戦国時代の動乱に翻《ほん》弄《ろう》されながらも，やがて天下を獲《と》るまでの物語が，どのように描かれるのかが楽しみである。

問１　下線部①について，次の写真は，源氏にゆかりのある神社の写真ですが，この神社の名前として正しいものはどれですか。あとの中から一つ選んで，記号を答えなさい。

ア．湯島天満宮　　イ．厳島神社　　ウ．白山神社　　エ．鶴岡八幡宮

問２　下線部②について，鎌倉幕府の政治の説明として正しいものはどれですか。次の中から一つ選んで，記号を答えなさい。

ア．源頼朝の子孫が将軍として力を持ち，補佐《ほさ》役の管領の力を借りながら政治をおこなった。

イ．源頼朝を支えた北条氏が，執権として将軍を上回る力を持ち，政治の実権をにぎった。

ウ．源頼朝を征夷大将軍に任命した朝廷が力を持つようになり，幕府は朝廷の命令を受けて政治をおこなった。

エ．源頼朝に仕《つか》えた家臣(御家人)たちが力を持ち，将軍はくじ引きで選ばれるようになった。

問３　空らん③には，邪馬台国の女王の名前が入ります。その名前を漢字３字で答えなさい。

問４　下線部④についての説明として正しいものはどれですか。次の中から一つ選んで，記号を答えなさい。

ア．邪馬台国の女王である［　③　］は呪術の能力にすぐれていた。

イ．邪馬台国の女王である［　③　］は夫の助けを借りながら，国の政治をおこなっていた。

ウ．邪馬台国の女王である［　③　］が亡くなった時，お墓はつくられなかった。

エ．邪馬台国の女王である［　③　］が亡くなった後も，男性が王になることはなかった。

問５　空らん⑤に入る語句として正しいものはどれですか。次の中から一つ選んで，記号を答えなさい。

ア．応仁　　イ．平治　　ウ．壬申　　エ．承久

問６　下線部⑥について，藤原氏が力を持つようになった理由として誤《あやま》っているものはどれですか。次の中から一つ選んで，記号を答えなさい。

ア．摂政や関白に任じられ，政治の実権をにぎったから。

イ．自分の娘を天皇のきさきにして，天皇家との関係を深めたから。

ウ．多くの荘園を持ち，豊かな経済力を持っていたから。

エ．武士団の指導者となり，強力な軍事力を得たから。

問７　空らん⑦に入る人物は，京都府宇治市にある建物を建てたことで知られています。この建物の名前として正しいものはどれですか。次の中から一つ選んで，記号を答えなさい。

ア．中尊寺金色堂　　イ．平等院鳳凰堂　　ウ．鹿苑寺金閣　　エ．薬師寺東塔

問８　空らん⑧に入る語句として正しいものはどれですか。次の中から一つ選んで，記号を答えなさい。

ア．応仁　　イ．平治　　ウ．壬申　　エ．承久

問９　下線部⑨について，当時の戦国大名の説明として正しいものはどれですか。次の中から一つ選んで，記号を答えなさい。

ア．屋久島を支配していた戦国大名は，1543年にポルトガル人から鉄砲を購入した。

イ．戦国大名の中には，スペインやポルトガルとの貿易の利益を得るため，キリスト教を保護する者もいた。

ウ．織田信長は長篠の戦いで，鉄砲を効果的に使用し，今川義元をやぶった。

エ．楽市・楽座によって，商人の組合である座を保護し，彼らから営業税を徴収《ちょうしゅう》する戦国大名もいた。

問10　下線部⑩について，豊臣秀吉がおこなった政策の説明として正しいものはどれですか。次の中から一つ選んで，記号を答えなさい。

ア．仏教勢力と対立し，比叡山延暦寺を焼き打ちにした。

イ．武士たちから武器《ぶき》を取り上げる刀狩令を出した。

ウ．統一した基準で全国の土地を調査する太閤検地をおこなった。

エ．天下統一の拠《きょ》点として，石山本願寺の跡地に安土城を築いた。

問11　空らん⑪に入る元号として正しいものはどれですか。次の中から一つ選んで，記号を答えなさい。

ア．文禄　　イ．文永　　ウ．慶長　　エ．弘安

問12　下線部⑫について，この法令に関する説明として誤っているものはどれですか。次の中から一つ選んで，記号を答えなさい。

ア．この法令の名前は禁中並公家諸法度という。

イ．この法令を破った大名は，領地を取り上げられるなど，厳しく処分された。

ウ．この法令は，大名が新しい城を築くことを禁じた。

エ．３代将軍徳川家光は，参勤交代の制度を追加するなど，この法令を強化した。

2　次の会話文を読み，あとの問いに答えなさい。

先　生：①これはイギリスに行ったときの写真です。これはベトナム。ああ，これはアメリカに行ったときのものですね。

京太郎：先生はいろいろな国へ旅行に行ったことがあるのですね。うらやましいです。

先　生：でも，新型コロナウイルスが流行したあとは，海外へ行く機会が全くなくなって，悲しいです。

京太郎：新型コロナウイルスの流行前は，日本にたくさんの外国人観光《かんこう》客もやってきましたよね。

先　生：人の行き来が活発でしたね。また，人だけではなく，物やお金も国境を越《こ》えて広がっていて，このような②世界のつながりをグローバル化と言いますが，新型コロナウイルスの世界的流行もグローバル化の影響《えいきょう》と言えますね。

京太郎：もちろん③情報も世界を駆け巡《めぐ》っていますよね。インターネットの普及《ふきゅう》のおかげですね。

先　生：今でもインターネット上で，旅行で出会った人たちと連絡を取り合っていますよ。ただし④使い方には注意が必要です。

京太郎：この前，インターネットで外国のお店の商品を購入《こうにゅう》しました。

先　生：私たちの身の回りの物も，さまざまな国で作られています。外国の製品は，⑤航空機や大型船によって以前より早く大量に運ばれるようになりました。自国の商品だけでは生活できなくなっていますよね。

京太郎：この前の授業では，日本の⑥食料自給率の低さについて知りました。特に⑦小麦は外国に頼《たよ》っていますよね。

先　生：⑧円安ドル高がすすんでいますし，とても心配です。

京太郎：私たちの生活に大きく影響しますよね。

先　生：グローバル化といった現代の特色も，社会の変化によるもので，新たな課題が生まれています。それらを解決し，⑨持続《じぞく》可能な社会の実現に向けて取り組むことが求められています。

京太郎：⑩国際社会での日本の役割はますます重要になっていますね。

問１　下線部①について，先生がイギリスで撮《と》った写真として正しいものはどれですか。次の中から一つ選んで，記号を答えなさい。

ア．

イ．

ウ．

エ．

問２　下線部②に関連して，各国が協力して取り組まなければならない国際的な課題として誤っているものはどれですか。次の中から一つ選んで，記号を答えなさい。

ア．少子高齢社会の進展　　イ．南北問題　　ウ．地球温暖化　　エ．難民問題

問３　下線部③に関連して，行政のIT化やDXの推進を目的として2021年に設置された官庁は何ですか。その名称を解答らんにしたがって，カタカナ４字で答えなさい。

問４　下線部④に関連して，⑴と⑵に答えなさい。

⑴　次の事例を読み，インターネットを利用する際に，京太郎君がしてはならなかったこと

を「個人情報」という語句を用いて20字以内で答えなさい。

> 京太郎君は，インターネット上で知り合った人と熱中しているゲームの話題で盛り上がり，その人から「このゲームをしている人は他にいるの？」と聞かれ，自分とクラスの友達が一緒にゲームをしている様子を撮った画像を無断で送った。

(2)　次のグラフは，日本の情報機器(パソコン・インターネット・スマートフォン)の普及率を示したものです。インターネットの普及率を示すものとして正しいものはどれですか。次の中から一つ選んで，記号を答えなさい。

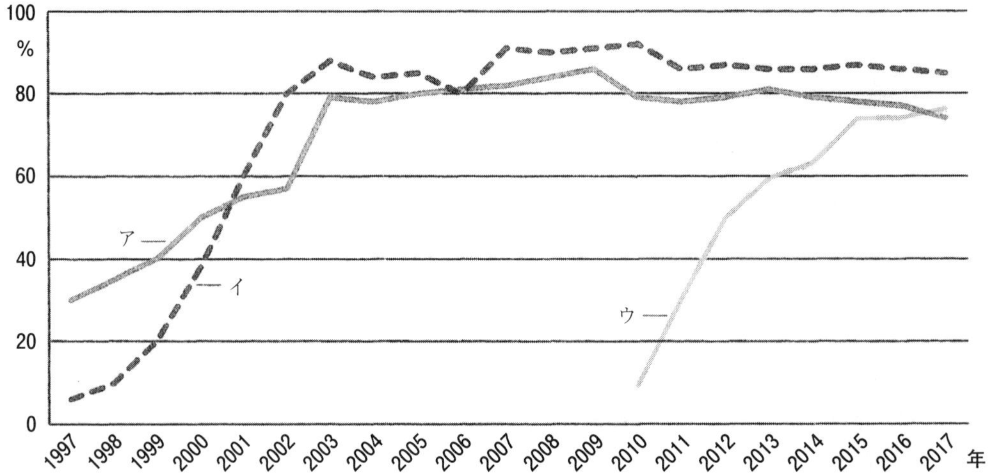

（『通信利用動向調査』より作成）

問５　下線部⑤について，航空機で輸送される品物の特徴《とくちょう》として誤っているものはどれですか。次の中から一つ選んで，記号を答えなさい。

ア．軽量であること　　　　　イ．安価であること
ウ．鮮《せん》度を保つ必要があること　　エ．小型であること

問６　下線部⑥に関連して，食料自給率が下がってしまった原因として誤っているものはどれですか。次の中から一つ選んで，記号を答えなさい。

ア．食生活の変化　　イ．外食チェーンの普及　　ウ．農家の高齢化　　エ．出生率の低下

問７　下線部⑦について，日本で流通する小麦の生産国を表すグラフとして正しいものはどれですか。次の中から一つ選んで，記号を答えなさい。

ア．
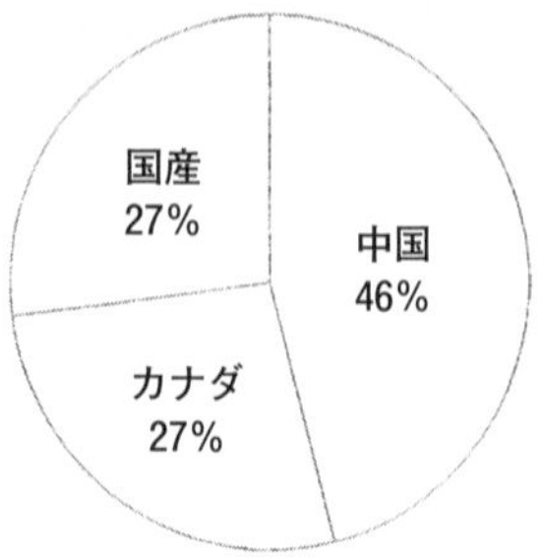

イ．
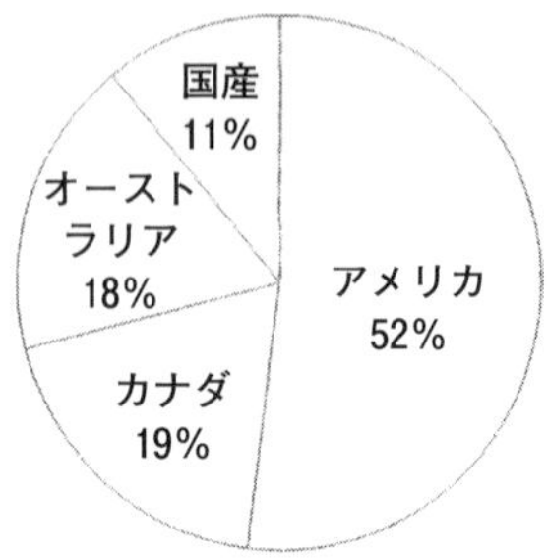

ウ．
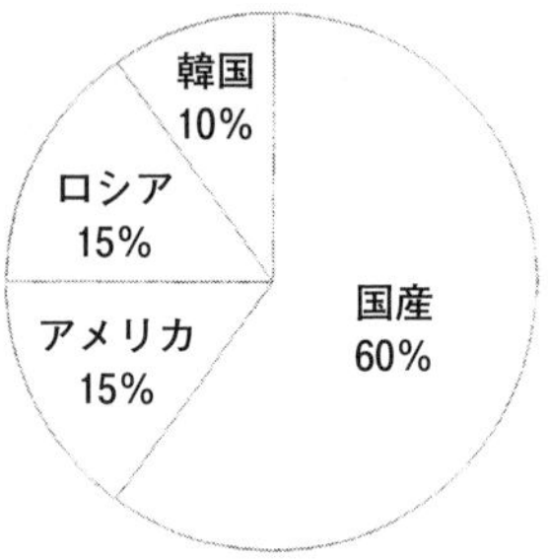

問８　下線部⑧について，円安ドル高がもたらす影響として正しいものはどれですか。次の中から一つ選んで，記号を答えなさい。

ア．ハワイへ旅行に行ったときに買ったお土産が，以前より値段が上がっていた。

イ．アメリカ向けの日本車の輸出量が以前より減った。

ウ．外国産の小麦を使ったうどんを注文しようとしたら，以前より値段が下がっていた。

エ．インターネットで外国のお店の商品を購入したら，以前より値段が下がっていた。

問９　下線部⑨に関連して，2015年９月の国連サミットで採択され，2016年から2030年の15年間で達成するために掲《かか》げられた17の目標を何といいますか。アルファベット４字で答えなさい。

問10　下線部⑩に関連して，日本が取り組んでいる国際貢献として誤っているものはどれですか。次の中から一つ選んで，記号を答えなさい。

ア．政府開発援助（ODA）を中心に途上国の開発を支援している。

イ．青年海外協力隊の技術援助を行っている。

ウ．自衛隊が国連平和維持活動（PKO）に参加している。

エ．内戦などで生活する場所を奪われた難民を各国に先立って積極的に受け入れている。

【理　科】〈第1回午前試験〉（社会と合わせて50分）〈満点：50点〉

1　小さな生物を観察するときに使う器具について，下の問いに答えなさい。

器具①

器具②

器具③

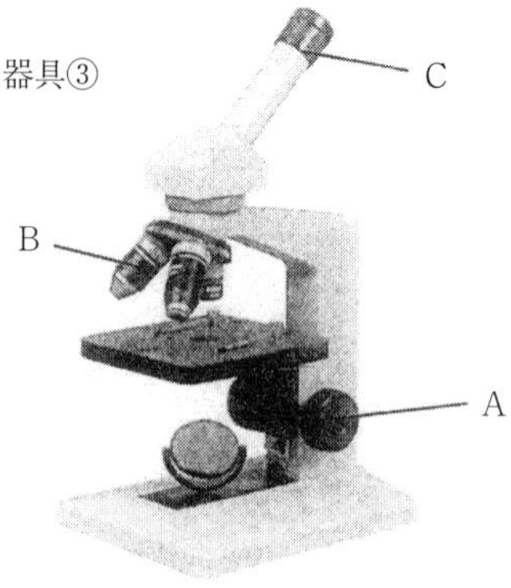

問1　器具①は何といいますか。次のア～エから最も適切なものを1つ選び，記号で答えなさい。

ア　ルーペ　　イ　顕微鏡《けんびきょう》　　ウ　虫めがね　　エ　双眼鏡《そうがんきょう》

問2　器具②で観察するのに適していないものはどれですか。次のア～エから最も適切なものを1つ選び，記号で答えなさい。

ア　アサガオの種子　　イ　アブラナの花びら

ウ　ツユクサの気孔《きこう》　　エ　タマネギの根毛

問3　倍率を変えることができない器具はどれですか。器具①～③の数字で答えなさい。

問4　器具③のAのはたらきは何ですか。次のア～エから最も適切なものを1つ選び，記号で答えなさい。

ア　ステージを上下させてピントを合わせる

イ　Cのレンズを上下させてピントを合わせる

ウ　しぼりを調節して光の量を変える

エ　アームの角度を変えて見やすくする

問5　器具③を組み立てるときに，先にとりつけるのはB，Cどちらのレンズですか。

問6　問5のレンズを先にとりつける理由は何ですか。次のア～エから最も適切なものを1つ選び，記号で答えなさい。

ア　ほこりが鏡筒《きょうとう》の中に落ちるのを防ぐため

イ　ほこりがプレパラートに落ちるのを防ぐため

ウ　ほこりが調節ねじにつくのを防ぐため

エ　ほこりがしぼりにつくのを防ぐため

2　日本には多くの河川があります。次の問いに答えなさい。

問１　川の流れによって，川の中にある石は流されます。下流にある石の特徴《とくちょう》は何ですか。次のア～エから最も適切なものを１つ選び，記号で答えなさい。

ア　ゴツゴツしていて小さい

イ　ゴツゴツしていて大きい

ウ　丸みをおびていて小さい

エ　丸みをおびていて大きい

問２　図１は川のようすを表し，矢印の向きに水が流れています。直線X―Y上で，最も水の流れが速い位置はどこですか。図１のA～Cから最も適切なものを１つ選び，記号で答えなさい。

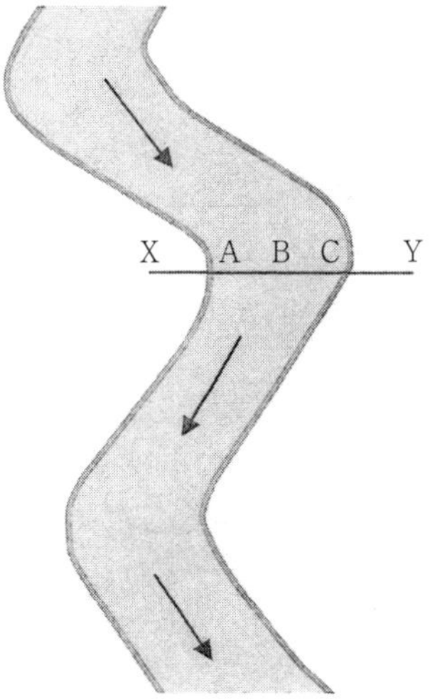

図１

問３　図１のX―Yの断面を下流側から見た図はどれですか。次のア～ウから最も適切なものを１つ選び，記号で答えなさい。

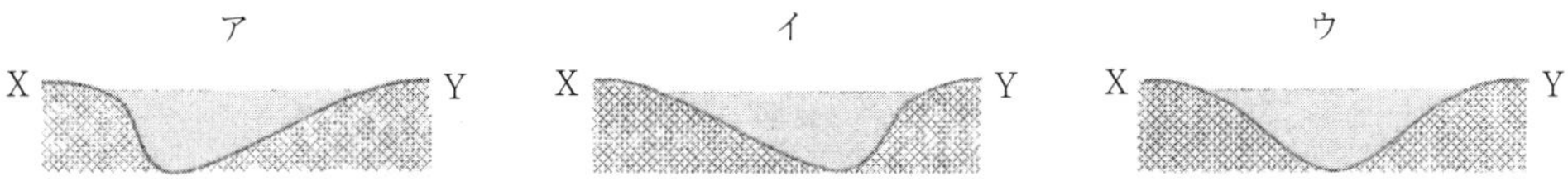

問４　次の文は，問３のような川底の形になることを説明したものです。文中の(ア)，(イ)に適する語句をそれぞれ答えなさい。

川の流れのはたらきには，(　ア　)作用，運搬《うんぱん》作用，(　イ　)作用があります。X側とY側を比べると，X側は(　ア　)作用がつよく，Y側は(　イ　)作用がつよくはたらくため，このような形になります。

問５　川は水の流れによって長い年月をかけて形を変えます。図２のようにしてできた湖を何といいますか。

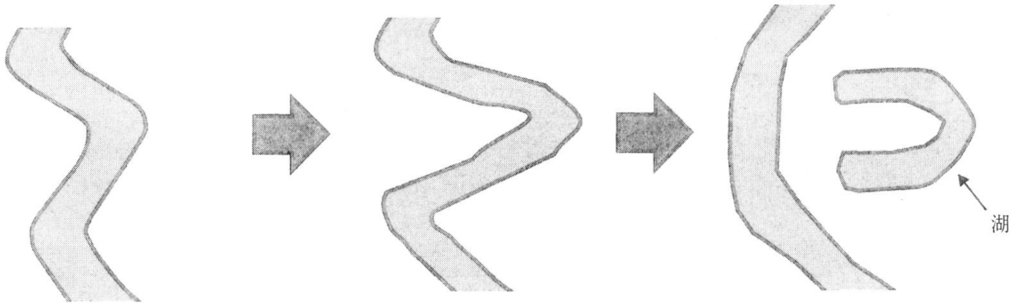

図２

3　次の表は，いろいろな温度の水100ｇに溶《と》かすことのできる物質の量を示したものです。下の問いに答えなさい。

水の温度(℃)	0	20	40	60	80
食塩(ｇ)	35.6	35.8	36.0	37.1	38.0
ホウ酸(ｇ)	2.8	5.0	8.8	14.8	23.6
ミョウバン(ｇ)	3.0	6.0	12.0	25.0	71.0

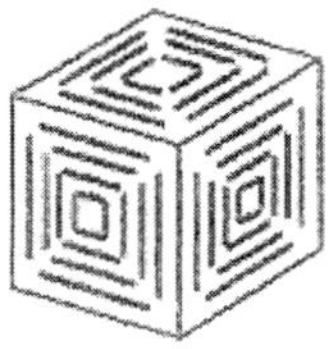

問１　上の表の物質のうち，右図のような結晶をしている物質は何ですか。上の表から選びなさい。

問２　60℃の水200ｇに食塩50ｇを溶かしました。この水溶液《すいようえき》の濃度は何％ですか。

問３　40℃の水50ｇにミョウバン４ｇを溶かしました。この水溶液には，あと何ｇのミョウバンを溶かすことができますか。

問４　80℃の水200ｇにホウ酸35ｇを溶かした水溶液から，水50ｇを蒸発させ，40℃まで冷やすと，何ｇのホウ酸が溶けきれずに出てきますか。

問５　物質を溶けるだけ溶かした水溶液を，飽和《ほうわ》水溶液といいます。40℃の食塩の飽和水溶液を200ｇつくるためには，食塩は少なくとも何ｇ必要ですか。次のア～エから最も近いものを１つ選び，記号で答えなさい。

ア　42ｇ　　イ　53ｇ　　ウ　72ｇ　　エ　113ｇ

4　プロペラ付きモーターと電池を使って，プロペラの回転のようすを調べました。図１では，プロペラはＡの向きに回転しました。下の問いに答えなさい。

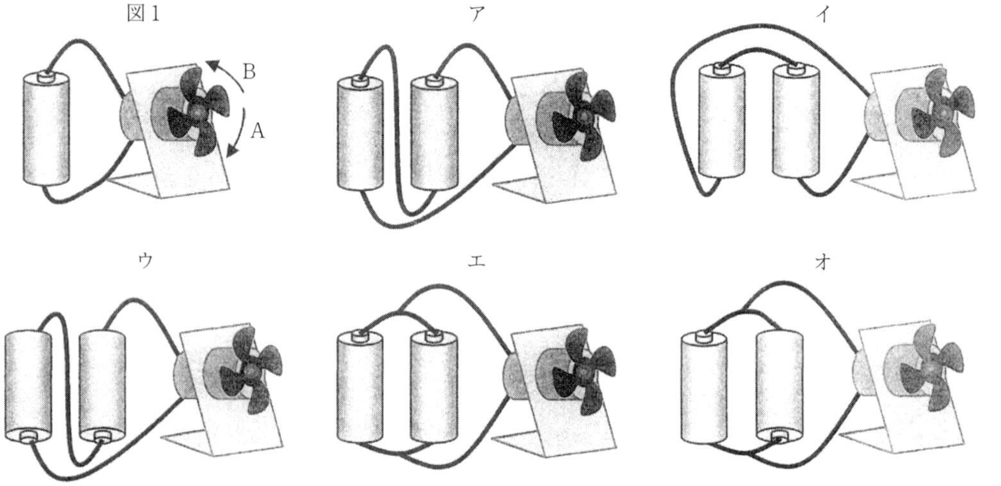

問１　プロペラが回転しないものはどれですか。図のア～オからすべて選び，記号で答えなさい。

問２　プロペラがＢの向きに回転するものはどれですか。図のア～オから１つ選び，記号で答えなさい。

問３　図１のプロペラよりも速く回転するものはどれですか。図のア～オから２つ選び，記号で答えなさい。

問４　プロペラが最も長い時間，回転し続けるものはどれですか。図のア～オから１つ選び，記号で答えなさい。

図１は，プロペラ付きモーターをⓂとして，図２のような回路図で表します。図３の回路について，下の問いに答えなさい。ただし，カ～クのプロペラ付きモーターは，すべて同じものとします。

図2

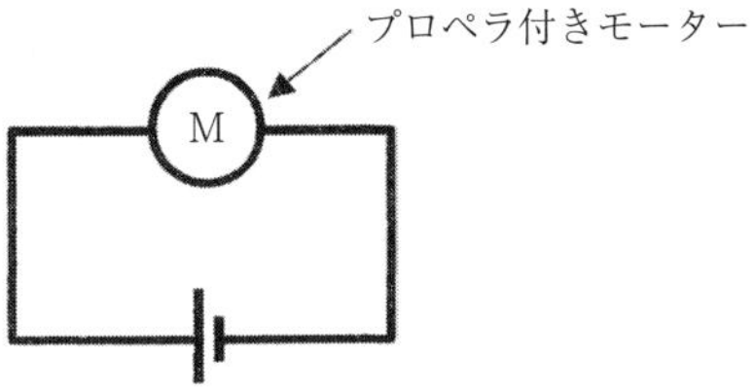

図3

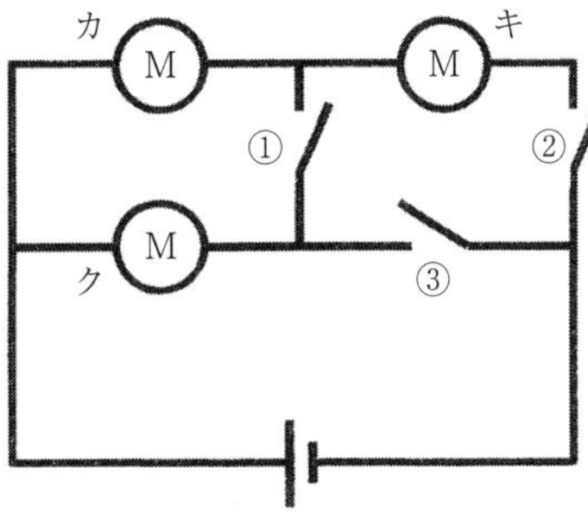

問5　スイッチ①だけを閉じたとき，どのプロペラが回転しますか。図3のカ～クから1つ選び，記号で答えなさい。どれも回転しない場合は，「回転しない」と答えなさい。

問6　スイッチ②だけを閉じたとき，どのプロペラが回転しますか。図3のカ～クから2つ選び，記号で答えなさい。

問7　スイッチ②と③を閉じたとき，最も速く回転するプロペラはどれですか。図3のカ～クから1つ選び，記号で答えなさい。どれも回転しない場合は，「回転しない」と答えなさい。

問8　スイッチ①と②を閉じたとき，最も速く回転するプロペラはどれですか。図3のカ～クから1つ選び，記号で答えなさい。どれも回転しない場合は，「回転しない」と答えなさい。

エ　新しい時代に合った人間関係を政府が支持したことにより、昔ながらの関係性にすがる人を多く生み出したが、その結果として新しい関係性を受け入れた人たちとの格差が大きい「社会」になっていった。

三　**次の①～⑤の――線部の漢字の読みを、それぞれひらがなで答えなさい。**

① 皇后様が手を振《ふ》る。
② 雑木林を歩いていく。
③ ひまわりの種が発芽した。
④ 頬《ほお》が赤みを帯びる。
⑤ 魂《たましい》が宿る。

四　**次の①～⑤の――線部のカタカナを、それぞれ漢字に直しなさい。**

① クキョウに立たされる。
② ヒャッカ店へ出かける。
③ ハイクをよむ。
④ 相手に思いをツげる。
⑤ カガミの前に立つ。

〈村と同じような「世間」〉
商人にとっての商家や武士にとっての武家は、[V（六字）]として作用した

4．――線部3に「現在、江戸時代のような強力な『世間』は残っていません」とありますが、その理由として最も適当なものを選び、符号で答えなさい。

ア　明治時代に入り、政府が新しい形の保障を充実《じゅうじつ》させ、国民の生活が十分に守られるようになっていったことで、村独自の保障に頼っていた「世間」を政府が壊そうとしたから。

イ　明治時代に入り、政府が今まで存在しなかった様々な産業を生み出し、日本が世界と対等になることを目指すうちに、昔ながらの農業を重視する「世間」を政府が壊そうとしたから。

ウ　明治時代に入り、政府が国民を守るために様々な新しい政策を打ち出し、国民もそれに従って行動するようになっていったので、従来の欠陥《けっかん》だらけの「世間」を政府が壊そうとしたから。

エ　明治時代に入り、政府が経済的に近代国家になって強い軍隊を持ち、国民を守れる国になろうと考えた際に、仲間内で助け合うという性質を持つ「世間」を政府が壊そうとしたから。

5．――線部4に「強力な『世間』はジャマになります」とありますが、当時の政府がこのように考えた理由として最も適当なものを選び、符号で答えなさい。

ア　日本が軍事的・経済的に発展していくためには、村を越《こ》えた関係性で協力することが求められたが、村単位の強力なつながりである「世間」が生き残っていると計画が進まないと考えたから。

イ　軍隊や工場に集まる人たちをまとめるためには、知らない人と話す楽しさを実感させることが大切だったが、「世間」が強力に続いていると堂々と知らない人に話しかけられないと考えたから。

ウ　今までつながりのなかった人たちと働くためには、恥《は》ずかしいと思う感覚を持つ必要があったが、「世間」をひきずっていると知らない人に対して恥ずかしいと思うことがないだろうと考えたから。

エ　日本の地位を世界一にするためには、「世間」を越えた関係をどんどん広げていかなくてはならなかったが、「世間」にとらわれていると関係性が狭《せま》い範囲《はんい》に限定されてしまうと考えたから。

6．□にあてはまる言葉として最も適当なものを選び、符号で答えなさい。

ア　一緒に育ってきた友人　　イ　家計を支えている父親
ウ　自分が知っている相手　　エ　国民を守る将軍

7．――線部5に「『世間』という……示しました」とありますが、その後起きたことの説明として最も適当なものを選び、符号で答えなさい。

ア　国民同士の新しい関係性を政府が示したことにより、学校や工場といった元々存在しなかった集団が新たに生まれることになったが、その結果かえって人々が「世間」を強く求めるようになっていった。

イ　見知らぬ者が互《たが》いにつながる制度を政府が推《お》し進《すす》めたことにより、従来の「世間」のあり方から変わっていった側面はあったが、人々は慣れ親しんだ関係性である「世間」を捨てきることはできなかった。

ウ　従来の「世間」を政府が徹底的《てっていてき》に否定したことにより、人々は昔ながらの「世間」を守ろうと武力などで強く反発したが、結局国の方針には逆らえないために少しずつ強力な「世間」は崩れていった。

一緒に学ぶことができる、というわけです。

　さあ、もし、あなたが明治時代の人だとしたら、こう言われたらどう思いますか？

「そうか。これからは『社会』か。分かった。知らない人に積極的に話しかけよう」と思うでしょうか？

……思いませんよね。

「突然《とつぜん》、そんなこと言われても、知らない人に話しかけるのは慣れてないし、どうせ一緒に働くのなら知っている同じ村の人がいいなあ。特に軍隊で戦争に行くのに、まったく知らない人と一緒に戦うなんて、なんかイヤだなあ。できるなら、知っている仲間と戦いたいなあ。そうじゃなきゃ、信頼《しんらい》できないし」

　そんなことを思うんじゃないでしょうか？

　その通り、明治時代の人も、政府がいくら「社会」と叫《さけ》んでも、昔ながらの「世間」を守ろうとしました。

　［C］、いろんな村の子供がひとつの学校に行き、いろんな村の人達がひとつの工場に集まり、いろんな村の人達が軍隊に集められましたから、少しずつ強力な「世間」は崩れていきましたが、それでも、「世間」という考え方、感じ方はずっと残ったのです。

（鴻上尚史『「空気」を読んでも従わない　生き苦しさからラクになる』による）

1．［A］～［C］にあてはまる言葉として適当なものを選び、それぞれ符号で答えなさい。

ア　でも　　イ　もちろん　　ウ　まさに　　エ　例えば

2．——線部1「江戸時代まで……いけませんでした」について、次の(1)～(3)に答えなさい。

(1)　村がひとつにまとまって生きていくためには、どのようなことが必要でしたか。十一字で抜き出しなさい。

(2)　村がひとつにまとまるということの例として最も適当なものを選び、符号で答えなさい。

ア　田畑の水の供給が偏《かたよ》らないように複数の水源をみんなで確保する。

イ　水を奪《うば》われそうになったら協力して敵よりも前に攻《せ》め込む。

ウ　自分の畑のことだけでなく村の生産量の総量を考えて耕作する。

エ　水を確保する作業ができる若者を残すために村の中で結婚する。

(3)　村はひとつにまとまらないと生きていけないという考えに従わない者は、どのような扱《あつか》いを受けましたか。「～を受けた。」につづくように四十七字で探し、初めと終わりの五字を抜き出しなさい。

3．——線部2に「一神教とまったく同じです」とありますが、このことについて次のようにノートにまとめました。［Ⅰ］～［Ⅴ］にあてはまる言葉を、指定字数でそれぞれ抜き出しなさい。

一神教…信者が［Ⅰ（八字）］限りは守ってもらえる

村　…村人が［Ⅱ（三字）］に従っている限り、面倒を見てもらえる

（例）［Ⅲ（七字）］
ケガをした時の助け合い
田畑への水の配分　など

＝「世間」という強力なつながり ← 個人の問題だけではなく、［Ⅳ（六字）］に対しても作用する

す。

村で協力しながら結婚相手を見つければ、やがて、子供が生まれて、働き手となり、村は発展していきます。

結婚相手が見つからず一生独身のままなら、村全体も困ります。

村は、つまり「世間」は、ちゃんと掟（ルール）に従っている限り、ずっとあなたの面倒を見てくれたのです。

それはそれは強力な守り神でした。

村だけではなく、商人は商家が、武士は武家という強力な「世間」がありました。

まさに、日本の強力な一神教と言えるものでした。

これに所属していなければ、江戸時代は生きていけませんでした。

例えば、武士は「世間」である武家を飛び出しただけで、脱藩《だっぱん》者となり、無宿者《むしゅくもの》と呼ばれて犯罪者となりました。

それぐらい「世間」は日本人にとって密接なものでした。

[B]、今、「世間」なんて聞いたことがないけどなあ、とあなたは思いましたか？

そうです。3現在、江戸時代のような強力な「世間」は残っていません。どうしてでしょうか？

それには、もちろん、理由があります。

明治時代になって、明治政府は、「世間」というものを壊そうとしました。

村が村人の生活を守る時代から、国が国民を守る時代に入ったからです。

村や商家、武家が一番偉《えら》いままだと、国が困るのです。

「富国強兵」という言葉を勉強しましたか？

国を豊かにして、強い軍隊を持とうという明治政府の方針です。

そのためには、「殖産興業《しょくさんこうぎょう》」という、さまざまな産業を起こして、日本を経済的に近代国家にしようと明治政府は計画しました。

この時、4強力な「世間」はジャマになります。

それまで、日本人は同じ村の人達《たち》、つまり「世間」の人達としか会話していませんでした。

「旅の恥《はじ》はかき捨て」ということわざを知っていますか？

村を出て旅に出たらもう、知る人もいないし、住むわけでもないのだから、恥をかいても問題はない、という意味です。

江戸時代までの日本人にとって、[　　]だけが重要だったのです。

ところが、明治時代になって、政府は知らない者同士を集める必要が出てきました。

学校も軍隊も工場も、村単位ではなく、村を超《こ》えた知らない人同士が集まる場所です。

この時、「世間」が強力に続いていたら、日本人は同じ村の人としか会話しなくなります。

知っている人がいないと、黙ったままになります。

それでは、政府は困るのです。

そのために、村という「世間」を壊す必要が出てきたのです。

そして、5「世間」というつながりの代わりに、「社会」という考え方を国民に示しました。

明治政府は国民に言いました。

「これからは『社会』の時代だ。『社会』は、知らない者同士が会話し、協力するものである。身内だけが集まる『世間』はもう古い。新しい時代には新しい人間関係が必要になる、それが『社会』である。さあ、知らない人と会話を始めよう」

これからは「社会」が生活の基本になるから、知らない人と工場で一緒《いっしょ》に働けるし、知らない人と一緒に軍隊を作れるし、知らない人と

中を押すことに専念しようと決意する気持ち。

イ　もともとは内気な性格であるはずなのに、先輩に内心おもしろく思われない可能性があったとしても、自分の意志をはっきり示して行動に移した早紀を応援《おうえん》する気持ち。

ウ　いつもいやな言い方ばかりしてくる先輩だったが、早紀に言い返すことができていない姿を見てすっきりし、先輩をやり込《こ》めてくれた早紀を称賛《しょうさん》する気持ち。

エ　いつも人の顔色ばかりうかがっていた早紀が、初めて自分の意志で行動する姿に成長を感じ、これからも早紀は成長し続けるにちがいないと確信する気持ち。

二　**次の文章を読んで、あとの問いに答えなさい。**

1江戸《えど》時代まで、村はひとつにまとまっていました。いえ、ひとつにまとまらないと、生きていけませんでした。

一番の理由は、田畑の水です。

日照りの夏に、もし、誰《だれ》かが自分の水田に水を勝手に引いたら、他の水田は干《ひ》からびて、稲《いね》が死んでしまいます。

そうなると、村全体が滅《ほろ》びます。

村は、全体に水が行《い》き渡《わた》るように、不公平のないように、常に厳しく監視《かんし》しなければなりませんでした。

村がひとつにまとまらないと村人は生きていけなかったのです。

もし、日照りの夏に隣村《となりむら》が水を強引《ごういん》に横取りしようとしたら、村としては戦わなければいけませんでした。

水がどうしても足らない時は、どこからか水を引くか、手に入れる作業をする必要がありました。それはすべて、村単位で考え、動くことでした。

これらの行動に参加せず、自分の畑の仕事だけをしたり、自分の田んぼにだけ水を引いたりした人は、村の掟《おきて》（ルール）を破ったことになります。そういう人間は、村では生きてゆけませんでした。

「村八分」という言葉があります。

村の掟（ルール）を破った者は、村仲間から「村八分」にされます。

それは、火事とお葬式《そうしき》以外は、無視して口をきかない、仲間に入れない、取り引きしない、という恐《おそ》ろしい仕打ちです。

火事とお葬式は、優しさから手伝うのではありません。

火事は、とにかく消さないと村全体が燃えてしまうからです。

お葬式は、死体をちゃんと埋《う》めないと、死体が腐《くさ》って伝染病《でんせんびょう》が広がる可能性があるからです。

ですから、しょうがなく火事とお葬式を手伝ったのです。そこに優しさはありません。

逆に言えば、村の掟（ルール）に従っている限りは、村は村人を守りました。

これは、2一神教とまったく同じです。

神様を信じている限りは、神様は信者を守ってくれるように、村も、村の掟（ルール）を守っている限り、村人を守りました。

［A］、田植えの時に、体を壊して動けなくなったら、他の村人が代わりに働きました。

刈《か》り入《い》れの時も、風邪《かぜ》をひいてしまったら、他の村人が代わりに刈り入れしました。

結婚《けっこん》相手がなかなか見つからない若者がいたら、村全体の問題として、なんとか相手を見つけるように努力しました。

この強力なつながりが「世間」です。

「世間」は結婚相手の世話や、ケガをした時の助け合いや、田畑への水の配分など、あらゆる面であなたを守りました。

それは、その個人のためだけではなく、村全体のためになるからで

外の質問や励ましの言葉をシャワーのようにかけられ、組み立てていた話の順序が崩《くず》れて頭の中が真っ白になってしまったから。

ウ　怪我したことについてきちんと謝《あやま》らなければならないと決意していたが、みんなの注目を受けたことによって自分の苦手なことを後回しにしてしまう性格が出てしまったから。

エ　自分の気持ちをきちんと伝えなくてはならないと決意していたが、みんなが優《やさ》しい言葉をかけてくれて、このままこの優しさに身をゆだねてしまいそうになってしまったから。

4.　――線部3に「目に水がたまっていった」とありますが、その理由として最も適当なものを選び、符号で答えなさい。

ア　歌が苦手な自分では指揮者ほどクラスに貢献《こうけん》できないと不安に思っていたが、そのような自分をみんなが頼《たよ》りにしてくれていることがわかり、安心することができたから。

イ　自分のせいでみんなに迷惑をかけることになってしまったと自身を責めていたが、そのような自分にあたたかい言葉をかけてくれる、みんなの優しさが身に染《し》みたから。

ウ　自分にしか指揮者は務まらないのに怪我をしてしまって罪の意識を持っていたが、他にも指揮者を務める人がいたことが判明し、罪悪感が消えていったから。

エ　もともと押しつけられる形で決まった指揮者だったが、みんなの言葉を聞いて、もう指揮者を務めることができないのだとあらためて実感し、悲しみがこみ上げたから。

5.　――線部4に「休み時間にみんなの前で話したことだと分かったけれど、早紀は黙っていた」とありますが、このときの早紀の気持ちとして最も適当なものを選び、符号で答えなさい。

ア　正直に伝えた自分の気持ちをみんながどう受け取るかはわからないが、音心は絶対に自分のことを受け入れてくれるにちがいないと思い、心強いと感じている。

イ　もともと内気な自分の努力と勇気は他の人には理解してもらえないが、幼なじみの音心は理解してくれているのだとあらためて実感して、ありがたいと感じている。

ウ　音楽の分野では常に上をいく存在の音心を内心妬んでいたが、内気で周囲と打ち解けるのが苦手な自分を理解してくれるのは音心だけだとわかり、かけがえのない存在だと感じている。

エ　我ながら普段《ふだん》からは考えられない行動をとってしまったと悔《く》やんでいたが、悔やむ必要はないと音心が励ましてくれていることが伝わり、居心地《いごこち》がよいと感じている。

6.　――線部5に「早紀は目立たないように、丸いすに腰をまるめて座っていた」とありますが、このときの早紀の気持ちを説明した次の文章の［Ⅰ］～［Ⅲ］にあてはまる言葉を、指定字数でそれぞれ抜《ぬ》き出《だ》しなさい。

> もともと演奏者としては部内において［Ⅰ（三字）］であるうえに、右手を怪我しているために［Ⅱ（四字）］も同然の立場であることを心苦しく思っている。その一方で、部活に参加しなくてはならないとわかっているが、合唱コンに向けて［Ⅲ（四字）］をしたいという思いが強くこみ上げている。

7.　――線部6に「少し意外だった」とありますが、早紀がこのように思った理由を五十字以内で説明しなさい。

8.　――線部7に「音心はこっそり親指を立てた」とありますが、このときの音心の気持ちとして最も適当なものを選び、符号で答えなさい。

ア　先輩の言い方には裏がありそうな気がするため、早紀がこの先いやな思いをするかもしれないと心配ではあるが、今は早紀の背

早紀は［D］立ち上がった。パートごとに固まっている部員たちをよけながら、前方にいるフルートの丹治先輩のもとに、引き寄せられるように近づいた。練習の合間まで息を殺す。ちょっとの隙《すき》を狙《ねら》って声をかけた。

「丹治先輩」

「何。そこに立ってられると、気が散るんだけど」

丹治先輩は面倒《めんどう》くさそうに振り向いた。すでに顔が、ゆがんでいる。

「すみません。先輩、わたし、合唱コンが終わるまで、部活を休ませてもらいます」

はじめは、「休ませてもらえませんか？」と言うつもりだった。だけど気づいたら、言い切っていた。

「は？」

「練習出来なくても、見学しなきゃいけないのは、分かってます。でも、歌の練習がしたいんです。合唱コンが終わるまでは、お願いします」

早紀は先輩に有無《うむ》を言わせぬ勢いで、直角に腰を折った。

「分かった。そんなに頭下げないでくれる？」

丹治先輩は早口で言うと、すぐに楽譜《がくふ》に向き直った。6少し意外だった。

「ありがとうございます」

そうは言われても、もう一度、思い切り頭を下げた。

「一年生なのに、すごい度胸。いいの、許して？」

「ま、いいんじゃない」

ささやき声を背中で聞きながら、早紀は帰り支度《じたく》を急いだ。廊下《ろうか》に飛び出すと、ピアノ付近で練習していた打楽器グループの音心が、首を伸ばしてこちらを見ているのに気がついた。早紀が目でうなずくと、7音心はこっそり親指を立てた。

（佐藤いつ子『ソノリティ　はじまりのうた』による）

1．［A］～［D］にあてはまる言葉として適当なものを選び、それぞれ符号《ふごう》で答えなさい。

ア　ちらりと　　イ　こっそり

ウ　恐《おそ》る恐《おそ》る　　エ　おもむろに

2．――線部1に「早紀は声を張り上げて、車から飛び出した」とありますが、このときの早紀の気持ちとして最も適当なものを選び、符号で答えなさい。

ア　授業が始まってから教室に入ると、みんなから注目されて気まずい思いをすることになってしまうので、休み時間の間にさりげなく教室に入りたいとあせっている。

イ　授業が始まってから教室に入ると、晴美や音心に自分が入院していた間の練習の様子を聞くことができなくなってしまうので、早く教室に行き、話したいとあせっている。

ウ　教室に着く前に授業が始まってしまうと、みんなに謝罪するタイミングが先送りになってしまうので、なんとか休み時間の間に教室にたどり着きたいとあせっている。

エ　教室に着く前に授業が始まってしまうと、仲のいい晴美や音心への謝罪が遅れて気まずくなってしまうので、タイミングをうかがうために、早く教室に行きたいとあせっている。

3．――線部2に「喉にふたをされたみたいに、言葉がつまる」とありますが、その理由として最も適当なものを選び、符号で答えなさい。

ア　怪我した経緯《けいい》の説明や謝罪を落ち着いてしなくてはならないと思っていたが、次々にみんなから質問を浴びせられ、どの質問から答えていけばいいのかわからなくなり混乱してしまったから。

イ　みんなの前で話すべきことを頭の中で組み立てていたが、予想

「え？」
「幼稚園《ようちえん》のときからのつきあいだけど、あんな早紀初めて」
4休み時間にみんなの前で話したことだと分かったけれど、早紀は黙っていた。音心の声の響《ひび》きには、意外だったという驚《おどろ》きだけじゃなく、どんなことがあっても圧倒的《あっとうてき》に味方だという、心地《ここち》のよいぬくもりがにじんでいた。

早紀は、となりを歩く音心の横顔を見た。いつから見上げるくらいに背が伸《の》びたのだろうか。小学校のころは、それほど変わらなかったはずだ。

音楽が好きな気持ちは変わらないのに、この非凡《ひぼん》な幼なじみのおかげで、自分の凡庸《ぼんよう》さを思い知らされてきた。自分を卑下《ひげ》したり、音心を［A］妬《ねた》んだりした。

でも、今、思う。

音心がいることが、どれほど自分の支えになっているかを。

友だちには信じてもらえないかも知れないけれど、本気の異性の親友を、早紀はあらためて頼《たの》もしく思った。

音楽室に入ると、すでに三年の女子の先輩《せんぱい》が何人か来ていた。いつもの自分に戻《もど》ってしまった早紀は、［B］部長の丹治先輩に近づいた。吹奏楽部の上下関係には半年経《た》っても、いっこうに免疫《めんえき》がつかない。

「あ、あの。右手首を怪我してしまったので、しばらく練習出来ません」

丹治先輩は早紀の包帯を［C］見た。

「骨折？　どしたの？」

先生と話すより緊張《きんちょう》する。早紀は直立して答えた。

「転んでしまって……。ひびですみましたが、一ヶ月《かげつ》くらいかかりそうです」

「へぇ～、そんなに。結構かかるんだー」

横にいた先輩が、いたわりもなく、顔を突《つ》っ込《こ》む。

「水野さん、チューバだったよね。まぁ、まだ戦力外だから、そんなに痛手はないか」

「一ヶ月吹《ふ》けないと、さらに遅《おく》れるね」

事実だけれど、グサグサくる。裁縫《さいほう》セットの針山になった気分だ。

早紀がつま先に目線を落とすと、

「じゃ、治るまでは見学。雑用あったら頼みたいけど、右手使えないんじゃね」

丹治先輩の、まるで「役立たず」と言わんばかりの言いぐさに、さらに縮こまる。

「すみません」

「邪魔《じゃま》にならないように、あのへんにいて」

丹治先輩は、音楽室のすみっこの物置と化してあるあたりを指差した。

やがて部員がそろうと、パート別練習が始まった。5早紀は目立たないように、丸いすに腰《こし》をまるめて座《すわ》っていた。丹治先輩が言うように、右手が使えないと手伝いようもない。そんななか、早紀は頭の中で、『ソノリティ』のソプラノのメロディーを必死で奏《かな》でていた。いろんな楽器の音が、否応《いやおう》なしに耳に飛《と》び込《こ》んでくる。耳を塞《ふさ》ぎたくなった。

少しでも早く、この時間が終わることだけを切に願った。何度も時計を見てしまうが、数分しか経っていない。壊《こわ》れているんじゃないかと思うくらいに、時計が進まない。

合唱コンまではあと五日しかない。少しでも時間があれば、歌の練習をしたい。

今、わたしは、歌いたい。

2023年度 京華中学校

【国語】〈第一回午前試験〉（五〇分）〈満点：一〇〇点〉

一 次の文章を読んで、あとの問いに答えなさい。

中学一年生の早紀は、内気な性格であるにもかかわらず、吹《すい》奏楽《そうがく》部員というだけで合唱コンクールの指揮者を任されてしまった。岳や晴美、幼なじみの音心《そうる》といったクラスメートに支えられながら、クラス一丸となってコンクール優勝を目指していた。しかし、本番を目前に控《ひか》えた朝、早紀は貧血《ひんけつ》で倒《たお》れて手首を負傷し、頭を打っているために一晩入院してしまった。

翌日、早紀は無事、退院した。

お母さんの運転する車が学校の前に着くやいなや、

「行ってきます」

1早紀は声を張り上げて、車から飛び出した。

「走らないで。気をつけてー」

慌《あわ》てて車から降りてきたお母さんの声が、早紀の背中にぶつかったが、早紀は振《ふ》り向《む》きもせず、軽く左手を上げた。

校舎の外壁《がいへき》の時計を見ると、ちょうど三時間目が終わった休み時間だ。なんとか、休み時間の間に教室に入りたい。転ばないように慎《しん》重《ちょう》に、でもなるべく急いで、階段を早足で駆《か》け上《あ》がった。

開いていた教室の入口に立つと、

「早紀ー」

女子がわっと、早紀を取り囲んだ。男子からも、おーっというどよめきがあがった。人垣《ひとがき》を押《お》しのけて、晴美が早紀の正面にぬっと姿を出した。

「水野さん、だいじょうぶ？　ってか、だいじょうぶではないか」

晴美は、右手首に巻かれた早紀の包帯に目を落とした。

「ん……」

2喉《のど》にふたをされたみたいに、言葉がつまる。

「水野さん、ドンマイだよ。指揮者は岳がやってくれることになったし、今朝の朝練はなんと、全員参加」

晴美が励《はげ》ましの言葉を、やわらかいシャワーのようにかけてくれる。でも、ここで黙《だま》っていてはダメだ。みんなの好意に甘《あま》えているだけじゃダメだ。自分でちゃんと言わなきゃ。

早紀は晴美の目を見てうなずくと、教卓《きょうたく》の前まで歩みを進めた。

みんなはじっと早紀を見守っている。休み時間とは思えない静かな教室で、早紀は自分を落ち着かせるように、ごくんとつばを飲《の》み込《こ》んだ。

「みんな。大事なときに、怪《け》我《が》してしまって……、迷惑《めいわく》かけてしまって、本当にごめんなさい」

早紀はぺこりと頭を下げ、しばらく静止した。すると、

「気にすんなよ。別に水野の不注意だったわけでもないし」

「歌えるなら良かったじゃん」

「そうだよ。早紀がソプラノに加わってくれるんだから、心強いし」

と、男子からも女子からも次々と声が上がった。

3目に水がたまっていったのは、頭が下がっていたせいではない。

早紀はゆっくり上体を起こすと、涙《なみだ》がこぼれてしまわないように天《てん》井《じょう》にあごを向けた。

放課後、早紀が音心と部活へ行く途中《とちゅう》、

「早紀、なんだか別人みたいだった」

音心は口を開いた。

2023年度

京華中学校 ▶解説と解答

算数 ＜第１回午前試験＞（50分）＜満点：100点＞

解答

[1] (1) $\frac{2}{15}$ (2) 13 (3) 10 (4) 2 (5) 14時間33分 [2] (1) 14個 (2) 秒速45m (3) 5000円 (4) 273本 (5) 4％ (6) 10通り (7) 216人 [3] (1) 75度 (2) 12cm² (3) 376.8cm³ [4] (1) 314点 (2) 63点 [5] (1) 毎分68m (2) 34分後 (3) 36分40秒後 [6] (1) 324cm³ (2) 468cm² [7] (1) 401番目 (2) 〈1〉 213 〈2〉 24番目

解説

[1] 四則計算，逆算，単位の計算

(1) $\frac{14}{15}-\frac{2}{5}\div\frac{3}{14}\times\frac{3}{7}=\frac{14}{15}-\frac{2}{5}\times\frac{14}{3}\times\frac{3}{7}=\frac{14}{15}-\frac{4}{5}=\frac{14}{15}-\frac{12}{15}=\frac{2}{15}$

(2) $14+\{63-(13-6)\times 6\}\div 7-4=14+(63-7\times 6)\div 7-4=14+(63-42)\div 7-4=14+21\div 7-4=14+3-4=17-4=13$

(3) $13.4\times 0.4+11.6\div 2.5=13.4\times\frac{2}{5}+11.6\div\frac{5}{2}=13.4\times\frac{2}{5}+11.6\times\frac{2}{5}=(13.4+11.6)\times\frac{2}{5}=25\times\frac{2}{5}=10$

(4) $\frac{1}{18}+\left(6+5\frac{1}{2}\div\square\right)\times\frac{2}{9}=2$ より，$\left(6+5\frac{1}{2}\div\square\right)\times\frac{2}{9}=2-\frac{1}{18}=\frac{36}{18}-\frac{1}{18}=\frac{35}{18}$，$6+5\frac{1}{2}\div\square=\frac{35}{18}\div\frac{2}{9}=\frac{35}{18}\times\frac{9}{2}=\frac{35}{4}$，$5\frac{1}{2}\div\square=\frac{35}{4}-6=\frac{35}{4}-\frac{24}{4}=\frac{11}{4}$ よって，$\square=5\frac{1}{2}\div\frac{11}{4}=\frac{11}{2}\times\frac{4}{11}=2$

(5) １日３時間５分＝24時間＋３時間５分＝27時間５分＝26時間65分だから，１日３時間５分－12時間32分＝26時間65分－12時間32分＝14時間33分

[2] 倍数，速さ，売買損益，植木算，濃度《のうど》，場合の数，集まり，相当算

(1) 300÷14＝21あまり６より，１以上300以下の整数の中に14の倍数は21個ある。また，99÷14＝７あまり１より，１以上99以下の整数の中に14の倍数は７個ある。よって，100以上300以下の整数の中に14の倍数は，21－７＝14(個)ある。

(2) １時間＝60分＝60秒×60＝3600秒で，162km＝1000m×162＝162000mだから，時速162kmは秒速，162000÷3600＝45(m)となる。

(3) 定価から380円安くして5620円で売ったので，定価は，5620＋380＝6000(円)とわかる。これは，仕入れ値に２割の利益を見込《みこ》んでつけた定価だから，仕入れ値の，１＋0.2＝1.2(倍)が6000円となる。よって，仕入れ値は，6000÷1.2＝5000(円)と求められる。

(4) 1.4kmは，1000×1.4＝1400(m)なので，池の周りに200mの間かくで木を植えると，木と木の間は，1400÷200＝７(か所)できる。また，木と木の間に５mの間かくでくいを打つと，木と木の間に５mの間かくは，200÷５＝40(か所)できるので，木と木の間１か所につき，くいは，40－１＝39(本)打つことになる。よって，くいは全部で，39×７＝273(本)必要となる。

(5) 10％の食塩水240gには食塩が，240×0.1＝24(g)含《ふく》まれる。また，別の食塩水を120g加えて

できた食塩水の重さは，240＋120＝360（ｇ）で，濃度は８％だから，この食塩水には食塩が，360×0.08＝28.8（ｇ）含まれる。よって，加えた120ｇの食塩水には食塩が，28.8－24＝4.8（ｇ）含まれていたから，その濃度は，4.8÷120×100＝４（％）とわかる。

⑹　偶数《ぐうすう》をつくるので，一の位は０，２，４になる。一の位が０のとき，十の位は１～４の４通りできる。また，一の位が２のとき，十の位は０と２を除いた３通りできる。一の位が４のときも十の位は３通りできるから，偶数は全部で，４＋３＋３＝10(通り)できる。

⑺　下の図１で，１年生全体の人数を１とすると，両方とも好きではない人の数は$\frac{1}{6}$だから，少なくとも一方は好きな人(太線で囲んだ部分)の数は，$1-\frac{1}{6}=\frac{5}{6}$である。また，両方好きな人(かげの部分)の数は$\frac{1}{9}$だから，サッカーが好きな人の数と野球が好きな人の数の和は，$\frac{5}{6}+\frac{1}{9}=\frac{17}{18}$になる。よって，126＋78＝204(人)が$\frac{17}{18}$にあたるから，全体の人数は，$204\div\frac{17}{18}=216$(人)と求められる。

図１

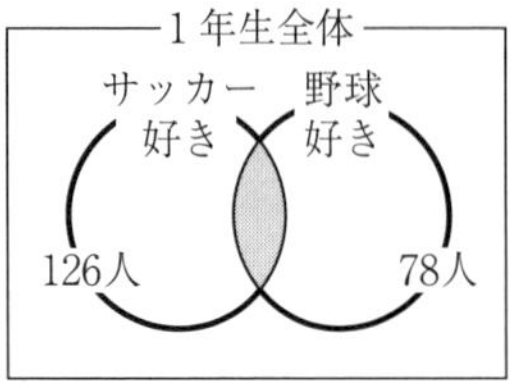

図２

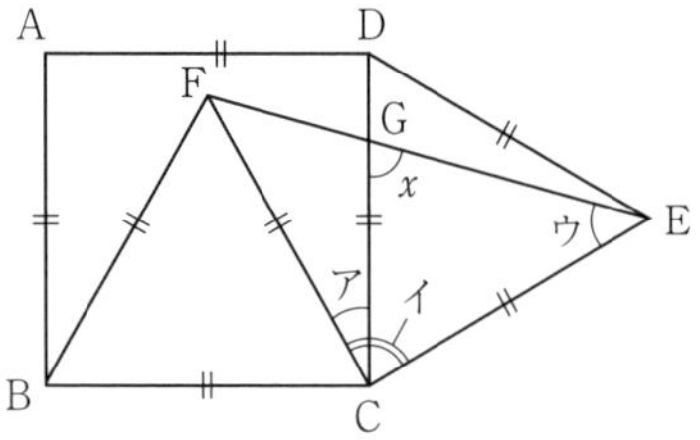

図３

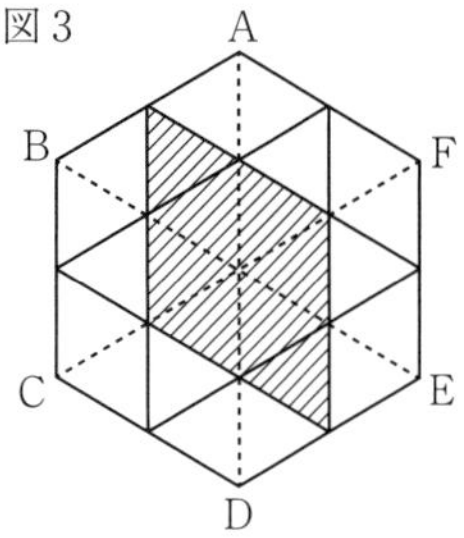

3　角度，面積，体積

⑴　上の図２で，正方形の１つの角は90度，正三角形の１つの角は60度だから，角アの大きさは，90－60＝30(度)で，角イの大きさは，30＋60＝90(度)とわかる。また，同じ印をつけた辺の長さはすべて等しいので，三角形FCEは二等辺三角形となる。よって，角ウの大きさは，(180－90)÷２＝45(度)だから，三角形GCEに注目すると，xの角の大きさは，180－(60＋45)＝75(度)と求められる。

⑵　上の図３のように，直線AD，BE，CFを引くと，正六角形ABCDEFは合同な正三角形24個に分けられる。斜線《しゃせん》部分にはこの正三角形が８個入っているから，斜線部分の面積は，$36\times\frac{8}{24}=12$ (cm^2)となる。

⑶　底面の円の半径が３cmで，高さが，５×２＝10(cm)の円柱を半分に切った立体の体積は，３×３×3.14×10÷２＝45×3.14(cm^3)である。また，底面の円の半径が５cmで，高さが，３×２＝６(cm)の円柱を半分に切った立体の体積は，５×５×3.14×６÷２＝75×3.14(cm^3)である。よって，この２つを組み合わせた立体の体積は，45×3.14＋75×3.14＝(45＋75)×3.14＝120×3.14＝376.8(cm^3)と求められる。

4　平均，和差算

⑴　(合計点)＝(平均点)×(科目の数)より，国語，算数，理科の合計点は，74×３＝222(点)，国語，社会，理科の合計点は，76×３＝228(点)，算数と社会の合計点は，89×２＝178(点)となるので，

国＋算　　＋理＝222(点)…ア
国　　＋社＋理＝228(点)…イ
　　算＋社　　＝178(点)…ウ

右上のア，イ，ウのような式に表せる。ア，イ，ウをすべてたすと，国語，算数，社会，理科の点数を２回ずつたした合計が，222＋228＋178＝628(点)となるから，４科目の合計は，628÷２＝314

(点)とわかる。

(2)　(1)より，国語と理科の合計点は，314－178＝136(点)とわかる。また，理科の点数は国語の点数より10点高いので，国語の点数の２倍が，136－10＝126(点)となる。よって，国語の点数は，126÷２＝63(点)と求められる。

5　グラフ―速さ，旅人算

(1)　右のグラフより，ＢさんはＡさんと出会った後に25分で1700ｍ歩く。よって，Ｂさんの速さは毎分，1700÷25＝68(ｍ)とわかる。

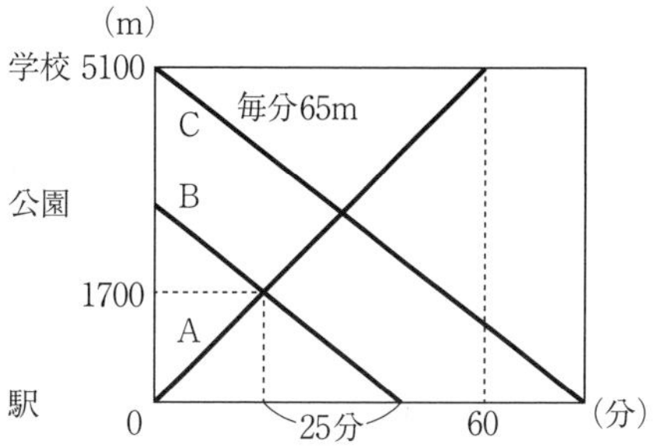

(2)　グラフより，Ａさんは5100ｍを60分で歩いたので，Ａさんの速さは毎分，5100÷60＝85(ｍ)である。よって，ＡさんとＣさんは１分間に合わせて，85＋65＝150(ｍ)歩き，２人合わせて5100ｍ歩いたときに出会うから，ＡさんとＣさんが出会ったのは出発してから，5100÷150＝34(分後)となる。

(3)　Ａさんは1700ｍ歩くのに，1700÷85＝20(分)かかるので，ＡさんとＢさんが出会ったのは，出発してから20分後である。また，Ｂさんは20分間に，68×20＝1360(ｍ)歩くから，駅と公園の間の距離《きょり》は，1700＋1360＝3060(ｍ)とわかる。よって，出発したときのＢさんとＣさんの間の距離は，5100－3060＝2040(ｍ)だから，ＢさんとＣさんの間の距離が2150ｍになるのは，出発してからＢさんがＣさんよりも，2150－2040＝110(ｍ)多く歩いたときとなる。１分間にＢさんはＣさんよりも，68－65＝３(ｍ)多く歩くので，ＢさんとＣさんの間の距離が2150ｍになるのは，出発してから，110÷３＝$36\frac{2}{3}$(分後)となる。これは，60×$\frac{2}{3}$＝40(秒)より，36分40秒後である。

6　立体図形―体積，表面積

(1)　直方体の積み木１個の体積は，９×３×２＝54(cm^3)で，右の図①の立体は，積み木６個でできているから，その体積は，54×６＝324(cm^3)と求められる。

図①

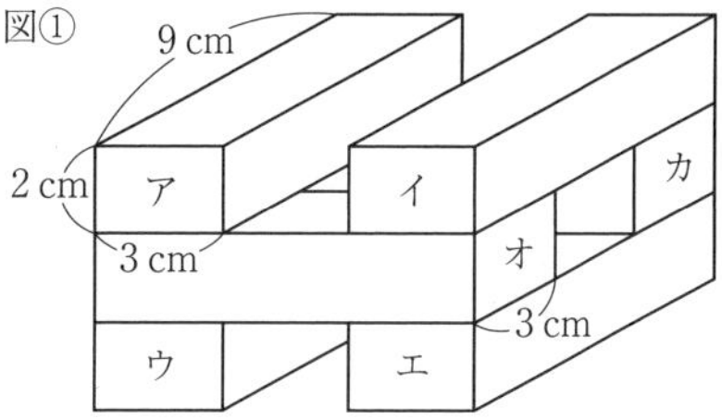

(2)　まず，積み木１個の表面の面積は，(２×３)×２＋(２×９)×２＋(３×９)×２＝12＋36＋54＝102(cm^2)だから，積み木６個の表面の面積の和は，102×６＝612(cm^2)である。次に，図①のアの積み木で重なって見えない部分は，右の図②のかげをつけた部分であり，１辺３cmの正方形２か所だから，その面積は，３×３×２＝18(cm^2)となる。同様に，イ，ウ，エの積み木も，重なって見えない部分の面積は18cm^2である。さらに，オ，カの積み木で重なって見えない部分は，それぞれ１辺３cmの正方形４か所なので，その面積はどちらも，３×３×４＝36(cm^2)となる。よって，図①の立体で重なって見えない部分の面積の和は，18×４＋36×２＝144(cm^2)だから，表面の面積の和は，612－144＝468(cm^2)と求められる。

図②

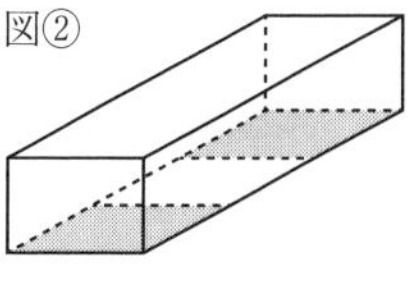

7　数列

(1)　各グループに入っている数の個数は，はじめから順に，１個，２個，３個，１個，２個，３個，…のようになっている。そこで，３つのグループの，１＋２＋３＝６(個)の整数ごとに区切って，順に１組，２組，…とすると，800は，800÷６＝133あまり２より，134組の２個目の数となる。また，133組までにはグループが，３×133＝399(番目)まであり，399番目のグループの最後の数は，６×133＝798とわかる。よって，400番目のグループには{799}，401番目のグループには{800，801}が入っているから，800は401番目のグループに入っている。

(2) 〈1〉 36番目のグループは，36÷３＝12(組)の中の３つ目のグループである。12組の最後の数は，６×12＝72で，組の３つ目のグループには３個の整数が入っているから，36番目のグループには{70，71，72}が入っている。よって，その合計は，70＋71＋72＝213と求められる。 〈2〉 まず，組の１つ目のグループ(１番目，４番目，７番目，…のグループ)には，６で割ると１あまる整数が１個入っており，その中に141があるとすると，141÷６＝23あまり３より，あまりの数が条件に合わないから，整数の合計が141になるのは，組の１つ目のグループではない。次に，組の２つ目のグループ(２番目，５番目，８番目，…のグループ)には，差が１である２個の整数が入っているので，その和が141だとすると，２個の整数は，(141－１)÷２＝70と，70＋１＝71になる。しかし，組の２つ目のグループには，６で割ると２あまる整数と３あまる整数が入っており，70÷６＝11あまり４，71÷６＝11あまり５より，あまりの数が条件に合わないから，整数の合計が141になるのは，組の２つ目のグループでもない。さらに，組の３つ目のグループ(３番目，６番目，９番目，…のグループ)には３個の整数が入っており，その和は真ん中の数の３倍となるので，和が141だとすると，141÷３＝47より，３個の整数は{46，47，48}となる。組の３つ目のグループの最後の数は６の倍数であり，48は６の倍数だから，これは条件に合うとわかる。よって，48÷６＝８より，48は８組の最後の数で，８組までにはグループが，３×８＝24(番目)まであるから，{46，47，48}が入っているのは24番目のグループである。

社 会 ＜第１回午前試験＞（理科と合わせて50分）＜満点：50点＞

解 答

1 **問１** エ　**問２** イ　**問３** 卑弥呼　**問４** ア　**問５** ウ　**問６** エ　**問７** イ　**問８** ア　**問９** イ　**問10** ウ　**問11** ウ　**問12** ア　**2** **問１** エ　**問２** ア　**問３** デジタル(庁)　**問４** (1) (例) 他人の個人情報を許可なく載せたこと。 (2) イ　**問５** イ　**問６** エ　**問７** イ　**問８** ア　**問９** SDGs　**問10** エ

解 説

1 **各時代の権力者を題材にした問題**

問１ 写真は，神奈川県鎌倉市にある鶴岡八幡宮《つるがおかはちまんぐう》である。12世紀後半に源氏の守り神として源頼朝が現在の地へ宮を遷《うつ》して以降，源氏の氏神《うじがみ》・東国武士の守護神として信仰された。よって，エが正しい。なお，アの湯島天満宮は「天神様」や「学問の神様」として親しまれている菅原道真を祀《まつ》った東京都文京区にある神社，イの厳島神社は平家の繁栄《はんえい》を祈って平清盛が経典を奉納《ほうのう》したことで知られる広島県廿日市《はつかいち》市の厳島(宮島)にある神社である。ウの白山神社は全国各地にあるが，その総本山は石川県白山市にある。

問２ ア 源氏将軍家は３代でとだえており，また，鎌倉幕府の将軍の補佐役は管領ではなく，執権なので正しくない。管領は室町幕府の将軍を補佐した役職である。 イ 執権には北条氏(初

代将軍源頼朝の妻北条政子の一族）が代々就き，北条氏が鎌倉幕府の政治の実権を握《にぎ》ったので，正しい。　ウ　1221年に承久の乱を起こした後鳥羽上皇が隠岐に流され，公家や朝廷方についた武家らの土地は没収《ぼっしゅう》された。鎌倉幕府は幕府に協力した御家人に御恩として没収した土地を与《あた》え，地頭に任命したため，承久の乱以降，幕府の勢力は西国にまで及ぶようになったので，正しくない。エ　第３代将軍源実朝より後の将軍は，摂関家から幼い子どもが選ばれたので正しくない。なお，室町幕府第６代将軍の足利義教《よしのり》はくじ引きによって選ばれたため，「くじ引き将軍」とよばれている。

問３　中国の歴史書『魏志』倭人伝には，日本のようすが記されている。魏（中国）に使いを送った邪馬台国の女王卑弥呼には，皇帝から「親魏倭王」の称号，金印，銅鏡100枚などが与えられたとされる。

問４　ア　卑弥呼は占《うらな》いやまじないによる政治を行っていたので，正しい。　イ　夫ではなく，弟の助けを借りながら政治を行っていたので，正しくない。　ウ　卑弥呼の死後，大きな墓がつくられ，100人余りの奴婢《ぬひ》が一緒に葬《ほうむ》られたので，正しくない。　エ　卑弥呼の死後，男性が王になったが再び内乱状態になったため，卑弥呼の血縁の壱与《いよ》（台与）が女王となって国を治めた。

問５　672年に壬申の乱が起こり，天智天皇の弟の大海人皇子と天智天皇の子の大友皇子が皇位をめぐって争った。したがって，ウが正しい。なお，アの応仁の乱は室町幕府第８代将軍の足利義政の跡《あと》継《つ》ぎをめぐって京都で起きた戦乱である。イの平治の乱は，1159年に京都で起こった源氏と平氏の戦い。エの承久の乱は，源実朝の死後，源氏から政権を取り戻そうと考えた後鳥羽上皇が起こした戦い。

問６　藤原氏は荘園の寄進を受けて強大な経済力を持ち，対立する者を陥《おとしい》れて退け，朝廷内で権力を持つようになった。さらに，自分の娘を天皇に嫁《とつ》がせ，生まれた子どもを天皇にすることで天皇の外祖父となり，天皇にかわって摂政や関白として政治を行う摂関政治を行った。よって，武士団の指導者となって力を持つようになったわけではないので，エが正しくない。

問７　空らん⑦には，藤原頼通があてはまる。浄土教を信仰した頼通は，京都府宇治市に阿弥陀如《あみだにょ》来《らい》を祀る平等院鳳凰堂を建てたので，イが正しい。なお，アの中尊寺金色堂は初代奥州藤原氏の藤原清衡《きよひら》が建てた岩手県平泉にある仏堂。ウの鹿苑寺金閣は，室町幕府第３代将軍の足利義満が京都市の北山にあった鹿苑寺につくった３層建築の舎利殿《しゃりでん》。エの薬師寺東塔は奈良市にある薬師寺内の建造物である。

問８　1467年に起こった応仁の乱は11年にもわたって続いたために都は焼け野原となり，室町幕府の権力は低下した。そして，実力のあるものが上のものにとってかわる下剋上《げこくじょう》の風潮が広がり，戦国大名が領土を広げて天下統一を目指す，戦国時代が始まった。

問９　ア　「屋久島」ではなく「種子島」が正しい。　イ　ポルトガルやスペインと行う南蛮貿易の利益を得るため，戦国大名はキリスト教の布教を認めたので，正しい。なお，キリスト教を保護する中で，自身もキリスト教を信仰するようになった大名を，キリシタン大名という。　ウ　織田信長が長篠の戦いで破ったのは，今川義元ではなく武田勝頼なので，正しくない。今川義元は桶狭間の戦いで織田信長に敗北した。　エ　楽市・楽座は座を廃止して市の税をなくす政策なので，正しくない。織田信長は関所を廃止して人やモノの出入りを自由にし，城下町の安土で楽市・楽座を行って産業を活発にした。

問10　ア　比叡山延暦寺を焼き打ちにしたのは織田信長なので，正しくない。　　イ　一揆を防止し，兵農分離を進めるために農民から武器を取り上げた政策が刀狩令である。豊臣秀吉が行った政策ではあるが，内容が正しくない。　　ウ　豊臣秀吉が行った太閤検地について，正しく説明している。　　エ　豊臣秀吉は，石山本願寺跡に安土城ではなく大阪城をつくったので，正しくない。

問11　明の征服を企てた豊臣秀吉は朝鮮に協力を求めたが断られたため，２度にわたって朝鮮に軍を送った(朝鮮出兵)。１度目を文禄の役，２度目を慶長の役というので，ウがあてはまる。なお，イの文永とエの弘安は，鎌倉時代の元寇の時に使用されていた元号である。

問12　江戸幕府が大名を統制するために出した法令は，禁中並公家諸法度ではなく武家諸法度なので，アが誤っている。武家諸法度は1615年，江戸幕府第２代将軍の徳川秀忠の時に初めて出され，その後は将軍の代がわりごとに改訂された。なお，禁中並公家諸法度は江戸幕府が朝廷や公家を統制するためにつくった法令である。

2　会話文を題材にした地理・政治総合問題

問１　アはベトナム，イはシンガポール，ウはアメリカのニューヨーク，エはイギリスの首都ロンドンで撮影された写真である。エの写真の中央に写っているのは，ウエストミンスター宮殿(イギリスの国会議事堂)にあり，「ビッグベン」の愛称で知られる時計台である。

問２　少子高齢社会の進展は，各国が国内で取り組むべき課題であって，協力して取り組む問題ではないので，アが誤っている。なお，イの南北問題は先進国と発展途上国間で生じる経済格差を中心とする問題，ウの地球温暖化は温室効果ガスが原因で起こる地球規模の環境問題，エの難民問題は自国から海外に逃げざるを得なかった人々の保護と支援《しえん》の問題で，いずれも国をこえた問題なので，国際的な協力が必要な課題と言える。また，南北問題を解決するためにUNCTAD(国連貿易開発会議)が，難民問題に取り組むためにUNHCR(国連難民高等弁務官事務所)が国際連合で組織されている。

問３　デジタル庁は2021年９月に発足した行政機関の１つで，デジタル社会の実現に向けて国と地方行政のIT化やDX(デジタルトランスフォーメーション)の推進を目的として設置された。

問４　(1)　インターネットを利用して情報を発信する時には，機密情報や個人情報を書き込《こ》まないこと，また他者を誹謗中傷《ひぼうちゅうしょう》しないことが重要である。インターネットに載《の》せられた情報は広く公開されるため，たとえインターネットで知り合った個人に向けられた情報であったとしても，その情報が悪用されて思わぬ被害を受けたり，プライバシーが侵害《しんがい》されたりする可能性がある。個人情報保護法では特定の個人を識別できる画像も個人情報と定義されており，あげられている事例では，他者の個人情報(友達が写った画像)を本人の承認を得ずに無断で送っていることに問題があると言える。　　(2)　1990年代後半から急速に普及が進んでいるイがインターネットを表している。なお，インターネットよりも前から普及が進んだが，スマートフォンやタブレットなどが普及したことで普及率が低下傾向《けいこう》にあるアがパソコン，３つの情報機器の中で最も遅く登場したウがスマートフォンを表しているとわかる。

問５　航空機輸送には遠距離を短時間で運べるという利点があるが，輸送費がほかの輸送機関よりも高くなるという問題点がある。よって，航空機で輸送される品物には，一度にたくさん積み込むことができる小型軽量で高価なもののほか，鮮度を保つ必要がある生鮮食品が適している。

問６　出生率は食料自給率と直接関係がないので，エが誤っている。なお，食生活が洋風化したことで小麦や畜産物，加工品の輸入が増加し，食料自給率の低下につながっている。また，外食チェーンはコスト削減《さくげん》のため安価な輸入食品を使用する傾向があるので，外食チェーンの普及も食料自給率の低下に関係があると言える。農家の高齢化は農業生産量の減少につながるので，食料自給率が下がった原因として正しい。

問７　日本の小麦の自給率は10～15％ほどで推移しており，おもにアメリカ・カナダ・オーストラリアからの輸入に頼っている。よって，イが正しい。統計資料は『日本国勢図会』2022／23年版による。

問８　円安ドル高とは，円の価値が下がってドルの価値が上がる状況をいう。例えば，１ドル＝100円から１ドル＝120円になると円安ドル高が進んだといえる。円安ドル高は，一般的に輸入(外国の商品を買う)には不利だが輸出(外国に商品を売る)には有利に働く。よって，海外に行って外国のものを買う時には値上がりするので，アが正しい。なお，イについて，円安になると輸出は増えるので誤り。ウについて，輸入品の小麦の価格が上昇するため，生産に必要な費用が増え，うどんの値段は上がる可能性が高いので誤っている。エについて，インターネットを使って日本で買っても，外国の商品を購入《こうにゅう》したことには変わりないので，円安が進むと値上がりする。よって，誤り。

問９　SDGsは日本語では「持続可能な開発目標」と訳される。2015年の国連サミットで採択された，持続可能な開発のための17の国際社会共通の目標と169の達成基準から成り，貧困や差別，環境問題，人権問題など世界の国々が協力して解決しなくてはならないさまざまな課題について目標が設けられている。

問10　日本の難民認定者数は世界的に見ると非常に小さい。したがって，各国に先立って難民を積極的に受け入れているとは言えないので，エが誤っている。

理　科　＜第１回午前試験＞（社会と合わせて50分）＜満点：50点＞

解　答

[1] **問１**　ア　**問２**　ウ　**問３**　②　**問４**　ア　**問５**　C　**問６**　ア　[2] **問１**　ウ　**問２**　C　**問３**　イ　**問４**　**ア**　堆積　**イ**　侵食　**問５**　三日月湖　[3] **問１**　食塩　**問２**　20％　**問３**　２ｇ　**問４**　21.8ｇ　**問５**　イ　[4] **問１**　イ，オ　**問２**　ウ　**問３**　ア，ウ　**問４**　エ　**問５**　回転しない　**問６**　カ，キ　**問７**　ク　**問８**　キ

解　説

[1] 小さな生物を観察するときに使う実験器具についての問題

問１　器具①は，物体を拡大して見るときに使うルーペという。器具①のようなルーペでは，拡大率の異なる何枚かのレンズが切りかえられるようになっていて，見たいものに合わせてレンズを選んで使う。

問２　器具②は，虫めがねである。虫めがねもルーペと同様に，物体を拡大して見るときに用いるが，ふつう，最大でも10倍程度までしか拡大して見ることができない。ツユクサの気孔《きこう》は非常に小さく，虫めがねではほとんど見ることができないので，器具③のような顕微《けんび》鏡を用いるのがよい。

問３　器具②の虫めがねは，１枚のとつレンズでできているので，倍率を変えることができない。

問４　顕微鏡についている部品Ａは調節ねじという。器具③のような顕微鏡(ステージ上下式顕微鏡)では，プレパラートをのせたステージを上下させてピントを合わせるときに使用する。なお，顕微鏡の種類によっては，Ｃがついた筒《つつ》(鏡筒《きょうとう》)の近くに調節ねじがあり，鏡筒が上下するものもある(鏡筒上下式顕微鏡という)。

問５，問６　顕微鏡を組み立てるときは，ほこりなどが鏡筒の中に入るのを防ぐため，接眼レンズ(Ｃ)，対物レンズ(Ｂ)の順にとり付けていく。

2 流水のはたらきについての問題

問１　川の中にある石は，流れる川の水によって下流へと運ばれていく間に，他の石や川底，川岸などにぶつかって割れたりけずられたりする。そのため，大きさが小さくなり，角がとれて丸みをおびるようになっていく。

問２　図１の直線Ｘ―Ｙ上では川が曲がって流れている。曲がって流れる川では，曲がりの外側の流れが速く，内側の流れがおそくなっている。

問３，問４　川のように水が流れているところでは，土砂をけずり取る侵食《しんしょく》作用，けずり取った土砂を下流へと運ぶ運搬《うんぱん》作用，運んだ土砂を積もらせる堆積《たいせき》作用がはたらく。図１のＣのように，川の流れが速いところでは，侵食作用がつよくはたらいて川底が深くなり，川岸もけずられて切り立ち，がけをつくることが多く，Ａのように，流れのおそい内側では堆積作用がつよくはたらいて，土砂が積もって川原ができることが多い。

問５　川が曲がりくねって流れている中流域では，侵食作用がはたらいて曲がりの外側がけずられ，曲がりが少しずつ大きくなる。このときに，上流に大雨が降るなどして川が増水すると，曲がりのはじめと終わりがつながって新たな流れとなり，曲がりの部分が取り残されることがある。このようにしてできた湖は三日月湖とよばれている。

3 いろいろな物質の水の溶《と》け方についての問題

問１　表の物質のうち，食塩の結晶《けっしょう》は図に示されているような立方体の形をしている。なお，ホウ酸の結晶は六角柱，ミョウバンの結晶は八面体の形をしている。

問２　水溶液《すいようえき》の濃度《のうど》(％)は，(溶けている物質の重さ)÷(水溶液全体の重さ)×100で求めることができる。よって，水200ｇに食塩が50ｇ溶けている水溶液の濃度は，50÷(200＋50)×100＝20(％)と求められる。

問３　40℃の水50ｇに溶かすことのできる最大のミョウバンの重さは，$12.0\times\frac{50}{100}=6.0$(ｇ)である。したがって，あと，6.0－４＝２(ｇ)のミョウバンを溶かすことができる。

問４　水50ｇが蒸発すると，水の重さは，200－50＝150(ｇ)になる。40℃の水150ｇに溶かすことのできる最大のホウ酸の重さは，$8.8\times\frac{150}{100}=13.2$(ｇ)だから，35－13.2＝21.8(ｇ)のホウ酸が溶けきれずに出てくる。

問５　40℃の水100ｇに食塩を溶けるだけ溶かすと，36ｇの食塩が溶け，100＋36＝136(ｇ)の飽和《ほうわ》水溶液ができる。よって，40℃の食塩の飽和水溶液200ｇ中に溶けている食塩の重さは，$36\times\frac{200}{136}=52.9\cdots$(ｇ)と求められるので，約53ｇの食塩を用意すればよいことがわかる。

4 電流回路についての問題

問１　イの回路では，電池の＋極どうしが向かい合ってつながっているため，回路に電流が流れず，プロペラが回転しない。また，オの回路では電池の＋極と－極が直接つながるショート回路になっているためにモーターに電流が流れず，プロペラが回転しない。

問２　図１の回路では，モーターの上側が電池の＋極，下側が－極とつながっており，このときプロペラがＡの向きに回転している。ウの回路では，モーターの上側が電池の－極，下側が＋極とつながっており，モーターに流れる電流の向きが図１と逆になっているので，プロペラはＡの向きと逆のＢの向きに回転する。

問３　モーターに流れる電流の大きさが大きくなるとプロペラがより速く回転する。アとウの回路では，電池が２個直列につながっていて，モーターに流れる電流の大きさが図１のときの２倍になるので，プロペラの回転が図１よりも速くなる。

問４　電池に流れる電流の大きさが小さくなると電池は長持ちする。エの回路では，モーターに流れる電流の大きさは図１のときと同じだが，電池が２個並列につながっているので，１個の電池から流れる電流の大きさは半分になる。よって，図１の回路よりも電池が長持ちするため，プロペラが長い時間，回転し続けると考えられる。

問５　スイッチ①だけを閉じても，途《と》中《ちゅう》にあるスイッチ②とスイッチ③が開いているため，回路が途切れてしまっている。よって，回路に電流が流れず，どのプロペラも回転しない。

問６　スイッチ②だけを閉じると，カとキのモーターが直列につながった回路ができるので，カとキのモーターに付いたプロペラが回転する。

問７　スイッチ②とスイッチ③を閉じると，カとキのモーターが２個直列につながったものとクのモーターが並列につながった回路ができる。並列につながった部分のモーターの数が少ない方に，より大きな電流が流れるので，クのモーターに付いたプロペラが最も速く回転する。

問８　スイッチ①とスイッチ②を閉じると，カとクのモーターが２個並列につながったものに，キのモーターが直列につながった回路ができる。このとき，キのモーターには，カのモーターとクのモーターに流れる電流の大きさを合わせた大きさの電流が流れるので，キのモーターに最も大きな電流が流れ，プロペラが最も速く回転する。

国　語　＜第１回午前試験＞（50分）＜満点：100点＞

解　答

一　**１**　**Ａ**　イ　**Ｂ**　ウ　**Ｃ**　ア　**Ｄ**　エ　**２**　ウ　**３**　エ　**４**　イ　**５**　ア　**６**　Ⅰ　戦力外　Ⅱ　役立たず　Ⅲ　歌の練習　**７**　（例）　合唱コンクールの練習のために部活を休むことは許されないはずなのに，厳しい丹治先輩が許してくれたから。　**８**　イ

二　**１**　**Ａ**　エ　**Ｂ**　ア　**Ｃ**　イ　**２**　(1)　村単位で考え，動くこと　(2)　ウ　(3)　火事とお葬～しい仕打ち(を受けた。)　**３**　Ⅰ　神様を信じている　Ⅱ　村の掟　Ⅲ　結婚相手の世話　Ⅳ　村全体の問題　Ⅴ　強力な守り神　**４**　エ　**５**　ア　**６**　ウ　**７**　イ

三　①　こうごう　②　ぞうき　③　はつが　④　お(びる)　⑤　やど(る)

四　下記を参照のこと。

●漢字の書き取り

四 ① 苦境　② 百貨　③ 俳句　④ 告(げる)　⑤ 鏡

解　説

一 **出典は佐藤《さとう》いつ子《こ》の『ソノリティ　はじまりのうた』による。**合唱コンクールの指揮者なのにケガをしてしまったことをクラスメイトにわび，放課後，合唱に専念するために吹奏楽《すいそうがく》部の部活を休ませてほしいと部長に申し出た早紀のようすが描《えが》かれている。

1　**A**　早紀は，非凡《ひぼん》な音心《そうる》と比べて凡庸《ぼんよう》な自分を卑下《ひげ》したり，ひそかに音心をねたんだりしている。　**B**　音楽室に入ると，早紀はいつもの内気な性格に戻《もど》ってしまい，びくびくしながら「部長の丹治先輩《せんぱい》に近づいた」のである。　**C**　早紀が，右手首をケガしてしまったと言うと，丹治先輩は早紀の包帯を一瞬《いっしゅん》，ちょっと見たのである。　**D**　早紀は，ゆっくりと立ち上がって丹治先輩のもとに近づいている。

2　学校に着いたのが「ちょうど三時間目が終わった休み時間」だったので，早紀は「なんとか，休み時間の間に教室に入りたい」と思って「車から飛び出し」ている。授業が始まってしまうと，クラスのみんなに謝《あやま》るのが遅《おそ》くなるので，早紀は急いで教室へ向かったのである。

3　合唱コンクールの指揮者であるにもかかわらず，ケガをして指揮ができなくなってしまった早紀のことを誰《だれ》も責めようとせず，クラスのみんなは早紀を温かく迎《むか》え入れてくれた。早紀はケガをしたことをきちんと謝ろうと決意していたが，「みんなの好意に甘《あま》え」てしまいそうになった。それで，「喉《のど》にふたをされたみたいに」，謝罪の言葉がなかなか出てこなくなったのである。

4　「目に水がたまっていった」は，“涙《なみだ》があふれそうになった”という意味。早紀は，自分がケガをしたせいでみんなに迷惑《めいわく》をかけてしまうと思い，責任を感じていた。それなのに，クラスメイトは誰も早紀を責めずに温かい言葉をかけてくれたので，早紀はその優《やさ》しさに心を打たれて泣きそうになったのである。

5　早紀は本来，内気な性格だったが，勇気を出してみんなの前で謝った。ほかのクラスメイトが自分の行動をどう受け取るかはわからないが，音心だけは「どんなことがあっても圧倒《あっとう》的に味方」だと感じて，早紀は音心の存在を頼《たの》もしく感じたのである。

6　Ⅰ～Ⅲ　早紀の担当はチューバだったが，演奏者としてはまだ「戦力外」とみなされていた。そのうえ，ケガのために右手が使えないので雑用もできず，「役立たず」のように扱《あつか》われた。吹奏楽部員としての活動ができないことに後ろめたさを感じる一方で，早紀は合唱コンクールのために「歌の練習」をしたいとも思っていたのである。

7　本来は，「練習出来なくても，見学しなきゃいけない」のに，早紀が「合唱コンが終わるまで，部活を休ませてもらいます」と言うと，部長の丹治先輩はあっさりと許可してくれた。早紀は明らかに丹治先輩をおそれており，丹治先輩は部員からこわがられるような厳しい性格だと考えられる。その先輩が部活を休むことを許してくれたので，早紀は「少し意外」に感じたのである。

8　親指を立てるしぐさは，“いいね”という意味を表す。早紀は内気な性格であるにもかかわらず，先輩たちから反感を買いかねないようなことを言い出し，自分の意志を通した。音心はそれを見て，よくやったという気持ちを表すために，「親指を立てた」のである。

二 **出典は鴻上尚史《こうかみしょうじ》の『「空気」を読んでも従わない　生き苦しさからラクになる』による。**江戸時代まで，日本人は「世間」に守られて生きていたことを紹介《しょうかい》し，明治時代になると，政府が近代化のために「世間」を壊《こわ》し，代わりに「社会」を導入しようとしたことを指摘《してき》した文章である。

1　A　村が村人を守る例として，「田植えの時に，体を壊して動けなくなったら，他の村人が代わりに」働いたことがあげられている。よって，具体的な例をあげるときに用いる「例えば」が入る。　B　かつて「『世間』は日本人にとって密接なもの」だったが，「今，『世間』なんて聞いたことがないけどなあ」と思う人もいるのだから，前のことがらを受けて，それに反する内容を述べるときに用いる「でも」が入る。　C　強力な「世間」が崩《くず》れていったのは，当然「いろんな村の子供がひとつの学校に行き，いろんな村の人達がひとつの工場に集まり，いろんな村の人達が軍隊に集められ」たためなので，“いうまでもなく”という意味の「もちろん」があてはまる。

2　⑴「村がひとつにまとまって生きていく」ためには，村人たちが村全体のことを考えて，村全体のために行動する，つまり「村単位で考え，動くこと」が必要だったのである。　⑵「日照りの夏に，もし，誰かが自分の水田に水を勝手に引いたら，他の水田は干《ひ》からびて，稲が死んで」しまい，「村全体が滅《ほろ》び」る。そのような事態を避《さ》けるために，村は，「全体に水が行き渡《わた》るように，不公平のないように，常に厳しく監視《かんし》しなければ」ならなかった。そうすることで，日照りの被害《ひがい》を最小限にとどめ，村全体の収穫《しゅうかく》を最大にすることができたのだから，ウが合う。　⑶「村はひとつにまとまらないと生きていけないという考えに従わない者」は，「村八分」，つまり「火事とお葬式《そうしき》以外は，無視して口をきかない，仲間に入れない，取り引きしない，という恐《おそ》ろしい仕打ち」を受けたのである。

3　Ⅰ～Ⅴ「一神教」では，信者が「神様を信じている」限りは，「神様は信者を守ってくれる」。それと同じように，村人が「村の掟《おきて》」に従っている限り，村は村人を守るのである。村が，村人を守ってくれる例としては，「結婚《けっこん》相手の世話」や「ケガをした時の助け合い」や「田畑への水の配分」などがあげられている。その「強力なつながり」が「世間」であり，「世間」は「個人のためだけではなく，村全体のため」に村を守るのであり，したがって「村全体の問題」にも作用する。村人にとっての村と同じように，商人にとっての商家，武士にとっての武家は，「強力な守り神」だったのである。

4　明治時代になって，「村が村人の生活を守る時代から，国が国民を守る時代」に入った。明治政府は，「日本を経済的に近代国家に」するために，「国を豊かにして，強い軍隊を持とう」という方針を立てた。そのさい，知り合いとしか協力しない「世間」は邪魔《じゃま》なので，政府は，「世間」を壊そうとした。そういうわけで，「現在，江戸時代のような強力な『世間』は残って」いないのである。

5　日本が，「富国強兵」や「殖産興業」を成し遂《と》げるためには，「村を超《こ》えた知らない人同士」が，互《たが》いに協力する必要があった。しかし，「世間」は村の中だけの「強力なつながり」だったので，近代化を達成するうえでは「ジャマ」になったのである。

6　明治時代になるまで「日本人は同じ村の人達，つまり『世間』の人達としか会話して」いなかった。「旅の恥《はじ》はかき捨て」とは，“村を出て旅に出たらもう，知る人もいないし，住むわけでもないのだから，恥をかいても問題はない”という意味のことわざである。「江戸時代までの日本人にとって」は，「同じ村の人達」，つまり知り合いだけが重要だったのである。

7　明治政府は，「これからは『社会』の時代」であるとして，国民に「新しい人間関係」，つまり

「知らない者同士が会話し，協力する」ことを求めた。学校や工場や軍隊などで「いろんな村」の出身者たちが交流を深める内に，「少しずつ強力な『世間』は崩れて」いったが，人々は「昔ながらの『世間』を守ろう」としたために，「『世間』という考え方，感じ方はずっと残った」のである。

三 漢字の読み

① 天皇・皇帝の正妻。　② 雑多な木。または，大した利用価値を持たない木。　③ 植物の種子や樹木の枝などから芽が出ること。　④ 音読みは「タイ」で，「帯刀」などの熟語がある。　⑤ 音読みは「シュク」で，「宿命」などの熟語がある。

四 漢字の書き取り

① 苦しく，困難な立場。　② 「百貨」は，いろいろな商品。多くの商品。「百貨店」は，大きな建物に，複数の専門店を集めて，一カ所でさまざまな品物を買えるようにした店。　③ 五・七・五の十七音を定型とする短詩。　④ 音読みは「コク」で，「告白」などの熟語がある。⑤ 音読みは「キョウ」で，「鏡台」などの熟語がある。

2023年度　京華中学校

＊【適性検査Ⅰ】はたて組みですので，最後に掲載してあります。

【適性検査Ⅱ】〈第１回午前・適性検査型試験〉（50分）〈満点：100点〉

1　次の会話は，クラス委員の**京太郎**《けいたろう》さんと**華子**《はなこ》さんが文化祭のクラス企画《きかく》について話をしているときのようすです。これを読んであとの問いに答えなさい。

京太郎：クラス企画の候補は「お化け屋敷《やしき》（Ａ案）」「射的（Ｂ案）」「演劇（Ｃ案）」の３つにしぼれたけれど，そこから１つを決めるのが難しかったね。

華　子：そうね。いろいろな決め方を試してみたけれど，クラスで最も支持されている案を選ぶ方法が，なかなか見つからなかったわね。

京太郎：もう一度，これまで試してきた「決め方」を振《ふ》り返ってみよう。

華　子：最初は【方法①】のように多数決をとって，その結果が【表１】だけれど，反対する生徒が多かったのよね。

【方法①】　21人のクラス全員が「文化祭で一番やりたい案」に投票する。

【表１】　方法①の投票結果

	Ａ案：お化け屋敷	Ｂ案：射的	Ｃ案：演劇
票数	８票	７票	６票

京太郎：僕《ぼく》たちも困って先生に相談したら，今度は【方法②】のやり方で意見を聞いてみるように言われて，その結果が【表２】だったんだよね。

【方法②】　21人のクラス全員が「文化祭でやりたい案の順位付け」をして投票する。

【表２】　方法②の投票結果

人数	２人	６人	７人	６人
１位	お化け屋敷(A)	お化け屋敷(A)	射的(B)	演劇(C)
２位	射的(B)	演劇(C)	演劇(C)	射的(B)
３位	演劇(C)	射的(B)	お化け屋敷(A)	お化け屋敷(A)

華　子：確かに【表２】を見ると，このクラスで「お化け屋敷（Ａ案）を文化祭でやりたい人が多い」とは，必ずしも言えないと思ったわ。

問１　下線部について，なぜ華子さんはそのように考えたのか，【表２】の結果を踏《ふ》まえて説明しなさい。

京太郎：そうだね。だから先生にもう一度相談したら，他の「決め方」をいろいろ教えてもらって，何度かクラスの皆《みんな》に意見を聞いたんだよね。

華　子：先生に教えてもらったやり方の１つが【方法③】よね。

【方法③】

［１］　21人のクラス全員が「文化祭でやりたい案の順位付け」をして投票する。

［２］　Ａ案・Ｂ案・Ｃ案をそれぞれ１位にした票数を比べ，最も票数が少なかった案を取り下げる。

［３］　残った２案を比べ，より上位に投票された票数が多かった案を採用する。

※　投票の結果は［１］のものをそのまま使用する。

［４］　票の数え方については，以下の〔具体例〕のやり方を採用する。

〔具体例〕

Ｘさんの投票結果

１位	お化け屋敷(A)
２位	射的(B)
３位	演劇(C)

※　［２］では，Ｘさんは「Ａ案」に投票したと数える。

※　［３］(３案のうち，どれか１つの案が取り下げられた場合)では，より上位の案に投票したと数える。Ｘさんの場合，Ａ案が取り下げられた場合は「Ｂ案」に投票したと数える。

京太郎：この【方法③】で【表２】の結果を見ると，［２］で取り下げられるのは，６票で最も票数が少ない演劇(Ｃ案)だね。そして［３］では，演劇を１位にした６人は，２位の射的(Ｂ案)に投票したと数えるんだよね。そして，残った２案を比べると，射的よりもお化け屋敷(Ａ案)を上位に投票している票数が８票で，お化け屋敷よりも射的を上位に投票している票数が13票だから，採用されるのは「射的」になるね。

華　子：そうね。あとは【方法④】も教えてもらったわね。結局，この方法でもう一度クラスの皆に投票してもらって，その結果が【表３―１】になったのよね。

【方法④】

［１］　21人のクラス全員が「文化祭でやりたい案の順位付け」をして投票する。

［２］　Ａ案(チャレンジャー側)とＢ案を比べ，より上位に投票された票数が多かった案を「勝者」とする。

※　票数が同じ場合は「チャレンジャー側」が勝利

［３］　［２］の勝者(チャレンジャー側)とＣ案を比べ，より上位に投票された票数が多かった案を「勝者」とする。

※　票数が同じ場合は「チャレンジャー側」が勝利

［４］　票の数え方については【方法③】の〔具体例〕と同様のやり方をとる。なお［２］において，Ｃ案を１位とした者については２位に挙げている案に投票したものとして数える。

【表３―１】　方法④の投票結果

人数	６人	６人	３人	６人
１位	演劇(C)	お化け屋敷(A)	演劇(C)	射的(B)
２位	射的(B)	射的(B)	お化け屋敷(A)	演劇(C)
３位	お化け屋敷(A)	演劇(C)	射的(B)	お化け屋敷(A)

京太郎：そうそう。この“勝ち抜《ぬ》き戦”っていうところにロマンを感じて，僕は好きだったんだよね。

華　子：けれど，その“ロマン”のせいで，かなり面倒《めんどう》なことになったけどね。

京太郎：そうだね。投票終了《しゅうりょう》後に，３人のクラスメートが「棄権《きけん》」したいって言いだしたんだよね。彼《かれ》らは「１位　演劇，２位　射的，３位　お化け屋敷」の順に投票していたようだね。

華　子：確かに，この時は記名して投票してもらっていたから，彼らがどのように投票したかは分かったけれど，急な話だったわね。どうやら，他のクラスメートがどこに投票したのかを聞いた上で，自分たちの投票を「なかったこと」にして欲しいって言いだしたようね。

京太郎：だから，３人が「棄権」した後の結果は【表３―２】になるね。僕は投票するのも棄権するのもその人の自由だと思うんだけれど，先生はダメだって言ったんだよね。

華　子：結局，クラスで話し合って，別の方法で投票し直すことになったのよね。

【表３―２】　３名が棄権した場合(18名)の投票結果

人数	３人	６人	３人	６人
１位	演劇(C)	お化け屋敷(A)	演劇(C)	射的(B)
２位	射的(B)	射的(B)	お化け屋敷(A)	演劇(C)
３位	お化け屋敷(A)	演劇(C)	射的(B)	お化け屋敷(A)

問２　３名が棄権すると，採用される案はどのように変わるでしょうか。解答らんに合わせてＡ・Ｂ・Ｃの記号で答えなさい。

問３　今回の投票で，あなたは３名の「棄権」を認めるべきだと思いますか。問２の解答を踏まえて，そう考えた理由を説明しなさい。

京太郎：最終的に，クラスで採用されたのは【方法⑤】だったよね。その結果は，たまたま【方法②】の時と同じになったから【表４】になるね。

【方法⑤】

［１］　21人のクラス全員が「文化祭でやりたい案の順位付け」をして投票する。

［２］　それぞれの順位について，１位に３点，２位に２点，３位に１点と得点をつける。

［３］　合計得点が最も高かった案を採用する。

【表４】　方法⑤の投票結果

人数	２人	６人	７人	６人
１位	お化け屋敷(A)	お化け屋敷(A)	射的(B)	演劇(C)
２位	射的(B)	演劇(C)	演劇(C)	射的(B)
３位	演劇(C)	射的(B)	お化け屋敷(A)	お化け屋敷(A)

問４　【方法⑤】で【表４】の結果を計算した場合，採用されるのはどの案になるでしょうか。Ａ・Ｂ・Ｃのいずれかの記号で答えなさい。

華　子：この結果にはクラスの皆も納得してくれたからよかったわね。でも，皆の意見をまとめるって大変ね。最初は多数決で一番支持が多かった案を採用すればいいと思っていたけれど，実は「決め方」によって，一番支持されている案も変わってくるとは思わなかったわ。

京太郎：だからこそ，１つの「決め方」を採用する場合は，なぜ，その方法が「クラス全員の意見を踏まえた結論を出せるのか」を説明できるようにする必要があるんだね。

問５　あなたがクラス委員だった場合，どのような「決め方」であれば「クラス全員の意見を踏まえた」結論を出せると思いますか。【方法①】～【方法⑤】の中から１つ選び，そう考えた理由を説明しなさい。なお，新しいルールや複数のルールを組み合わせたい場合は【方法⑥】と選んだ上で，そのルールの内容と理由を説明しなさい。

2　次の会話は，**先生**と**京太郎**さんと**華子**さんが生物の進化について話をしているときのようすです。これを読んであとの問いに答えなさい。

先　生：２人は，生物の進化には，目的があると思いますか。

華　子：私は生物の進化には，目的があると思います。なぜなら，生物は生き残るために進化を繰《く》り返してきたと考えているからです。たとえば，ペンギンが泳ぐのに適したからだになっているのは，その場所で餌《えさ》をとったり，敵から逃《に》げたりするために進化をしたからだと思います。

先　生：確かに，ペンギンの泳ぐ能力はすごいですね。華子さんの言う通り，生物は生き残るために進化を繰り返してきたのかもしれませんね。京太郎さんは，生物の進化には，目的があると思いますか。

京太郎：私は生物の進化には，目的がないと思います。進化に目的があったら，ヒトが空を飛びたいと思い続けると，いつかは空を飛べるようになっているはずだからです。

先　生：なるほど。確かにヒトの現在の能力を考えると，その通りなのかもしれませんね。２人の考えが分かれましたね。どうしましょうか……。

華　子：京太郎さんの考え方をもっと知りたいので，進化には目的がないと仮定して話を進めてみてもいいですか。

先　生：京太郎さんと華子さんさえよければかまいませんよ。では，ペンギンの進化について，京太郎さんの考え方を教えてもらってもいいですか？

京太郎：はい。私は，ペンギンが泳ぐのが速くなったのは偶然《ぐうぜん》だと思います。ペンギンの祖先の中で，速く泳ぐものがたまたまうまれ，その環境《かんきょう》で生き残り，長い年月をかけて受け継《つ》がれた情報によって進化して，今のペンギンの姿になったと思います。

問１　３人のここまでの会話文を参考にして，以下の文章を，解答らんに当てはまるように，京太郎さんの考え方に直しなさい。

「キリンの首が長くなったのは，首の短かったキリンが高いところにある餌を食べようとしたため。」

華　子：「情報が受け継がれる」というのは遺伝のことですよね。ペンギンの情報が受け継がれるようすを，黒板に書いてもらってもいいですか。

先　生：では私が黒板に説明を書きましょう。ちなみに，２人とも遺伝と遺伝子の違《ちが》いはわかりますか。

京太郎：遺伝は華子さんが言った通りで，遺伝子は性質を決める情報を伝えるものなので，生物の設計図のようなものです。

先　生：２人とも遺伝と遺伝子の違いは理解しているようですね。黒板の【図１】を見てみましょう。

【図１】　先生が黒板に書いた板書

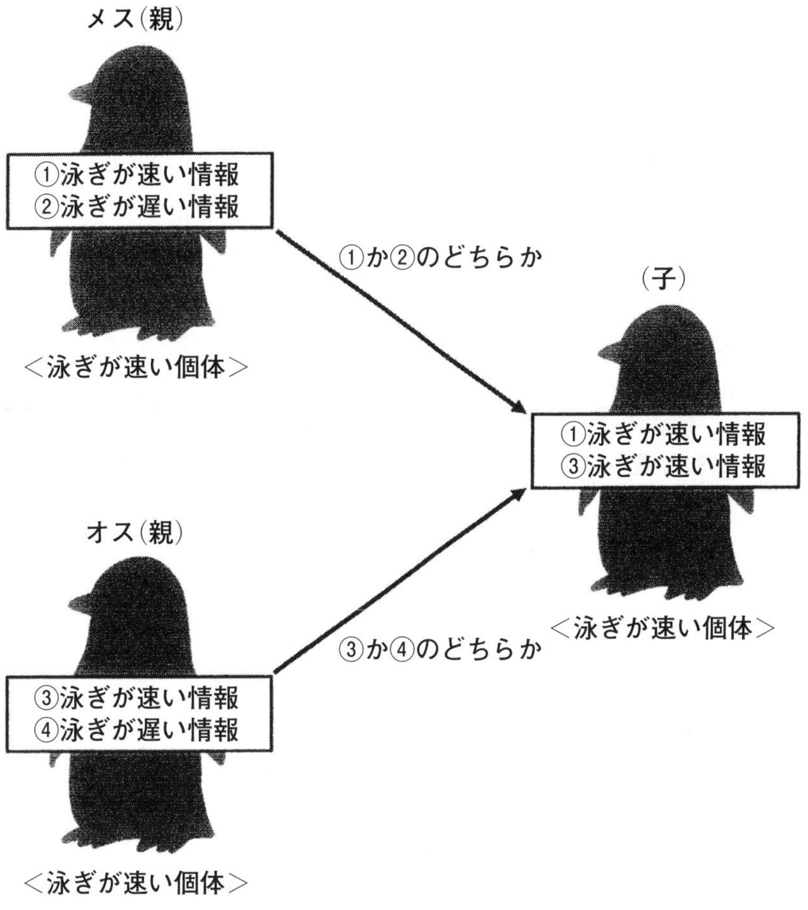

＜ルール＞

○　１つの個体は，１つの性質(泳ぐ速さ)に関して，必ず２つの情報を持つ。

○　その性質に関する情報には，性質として現れやすいものと現れにくいものがあり，これはオス・メスに関係ないものとする。

＜例＞　(速い情報・速い情報)→速い個体になる
(速い情報・遅い情報)→速い個体になる
(遅い情報・遅い情報)→遅い個体になる

○　１つの性質に関して，それぞれの親から子に１つずつ情報が受け継がれる。

○　この図の親の泳ぐ速さと，子の泳ぐ速さは同じものとする。

先　生：このように，親から子へ情報が受け継がれていきます。では，【図１】の親の組み合わせ

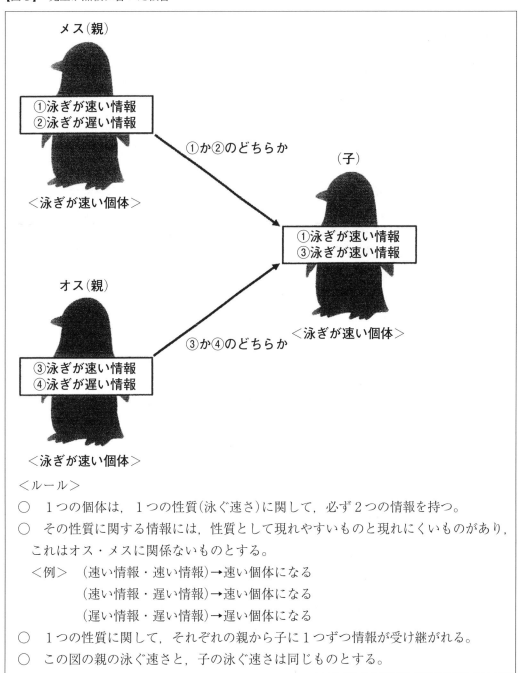

において，泳ぎが速い個体がうまれる確率は何％になりますか。

京太郎：泳ぎが速い個体がうまれる確率は(　a　)％になります。また，泳ぎが遅い個体がうまれる確率は(　b　)％になります。

先　生：よく理解できていますね。華子さん，何か気になる点はありますか。

華　子：確認なんですが，この環境において，泳ぎが速いペンギンの方が生き残りやすいとすると，子の生存確率が高くなるのは(　c　)の親の組み合わせで，最も低くなるのは(　d　)の組み合わせになるってことですよね。

先　生：その通りです。

問２　会話文の(a)と(b)に当てはまる数字を答え，そう考えた理由を説明しなさい。答えが小数になる場合は，小数点第１位を四捨五入して答えなさい。

問３　会話文の(c)と(d)に当てはまるものとして，適切なものを以下のア～カの組み合わせの中からそれぞれすべて選び，記号で答えなさい。

	メス(親)の情報	オス(親)の情報
ア	泳ぎが速い情報のみを持つ	泳ぎが速い情報のみを持つ
イ	泳ぎが速い情報のみを持つ	泳ぎが速い情報と遅い情報を持つ
ウ	泳ぎが速い情報と遅い情報を持つ	泳ぎが速い情報のみを持つ
エ	泳ぎが遅い情報のみを持つ	泳ぎが遅い情報のみを持つ
オ	泳ぎが遅い情報のみを持つ	泳ぎが速い情報と遅い情報を持つ
カ	泳ぎが速い情報と遅い情報を持つ	泳ぎが遅い情報のみを持つ

華　子：生物の設計図とは，どのようになっているのでしょうか。

先　生：生物の設計図は基本的に，実際には４種類の物質の組み合わせでできています。その４種類の物質をＡ，Ｂ，Ｃ，Ｄとして説明しましょう。仮に，泳ぐ速さの設計図が【図２】としたときに，左から４番目の物質がＤとＡで異なっています。それ以外は同じなのに，設計図の中の１か所が違うだけで異なる情報になっていますよね。

【図２】　泳ぎに関する情報の設計図

(例)　ABCDACDAC→泳ぎが遅いという情報
　　　ABCAACDAC→泳ぎが速いという情報
※泳ぐ速さの設計図は，ABCDの記号とそれら９個の組み合わせで決定されているものとする。

華　子：確かに，設計図の中の１か所が違うだけでも，現れる性質が異なる場合があるんですね。

先　生：そうなんです。この現象を「変異」といいます。変異とは，世代を重ねていく中で偶然起こるもので，変異のしかたにもいろいろあります。

問４　泳ぐ速さの設計図に変異が起きて，個体１～５のような情報の設計図【図３】が見つかりました。左から４番目と５番目に注目して，泳ぎに関する情報についてわかることをそれぞれ答えなさい。ただし，【図２】も参考にすること。

【図３】　変異がみられた個体の設計図

個体１	ABCDBCDAC→泳ぎが遅いという情報
個体２	ABCCACDAC→泳ぎが速いという情報
個体３	ABCDCCDAC→泳ぎが遅いという情報
個体４	ABCBACDAC→泳ぎが速いという情報
個体５	ABCDDCDAC→泳ぎが遅いという情報

華　子：この遺伝や遺伝子の説明を聞いていて，生物の進化には，目的がないような気がしてきました。

先　生：それはどうしてですか。

華　子：ここまでの説明を聞くと，ペンギンが速く泳ぎたいと思い続けて進化してきたようには思えないからです。それに，ペンギンは鳥なのに空を飛ばずに，海の中を飛ぶ(泳いでいる)からです。

先　生：確かにそうですね。こればかりは，ペンギンの気持ちになって考えたとしてもわからないですよね。

京太郎：ペンギン以外にも，飛べないけれど生き残っている鳥もいますからね。

問５　下線部の例の１つとして，ダチョウが挙げられます。ダチョウが現在まで生き残ってこられた理由を，以下の語句を用いて，３人の会話文を参考にして答えなさい。

【変異・走るのが速いという情報・生存確率・遺伝】

【適性検査Ⅲ】〈第１回午前・適性検査型試験〉(35分)〈満点：100点〉

1　**華子《はなこ》**さんと**京太郎《けいたろう》**さんは遊園地を訪れています。

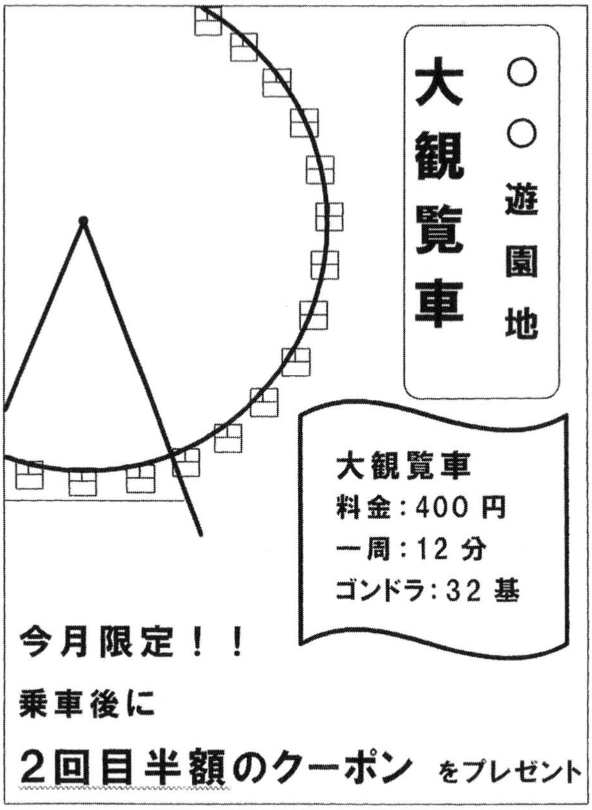

京太郎：遊園地に着いたね。料金はいくらかな。

華　子：入園料は780円だわ。今月から入園料が20％値上がりしたそうよ。

京太郎：そうなんだ。じゃあ値上がり前の先月に来ればよかったね。

華　子：そうでもないわ。アトラクションの料金は値上がりしていなくて，観覧車は今月だけ１回乗ると２回目の料金が半額になるクーポンをもらえるってポスターに書いてあるわ。

京太郎：そうすると，入園料と観覧車２回分の料金の合計は先月と今月でどっちの方が安くなるかな。

問１　入園料と観覧車の乗車２回分の料金の合計は，先月と今月どちらの方が何円安いですか。ただし，今月は観覧車の乗車２回目半額のクーポンを使用するものとします。

華　子：観覧車とても楽しかったね。

京太郎：高いところからだと遊園地の全体が見渡《わた》せたよ。クーポンももらったし，あとでもう１回乗ろう。

華　子：そういえばこの観覧車，大きな円の形をしているけど，観覧車の直径はどれくらいなんだろう。

京太郎：観覧車の直径を求めてみようよ。何か手がかりがほしいな。

華　子：そういえば，ある高さになったらゴンドラ内で音楽が流れていたわ。

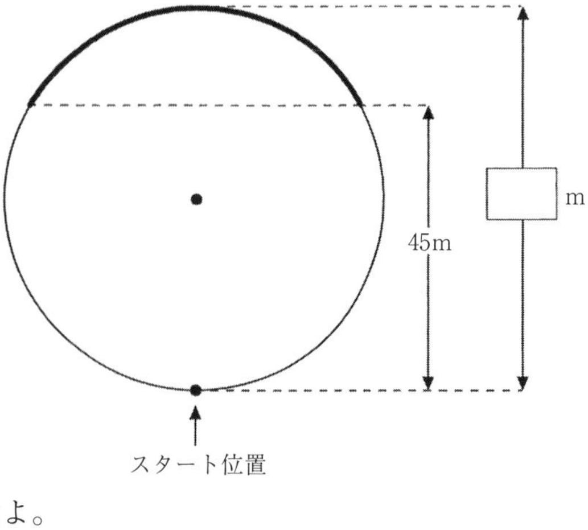

京太郎：そうだった。ゴンドラがスタート位置から45mの高さになると音楽が流れ始めて45m未満になると音楽が止まる仕組みになっているってスタッフの人が言ってたよ。

華　子：音楽は４分間流れていたわ。この仕組みを使って観覧車の直径を求められないかな。

京太郎：ちょっと待って。今，図をかいてみるよ。

京太郎：できた。太線が音楽の流れた部分だよ。

華　子：うーん，これだけだと難しそうね。

京太郎：観覧車の円の中心，音楽の流れ始めと流れ終わり，頂上の４か所を直線で結んでみたよ。

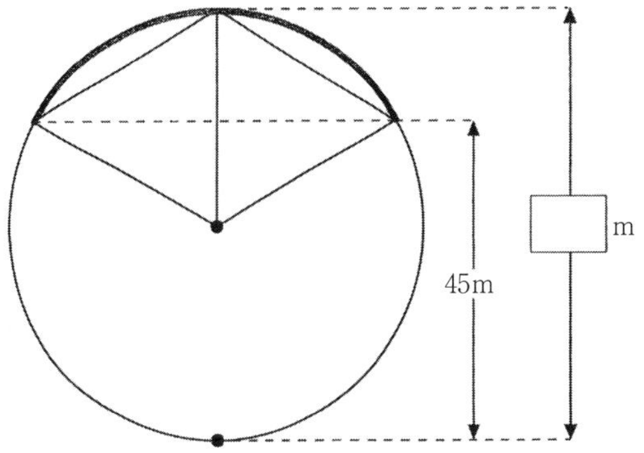

華　子：この図とポスターに書かれた内容から観覧車の直径が求められそうね。

問２　観覧車の円の直径は何ｍか求めなさい。ただし，観覧車のゴンドラは等間かくに並んでいて，観覧車の円周上を一定の速さで動くものとします。

京太郎：日が暮れてきたね。もう一度観覧車に乗りに行こうよ。

華　子：ライトアップされた観覧車楽しみだわ。

京太郎：観覧車の順番待ちの列ができているね。スタッフの人に聞いたら，僕《ぼく》たちは先頭から数えて85組目だそうだよ。

華　子：今はライトアップの準備中で，午後６時30分に運転が再開するそうよ。

京太郎：高いところからの夜景が楽しみだよ。僕たちが乗るゴンドラが頂上を通過するのは何時ごろだろうね。

華　子：さっきのポスターを見ると，[　あ　]分ごとに１組ずつ乗車していることが分かるわ。

京太郎：そうか。じゃあ何時に頂上を通過するか計算してみよう。

問３　[あ]に当てはまる分数を，それ以上約分できない形で答えなさい。

問４　午後６時30分ちょうどに観覧車の運転が再開しました。動き始めてから１組ずつ乗車していったとき，華子さんたちのゴンドラが頂上を通過する時刻は午後何時何分何秒ですか。ただし，ゴンドラには必ず１組ずつ乗車し，ゴンドラが一周したら乗客は交代するものとします。考え方や式も書きなさい。

2　**京太郎**さんは妹の**華子**さんと曽《そう》祖父(ひいおじいちゃん)について話をしています。

華　子：今日，2022年８月８日月曜日は私たちのひいおじいちゃんの100才の誕生日だね。

京太郎：そうだね。100才なのにあんなに元気。僕たちの自慢《まん》のひいおじいちゃんだね。

華　子：朝，お母さんが今年の11月11日に親戚《せき》で集まってお祝いのパーティーをすると言っていたわ。

京太郎：それは楽しみだね。２人でおこづかいを出し合ってお祝いのプレゼントを持っていくのはどうかな？

華　子：それはいい考えね。夏休み最終日の８月31日にデパートへ買いにいきましょう。８月31日は何曜日かしら？

京太郎：えっと，今日が８日だから31日までは31引く８で23日あって，23を７で割ると３あまり２，今日が月曜日であまりが２ということは，８月31日は水曜日だね。

華　子：カレンダーを見ずに計算でわかるだなんて，お兄ちゃんすごいね。

京太郎：曜日は７種類あるから７で割ったあまりを考えるとわかるんだよ。

華　子：私もやってみるわ。お祝いのパーティーが何曜日か考えてみるわね。

京太郎：2022年の各月の日数は次のようになっているよ。

月	１月	２月	３月	４月	５月	６月	７月	８月	９月	10月	11月	12月
日数	31	28	31	30	31	30	31	31	30	31	30	31

問1　お祝いのパーティーの日は何曜日ですか。

京太郎：今日が8月8日で，お祝いのパーティーは11月11日。何だか数字がそろっているね。

華　子：本当だ。私の誕生日も12月12日で数字がそろっているわ。曜日をカレンダーで調べてみるわね。

京太郎：何曜日だった？

華　子：月曜日だったわ。ちなみに9月9日は金曜日，10月10日は月曜日よ。

京太郎：そういえば昔，あるテレビ番組で，毎年，2月2日，4月4日，6月6日，8月8日，10月10日，12月12日のほとんどは同じ曜日になると紹介していたよね。カレンダーで確かめてみようよ。

華　子：面白そう。そうしましょう。あっ，でも残念だけど古い月のカレンダーはもう捨ててしまっているわ。

京太郎：お祝いのパーティーの曜日を考えた時のように計算で求めてみよう。さっきとは反対に日付をさかのぼることになるから注意して計算してみよう。

問2　2022年の2月2日，4月4日，6月6日，8月8日，10月10日，12月12日の中に，月曜日でない日が1日だけあります。それは何月何日で，その日は何曜日ですか。考え方や式も書きなさい。

華　子：だんだん曜日の計算に慣れてきたわ。この調子で計算したらひいおじいちゃんが生まれた日の曜日もわかるんじゃないかしら？　計算してひいおじいちゃんを驚《おどろ》かせてあげたいわ。

京太郎：100年前の今日が何曜日かということだね。よし，僕も手伝うよ。まずはうるう年に気を付けながら，今日からひいおじいちゃんの生まれた1922年8月8日までの日数を数えないとね。

華　子：うるう年って何？

京太郎：2月が29日まである年があるのは知っているよね。その年をうるう年と呼ぶんだ。

華　子：確か2年前の2020年はそうだったわね。1年間の日数が366日あるって学校で話題になったわ。どの年がうるう年かはどうやってわかるの？

京太郎：うるう年の西暦《れき》は必ず4の倍数になるんだ。ただその中で，西暦が100年で割り切れるけど400で割り切れない年はうるう年から除外するよ。

華　子：なんだか複雑ね。でも落ち着いて考えれば計算できる気がするわ。まずは1922年8月8日から2022年8月8日の間に2月29日が何回あるかを計算してみるわね。

京太郎：そうだね。がんばって！

華　子：できたわ。2月29日は全部で [A] 回あったということね。

京太郎：正解！　よくできたね。

問3　[A] に入る2けたの整数を答えなさい。

華　子：つまり，今日2022年8月8日から，366× [A] +365×(100－ [A])日さかのぼると1922年8月8日ということね。とても大きな数字になりそうだわ。計算が大変そう。

京太郎：工夫して計算してみよう。365にいちばん近い7の倍数である [B] に注目すると，366× [A] +365×(100－ [A])を直接計算しなくても，ひいおじいちゃんの生まれた日の曜日はわかるよ。

問４　B に入る３けたの整数を答えなさい。

問５　ひいおじいちゃんが生まれた日は何曜日でしたか。B を用いて工夫して求めなさい。考え方や式も書きなさい。

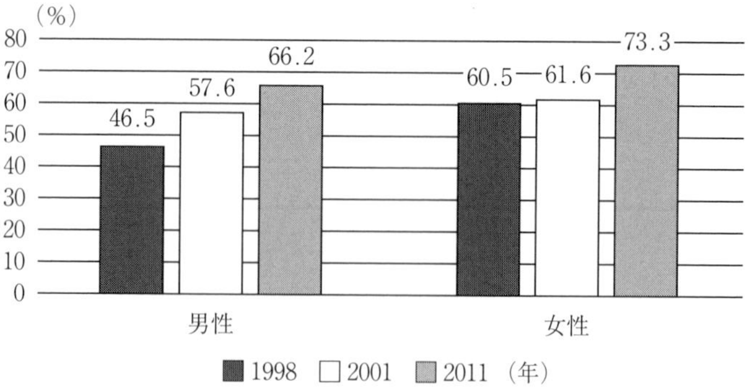

図３　「多少自分の意見をまげても，友人と争うのは避けたい」と答えた人の割合（第一生命経済研究所調査）

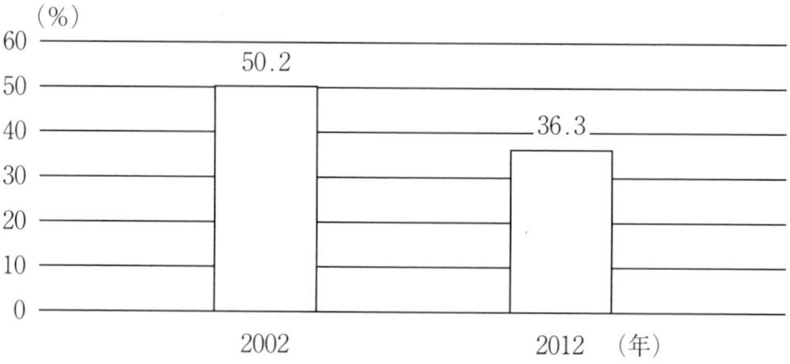

図４　「意見が合わないと納得いくまで話す」と答えた人の割合（青少年研究会調査）

ちは、お互いの意見が対立やぶつかり合いに発展するまえに、「人それぞれ」という優《やさ》しさの呪文《じゅもん》を唱えて、お互いの干渉《かんしょう》を回避しているのです。

（石田光規『「人それぞれ」がさみしい
「やさしく・冷たい」人間関係を考える』による）

＊マイノリティ…少数派のこと。
＊図３…図１・２は問題文中にはない。

1．――線部１に「集団的体質から脱する必要があります」とありますが、「集団的体質から脱する」ためには、どのような条件を整えることが必要ですか。八十字程度で説明しなさい。

2．――線部２に「感情に補強されたつながりは、それほど強いものにはなりません」とありますが、それはなぜですか。「感情に補強されたつながりは、」に続くように八十字以内で説明しなさい。

3．――線部３に「この結果は……表しています」とありますが、筆者は図３・４のどのような点に着目してこのように述べていますか。簡潔に説明しなさい。

4．あなたは現代社会において、「人それぞれ」の付き合いをすることに賛成ですか、反対ですか。【文章Ⅰ】・【文章Ⅱ】を読んで、次の条件にしたがって説明しなさい。

・三百五十字以上四百字以内で書きなさい。
・段落は二～四段落構成で書きなさい。
・具体例を挙げて説明しなさい。

とはいえ、個々人の心理に規定される「よい」状況は、社会に共有される規範ほどには安定していません。社会のルールはなかなか変わりませんが、個人の感情は日によって変わることもあります。何かの拍子《ひょうし》に、ふと、「悪い」に転じてしまうこともあるのです。つまり、人と無理に付き合わなくても良いつながりは、ふとしたことで解消されてしまう不安定なつながりとも言えるのです。

かといって、目の前のつながりを安定させる最適解は、そう簡単に見つかりません。人の心を覗《のぞ》くことはできませんから。

コミュニケーションの指南書が書店に並び、「コミュ力」や「コミュ障」といった俗語《ぞくご》が流布《るふ》する現状は、コミュニケーションにまつわる人びとの不安を物語っています。私たちは、人間関係を円滑《えんかつ》に進めてゆく行動様式がはっきり見えないまま、相手の心理に配慮《はいりょ》しつつ、コミュニケーションを行う厄介《やっかい》な状況にさらされているのです。

この厄介な状況に対処するにあたって重宝されてきたのが、「人それぞれ」を前提としたコミュニケーションです。私たちは、たとえ相手の見解が、自身の見解と異なっていたとしても、「人それぞれ」と解釈《かいしゃく》することで、対立を回避《かいひ》することができます。あるいは、相手の行動が自身にとって理解できないものであっても、「人それぞれ」とすることで、問題化することを避《さ》けられます。

〈中略〉

不安定なつながりのなかを生きる私たちは、「人それぞれ」という言葉を使って、お互いの意見のぶつかり合いを避けています。このようななかで率直《そっちょく》に意見を交《か》わし、議論を深めるのは、そう簡単ではありません。

人びとの心理的な発達を研究したエリク・H・エリクソンは、青年期に友人とかかわることの重要性を指摘しています。そこで想定される友人関係は、お互いの内面をさらけ出し、率直に意見をぶつけ合うようなつき合いです。このような関係性は、自我《じが》を確立するにあたり、重要な役割を果たすとみなされてきました。

しかし、第一章でもふれたように、一九八〇年代の後半あたりから、若者の友人関係の変化が指摘されるようになります。具体的には、友人と深く関わろうとせず、互いに傷つけ合わずに、場を円滑にやり過ごすことに重きをおく友人関係に変わってきたと言われています。

たとえば、新潟県の四年制大学に通う学部生に調査をした岡田努さんは、若者の友人関係の特性として、「気遣《きづか》い」「ふれあい回避」「群れ」という三つの志向をあげています。ここで言われる「気遣い」とは、相手に気を遣い、互いに傷つけないよう心がける志向、「ふれあい回避」とは、友人と深い関わりを避けて互いの領域を侵《おか》さない志向、「群れ」とは、ノリなど集団の表面的な面白《おもしろ》さを追求する志向です。これらは、「変化した」と言われる友人関係の特性に合致《がっち》します。

同じような傾向は、他のデータからも読み取ることができます。＊図3と図4は、第一生命経済研究所と青少年研究会が、それぞれ一六～二九歳《さい》の人びとを対象に行った調査の結果です。どちらの調査も継続調査のため、意識の変化の有り様をつかむことができます。

〈中略〉

3 この結果は、「人それぞれ」のコミュニケーションが横行する社会の実情をよく表しています。「個を尊重」し、人と人をつなぎ止める材料が少ない社会では、争いや対立は、関係の存続を脅《おびや》かしかねません。だからこそ私たちは、つながりを保ちたいと思う相手に対して、極力対立を回避するよう心がけます。身近な人との争いや対立を避けることは、今を生きる人びとにとって、とても大事なことなのです。

争いや対立を避けるにあたり有効なのが、「人それぞれ」のコミュニケーションです。というのも、「人それぞれ」のコミュニケーションには、対立を表面化させず、沈静化《ちんせいか》する作用があるからです。私た

人びとの権利を見直す機運が高まりました。同時に、さまざまな志向も「多様な志向のなかのひとつ」として受け入れられるようになっていきます。多様性尊重の流れは、二〇〇〇年以前からもあったのですが、日本社会で明確に意識され出したのは、二〇〇〇年代以降といってよいでしょう。

【文章Ⅱ】

「一人」になれる条件が整い、人びとの選択《せんたく》や決定が尊重されるようになった社会では、さまざまな物事を「やらない」で済ませられるようになります。ある行為を「やらねばならない」と迫《せま》る社会の規範《きはん》は緩《ゆる》くなり、何かを「やる」「やらない」の判断は、個々人にゆだねられます。

この傾向《けいこう》は人間関係にも当てはまります。私たちが生きる時代は、閉鎖的な集団に同化・埋没することで生活が維持されてきたムラ社会の時代と違います。生活の維持は、身近な人間関係のなかにではなく、お金を使って得られる商品やサービスと、行政の社会保障にゆだねられるようになったのです。

このような社会では、誰《だれ》かと「付き合わなければならない」と強制される機会が、徐々《じょじょ》に減っていきます。会社やクラスの懇親会《こんしんかい》への参加はもはや強制される時代ではありません。地域の自治会への加入も任意性が強くなりました。趣味《しゅみ》のサークルを続けるか続けないかは、まさに「人それぞれ」でしょう。

誰と付き合うか、あるいは、付き合わないかは、個々人の判断にゆだねられています。俗《ぞく》っぽく言えば、私たちは、(嫌《いや》な)人と無理に付き合わなくてもよい気楽さを手に入れたのです。

今や、人と人を結びつける材料を、生活維持の必要性に見出《みいだ》すことは難しくなりました。人と人を結びつける接着剤《せっちゃくざい》は、着実に弱くなっているのです。

では、このような社会で、つながりを維持するにはどうすればよいのでしょうか。生活維持の必要性という、人と人を強固に結びつけてきた接着剤は弱まっています。そうであるならば、私たちは、目の前の関係をつなぎ止める接着剤を新たに用意しなければなりません。そこで私たちは、弱まってきた関係をつなぎ止める新たな補強剤《ほきょうざい》として、つながりに大量の「感情」を注《そそ》ぎ込《こ》むようになりました。

〈中略〉

しかし、2感情に補強されたつながりは、それほど強いものにはなりません。私たちは、相手とのつながりを「よい」と思えば関係を継《けい》続《ぞく》させるし、「悪い」と思えば関係から退くこともできます。この特性のおかげで、私たちは、無理して人と付き合わなくてもよい気楽さを手にしました。理不尽《りふじん》な要求や差別的な待遇《たいぐう》から逃《のが》れやすくなったのです。しかし、人と無理に付き合わなくてもよい気楽さは、つながりから切《き》り離《はな》される不安も連れてきてしまいました。

お互いに「よい」と思うことで続いていくつながりは、どちらか、または、両方が「悪い」と思えば解消されるリスクがあります。放っておいても行き来がある長屋の住人とは違うのです。このような状《じょう》況《きょう》で関係を継続させるには、お互いに「よい」状況を更新《こうしん》してゆかねばなりません。つまり、つながりのなかに「よい」感情を注ぎ続けねばならないのです。

この特性は、その人にとって大事なつながりであればあるほど強く発揮されます。私たちは、大事なつながりほど「手放したくない」と考えます。しかし、あるつながりを手放さないためには、相手の感情を「よい」ままで維持しなければなりません。大事な相手とつながり続けるためには、関係からマイナスの要素を徹底《てってい》して排除《はいじょ》する必要があるのです。

は互《たが》いに協力することで、それぞれの生命を維持《いじ》してきたのです。

　このような社会では、集団のルールを守ることが何より重要です。というのも、ルールを破る行為《こうい》は、他者の生命を危険にさらすからです。ゆえに、集団から抜け出し、一人の生活を楽しむには、あるていどの物の豊かさが必要だったのです。

〈中略〉

　物の豊かさは、私たちから、物品の貸し借りの手続き、管理方法の決定といった調整コストの多くを省いてくれます。テレビが複数台あれば、チャンネル争いをする必要はありません。「人それぞれ」に好きなものを見ることができます。

　同時に、機械技術が進歩することで、これまで共同でやらなければできなかったことも、一人でできるようになりました。さらに、生活サービスが充実《じゅうじつ》することで、機械にゆだねることのできない行為も、お金で購入《こうにゅう》できるようになっていきます。今や、一定の資産をもち、通信環境《かんきょう》を整えれば、人と会わない生活も可能です。

　一定の資産がない人を救う社会保障制度も、ほころびの多さは指摘《してき》されるものの、着実に整えられてはいきました。私たちの生きる時代は、閉鎖的な集団に同化・埋没することで生活を維持していたムラ社会の時代とは違《ちが》うのです。私たちの生活は、身近な人間関係のなかにではなく、お金を使うことで得られる商品・サービスと、行政の社会保障にゆだねられているのです。

　もう一方の思想的条件とは、「一人」あるいは「個人」の生活を後《あと》押《お》しする考え方の拡《ひろ》がりです。代表として、人権思想や自由主義思想があげられます。

　もともと、身分制度との戦いを目的とした人権運動は、ヨーロッパ、アメリカを中心に広まっていきました。この人権の思想も、第二次世界大戦後の一九四八年に「世界人権宣言」という形で、世界に拡散していきます。「はじめに」で紹介《しょうかい》した多様性の話も、その延長線上にあります。

　もう一方の自由主義思想は、「他者への危害」を加えないかぎり、個々人の自由をかぎりなく尊重することを提唱しています。そのため、人権思想と密接な関わりがあります。この思想もヨーロッパに起源をもち、ジョン・スチュアート・ミルが一八五九年に出版した『自由論』が有名です。私たちの憲法が保障するさまざまな「自由」も、こういった思想を背景としています。

　人びとの主義・信条・行為を尊重する考え方は、学校の現場では個性の尊重という形で表れてきました。物的な豊かさを獲得《かくとく》した一九八五年には、臨時教育審議会《しんぎかい》の第一次答申《とうしん》で「個性重視の原則」が訴《うった》えられるようになります。

　この頃《ころ》は、国際競争が激しくなり、いじめも頻発《ひんぱつ》し、画一的な日本の教育に厳しい視線が注がれていました。だからこそ、「自他の個性を尊重し、自他の個性を生かすこと」に注目が集まったのです。

　個性の尊重は、その後も、私たちの社会に共通の価値観として重んじられていきます。進路指導は、教員側からの一方的な指導ではなく、児童・生徒個々人の「やりたいこと」に注目するようになりました。「やりたいこと」への注目は、教育の場にかぎったことではありません。一九八〇年代には「自分探し」がひとつのブームとなります。

　人びとが「やりたいこと」を重視するようになれば、集団の拘束力は必然的に弱まります。というのも、人びとは、集団の意向を重視せずに、個々人の「やりたいこと」を優先するようになるからです。こうして、物的にも思想的にも「一人」になりやすくなる条件が整いました。

　二〇〇〇年代に入ると、個性の尊重の流れに多様性尊重の流れも加わります。この流れとともに、今まで＊マイノリティとみられてきた

2023年度 京華中学校

【適性検査Ⅰ】〈第一回午前・適性検査型試験〉（五〇分）〈満点：一〇〇点〉

一　次の１～10の――線部の漢字は読みをひらがなで、カタカナは漢字に直し、それぞれ答えなさい。

1．ものすごい形相でにらまれた。
2．時折笑顔《えがお》を見せる。
3．この方法こそが定石だ。
4．神をまつる小さな社。
5．彼《かれ》は類いまれな才能を持っている。
6．犯罪をコンゼツする。
7．ボクシに正直に話す。
8．彼はコウロウ者である。
9．ルスを任される。
10．会社をヤめる。

二　次の【文章Ⅰ】・【文章Ⅱ】を読んで、あとの問いに答えなさい。

【文章Ⅰ】

集団生活は息苦しくて、なんだか苦手。こんなことを思ったことはありませんか。閉鎖的《へいさてき》で拘束力《こうそくりょく》の強い集団は、「ムラ社会」などと呼ばれ、第二次世界大戦後、知識人から批判の対象となってきました。その背後には、集団的な社会が個々人の自由を損《そこ》なってきたという考えがあります。「日本社会の集団的体質」と聞いて、良い印象を抱《いだ》く人は、あまりいないでしょう。

ひるがえって、いまの社会を見ると、人びとは自由に、いろいろなことをできるようになりました。お金という制約がなければ、お休みの日に何を着て、何を食べるか、どこに行くかは自由です。進路や家族のあり方についても、自由に決められるようになりました。まさに、「人それぞれ」の時代と言えます。

しかし、「人それぞれ」の社会は、そう簡単には実現できません。「人それぞれ」にいろいろなことができるようになるためには、１集団的体質から脱《だっ》する必要があります。というのも、集団のなかに埋没《まいぼつ》した生活では、どうしても集団のルールに合わせて生活せざるを得ないからです。

社会のさまざまな単位が、集団から個人中心になることを、社会学では「個人化」と言います。ウルリッヒ・ベックという社会学者が一九八〇年代に提唱しました。個人化には、共有から私有へといった物的側面の個人化と、個々人の意見の尊重などに代表される思想的側面の個人化があります。日本では、一九九〇年代後半から個人化が進んできたと言われています。

「人それぞれ」が浸透《しんとう》した社会は、個人化が進んだ社会と言《い》い換《か》えることもできます。そこで本書では、議論の手始めとして、「人それぞれの社会」が成立した条件から見ていきましょう。

集団的な体質から抜《ぬ》けだし、「一人」になるためには、物的あるいは思想的条件を整えなければなりません。まず、それぞれについて見ていきます。

物的条件は、物質的に豊かになることで達成されます。ものの不足を共有によりまかなってきた時代、集団から抜け出し一人になることは、容易ではありませんでした。たとえば、農村では、道、河川《かせん》、林など、あらゆるものを共同で管理し、共同で使ってきました。人びと

2023年度 京華中学校 ▶解答

※　編集上の都合により，第１回午前・適性検査型試験の解説は省略させていただきました。

適性検査Ⅰ　<第１回午前・適性検査型試験>（50分）<満点：100点>

解答

一　1　ぎょうそう　　2　ときおり　　3　じょうせき　　4　やしろ　　5　たぐ(い)

6～10　下記を参照のこと。

二　1　（例）　物質的に豊かになることで達成される商品・サービスの充実と社会保障制度の整備という物的条件や，個人の主義・信条・行為を尊重する考え方の広がりという思想的条件。

2　（例）　（感情に補強されたつながりは，）どちらか，またはお互いが「悪い」と思えば解消されるリスクがあり，不透明で不安定な相手の心理に配慮したコミュニケーションを行い続けなければならないから。　　3　（例）　自分の意見を曲げてでも友人と争うのは避けたいと考えている人が次第に増えている一方，意見が合わなくても友人と納得いくまで話す人が十年で減少している点。　　4　下記の作文例を参照のこと。

二　4　（例）

　「人それぞれ」の付き合いは空気感を大事にする場では便利だが、家族や親しい友人との交流にまで持ちこむのには私は反対だ。

　文章Ⅰには、日本でも二〇〇〇年代以降は多様性尊重の流れが加わって、「人それぞれの社会」の成立条件が整ったことが、文章Ⅱには、現代社会では意見の相違を「人それぞれ」と解釈することで対立を回避し、深く関わらず場を円滑にやり過ごすのを重視する関係が志向されてきたことが書かれている。

　集団意識が強かった日本でも多様性の尊重がさけばれ、個性の強い人も多少は生きやすくなったことは歓迎すべきだ。だが、「人それぞれ」という言葉をかくれみのに本音をぶつけ合わないのでは深く理解し合うことはできず、個人の意見を押し殺して集団に従った時代と変わらない。私は家族や友人と話し合い、意外なものの見方に気づいた経験が何度もある。本音を打ち明けられる相手を持つことも、視野を広げるうえで大切だと考える。

●漢字の書き取り

一　6　根絶　　7　牧師　　8　功労　　9　留守　　10　辞(める)

適性検査Ⅱ ＜第１回午前・適性検査型試験＞（50分）＜満点：100点＞

解答

1 **問１** （例） ３つの案の中で，お化け屋敷を最も低い順位（３位）にしている人がクラスの過半数であるから。 **問２** （最初は）Ｂ（案が採用されるはずだったが，３人が棄権したことで，）Ｃ（案が採用される。） **問３** （例） 棄権を申し出た生徒は演劇を１位にしており，他のクラスメートの投票先を知った上で，自分たちが棄権することにより演劇（Ｃ案）を採用させることをねらったものだと考えられる。こうした行動は，クラスで最も支持されている案を選ぶという目的に反しているので，認めるべきではないと考える。 **問４** Ｃ（案） **問５** （例）【方法⑤】／その他のルールは，それぞれのクラスメートが投票した案のうち，１位または最上位の案のみを比べて決めようとしているが，【方法⑤】のやり方は，２位や３位の案にも得点を与えている。そのため，一番やりたい案（１位）から一番やりたくない案（３位）までを得点で表すことができるので，その他のルールと比べて，クラス全員の意見をより踏まえることができると考えたから。

2 **問１** （例） （キリンの首が長くなったのは）キリンの祖先の中で，首の長いキリンがたまたまうまれ（高いところにある餌が食べられるようになったため。） **問２** **a** 75％ **b** 25％ **問３** **c** ア，イ，ウ **d** エ **問４** （例） 左から４番目がＤの場合，泳ぎが遅いという情報になる。／左から４番目がＤ以外で，５番目がＡのとき泳ぎが速いという情報になる。 **問５** （例） ダチョウの祖先の中から，変異によってたまたまうまれた走るのが速いという情報をもった個体が，その環境の下で生存確率が高かったため，走るのが速いという情報が遺伝し，走るのが速い個体ばかりになっていったから。

適性検査Ⅲ ＜第１回午前・適性検査型試験＞（35分）＜満点：100点＞

解答

1 **問１** 今月の方が70円安い **問２** 直径60m **問３** $\frac{3}{8}$ **問４** 午後７時７分30秒

2 **問１** 金曜日 **問２** ２月２日水曜日 **問３** 25 **問４** 364 **問５** 火曜日

2022年度　京　華　中　学　校

〔電　話〕（03）3946－４４５１
〔所在地〕〒112-8612　東京都文京区白山５－６－６
〔交　通〕都営地下鉄三田線─「白山駅」より徒歩３分

【算　数】〈第１回午前試験〉（50分）〈満点：100点〉

注意　１．答えが分数になるとき，**それ以上約分できない形**で表しなさい。
　　　２．必要であれば，円周率は3.14として計算しなさい。
　　　３．コンパス，分度器，定規，計算機は使用できません。

1　次の$\square$の中にあてはまる数を求めなさい。

(1)　$48+(48-48\div8)\times4=\square$

(2)　$10-4\times\square\div3=9$

(3)　$\frac{8}{21}\times2\frac{2}{3}\div1\frac{7}{9}-\frac{1}{5}=\square$

(4)　$12.3-(0.78+3.52)\times1.9=\square$

(5)　$\frac{11}{13}\times(7.15\div1.3+1)\div33=\square$

2　次の問いに答えなさい。

(1)　十兆三千二十一億五百六万四十を数字で表したとき，０は何個ありますか。

(2)　太郎君と次郎君の所持金の比は５：３で，２人の所持金の合計は5000円です。太郎君の所持金は何円ですか。

(3)　Ａさん，Ｂさん，Ｃさん３人の身長の平均は137cm，Ｄさん，Ｅさん２人の身長の平均は130.5cmです。この５人の身長の平均は何cmですか。

(4)　１個120円のりんごと１個80円のみかんを合わせて35個買ったところ，代金は3360円でした。みかんを何個買いましたか。

(5)　縮尺１：3000の地図に，たて３cm，横５cmの長方形の形をした公園がのっています。この公園の実際の面積は何m^2ですか。

(6)　５％の食塩水350ｇと７％の食塩水150ｇを混ぜると，何％の食塩水になりますか。

(7)　ある仕事を１人で仕上げると，Ａさんは６日，Ｂさんは８日かかります。この仕事をＡさん，Ｂさん，Ｃさんの３人で仕上げると３日かかります。この仕事をＣさん１人で仕上げると何日かかりますか。

(8)　何個かのアメを子ども達に配ります。１人に４個ずつ配ると８個あまり，６個ずつ配ると８個足りなくなります。このとき，アメは何個ありますか。

3 次の問いに答えなさい。

(1) 下の図１は四角柱の展開図です。この四角柱の側面の面積の和が208cm^{2}のとき，体積は何cm^{3}ですか。

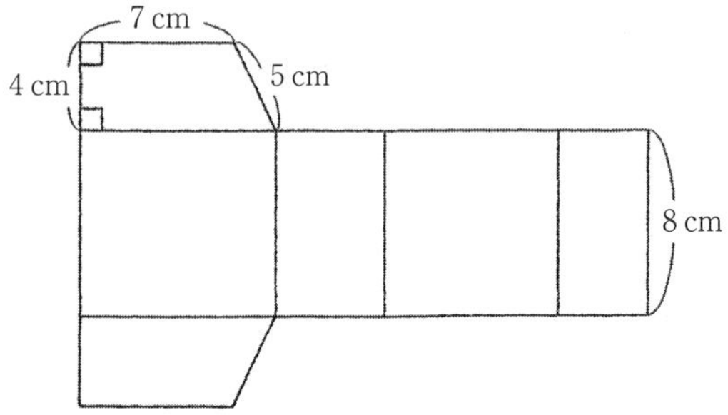

図１

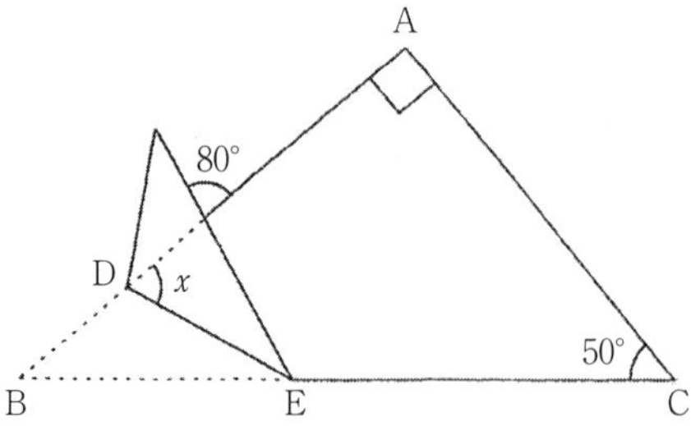

図２

(2) 上の図２のように，三角形ABCの紙をDEを折り目として折りました。x の角の大きさは何度ですか。

(3) 下の図３は半径２cmの２つの円を重ねたもので，それぞれの円の中心はA，Bです。太線で囲まれた部分の面積は何cm^{2}ですか。

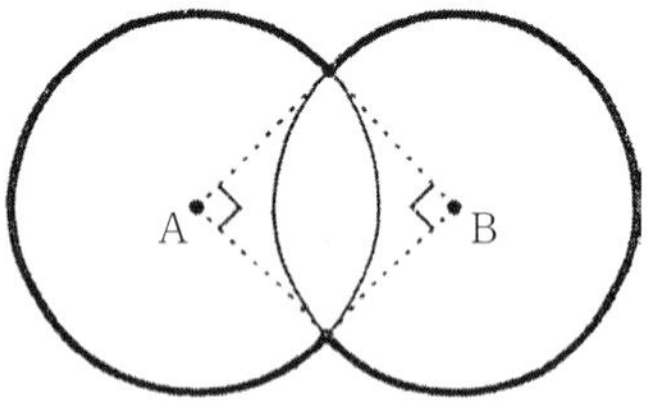

図３

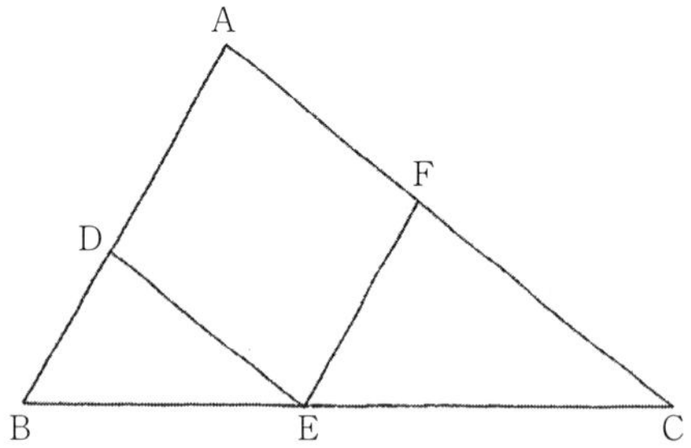

図４

(4) 上の図４で，三角形DBEの面積が18cm^2，平行四辺形ADEFの面積が48cm^{2}のとき，三角形ABCの面積は何cm^{2}ですか。

4 ある小学校の６年生で算数と国語のテストをしました。
次の問いに答えなさい。

(1) ６年１組では，算数が60点以上の人はクラス全体の６割，国語が60点以上の人はクラス全体の７割，両方とも60点以上の人はクラス全体の４割，両方とも60点未満の人は４人でした。このクラスの人数は何人ですか。

(2) ６年２組では，算数が60点以上の人は20人，国語が60点以上の人は25人，両方とも60点以上の人はクラス全体の25％，両方とも60点未満の人はいませんでした。このクラスの人数は何人ですか。

5　太郎君は９時にＡ町を出発し，途中《とちゅう》の公園で休けいをして，Ｂ町に向かいました。次郎君も９時にＡ町を出発し，太郎君と同じ道を通ってＢ町に向かいました。右のグラフは，そのときの２人の様子を表したものです。太郎君は時速５km，次郎君は時速３kmで進むとき，次の問いに答えなさい。

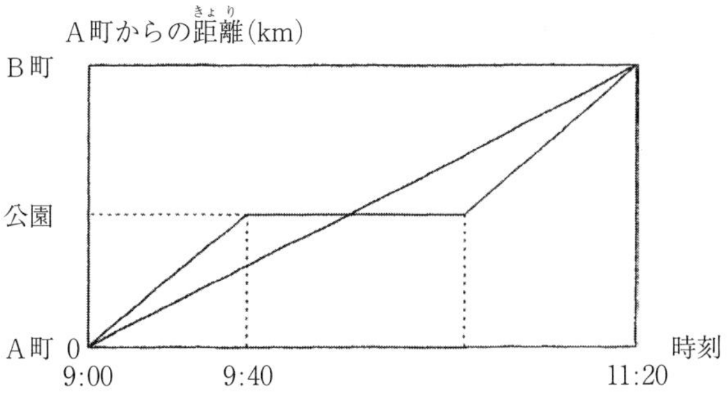

(1)　Ａ町からＢ町までの距離《きょり》は何kmですか。

(2)　次郎君が公園を通過するのは何時何分何秒ですか。

(3)　太郎君が公園を出発したのは何時何分ですか。

6　下の図１のように，25個のマスのちょうど中央に１個の○が書かれています。残りの24個のマスに何個かの○を書き入れ，○がたて，横，ななめの一列に５個並んだ数を点数とします。例えば，図２の点数は３点です。

後の問いに答えなさい。ただし，１個のマスに書き入れる○の数は１個だけとします。

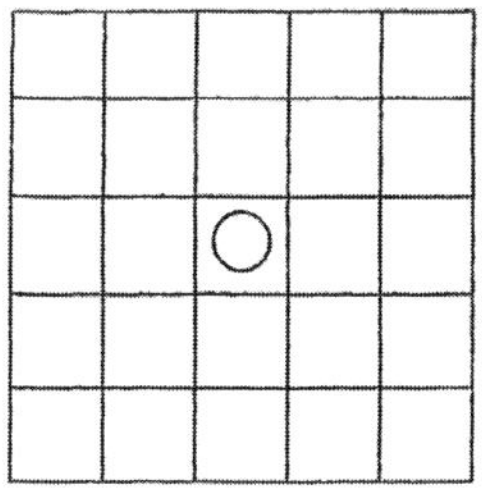
図１

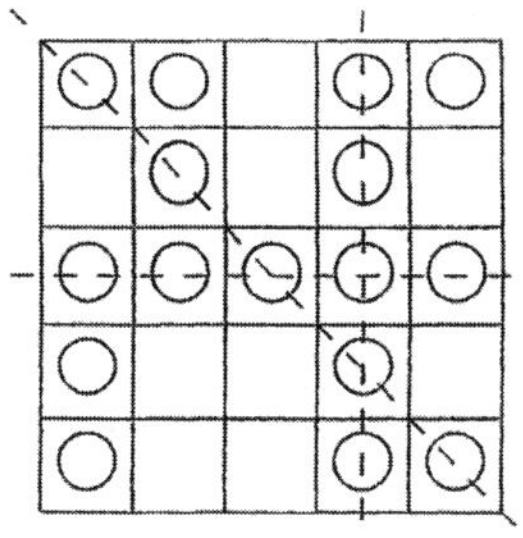
図２

(1)　図１に24個の○を書き入れたときの点数は何点ですか。

(2)　図１にできるだけ少ない数の○を書き入れ，点数が４点になるようにしました。このとき，○が書かれていないマスは何個ありますか。

(3)　解答用紙の図に，点数が０点となるように19個の○を書き入れなさい。

【社　会】〈第１回午前試験〉（理科と合わせて50分）〈満点：50点〉

1　次の文を読んで，あとの問いに答えなさい。

昨年も新型コロナウイルス感染症と向き合う１年でした。そこで今回は，感染症《かんせんしょう》の歴史についてふり返ってみることにします。

今から約１万年前から始まった①縄文時代を生きた人々も感染症にかかっていたそうです。糞石《ふんせき》の研究から，縄文人は寄生虫《きせいちゅう》に感染したサケやコイなどの魚をたくさん食べていたことがわかっています。また，ポリオウイルスという感染症によって手足が不自由になってしまったと考えられる20歳くらいの男性の人骨が②北海道の遺跡《いせき》から発見されています。弥生時代に入ると③稲作が本格的に始まります。この稲作の開始が感染症にも大きな影響《えいきょう》をおよぼしました。それは，稲作を行う水田が感染症を広める手助けをする蚊《か》をたくさん発生させることになったからです。

古墳時代になると，結核《けっかく》という感染症が渡来人によってもたらされました。④『枕草子』には結核についての記述が見られます。また，結核で多くの人が命を落としました。例えば，小説『たけくらべ』を著《あらわ》した樋口一葉や政治家の⑤小村寿太郎があげられます。結核による死者がへってくるのは，戦後になって結核に効果のある抗生《こうせい》物質が使われ始めてからのことです。

奈良時代ころになると，朝鮮や唐と交流するなかで，⑥九州地方の大宰府で天然痘《てんねんとう》という感染症が流行しました。天然痘により，平城京でも多くの人が亡《な》くなりました。天然痘という感染症がおさまるように願いをこめてつくられたのが⑦東大寺の大仏です。奈良時代以降《いこう》も天然痘の流行はくり返され，平安時代には藤原道長の家族たちが，戦国時代には⑧東北地方を支配していた伊達政宗が，江戸時代には⑨徳川家光が感染したことがわかっています。1980年に世界保健機関によって天然痘の根絶《こんぜつ》が宣言《せんげん》されました。

日本が⑩室町時代をむかえるころ，世界では⑪モンゴル帝国がユーラシア大陸の大部分を支配していました。これにより，ペスト菌《きん》がアジアからヨーロッパに入ったと考えられ，1300年代にヨーロッパでペストが大流行しました。一説によると，ヨーロッパでは人口の約３分の１にあたる約2000万人から3000万人が亡くなったともいわれます。ペストは皮膚《ひふ》が黒くなる症《しょう》状《じょう》から「黒死病《こくしびょう》」とも呼ばれました。恐怖《きょうふ》にとりつかれた人々は，ユダヤ人が「黒死病」を広めているとして多くのユダヤ人を殺す事件が発生しましたが，これは，人類の歴史の汚点の１つともいえるでしょう。

次にコレラについてです。コレラはもともとインドの風土病でした。しかし，（　⑫　）がインドを植民地支配するようになってからコレラがロンドンで大流行しました。また，インドを拠《きょ》点《てん》とした（　⑫　）の貿易船の活動が活発になったため，アジアやヨーロッパの各地にコレラがもたらされました。コレラは日本でも，江戸時代末から明治時代にかけて流行しました。コレラに感染すると，激しい下痢《げり》や嘔吐《おうと》のため，脱水《だっすい》症状を起こし，コロリと亡くなってしまうので，当時の人々は「コロリ」と呼んでおそれました。浮世絵師《うきよえし》の⑬歌川（安藤）広重もコレラで亡くなっています。⑭1858年には，長崎に着いた外国船内で患者《かんじゃ》が出たことをきっかけに感染が広がり，江戸だけで10万人以上の人々が亡くなったといわれています。幕末に，外国人は追い払うべきという「攘夷《じょうい》」の考えが広がったのも，外国船がコレラをもたらしたことと関係がないとはいえないでしょう。

最後に「スペイン風邪」についてです。「スペイン風邪」はインフルエンザのことです。また，スペインで最初に流行したわけではありません。流行したのは⑮第一次世界大戦中で，各国が報道の制限をしており，自国の患者《かんじゃ》数など，都合の悪い情報をかくしていました。しかし，スペインは中立国で戦争をしていなかったため，スペインの情報ばかりが世界に流れ，「スペイン風邪」と呼ばれるようになりました。世界の感染者数は約５～６億人で，そのうちおよそ4000万人が亡くなったと考えられています。高齢者よりも若い世代の方が死亡率が高かったことが特徴です。日本でも，約40万人の死者が出ました。当時の新聞記事からは，マスク着用や「せきエチケット」が呼びかけられたことがわかります。また，医療従事者《いりょうじゅうじしゃ》も次々にたおれ，「医療崩壊《ほうかい》」が起きていました。

人類の歴史は，感染症との戦いの歴史でもあるといえるでしょう。今まで述べてきたように，多くの感染症が世界中の人々をおそい，そのたびにたくさんの犠牲《ぎせい》者を出してきました。そして，恐怖や不安に悩まされた人々は，様々な社会現象を引き起こしました。感染症の歴史から学び，現在流行している新型コロナウイルスに立ち向かい，コロナ後の未来を見すえなければならないでしょう。

問１　下線部①の遺跡のうち，約500軒《けん》の大集落跡《あと》や大型の建物跡がある青森県青森市の遺跡を，解答欄《らん》にしたがって漢字４字で答えなさい。

問２　下線部②について述べた文として間違っているものを，次の中から１つ選び，記号で答えなさい。

ア．根釧台地では，乳用牛を飼い，牛乳や乳製品をつくる酪農《らくのう》がさかんである。

イ．タンチョウが生息する釧路湿原は，ラムサール条約の登録地になっている。

ウ．陸・海の生態系が見られる貴重な自然が残っている色丹島は，世界文化遺産に登録されている。

エ．かつて泥炭地《でいたんち》が広がっていた石狩平野は，客土による耕地改良で米がたくさん収穫《しゅうかく》できるようになった。

問３　下線部③に関連して，たくさんの米がとれる新潟県の越後平野に流れる川として正しいものを，次の中から１つ選び，記号で答えなさい。

ア．信濃川　　イ．利根川　　ウ．天竜川　　エ．木曽川

問４　下線部④を著した人物を漢字４字で答えなさい。

問５　下線部⑤が行ったこととして正しいものを，次の中から１つ選び，記号で答えなさい。

ア．東京専門学校(現在の早稲田大学)を創立した。また，立憲改進党を結成した。

イ．慶應義塾を創立した。また，学問をさかんにして国を発展させるという考えのもとに『学問のすすめ』を著した。

ウ．日露戦争後にポーツマス条約を結んだ。また，関税自主権の回復に成功した。

エ．日清戦争後に下関条約を結んだ。また，治外法権(領事裁判権)をなくすことに成功した。

問６　下線部⑥の農業に関して述べた文として間違っているものを，次の中から１つ選び，記号で答えなさい。

ア．筑紫平野では，クリークと呼ばれる水路が広がっており，稲作がさかんである。

イ．沖縄県は，大きな川がないため稲作に適しておらず，さとうきびの生産が昔からさかんである。

ウ．鹿児島県・宮崎県に広がるシラス台地は稲作に向かないため，さつまいも・茶などの畑

作や畜産業もさかんである。

エ．宮崎平野は，千島海流（親潮）の影響で春先でもあたたかいため，ピーマンなどの抑制《よくせい》栽培（おそづくり）がさかんである。

問７　下線部⑦をつくるように命じた人物として正しいものを，次の中から１人選び，記号で答えなさい。

ア．天智天皇　　イ．聖武天皇　　ウ．天武天皇　　エ．桓武天皇

問８　下線部⑧について述べた文として正しいものを，次の中から１つ選び，記号で答えなさい。

ア．東北地方のなかで一番面積が大きいのは青森県である。

イ．東北地方の中央には「東北の背骨」ともよばれる赤石山脈が南北に走っている。

ウ．青森県は津軽塗，岩手県は南部鉄器，山形県は将棋駒など多くの伝統工芸品がつくられている。

エ．秋田県・福島県の県境に広がる白神山地は，ヒノキの原生林が評価され，世界文化遺産に登録されている。

問９　下線部⑨のころの出来事として間違っているものを，次の中から１つ選び，記号で答えなさい。

ア．鎖国を実施した　　イ．参勤交代を制度化した

ウ．目安箱が設置された　　エ．島原・天草一揆を平定した

問10　下線部⑩について，室町幕府３代将軍が建てた建築物として正しいものを，次の中から１つ選び，記号で答えなさい。

ア．

イ．

ウ．

エ．

問11　下線部⑪に関連して，フビライ＝ハンが中国に建てた国名を漢字１字で答えなさい。

問12　空欄⑫にあてはまる国名として正しいものを，次の中から１つ選び，記号で答えなさい。

ア．アメリカ　　イ．イギリス　　ウ．オランダ　　エ．フランス

問13　下線部⑬の作品として，正しいものを，次の中から１つ選び，記号で答えなさい。

ア．東海道五十三次　　イ．南総里見八犬伝　　ウ．見返り美人図　　エ．奥の細道

問14　下線部⑭の年に，日米修好通商条約が結ばれていますが，この条約を結んだときの江戸幕

府の大老として正しいものを，次の中から１人選び，記号で答えなさい。

ア．新井白石　　イ．井伊直弼　　ウ．松平定信　　エ．水野忠邦

問15　下線部⑮について述べた文として正しいものを，次の中から１つ選び，記号で答えなさい。

ア．日本は，真珠湾やマレー半島を攻撃した。

イ．サンフランシスコ平和条約が結ばれたため，戦争は終結した。

ウ．南満州鉄道の線路が爆破されたことがきっかけで戦争が開始された。

エ．日本はイギリスとの同盟にもとづいて参戦し，中国にあるドイツ軍基地を攻撃した。

2　次の文を読んで，あとの問いに答えなさい。

①菅義偉前内閣総理大臣は2020年９月に就任《しゅうにん》して以来，新型コロナウイルス感染症の対応に追われました。新型コロナウイルス感染症の新規陽性《しんきようせい》者数が増減《ぞうげん》をくり返し，コロナ対策がなかなか安定しなかったこともあり，内閣の支持率は下がっていきました。第49回②衆議院議員総選挙がせまるなかで，党内からは菅氏が「選挙の顔」になることを不安視する声があいつぎました。そのようななか，岸田文雄氏は自由民主党の総裁選挙への立候補《りっこうほ》を表明しました。そして，自由民主党総裁に選ばれた岸田氏は，臨時国会で首相に指名され，第100代内閣総理大臣に就任しました。岸田首相は新型コロナウイルスの対応のほか，「新しい③資本主義」をかかげました。

岸田首相は④広島県の選挙区から1993年に衆議院議員に初当選，第１次安倍内閣で初めて国務大臣となり，第２次・第３次安倍内閣では約４年半にわたって外務大臣を務めました。岸田首相と同じく広島県の選挙区から選ばれた国会議員には⑤池田勇人元内閣総理大臣がいます。

このように岸田内閣が発足しましたが，日本には直面している数多くの問題があります。その一つが，⑥少子高齢化問題です。厚生労働省が発表する人口動態《どうたい》統計によると，国内で生まれた日本人の子どもの数は，2019年に約86.5万人，2020年に約84.1万人になり，５年連続でへっています。一方で，高齢者はふえ続けています。2025年には約800万人もの人々が75歳以上をむかえます。介護や福祉を必要とする人々はふえるにもかかわらず，他の業種と比較すると働き手が集まりにくくなっています。

二つ目は「夫婦別姓《べっせい》」の問題です。日本では民法によって夫婦が同じ苗字《みょうじ》を名乗る夫婦同姓《どうせい》が定められています。しかし近年，夫婦別姓を認めるよう求める声が高まっており，夫婦別姓を認めない法律は憲法違反であるとする訴《うった》えによって裁判も行われてきました。2021年６月，最高裁判所は，夫婦同姓は⑦日本国憲法に違反しないとする判決を下しました。一方，最高裁判所は婚姻《こんいん》時に同姓か別姓かを選べる「選択的夫婦別姓」について，国会が判断すべきであるとしました。

今回は日本が直面している問題を二つ紹介しましたが，このほかにも多くのことについて話し合いを進めていかなければなりません。私たちは日ごろから政治に興味を持つ必要があります。近年，⑧若者の投票率が低いことが問題視されています。気になったことや疑問，自分に関係することなどはきちんと調べ，自分の意見を持ち，政治参加をする必要が我々にはあるでしょう。

問１　下線部①について，菅義偉内閣が行ったこととして正しいものを，次の中から１つ選び，記号で答えなさい。

ア．郵政民営化　　　　　　　イ．デジタル庁発足

ウ．消費税を10％に引き上げ　　エ．金正恩総書記と会談

問２　下線部②について述べた文として正しいものを，次の中から１つ選び，記号で答えなさい。

ア．大選挙区制が導入されている

イ．解散がある

ウ．任期は６年である

エ．30歳以上になると立候補できる

問３　下線部③に関連して，日本で最初の銀行を設立し，「日本資本主義の父」と呼ばれ，新しい１万円札の肖像《しょうぞう》になる人物として正しいものを，次の中から１人選び，記号で答えなさい。

ア．前島密　　イ．伊藤博文　　ウ．渋沢栄一　　エ．田中正造

問４　下線部④が生産高１位の農・水産物として正しいものを，次の中から１つ選び，記号で答えなさい。

ア．梨《なし》　　イ．牡蠣《かき》　　ウ．さつまいも　　エ．茶

問５　下線部⑤について，池田勇人内閣のできごととして正しいものを，次の中から１つ選び，記号で答えなさい。

ア．1956年の国際連合加盟　　イ．1964年の東京オリンピック

ウ．1972年の沖縄返還　　　　エ．1987年の国鉄民営化

問６　下線部⑥に関連して，下の円グラフは「2021年度の日本の歳出の内訳」を表したものです。グラフ中のア～エは「国債《こくさい》費」，「公共事業費」，「社会保障費」，「地方交付税交付金等」のいずれかをそれぞれが示しています。このうち，年金などをふくむ「社会保障費」として正しいものを，次の中から１つ選び，記号で答えなさい。

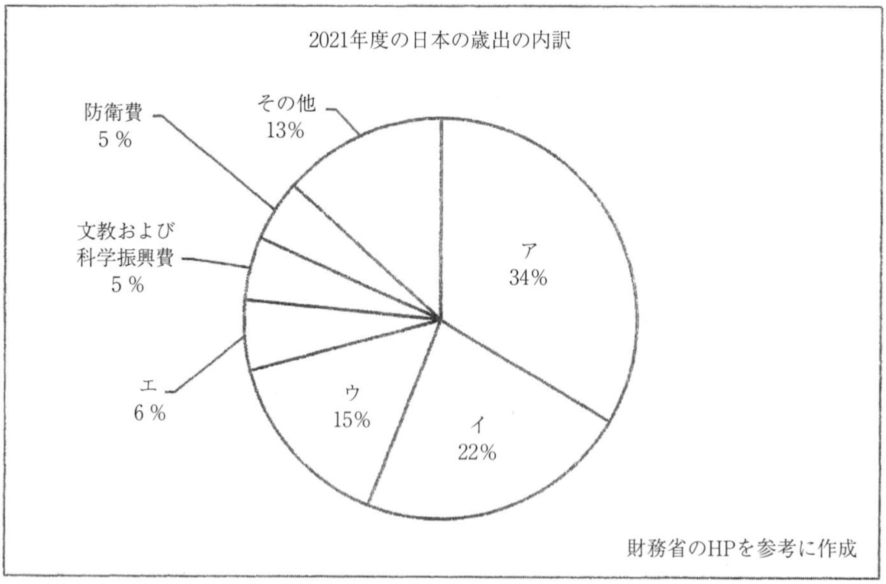

問７　下線部⑦について述べた文として間違っているものを，次の中から１つ選び，記号で答えなさい。

ア．第９条で戦争放棄《ほうき》について定めている。

イ．改正されて，18歳以上の男女に選挙権が与えられた。

ウ．普通教育を受けさせる義務，納税の義務，勤労の義務の三大義務が定められている。

エ．第25条で「健康で文化的な最低限度の生活を営む権利(生存権)」について記されている。

問８　下線部⑧について，【表１】のように若者の投票率が高齢者よりも低い状況が続いています。この状況が続くとどのような政策がふえていくと考えられますか。【表２】を参考にしながら，解答欄にしたがって15字以内で述べなさい。

【表１】　年代別の投票率　　　(単位は％)

	平成24年	平成26年	平成29年
	第46回	第47回	第48回
10代			40.49
20代	37.89	32.58	33.85
60代	74.93	68.28	72.04
70代以上	63.30	59.46	60.94
全体	59.32	52.66	53.68

【表２】　年代別の重視した政策

	10代・20代	70代以上
１位	景気対策	医療・介護
２位	子育て・教育	年金

【表１】　総務省のHPを参考に作成

【表２】　明るい選挙推進協会のHPを参考に作成

【理　科】〈第１回午前試験〉（社会と合わせて50分）〈満点：50点〉

1　図１はヒトの心臓の模式図です。次の問いに答えなさい。

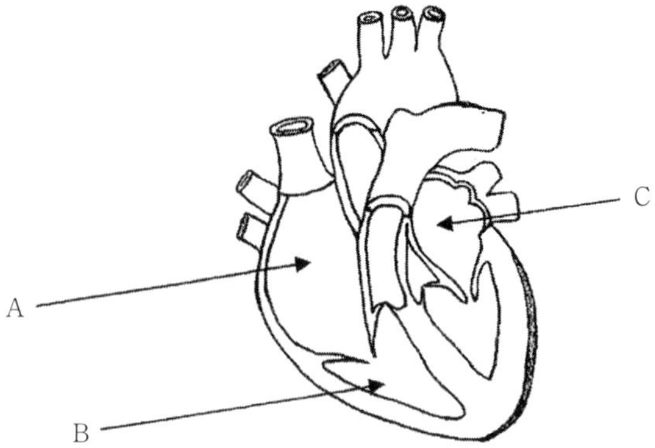

図１

問１　A，Bの名称《めいしょう》を答えなさい。

問２　ヒトの心臓はどれくらいの大きさですか。最も適当なものを，次のア～エから１つ選び，記号で答えなさい。

ア　ビー玉くらいの大きさ

イ　ピンポン玉くらいの大きさ

ウ　握《にぎ》りこぶしくらいの大きさ

エ　バレーボールくらいの大きさ

問３　Cに入ってくる血液について説明したものはどれですか。最も適当なものを，次のア～エから１つ選び，記号で答えなさい。

ア　肺から流れてきたもので，酸素を多く含《ふく》む血液である。

イ　肺から流れてきたもので，酸素が少ない血液である。

ウ　全身から流れてきたもので，酸素を多く含む血液である。

エ　全身から流れてきたもので，酸素が少ない血液である。

問４　図２はヒトの血液を顕微鏡《けんびきょう》で観察し，スケッチしたものです。Dの名称を答えなさい。

問５　血液が赤く見えるのは図２のどれによるものですか。最も適当なものを，次のア～オから１つ選び，記号で答えなさい。ただし，Fは液状の部分を指します。

ア　D　　イ　E　　ウ　F　　エ　D，E　　オ　D，E，F

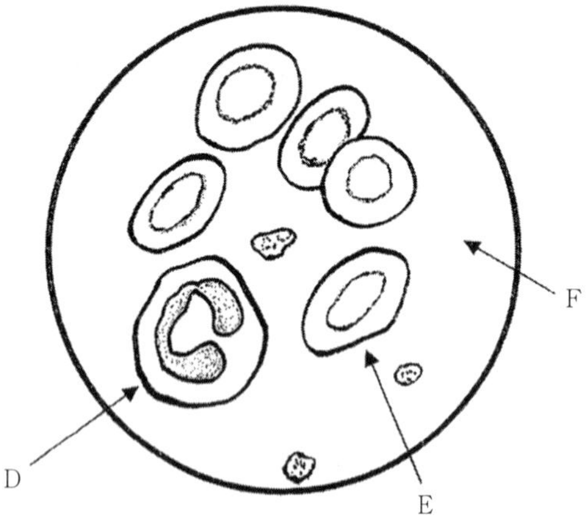

図２

2　次の文章を読んで，下の問いに答えなさい。

2021年，東京でオリンピック・パラリンピックが開催《かいさい》されました。選手に贈《おく》られるメダルには金，銀，銅が使われており，これら３種類の①金属は，性質がよく似ていることが知られています。これら３種類の金属に共通する性質を確かめるために，②ある試薬を入れたビーカーに金，銀，銅，亜鉛《あえん》の４種類の金属をそれぞれ加える実験を行いました。その結果，亜鉛を加えたときのみ反応が見られ，③気体が発生しました。

問１　下線部①について，金属に共通する性質として適当ではないものを，次のア～エから１つ選び，記号で答えなさい。

ア　たたくとのびる　　イ　みがくと光る

ウ　電気を通す　　　　エ　磁石に引きつけられる

問２　下線部②について，この試薬として最も適当なものを，次のア～エから１つ選び，記号で答えなさい。

ア　食塩水　　イ　蒸留水　　ウ　アンモニア水　　エ　塩酸

問３　下線部③について，発生した気体として最も適当なものを，次のア～エから１つ選び，記号で答えなさい。

ア　二酸化炭素　　イ　水素　　ウ　窒素《ちっそ》　　エ　酸素

産出量は金，銀，銅の順に少なく，④特に金は非常に高価なため，実際には，金メダルの主な成分は銀となっています。東京オリンピック・パラリンピックでは，⑤使用済みの携帯《けいたい》電話などの小型家電から，これらの金属を集めてメダルを製作する取り組みが行われました。

問４　下線部④について，金属は種類によって同じ体積でも重さが異なります。金だけで金メダル，銀だけで銀メダルを同じ大きさでつくったとき，使用する金の値段は，銀の値段の何倍になりますか。小数第１位を四捨五入して整数で答えなさい。ただし，１cm^3の重さが，金は19.3ｇ，銀は10.5ｇであるとし，１ｇの金の値段は銀の70倍であるとします。

問５　下線部⑤について，「廃棄《はいき》物などを原材料やエネルギー源として有効利用すること」を，カタカナ５文字で何と言いますか。

問６　ゴミの分別を容易にするためのマークがあります。

(1)　次の図のＡ～Ｄに当てはまる語句の組み合わせとして最も適当なものを，下のア～クから１つ選び，記号で答えなさい。

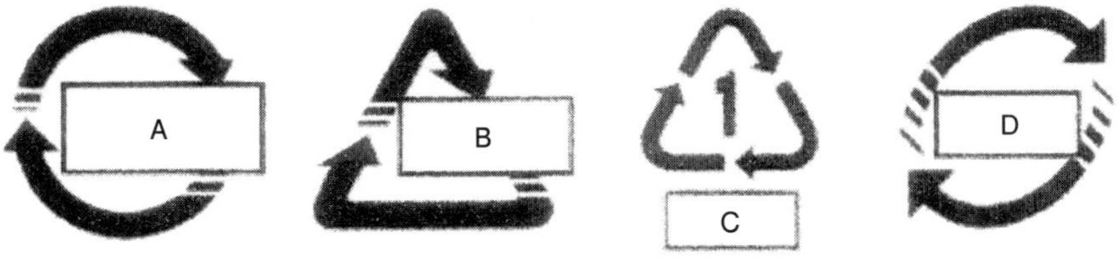

	A	B	C	D
ア	アルミ	スチール	PET	紙
イ	アルミ	スチール	PET	雑誌
ウ	アルミ	スチール	紙パック	紙
エ	アルミ	スチール	紙パック	雑誌
オ	スチール	アルミ	PET	紙
カ	スチール	アルミ	PET	雑誌
キ	スチール	アルミ	紙パック	紙
ク	スチール	アルミ	紙パック	雑誌

(2)　このマークを見ずにアルミ缶とスチール缶を見分ける方法を簡単に書きなさい。

3　日本付近の天気について述べた次の文章を読んで，下の問いに答えなさい。

2021年の梅雨《つゆ》は，例年より雨の日が多くなりました。梅雨は，北からの冷たい空気と南からの温かい空気が，日本列島付近で長い期間ぶつかりあい，①温かい空気が上昇して雨雲が発生し続けることでもたらされます。

また，梅雨が明けてからは，各地で厳しい暑さにみまわれました。2021年の東京オリンピックの競歩やマラソンでは，気温上昇を考慮《こうりょ》し，北海道の札幌《さっぽろ》市に会場が変更されましたが，②札幌市でも東京と同程度の暑さとなり，これまでの大会以上に，途中で棄権《きけん》する選手が続出しました。

問１　下線部①のように，雲は温かい空気が上昇するにつれて冷やされることで，「空気中のあるもの」が小さな水滴や氷の粒となってできたものです。この「空気中のあるもの」は何ですか。

問２　次の図ア～ウは，ある月の３日間の天気図です。これらを日付順に並べなさい。ただし，図中の H は高気圧， L は低気圧を表しています。

ア

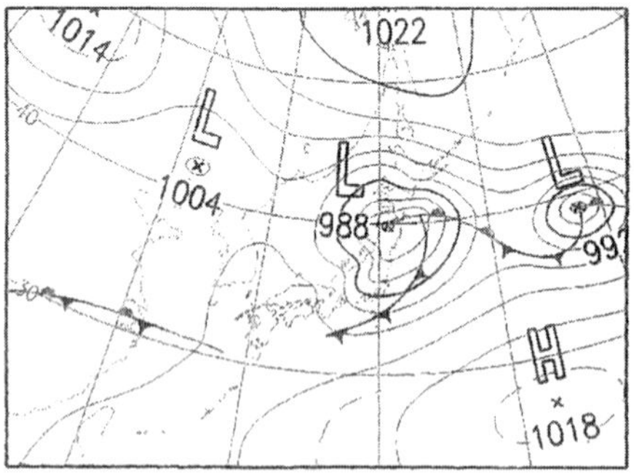

イ

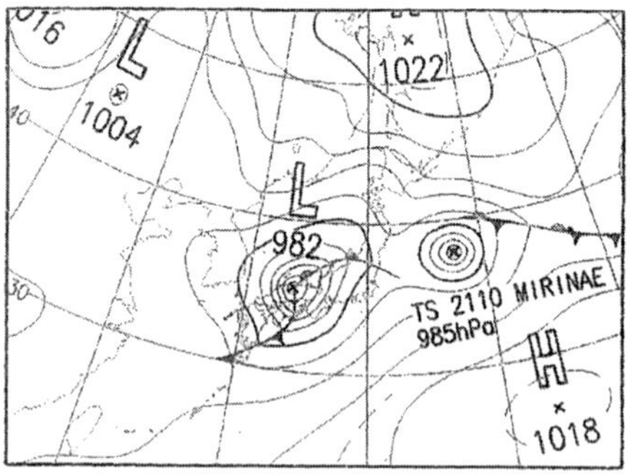

ウ

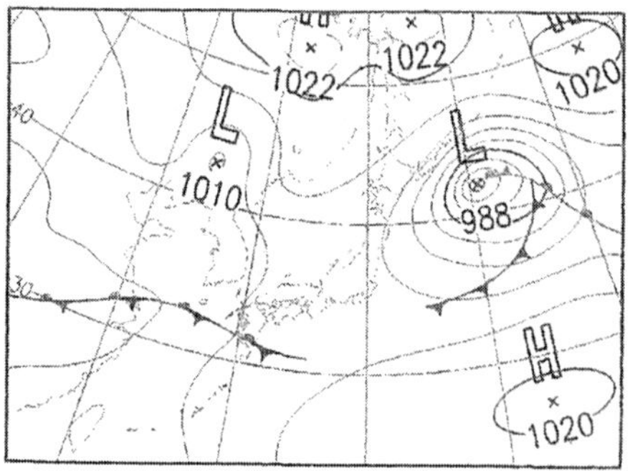

出典：気象庁HP

問３　問２のように，時間の経過とともに天気図を変化させる主なものは何ですか。

問４　梅雨の気圧配置として，最も適当なものを，次のア～ウから１つ選び，記号で答えなさい。

ア

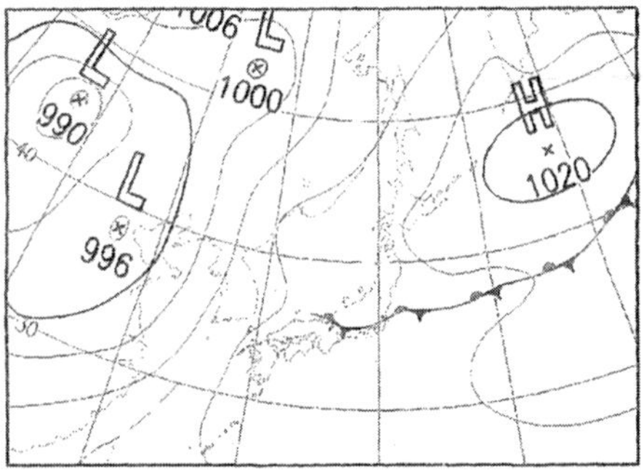

イ

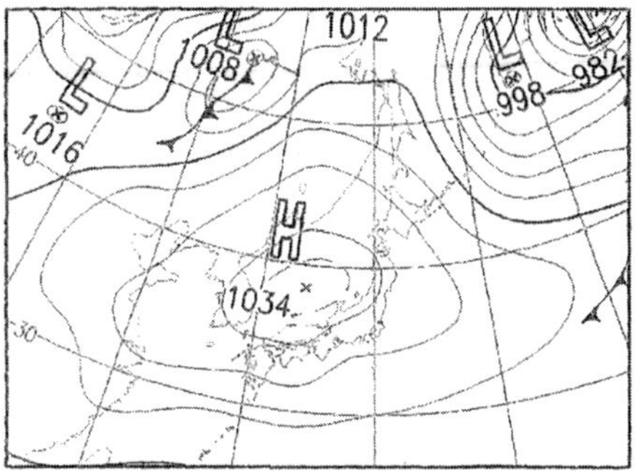

ウ

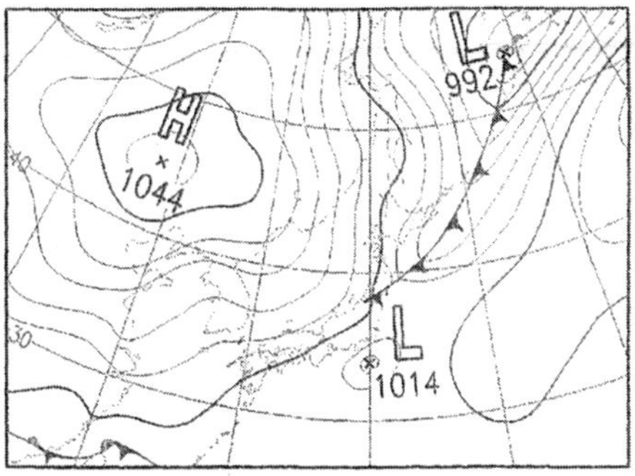

出典：気象庁HP

問５　図は，下線部②の原因となる現象が起こるようすを示したものです。図のＡ地点に風が吹きこみ，山の斜面《しゃめん》にそって上昇したとき，Ｂ地点で雲が発生しはじめ，雨を降らせながら山頂のＣ地点に達して雲が消えます。その後，斜面にそって下降してＤ地点に達すると，Ａ地点より気温が高くなります。この現象を何と言いますか。最も適当なものを，次のア～エから１つ選び，記号で答えなさい。

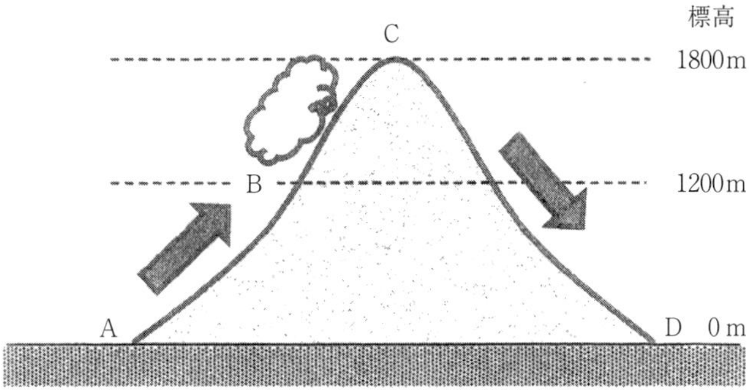

ア　液状化現象　　　　　　　イ　フェーン現象

ウ　ヒートアイランド現象　　エ　ラニーニャ現象

問６　Ａ地点(標高０ｍ)で28℃の空気のかたまりが，山の斜面にそって上昇したとき，100mにつき１℃の割合で温度が下がっていきます。その後，Ｂ地点(1200m)で雲が発生し，雨を降らせながら山頂のＣ地点(1800m)に達するまでの間は，100mにつき0.5℃の割合で温度が下がっていきます。山頂で雲が消え，斜面にそって下降するとき，100mにつき１℃の割合で温度が上がっていきます。Ｄ地点(０ｍ)に達した空気のかたまりの温度は，何℃になりますか。

4 次の文章を読んで，下の問いに答えなさい。

図のように，一様な棒の中心を糸でつるしたものがあります。棒には，太さの無視できるピンが棒の両端《りょうはし》や中心も含め，等間隔《かんかく》の点ア～サに取りつけられています。また，100ｇのおもりと糸をつないでつくった「おもりＡ」と「おもりＢ」があり，「おもりＡ」は１本のピンにつり下げ，「おもりＢ」は異なる２本のピンに糸をかけて使います。ただし，糸の重さは無視できるものとします。

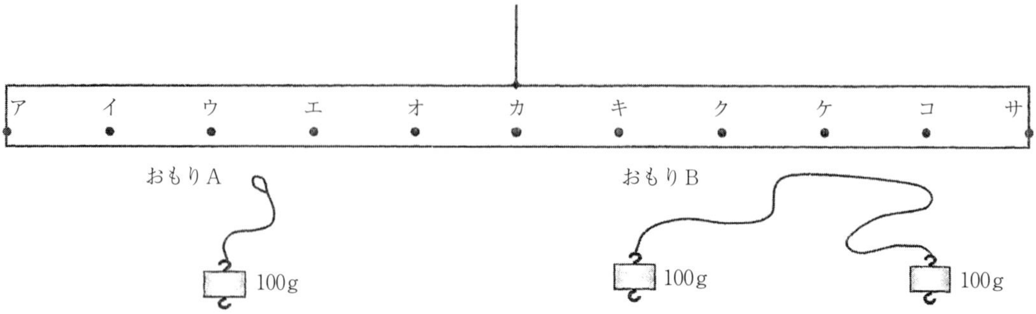

問１　「おもりＢ」を点キと点クのピンにかけたとき，棒を水平につりあわせるには，「おもりＡ」をどの点のピンにつり下げればよいですか。図のア～サから１つ選び，記号で答えなさい。

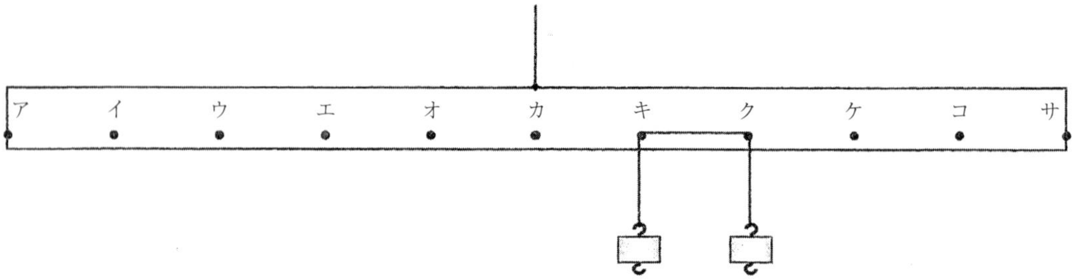

問２　「おもりＢ」を点キと点コのピンにかけたとき，棒を水平につりあわせるには，「おもりＡ」をどの点のピンにつり下げればよいですか。図のア～サから１つ選び，記号で答えなさい。

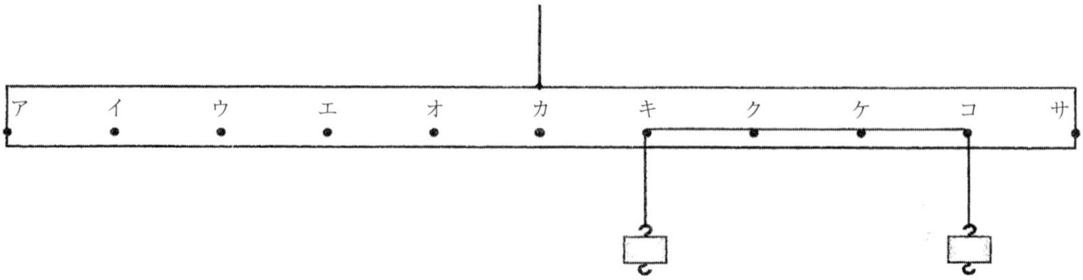

問３　「おもりＢ」を点オと点ケのピンにかけたとき，棒を水平につりあわせるには，「おもりＡ」をどの点のピンにつり下げればよいですか。図のア～サから１つ選び，記号で答えなさい。

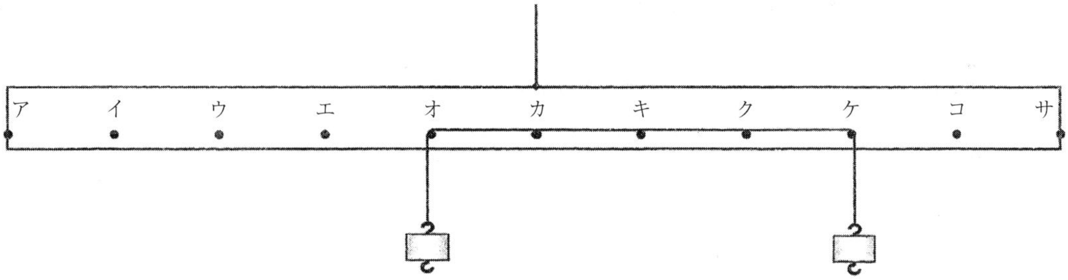

問４　「おもりＡ」を点イのピンにつり下げたとき，棒を水平につりあわせるには，「おもりＢ」を，どの点とどの点のピンにかければよいですか。その組み合わせを３通り答えなさい。

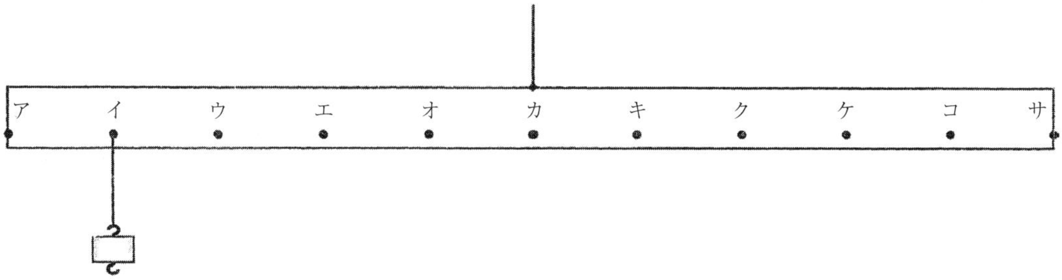

食虫植物は［Ⅰ（八字）］ため、［Ⅱ（三字）］をしない植物であると思われがちだが、光を吸収する［Ⅲ（六字）］という色素を持っており、成長や生きるための栄養素である［Ⅳ（四字）］を、一般《いっぱん》の植物と同様に［Ⅱ］を行うことで自ら作り出すことが可能である。

3．――線部2に「なぜ、虫を捕らえて食べるのか」とありますが、その理由を説明した次の文の［Ⅰ］～［Ⅲ］にあてはまることばをそれぞれ指定字数で抜き出しなさい。

多くの植物は、生きていくために必要となる［Ⅰ（二字）］を含んだ養分を土の中から吸収しているが、北アメリカの［Ⅱ（七字）］で生きているハエトリグサは、［Ⅲ（一字）］を通じて十分な養分を得ることができないから。

4．「ハエトリグサ」が養分の乏しい土地に生息する利点を説明している部分を「～ということ」につづくように五十四字で探し、初めと終わりの五字を抜き出しなさい。

5．――線部3に「この根粒菌がすばらしいはたらきをする」とありますが、具体的にはどのようなはたらきですか。「～はたらき」につづくように十五字で探し、初めと終わりの五字を抜き出しなさい。

6．本文の内容としてあてはまるものには○、そうでないものには×をそれぞれつけなさい。

ア　ハエトリグサは葉っぱの周りにあるトゲのような感覚毛と呼ばれる毛で虫をからめとり栄養素としている。

イ　ハエトリグサは土からも窒素を吸収できるが、昆虫の方が栄養価が高いため、昆虫を捕食するようになった。

ウ　多くの植物が根粒を根に付けているが、実際に機能を果たしているのはハエトリグサとレンゲソウだけである。

エ　タンパク質や遺伝子のもととなる窒素は、多くの植物にとって生き延びていくために重要な栄養素である。

オ　レンゲソウは自給自足をしていないように見えるが、根粒菌と助け合うことで自給自足の生活をしているといえる。

三　次の①～⑤の――線部の漢字の読みを、それぞれひらがなで答えなさい。

① 穀物の生産量が増える。

② 寒暖の差が激しい地域。

③ 相手の意向をうかがう。

④ 厳しい現実に直面する。

⑤ 世界を救った英雄《えいゆう》だ。

四　次の①～⑤の――線部のカタカナを、それぞれ漢字に直しなさい。

① セイカランナーを務める。

② リンジの会議を開く。

③ カンレイに従う。

④ キヌでできた洋服。

⑤ 舞台《ぶたい》のマクがあがる。

取り込む」という能力を身につければ、生育地を奪い合う競争をせずに他の植物たちが育つことができない土地で、〝密〟にならずに、生きていくことができるからです。

「必要は、発明の母」ということわざがあります。〝発明王〟といわれる、トーマス・エジソン(一八四七～一九三一)の言葉といわれることがあります。でも、ほんとうは、もう少し古く、一七二六年に、イギリスの小説家、ジョナサン・スウィフトが出版した『ガリバー旅行記』の中に出てきたものとされます。

ハエトリグサは、もっと古くから生きているでしょうから、このことわざを知っていたはずはありません。しかし、ハエトリグサのもつ、虫を捕らえる捕虫葉は、このことわざの一つの例といえるでしょう。

ハエトリグサ以外にも、成長するための養分があまり含まれていない、肥沃でない土地に、積極的に自給自足で暮らしてきた植物があります。この植物については、次項《じこう》で紹介します。

「緑肥作物の代表」といわれる植物があります。レンゲソウです。植物の葉っぱや茎《くき》などの緑の部分が、土に埋め込まれて肥料となるものを「緑肥」といい、緑肥として使われる植物は「緑肥作物」とよばれます。長い間、レンゲソウは、「緑肥作物の代表」として利用されてきました。

「なぜ、レンゲソウが、緑肥作物の代表なのか」との疑問が浮かびます。レンゲ畑に元気に育つレンゲソウの根を土からそっと引き抜くと、根に小さな粒々《つぶつぶ》がいっぱいついています。この粒々は「根粒《こんりゅう》」といわれ、その中には、「根粒菌《きん》」という菌が住んでいます。3この根粒菌がすばらしいはたらきをするのです。

植物が栽培されるときには、肥料が施《ほどこ》されます。その肥料の中でも、窒素肥料は特に必要です。［C］、窒素は、葉っぱや茎の緑の色素であるクロロフィルのほか、タンパク質や遺伝子などをつくるために必要な物質だからです。

窒素は、気体として、空気中の約八〇パーセントを占《し》めます。もし植物が空気中の窒素を利用できたら、植物に窒素肥料を与える必要はありません。しかし、ほとんどの植物は、空気中の窒素を窒素肥料として利用できないのです。そのため、私たちが植物に窒素肥料を与えなければならないのです。

しかし、レンゲソウが根の粒々の中に住まわせている根粒菌は、空気中の窒素を窒素肥料に変えることができるのです。根粒菌は、根の粒の中で、空気中の窒素を窒素肥料に変えて、それをレンゲソウに与えます。

このおかげで、レンゲソウは、窒素が少なく、肥沃でない土地にでも、いのちを守り生きていくことができます。この植物は、不足する養分を、根粒菌とともに暮らすことで手に入れているのです。「根粒菌の助けを借りているから、自給自足ではないのではないか」との思いも浮かびます。

ところが、レンゲソウは、根粒菌に助けられているだけではありません。この植物は、生きていくために必要な栄養分を根粒菌に与えて、ともに生きていくという、いのちの守り方をしているのです。これは、「共生」といわれます。「レンゲソウは、根粒菌を養うことで、自給自足の生活を続けている」といえます。

(田中　修『植物のいのち』による)

1．［A］～［C］に入ることばとして適当なものをそれぞれ選び、符号で答えなさい。

ア　なぜなら　　イ　しかし
ウ　たとえば　　エ　そのため

2．――線部1「食虫植物」について説明した次の文の［Ⅰ］～［Ⅳ］にあてはまることばをそれぞれ指定字数で抜き出しなさい。

です。[A]、食虫植物には、生き残るために、昆虫を食べざるを得ない事情があったのです。

食虫植物として人気者のハエトリグサを例に、昆虫を食べるのもやむを得なかった事情を紹介《しょうかい》します。この植物はモウセンゴケ科に属し、原産地は北アメリカです。「ハエトリソウ」や「ハエジゴク」などの名前で、園芸店などで販売《はんばい》されることもあります。

この植物の葉っぱは、二枚貝が開いたような状態で向き合っています。二枚の葉っぱのまわりには、トゲがいっぱい生えています。一枚の葉の中には三本のトゲのような「感覚毛」とよばれる毛があります。ハエなどの虫がこの毛に触れると、二枚の葉がピタンと合わさるようにすばやく閉じて、葉と葉の間に閉じ込めてしまいます。この葉は、「捕虫葉《ほちゅうよう》」とよばれます。

多くの植物は、光合成によって、生きるためのエネルギーや成長のための栄養を得ています。それに対し、食虫植物は「虫を捕らえて、食べて栄養としている」といわれます。そのため、「食虫植物は、光合成をしない」と思われがちです。

しかし、そうではありません。ハエトリグサは、いかにも動物のように生きているという印象がありますが、この植物は、ふつうの植物と同じように、光合成のための光を吸収する色素である、緑色のクロロフィルをもっています。ですから、食虫植物は光合成を行います。「食虫植物は、虫を食べるから、光合成をしない」というのは、誤解なのです。

食虫植物であるハエトリグサは、光合成を行いますから、日当たりの良い場所を好んで生活します。この植物は、「虫から栄養を得る」と思われていても、十分な光と水があれば、光合成をするのです。

ですから、成長や生きるためのエネルギーとなるデンプンは、自分でつくることができます。そのため、光合成でつくることができるデンプンを求めてはいません。それなら、「2なぜ、虫を捕らえて食べるのか」という疑問がおこります。

実は、ハエトリグサが虫から手に入れているのは、タンパク質などの窒素《ちっそ》を含《ふく》んだ物質です。植物が生きていくために必要なタンパク質やクロロフィル、遺伝子などをつくるためには、窒素が必要なのです。

ハエトリグサは、タンパク質などをつくるために必要な窒素を、虫から取り入れる方法を身につけました。ちなみにこの方法は、そんなに突拍子《とっぴょうし》もないものではありません。私たち人間も、窒素を含むタンパク質などの栄養を、ウシやブタ、ニワトリや魚の肉から取っています。

ふつうの植物は、窒素を含んだ養分を、土の中から吸収します。そのため、私たちが植物を栽培《さいばい》するときには、土の中に不足しがちな窒素、リン酸、カリウムを三大肥料として、土に与《あた》えます。

では、「なぜ、ハエトリグサは、根から窒素を含んだ養分を吸収しないのか」という疑問が浮《う》かびます。

実は、この植物の原産地は、北アメリカの窒素の養分をあまり含まない痩《や》せた土地なのです。[B]、ハエトリグサは、土の中から窒素という養分を十分に吸収できません。そこで「虫のからだから、窒素を含んだ物質を取り込む」という能力を身につけたのです。そうすることで、肥沃《ひよく》でない土地にでも生きていけるようになったのです。

ふつうの植物は、そのような養分が乏《とぼ》しく痩せた土地では生きていけません。ですから、「そんなしくみを身につけてまで、肥沃でもない土地に生きる利点はあるのか」との疑問が残ります。

その答えが、他の植物と〝密〟になって育つことを避けることなのです。ハエトリグサは虫を捕らえ、虫から窒素を含むタンパク質を摂《せっ》取《しゅ》する方法を身につけることによって、決して〝密〟にはならない自分だけの生育地を確保したのです。「虫を食べて、窒素を含む栄養を

エ　言い訳ばかりして自分の失敗を認めなかった

Ⅲ

ア　過去の自分を否定的に語る父に寄《よ》り添《そ》おうとしている
イ　父と自分の愚《おろ》かさを改めて思い知り反省しようとしている
ウ　これまで以上に父を偉大《いだい》な存在として感じている
エ　父を責める資格は自分にはないと思い直している

4.　――線部5に「うつむいて拳を握る」とありますが、このときの航の心情を説明したものとして最も適当なものを選び、符号で答えなさい。

ア　みんなで決めた目標に向かって頑張《がんば》ったが、チームメイトの理解を得られず、やるせなさと悔《くや》しさを募《つの》らせている。
イ　自分を変えようと努力してきたが、その変化を父に認めてもらえないことに切なさと悔しさを感じている。
ウ　県大会に進出するために頑張ってきたが、このままでは父の期待に応えられないという焦《あせ》りと悔しさを感じている。
エ　みんなのために泳ぎつづけてきたが、自分勝手なチームメイトを思い出して、いらだちと悔しさを募らせている。

5.　――線部6に「海人に向かって駆け出した」とありますが、このときの航について説明したものとして最も適当なものを選び、符号で答えなさい。

ア　父からの助言により、チームとして目標を達成することの難しさを知り、これまではたよりにならないと考えていた友だちをたよろうとしている。
イ　父から仲間に手を差し伸べることを提案され、これ以上衝突《しょうとつ》したり裏切られたりすることをさけるために、海人の気持ちを確かめようとしている。
ウ　父との会話から、仲間と協力して何かを成《な》し遂《と》げることの価値に気づき、これまでのように一人でなやむのではなく、自らチームメイトに歩み寄ろうとしている。
エ　尊敬していた父の弱さにふれ、仲間のために何もできなかった父のようになることをおそれ、自分が距離《きょり》を置こうとしたチームメイトに再び手を差し伸べようとしている。

6.　□にあてはまることばとして最も適当なものを選び、符号で答えなさい。

ア　変わることをためらってるってことだろ
イ　変わるかもって期待してるってことだろ
ウ　変われないってあきらめてるってことだろ
エ　変わりたいって思ってるってことだろ

7.　この文章の表現の特徴《とくちょう》として最も適当なものを選び、符号で答えなさい。

ア　航と父親の短い会話のやり取りによって、親子関係のぎこちなさが浮《う》き彫《ぼ》りになっている。
イ　航の視点で物語をすすめることによって、航の心情が読者にわかりやすく描かれている。
ウ　航と父親の心情を対照的に描くことによって、航の感じている孤独《こどく》感が際立《きわだ》っている。
エ　航のセリフに「……」を多用することによって、優柔不断《ゆうじゅうふだん》な航の性格が強調されている。

二　**次の文章を読んで、あとの問いに答えなさい。**

他の植物たちと生育する場所をずらすことで、〝密〟を避《さ》けている植物がいます。昆虫《こんちゅう》などの小さな動物を捕《と》らえて、栄養を吸収する植物たちで、これらは「1食虫植物」といわれます。ですから、「食虫植物は、虫を食べるという、獰猛《どうもう》な生き物である」と考えられがち

「ビクトリーの時は、一人でがんばってたみたいだけど、あんなふうにうちに来てくれる子、いなかったんじゃないのか？」

くちびるをかむ。

海人の背中がどんどん小さくなる。

「一人で勝つのは、すごい。でも、みんなで勝つのは、強いぞ」

強い……？

父さんがニッと笑った。

「ちょっと、行ってくる。父さんは、帰ってて」

おれは車のドアを開けると、6海人に向かって駆《か》け出《だ》した。

（高田由紀子『スイマー』による）

（注）＊ビクトリー…航が所属していた東京の強豪《きょうごう》スイミングクラブ。
＊ドリームブルー…佐渡唯一《ゆいいつ》の温水プール施設《しせつ》。航たちの主な練習場所。

1．――線部1「海人の返事に、思わず耳をふさいだ」について、次の(1)・(2)に答えなさい。

(1)　航がこのような行動をとった理由を説明した次の文の［　］にあてはまることばを考え、三十五字以内で答えなさい。

> 信司や龍之介に対する海人の返事から、［　　　］ため、これ以上聞きたくないと思ったから。

(2)　このときの航の心情を象徴的《しょうちょうてき》に表している部分を二文ひとつづきで探し、初めの五字を抜き出しなさい。

2．――線部2に「おれは海人の……言った」とありますが、航がこのような態度をとった理由として最も適当なものを選び、符号《ふごう》で答えなさい。

ア　龍之介と信司に同意していた海人がまだ二人を説得できていないことだけを謝《あやま》ったことにあきれているから。

イ　突然《とつぜん》自宅までやってきた海人の、一方的に謝罪し水に流そうという態度に不信感を抱《いだ》いているから。

ウ　誰《だれ》にでもいい子ぶる海人が航の父を味方につけようとする姿を見て、とても許す気にはなれなかったから。

エ　昨日のことがなかったかのように、あいさつをしたり談笑《だんしょう》したりしている海人の態度に怒《いか》りを覚えたから。

3．――線部3に「おれは、精一杯……ぎこちなくなってしまった」・――線部4に「おれは、首を大きく横にふった」とありますが、――線部3から――線部4にかけての父親に対する航の心情の変化を説明した、次の文章の［Ⅰ］～［Ⅲ］にあてはまることばとして適当なものをそれぞれ選び、符号で答えなさい。

> 佐渡に引っ越した本当の理由を打ち明けて謝罪する父を目《ま》の当《あ》たりにし、［Ⅰ］。しかし、父の話を聞いているうちに［Ⅱ］という共通点を父と自分に見出《みいだ》し、［Ⅲ］。

［Ⅰ］

ア　今まで本音を明かしてくれなかった父に怒りを覚えていた

イ　自分の思《おも》い描《えが》いていた父の姿との違いに戸惑《とまど》っていた

ウ　何も知らずに父と接してきた自分を恥《は》ずかしく思っていた

エ　仕事を投げ出してしまった父にがっかりしていた

［Ⅱ］

ア　自分勝手な思い込みで仲間を見捨てていた

イ　自分の弱さから真実を隠そうとしていた

ウ　楽しむことを忘れて結果を出すことを優先していた

思ってた。

でも、いつの間にか、泳ぐことに夢中になってた。

海に目を向けると、大きな波がはじけて、水の中にいる感覚がよみがえる。

想像の中で、手は勝手に水をかき始め、体がなめらかに水にのった。

やっぱり……泳ぎたい。

でも、今のままじゃ……。

「おれ、どうしたらいいんだろ」

かすれた声でつぶやくと、父さんが首をかしげた。

「みんなで新潟の県大会に行きたいって目標を決めたから、練習量を増やそうって提案したんだ。でも、信司ってやつがついてこれなくて、龍之介ってやつがキレて……。二人も一緒《いっしょ》に県大会に行くために考えたのに……」

5 うつむいて拳《こぶし》を握《にぎ》る。

「また、泳ぎたいけど……これじゃ、おれ、ビクトリーの時と変わらない」

父さんは静かに言った。

「そうかな。違うんじゃないか」

「えっ」

「航、ビクトリーの時は、友だちの話をしてもタイムのことしか言っていなかっただろ」

思わず顔を上げる。

「でも、今は、みんなのことも考えてるじゃないか……ちょっとは」

「ちょっとって」

「変わらない、って言ってるってことは、［　　　　］」

父さんがニヤリとした。

「さて、帰って昼ごはんでも作るか」

「父さんが作るの？」

「ああ。母さんもばあちゃんも仕事をがんばってるんだから、これくらいしないとな」

車に戻り、父さんが発車させると、道路をはさんで向かい側の歩道を海人が歩いているのが見えた。

「……海人？」

信号が青に変わってしまい、車が海人を追い越していく。

思わず窓を開けて、後方に目を向け、海人の姿を確かめる。

「どうした？　車、停めるか？」

父さんに聞かれたけど、返事ができない。

海人はプールバッグを持っていて、髪がぬれているように見える。

一人で……練習してたんだ。

「航、だれかいたのか？」

「あ……いや……朝、うちに来た海人ってやつが」

海人のことだから、きっとみんなも誘《さそ》ったんだろう。

でも、龍之介も信司も来なかったんだ。

「海人くん、ドリームブルーに行ってたんじゃないのか？」

父さんの言葉に首をふる。

「……知らない」

父さんが車を停めると、おだやかに言った。

「航、もうちょっとだけ、自分から手を伸《の》ばしてみれば」

は？　おれから……？

ずっと握っていた拳を開いて、自分の指先を見る。

おれから、ってどうすればいいんだ。

「水泳だって、最初はおぼれそうになってもがいていたけど、手を伸ばし続けたから、泳げるようになったんだよな」

泳ぐように……手を伸ばす？

……いや、もういい。

そんなものを追い求めて、もうがっかりするのはごめんだ。っていうか、やっぱりスイミングはやめとくって言ったのに、父さん、聞いてなかったのかよ。

また今までみたいに父さんに口出しされたくない。

信号が赤になり、父さんが車を停《と》めた。

ちょうど、初めて海人を見た場所だった。

「さっきの子と、何か……あったのか？」

「……別に」

言う気にはなれない。

父さんは何か言いかけたけど、だまって防波堤《ぼうはてい》ぞいに停車した。

「少し、海でも見るか」

しかたなく降りると、父さんは海を眺《なが》めた。

今日もまだ少し風が強く、ブロックに白い波が打ちつけている。

「航、すまん。実は佐渡《さど》に引っ越したのは……ばあちゃんが心配だったのもあるけど、父さんが会社をやめて、佐渡でやり直したくなったからなんだ」

「えっ」

「会社で働くのが、つらくなってしまったんだ。会社の業績が悪くなってな……上司がたてた実現できないような高い目標を部下につきつけて、達成できなければ給料を低くしたりするのを、止められなかった……。最初はかばおうと思ったけど、そのうち、それが父さんの仕事みたいになっていった」

おれは首をもち上げたけど、父さんの顔をまっすぐ見ることができなかった。

「会社はリストラじゃないって言ってたけど、何人もやめていったよ……。最初は胸が痛んでいたけど、そのうち生き残るためにはしかたない、って思うようになってな」

おれはごくっとつばを飲むと、父さんの顔をしっかりと見た。

「航には、中途半端《ちゅうとはんぱ》な時期に引っ越しを決めて悪かったけど……」

3おれは、精一杯《せいいっぱい》首を横にふろうとしたけど、ぎこちなくなってしまった。

父さん……バリバリだったんじゃないのかよ。

いつも疲《つか》れて見えるのは、ただ忙《いそが》しいからだって思ってた。

おれ……何も知らなかった。

「仕事をすぐに見つけないで、何やってんだって思ってるかもしれないけど……今度はちゃんと考えたいんだ」

声をしぼり出す父さんに、うなずくことしかできない。

「会社に入った同期で、父さんはトップだった。母さんと航のためにも、ずっといい営業成績をあげ続けて、だれよりも早く昇進《しょうしん》するんだって思ってた」

おれはハッとした。

なんか、おれと父さん……似てる。

当たり前か。ずっと父さんがおれに言い続けてきたんだもんな。

『がんばればできる、一番をめざせ』……って。

「だけど……会社で一番楽しかった仕事は、新入社員の時に、先輩《せんぱい》とみんなで成功させたプロジェクトだったんだ。あとの二十年は、何をめざしてたんだろうな」

父さんはハハッと笑うと空を見た。

4おれは、首を大きく横にふった。

「航はやっぱりスイミングクラブに入らないって言ってたけど、本当にもういいのか？」

「……」

スイミングを始めた時、最初は、父さんの期待にこたえなきゃって

内心、心臓が鳴りだしたのに気づきながらも、キツい口調になる。
「龍之介と信司に話してみたけど……まだ説得できなくて」
2おれは海人の目から視線をそらすと、「別に、もういい」と言った。
自分でも、イヤな態度だなって思う。
でも……。
きのうの海人を思い出すと、くちびるの裏側をかんだ。
いい子ぶりやがって。バレてないと思ってんのかよ。
「今日さ、本当は練習休みだけど、きのうの分も向井くんと練習しようかと思って」
「……行かない」
「えっ」
「……おれ、もう行かないから！」
海人はしばらくおれを見つめていたけど、「わかった」とひとこと言うと、帰っていった。
小さくなる後ろ姿を見ると、なぜか胸がひりひりと痛みだした。
台所へ行くと、母さんの作った目玉焼きを父さんが食卓《しょくたく》にならべていた。
ウインナーの焼けるにおいがしたけど、胃が重い。
「今日、朝ごはん、いいや」
おれが言うと、母さんが「えっ、どうしたの？」とフライパンの火を止めた。
父さんがおれの顔をのぞき込《こ》む。
「航、あの子、スイミングの友だちだろ？　何かあったのか？」
「別に……やっぱり、スイミングはやめとく」
父さんと母さんの表情が変わったのに気づかないフリをして、冷蔵庫から牛乳を出してぐびっと飲む。
いやなことがあった時、こうするとまるで炭酸飲んだみたいにスカッとする。
でも、今日はただもっと胃が重くなっただけだった。
自分の部屋へ戻り、またふとんの上でゴロゴロしていると、戸がノックされた。
「航、スーパーへ買い物に行くんだけど、ちょっとつきあわないか」
父さんが、買い物？
ことわろうかと思ったけど、このまま家にいると、よけいなことばかり考えてしまいそうだ。
「……行く」
スーパーで食材を買い出しすると、父さんはしばらくだまって車を走らせた。
大きな交差点を曲がると、海岸線に出た。
今まで見た中で、一番まぶしい海の光に、目を細める。
海岸線を走っていると、＊ドリームブルーが近づいてきた。
「そういえば、引《ひ》っ越《こ》してきた日に、あそこの横断歩道を背泳ぎの格好で渡《わた》っている子がいたよな」
「……それがさっきのやつ」
「え、そうだったのか？　もしかして、温泉で背泳ぎが速いって話題になってた子か？　ばあちゃんの友だちの孫の……」
「うん、そう」
そっけなく言う。
「タイムしか知らないけど、航のいいライバルになるんじゃないか？」
は？　ライバル？　海人が？
一瞬、海人とレースをした時の、ぞくぞくして違う世界が見えるような感覚が体をおそってきた。

二〇二二年度　京華中学校

【国　語】〈第一回午前試験〉（五〇分）〈満点：一〇〇点〉

一　次の文章を読んで、あとの問いに答えなさい。

あーあ。やる気失《う》せた。

しかたなく練習を切り上げて更衣室《こういしつ》に行くと、もう当然だれもいなかった。

でもロビーに向かうと、三人の背中が見えた。

まだいたのかよ。

さっと見えない位置に隠《かく》れると、信司のぼやく声が聞こえてきた。

「そりゃ……向井くんはすごいよ。県大会にも余裕《よゆう》で行けるだろうし、いいアピールになると思う。でも……やっぱりついていけない」

龍之介《りゅうのすけ》が低い声で言った。

「おれたちは、やっぱり今まで通りのメニューで練習すっからな」

「……向井くんだって、みんなが県大会に行けるように考えてくれてるんだよ」

海人の説得に、龍之介が声を荒《あら》らげた。

「はあ？　何あいつの肩《かた》持つわけ？　どっちの味方なんだよ！」

「味方とか、関係ないだろ」

「海人……おれたちより向井の方が大事なのかよ？　違《ちが》うよな？　あいつのタイムが必要なだけなんだろ？」

今すぐこの場から立ちさりたいのに、体がすくむ。

「ああ」

1海人の返事に、思わず耳をふさいだ。

これ以上、聞きたくない。

くちびるをかんできびすを返すと、更衣室に戻《もど》った。

なんだよ、これじゃ……やっぱり＊ビクトリーの時と同じじゃないか。

あいつと泳いだら、違う世界が見えるかもって思ったのに。

海人は、あいつらは、タイムだけが、必要だったんだ。

胸の奥《おく》が焼けるように痛い。

しばらくして、もう一度ロビーをのぞくと、みんないなくなっていた。

外に出ると、強い海風がふきつけた。

海は、重い雲の色を映して、鉛色《なまりいろ》に広がっていた。

翌日の土曜日。

何もする気になれず、ふとんの上で寝返《ねがえ》りをくり返していると、一階から父さんの声が響《ひび》いてきた。

「航、友だちが来てるぞー」

……えっ、友だち？

ドキッとして起き上がる。

窓から玄関《げんかん》を見下ろすと、サラサラの黒髪《くろかみ》が見えた。

海人⁉

しぶしぶ玄関に行くと、父さんがにこやかに海人に話しかけている。

「おはよう」

海人はおれに気づくと、何事もなかったみたいにあいさつしてきた。

無言で、父さんの脇《わき》をすり抜《ぬ》けるようにスニーカーをはく。

外に出るとピシャッと戸をしめた。

海人は一瞬《いっしゅん》たじろいだけど、おれの目をまっすぐ見て言った。

「……きのうは、ごめん」

「……は？　なんのこと？」

2022年度

京華中学校

▶解説と解答

算数 ＜第１回午前試験＞（50分）＜満点：100点＞

解答

1 (1) 216 (2) $\frac{3}{4}$ (3) $\frac{13}{35}$ (4) 4.13 (5) $\frac{1}{6}$ **2** (1) 7個 (2) 3125円 (3) 134.4cm (4) 21個 (5) 13500m^2 (6) 5.6％ (7) 24日 (8) 40個 **3** (1) 272cm^3 (2) 70度 (3) 22.84cm^2 (4) 98cm^2 **4** (1) 40人 (2) 36人 **5** (1) 7km (2) 10時6分40秒 (3) 10時36分 **6** (1) 12点 (2) 11個 (3) (例) 解説の図⑤を参照のこと。

解説

1 **四則計算，逆算**

(1) $48+(48-48\div8)\times4=48+(48-6)\times4=48+42\times4=48+168=216$

(2) $10-4\times\square\div3=9$より，$4\times\square\div3=10-9=1$，$4\times\square=1\times3=3$　よって，$\square=3\div4=\frac{3}{4}$

(3) $\frac{8}{21}\times2\frac{2}{3}\div1\frac{7}{9}-\frac{1}{5}=\frac{8}{21}\times\frac{8}{3}\div\frac{16}{9}-\frac{1}{5}=\frac{8}{21}\times\frac{8}{3}\times\frac{9}{16}-\frac{1}{5}=\frac{4}{7}-\frac{1}{5}=\frac{20}{35}-\frac{7}{35}=\frac{13}{35}$

(4) $12.3-(0.78+3.52)\times1.9=12.3-4.3\times1.9=12.3-8.17=4.13$

(5) $\frac{11}{13}\times(7.15\div1.3+1)\div33=\frac{11}{13}\times(5.5+1)\div33=\frac{11}{13}\times6.5\div33=\frac{11}{13}\times6\frac{1}{2}\div33=\frac{11}{13}\times\frac{13}{2}\times\frac{1}{33}=\frac{1}{6}$

2 **整数の性質，比の性質，平均，つるかめ算，相似，濃度《のうど》，仕事算，過不足算**

(1) 十兆三千二十一億五百六万四十を数字で表すと，10302105060040となるので，0は7個ある。

(2) 太郎君と次郎君の所持金の比は5：3なので，太郎君の所持金は，2人の所持金の合計の，$\frac{5}{5+3}=\frac{5}{8}$にあたる。よって，$5000\times\frac{5}{8}=3125$(円)と求められる。

(3) (平均)＝(合計)÷(人数)より，(合計)＝(平均)×(人数)だから，Aさん，Bさん，Cさん3人の身長の合計は，$137\times3=411$(cm)，Dさん，Eさん2人の身長の合計は，$130.5\times2=261$(cm)である。よって，5人の身長の合計は，$411+261=672$(cm)だから，5人の身長の平均は，$672\div5=134.4$(cm)とわかる。

(4) りんごだけを35個買ったとすると，代金は，$120\times35=4200$(円)となり，実際よりも，$4200-3360=840$(円)多くなる。りんごを1個減らしてみかんを1個増やすと，代金は，$120-80=40$(円)少なくなるから，代金を840円少なくするには，$840\div40=21$より，りんごを21個減らしてみかんを21個増やせばよい。よって，みかんは21個買ったとわかる。

(5) 縮尺1：3000の地図では，実際の長さは地図上の長さの3000倍になる。よって，公園の実際のたての長さは，$3\times3000=9000$(cm)より，$9000\div100=90$(m)で，実際の横の長さは，$5\times3000=15000$(cm)より，$15000\div100=150$(m)だから，実際の面積は，$90\times150=13500$(m^2)となる。

(6) 食塩水の濃度は，食塩水にふくまれる食塩の割合を表しているので，5％の食塩水350gには食塩が，350×0.05＝17.5(ｇ)，７％の食塩水150ｇには食塩が，150×0.07＝10.5(ｇ)ふくまれる。よって，２つの食塩水を混ぜると，食塩水の重さは，350＋150＝500(ｇ)で，ふくまれる食塩の重さは，17.5＋10.5＝28(ｇ)になるから，28÷500＝0.056より，5.6％の食塩水になる。

(7)　この仕事全体の量を１とすると，Ａさん１人では１日に，$1\div6=\frac{1}{6}$，Ｂさん１人では１日に，$1\div8=\frac{1}{8}$の仕事をする。また，Ａさん，Ｂさん，Ｃさんの３人では１日に，$1\div3=\frac{1}{3}$の仕事をするので，Ｃさん１人では１日に，$\frac{1}{3}-\frac{1}{6}-\frac{1}{8}=\frac{8}{24}-\frac{4}{24}-\frac{3}{24}=\frac{1}{24}$の仕事をする。よって，Ｃさん１人で仕上げると，$1\div\frac{1}{24}=24$(日)かかる。

(8)　４個ずつ配ると８個あまり，６個ずつ配ると８個足りないから，４個ずつ配るときと６個ずつ配るときで必要なアメの個数の差は，８＋８＝16(個)となる。これは１人あたり，６－４＝２(個)の差が子どもの人数分だけ集まったものだから，子どもの人数は，16÷２＝８(人)とわかる。よって，４個ずつ８人に配ると８個あまるから，アメは，４×８＋８＝40(個)ある。

3　展開図，体積，角度，面積，相似

(1)　右の図１の展開図を組み立てると，台形ABCDを底面とする高さが８cmの四角柱ができる。また，四角柱の側面は図１では，太線で囲んだ部分なので，側面の面積の和が208cm^{2}のとき，BGの長さは，208÷８＝26(cm)となる。さらに，組み立てると，CEはCDと重なるので，CEの長さは５cmである。同様に，EFの長さは７cm，FGの長さは４cmだから，BCの長さは，26－(５＋７＋４)＝10(cm)とわかる。よって，台形ABCDの面積は，(７＋10)×４÷２＝34(cm^2)だから，四角柱の体積は，34×８＝272(cm^3)と求められる。

図１

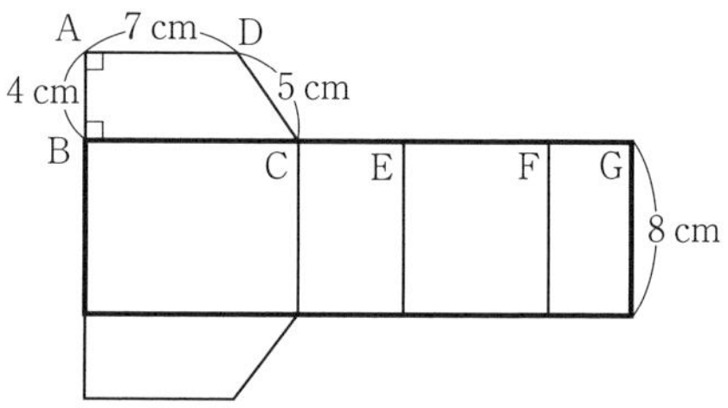

(2)　右の図２で，三角形ABCに注目すると，角アの大きさは，180－(90＋50)＝40(度)である。また，２本の直線が交わるとき，向かい合う角の大きさは等しいから，角イの大きさは80度である。よって，三角形BEFで，角ウの大きさは，180－(40＋80)＝60(度)となる。さらに，折り曲げていることから，○印の２つの角の大きさは等しいので，角エの大きさは，60÷２＝30(度)とわかる。したがって，三角形DEFに注目すると，角xの大きさは，180－(80＋30)＝70(度)と求められる。

図２

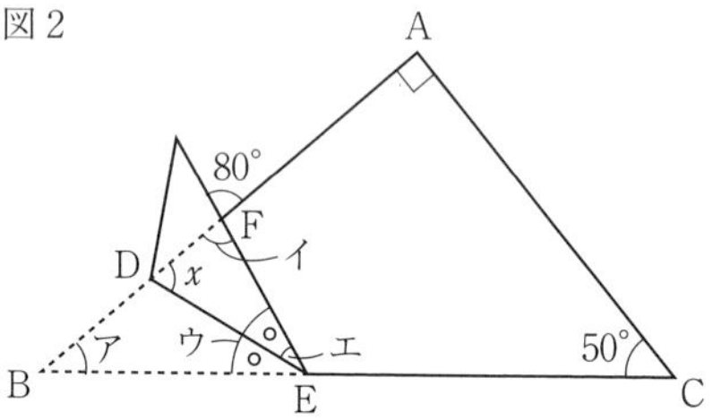

(3)　右の図３で，太線で囲まれた部分の面積は，かげをつけたおうぎ形２個の面積と四角形ADBCの面積の和となる。まず，かげをつけたおうぎ形１個は，半径が２cmで，中心角が，360－90＝270(度)だから，その面積は，$2\times2\times3.14\times\frac{270}{360}=9.42$(cm^2)である。また，四角形ADBCは，４つの辺の長さが２cmで等しく，角Ａ，角Ｂが直角なので，正方形とわかる。よって，四角形ADBCの面積は，２×２＝４(cm^2)だから，太線で囲まれた部分の面積は，9.42×２＋４＝18.84＋４＝22.84(cm^2)と求められる。

図３

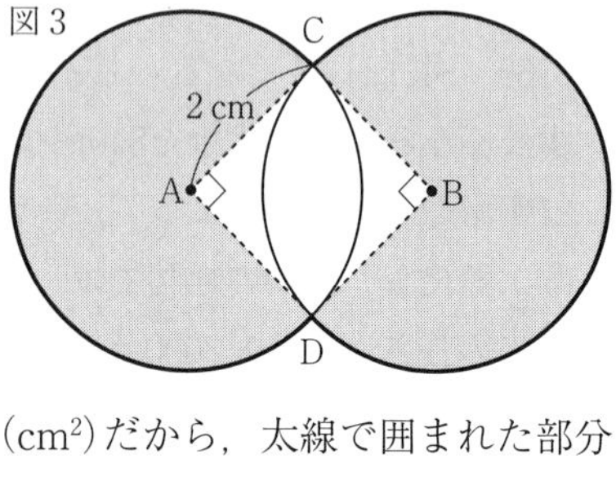

(4)　右の図４で，三角形ADEの面積は平行四辺形ADEFの面積の半分で，$48 \div 2 = 24$(cm^2)になるから，BD：DA＝18：24＝３：４となる。また，四角形ADEFは平行四辺形だから，BAとEF，DEとACは平行である。すると，三角形DBEと三角形FECは相似なので，BD：EF＝BD：DA＝３：４となり，面積の比は，(３×３)：(４×４)＝９：16となる。したがって，三角形FECの面積は，$18 \times \frac{16}{9} = 32$(cm^2)と求められ，三角形ABCの面積は，$18 + 48 + 32 = 98$(cm^2)とわかる。

図４
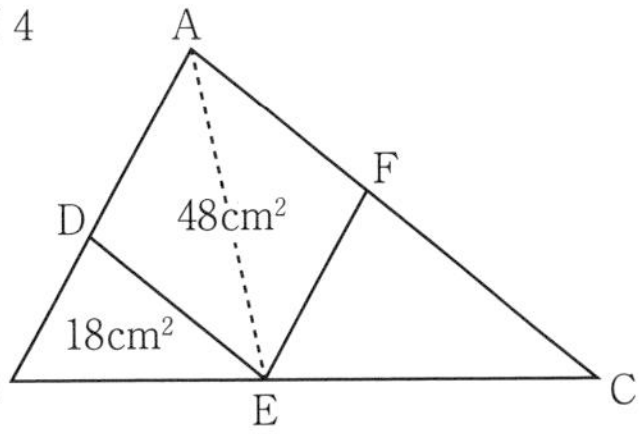

4 集まり，割合

(1)　下の図１のように表して考えると，少なくとも一方が60点以上の人数(太線部分)は，クラス全体の，６＋７－４＝９(割)となる。よって，両方とも60点未満の人数は全体の，10－９＝１(割)となり，その人数が４人だから，クラス全体の人数は，$4 \div 0.1 = 40$(人)と求められる。

図１
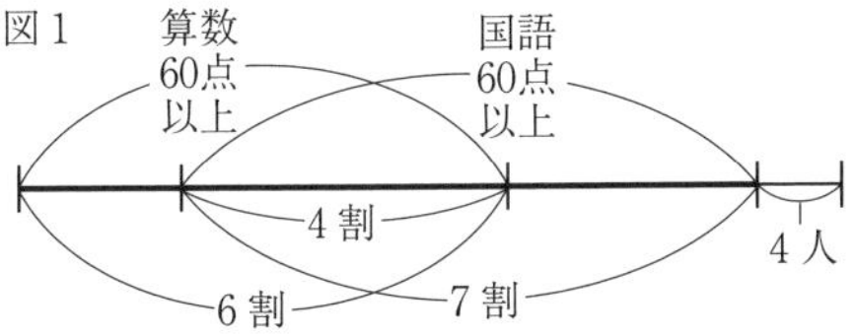

図２
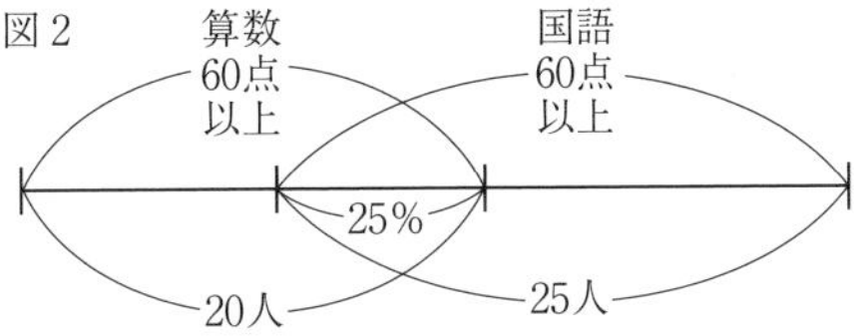

(2)　両方とも60点未満の人はいないので，上の図２のように表せる。(1)と同様に考えると，クラス全体の人数の，１＋0.25＝1.25(倍)が，20＋25＝45(人)にあたる。したがって，クラス全体の人数は，$45 \div 1.25 = 36$(人)と求められる。

5 グラフ―速さ

(1)　右のグラフより，次郎君はＡ町からＢ町まで時速３kmで，11時20分－９時＝２時間20分かかっている。２時間20分＝$2\frac{20}{60}$時間＝$2\frac{1}{3}$時間＝$\frac{7}{3}$時間だから，Ａ町からＢ町までの距離《きょり》は，$3 \times \frac{7}{3} = 7$(km)とわかる。

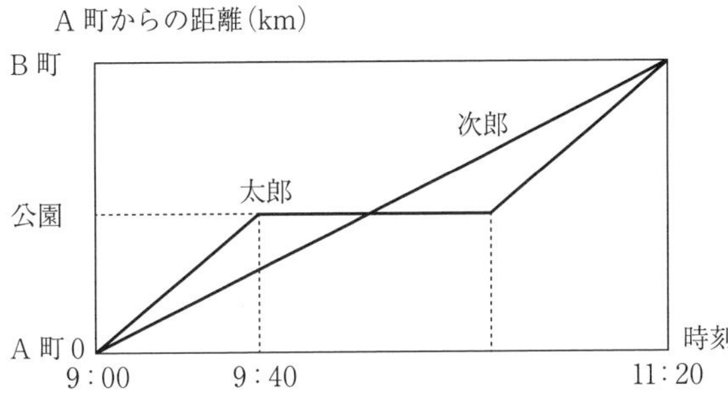

(2)　太郎君はＡ町から公園まで時速５kmで40分かかっており，40分＝$\frac{40}{60}$時間＝$\frac{2}{3}$時間なので，Ａ町から公園までの距離は，$5 \times \frac{2}{3} = \frac{10}{3}$(km)である。よって，次郎君が公園を通過するのは，９時に出発してから，$\frac{10}{3} \div 3 = \frac{10}{9} = 1\frac{1}{9}$(時間後)となる。ここで，$\frac{1}{9}$時間は，$60 \times \frac{1}{9} = \frac{20}{3} = 6\frac{2}{3}$(分)で，$\frac{2}{3}$分は，$60 \times \frac{2}{3} = 40$(秒)だから，$1\frac{1}{9}$時間＝１時間６分40秒とわかる。したがって，次郎君が公園を通過するのは，９時＋１時間６分40秒＝10時６分40秒である。

(3)　太郎君は，公園で休けいする時間をのぞくと，Ａ町からＢ町までの７kmを進むのに，$7 \div 5 = \frac{7}{5} = 1\frac{2}{5}$(時間)かかる。これは，$60 \times \frac{2}{5} = 24$(分)より，１時間24分であり，休けいした時間をふくめると，Ａ町からＢ町まで２時間20分かかったので，休けいした時間は，２時間20分－１時間24分＝56分とわかる。よって，太郎君が公園を出発したのは，９時40分＋56分＝10時36分である。

6 条件の整理

図①

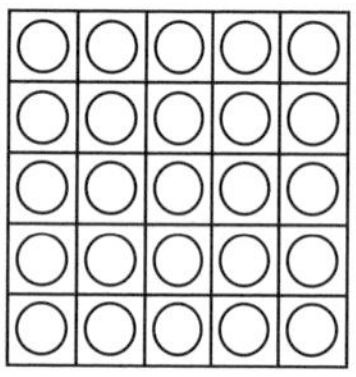

図②

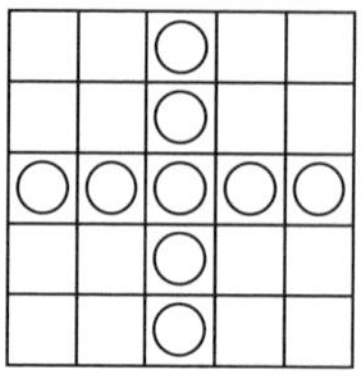

図③

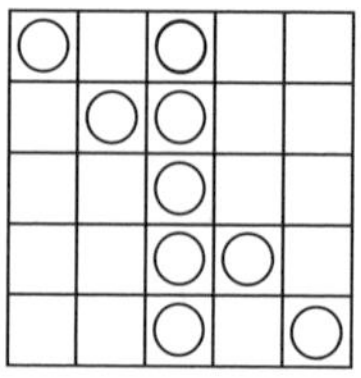

図④

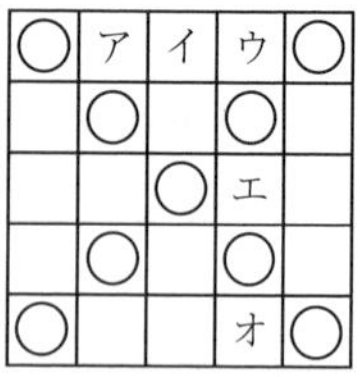

⑴　24個の○を書き入れると，上の図①のように，25個のマスがすべて○でうまる。このとき，○が５個並んだ列は，たてに５列，横に５列，ななめに２列あるから，点数は，５＋５＋２＝12(点)となる。

⑵　点数が４点のとき，○が５個並んだ列は４列となる。まず，○ができるだけ少なくなるように２列をつくるとき，上の図②，図③，図④のような場合が考えられ，いずれの場合も○の数は９個になる。図②の場合，あと１列増やすのに少なくとも４個の○が必要となるが，図③，図④の場合，あと１列増やすには，３個の○を書き入れればよい。図③の場合，３個書き入れて１列増やした後，さらに１列増やすには少なくとも３個の○が必要になるが，図④の場合，例えばア，イ，ウの３マスに○を書き入れた後，さらにエ，オの２マスに○を書き入れれば，全部で４列になる。よって，できるだけ少ない数の○で点数が４点になるとき，○は，９＋３＋２＝14(個)あるから，○が書かれていないマスは，25－14＝11(個)ある。

⑶　19個の○を書き入れると，○は全部で20個になるから，○が書かれていないマスは，25－20＝５(マス)になる。このとき，たての５列，横の５列，ななめの２列に，○が書かれていないマスがそれぞれ１マス以上あれば，点数は０点になる。よって，点数が０点となるときの一例は右の図⑤のようになる。

図⑤

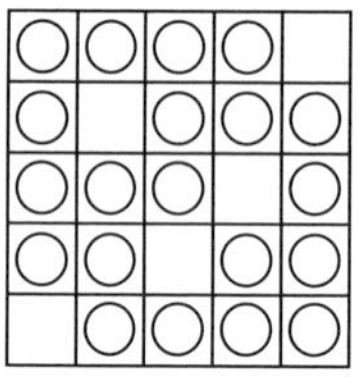

社　会　＜第１回午前試験＞（理科と合わせて50分）＜満点：50点＞

解　答

1　問１　三内丸山(遺跡)　問２　ウ　問３　ア　問４　清少納言　問５　ウ　問６　エ　問７　イ　問８　ウ　問９　ウ　問10　エ　問11　元　問12　イ　問13　ア　問14　イ　問15　エ　2　問１　イ　問２　イ　問３　ウ　問４　イ　問５　イ　問６　ア　問７　イ　問８　(例)　医療・介護，年金を重視した(政策)

解　説

1　感染症《しょう》を題材にした歴史と地理の問題

問１　三内丸山遺跡は青森県青森市で発掘《はっくつ》された縄文時代の大規模集落跡で，大型掘立柱《ほったてばしら》建物跡や大型住居跡，植物の栽培跡など多くの遺物が見つかっており，最大で500人ほどが定住生活を送っていたと考えられている。

問２　「色丹島《しこたん》」ではなく「知床《しれとこ》(半島)」，「世界文化遺産」ではなく「世界自然遺産」が正しい。

なお，色丹島は，択捉《えとろふ》島，国後《くなしり》島，歯舞《はぼまい》群島とともに，北方領土を形成している。

問３　信濃《しなの》川は関東山地の甲武信ヶ岳《こぶしがたけ》を水源とし，長野県内では千曲《ちくま》川とよばれる。千曲川は，長野県内をおおむね北に流れて長野市で最大の支流である犀《さい》川と合流したのち，北東へと向かい，新潟県に入って信濃川と名を変える。その後，新潟県内を北東に流れ，越後平野で日本海に注ぐ。

問４　『枕草子《まくらのそうし》』は，平安時代の宮廷女官である清少納言《せいしょうなごん》が著した随筆《ずいひつ》で，四季の移り変わりや宮廷生活のようすなどがするどい感性でつづられている。

問５　小村寿太郎《じゅたろう》は明治時代に活躍《かつやく》した外交官で，第一次桂太郎内閣のもとで外務大臣になると，1905年にロシアとの間で日露戦争の講和条約としてポーツマス条約を結んだ。また，第二次桂太郎内閣のもとでも外務大臣を務め，1911年には関税自主権の回復をなしとげた。なお，アは大隈重信《おおくましげのぶ》，イは福沢諭吉，エは陸奥宗光《むつむねみつ》が行ったこと。

問６　宮崎平野は，沖合を暖流の日本海流（黒潮）が流れるため温暖な気候で，この気候とビニールハウスや温室などの施設を利用し，ピーマンなどの野菜の栽培時期を早める促成《そくせい》栽培がさかんに行われている。

問７　仏教の力で国を安らかに治めようと願った聖武天皇は，743年に大仏づくりを命じた。大仏づくりは多くの人身と資材を用いて平城京（奈良県）の東大寺で行われ，752年に完成した。

問８　ア　東北地方のなかで一番面積が大きいのは，岩手県である。　　イ　「赤石山脈」（南アルプス）ではなく「奥羽《おうう》山脈」が正しい。　　ウ　東北地方の伝統工芸品について正しく説明している。　　エ　秋田県と青森県にまたがる白神山地にはブナの原生林が広がっており，動植物の多様な生態系などが評価されて，1993年にユネスコ（国連教育科学文化機関）の世界自然遺産に登録された。

問９　江戸幕府の第８代将軍徳川吉宗は享保《きょうほう》の改革とよばれる幕政改革に取り組み，その１つとして庶民《しょみん》の意見を取り入れるために目安箱を設置した。

問10　室町幕府の第３代将軍を務めた足利義満は室町幕府の全盛期を築き，14世紀末に京都北山の山荘内にエの金閣（義満の死後，鹿苑寺《ろくおんじ》という寺とされた）を建てた。なお，アは平安時代に藤原頼《より》通《みち》が建てた平等院鳳凰《ほうおう》堂（京都府），イは飛鳥時代に聖徳太子が建てた法隆寺（奈良県），ウは平清盛があつく敬ったことで知られる厳島《いつくしま》神社（広島県）。

問11　フビライ＝ハンはモンゴル帝国の第５代皇帝で，首都を大都（現在の北京《ペキン》）に移すと，1271年に元を建国した。

問12　インドの風土病だったコレラがロンドンで大流行したとあるので，ロンドンが首都であるイギリスだと判断できる。イギリスは19世紀にインドを支配し，植民地化した。

問13　歌川（安藤）広重は，江戸時代後半に栄えた化政文化を代表する浮世絵師で，東海道の宿場を描いた55枚からなる連作「東海道五十三次」は，その代表作として知られる。なお，『南総里見八犬伝』は滝沢（曲亭）馬琴《ばきん》の長編小説，「見返り美人図」は菱川師宣《ひしかわもろのぶ》の浮世絵，『奥の細道』は松尾芭《ば》蕉《しょう》の俳諧《はいかい》紀行文。

問14　1858年，江戸幕府の大老井伊直弼《なおすけ》は，朝廷の許しを得ないまま日米修好通商条約を結び，外国との貿易を始めることにした。

問15　1914年に第一次世界大戦が始まると，日本は1902年にイギリスと結んだ日英同盟を理由として連合国側で参戦し，中国のドイツ基地などを攻撃《こうげき》してこれを占領した。なお，アは太平洋戦争

(1941～45年)，イは第二次世界大戦(1939～45年)，ウは満州事変(1931～33年)について述べた文。

2 現代の社会や政治のしくみなどについての問題

問１　菅義偉《すがよしひで》内閣のもと，デジタル社会形成の中心となる行政機関として，2021年９月にデジタル庁が発足した。なお，アは小泉純一郎内閣が2005年に，ウは安倍晋三《あべしんぞう》内閣が2019年に行ったこと。エについて，北朝鮮の金正恩《キムジョンウン》総書記と日本の首脳との会談は行われていない。

問２　ア　衆議院議員総選挙では，１つの選挙区から１人が当選する小選挙区制と，政党の得票数に応じて議席が配分される比例代表制が採用されている(小選挙区比例代表並立制)。　イ，ウ　衆議院は，４年の任期の途中で解散されることがある。参議院の任期は６年である。　エ　衆議院議員には25歳以上で，参議院議員には30歳以上で立候補できる。

問３　渋沢《しぶさわ》栄一は埼玉県深谷市の農家に生まれ，江戸幕府や明治政府で働いたのち，1873年に日本初の銀行である第一国立銀行を設立した。そのほか，数多くの企業の設立や運営にたずさわったことから「日本資本主義の父」とよばれ，2024年発行予定の新１万円札の肖像《しょうぞう》として用いられる。

問４　広島県は牡蠣《かき》の養殖がさかんで，収穫《しゅうかく》量が全国で最も多い。なお，梨は茨城県，さつまいもは鹿児島県，茶は静岡県が生産量全国第１位。統計資料は『日本国勢図会』2021／22年版による。

問５　池田勇人《はやと》内閣は1960年に成立し，1964年の東京オリンピックの閉会後に総辞職した。なお，アは鳩山《はとやま》一郎内閣，ウは佐藤栄作内閣，エは中曽根康弘内閣のときのできごと。

問６　近年の日本の歳出では，少子高齢化にともなって増大する年金や医療《いりょう》費などの社会保障費が全体のおよそ３分の１を占《し》める。なお，イは国債《こくさい》費，ウは地方交付税交付金等，エは公共事業費。

問７　日本国憲法は，2022年時点で改正されたことがない。選挙権年齢などは，公職選挙法という法律で定められている。

問８　高齢者が多く，その投票率も高い状態が続くと，政治家は選挙で当選するために，医療・介《かい》護《ご》や年金など，高齢者が重視する政策を打ち出そうとすることが考えられる。

理　科　＜第１回午前試験＞（社会と合わせて50分）＜満点：50点＞

解　答

1 問１　A　右心房　B　右心室　問２　ウ　問３　ア　問４　白血球　問５　イ
2 問１　エ　問２　エ　問３　イ　問４　129倍　問５　リサイクル　問６　(1)　オ　(2)　(例)　磁石を近づける。
3 問１　水蒸気　問２　イ→ア→ウ　問３　へん西風　問４　ア　問５　イ　問６　31℃
4 問１　ウ　問２　ア　問３　エ　問４　オとサ，カとコ，キとケ

解　説

1 ヒトの心臓と血液についての問題

問１　心臓の上の部屋を心房《しんぼう》，下の部屋を心室という。図１は向かい合うヒトの心臓を見たときの模式図で，Aは右心房，Bは右心室になる。心室の筋肉のかべの厚さを比べると，Bの右心室よりもCの下にある左心室の方が厚い。

問２　ヒトの心臓の大きさは握りこぶしくらいの大きさで，重さはおよそ200～300ｇでグレープフ

ルーツ１個ほどの重さである。

問３　Ｃは左心房で，肺から心臓にもどる酸素を多く含《ふく》んだ血液が流れている肺静脈とつながる。

問４　ヒトの血液中の固体成分でもっとも大きなＤは白血球で，体内に入ってきた病原体などを殺して体を守るはたらきをしている。

問５　ヒトの血液が赤く見えるのは，Ｅの赤血球が鉄を含んだ赤い色素であるヘモグロビンをもつためである。

2　金属や資源についての問題

問１　金属にはたたいてうすくのばすことのできる，みがくとよく光を反射するようになる，電気をよく通すといった共通した性質があるが，磁石に引きつけられる性質をもつのは鉄やニッケルなどの一部の金属だけである。

問２，問３　塩酸に亜鉛《あえん》を入れると気体の水素が発生するが，金や銀，銅を入れても気体は発生しない。

問４　同じ大きさでメダルをつくったとき，使用する金の重さは銀の重さと比べて$\frac{19.3}{10.5}$倍で，１ｇの金の値段は銀の値段の70倍であることから，メダルに使用される金の値段は，$1\times\frac{19.3}{10.5}\times70=128.6\cdots$より，銀の値段の129倍になる。

問５　廃棄物《はいきぶつ》を減らすことをリデュース，くり返し使用することをリユース，資源として再び利用することをリサイクルという。

問６　(1)　資源有効利用促進法で表示が義務づけられている識別マークでは，飲料用のスチール缶《かん》は円形につながった２本の矢印，飲料用のアルミ缶は三角形につながった２本の矢印，指定のPETボトルは三角形につながった３本の矢印，紙製容器包装はだ円につながった２本の矢印を用いたマークである。　(2)　アルミ缶は磁石に引きつけられないが，スチール(鉄)缶は磁石に引きつけられるので，磁石を利用して２種類の缶を分別することができる。

3　天気についての問題

問１　雲は空気中の水蒸気が上空で冷やされて，細かい水や氷の粒《つぶ》の集まりがうかんでいるものである。

問２　日本付近では，天気は西から東へと変化することが多い。ここではＬで示された低気圧に注目して西から東へ移動する順に並べかえると，イ→ア→ウとなる。

問３　日本の天気を西から東へと変えているのは，日本上空に吹《ふ》いている強い西風(へん西風)によって，雲が西から東へと移動しているからである。

問４　梅雨《つゆ》の時期には，日本付近に東西に長くのびた梅雨《ばいう》前線がとどまる。天気図では，この梅雨前線はアに見られるような半円と三角が反対側についた線で表される。

問５　空気が山を越《こ》えて山の斜面《しゃめん》にそって下りてくるときに，風上側に比べて風下側の空気が乾燥《かんそう》して温度が上がる現象をフェーン現象という。

問６　雲が発生するＢ地点までは100ｍ上昇《じょうしょう》するごとに１℃ずつ温度が下がるので，1200ｍ上昇すると12℃下がり，Ｂ地点では空気のかたまりの温度が，28－12＝16(℃)になる。Ｂ地点から山頂のＣ地点までは雲が発生しているので100ｍ上昇するごとに0.5℃しか変化せず，1800－1200＝600(ｍ)上昇すると，$0.5\times\frac{600}{100}=3$(℃)下がり，Ｃ地点での空気のかたまりの温度は，16－３＝13

(℃)になっている。ここから雲がないままＤ地点まで1800m下ることから，$1\times\frac{1800}{100}=18$(℃)上がって，Ｄ地点での空気のかたまりの温度は，13＋18＝31(℃)になる。

4 てこのつりあいについての問題

問１　ここでは，となりあうピンとピンの間のきょりを１とする。支点からのきょりとそこに加わる力の積を，てこをかたむけるはたらき(モーメント)といい，これが時計回りと反時計回りで等しくなったときに，てこはつりあう。おもりＢを点キと点クにかけたとき，時計回りのモーメントが，１×100＋２×100＝300になる。よって，100ｇのおもりＡは，300÷100＝３より，支点である点カから左に３つめのピン，つまり点ウにつり下げればよい。

問２　おもりＢを点キと点コにかけたとき，時計回りのモーメントは，１×100＋４×100＝500となる。よって，100ｇのおもりＡをつり下げるピンは，500÷100＝５より，点カから左に５つめの点アになる。

問３　おもりＢを点オと点ケにかけたとき，反時計回りのモーメントが，１×100＝100，時計回りのモーメントが，３×100＝300となっていて，反時計回りのモーメントが，300－100＝200不足している。この不足した200のモーメントを100ｇのおもりＡでつくりだすためには，200÷100＝２より，おもりＡを点カから左に２つめの点エにつり下げればよいとわかる。

問４　100ｇのおもりＡを点イにつり下げると，反時計回りのモーメントが，４×100＝400になる。一方，おもりＢは２つの100ｇのおもりでできているので，各点に100ｇのおもりをつり下げたときにできる時計回りのモーメントは，点カで０，点キで，１×100＝100となる。同様に求めると，点クで200，点ケで300，点コで400，点サで500になる。これらを組みあわせて400のモーメントにするには，(０＋400)と(100＋300)の２通りが考えられる。また，おもりＢを支点である点カをまたぐように点オと点サにつるしたときは，反時計回りのモーメントがおもりＡによるモーメントとあわせて，400＋１×100＝500，時計回りのモーメントが500になるため，これもつりあう。したがって，おもりＢを異なる２点にかける組みあわせは，点カと点コ，点キと点ケ，点オと点サの３通りとなる。

国　語　＜第１回午前試験＞（50分）＜満点：100点＞

解　答

一　**1**　(1)（例）海人が自分のタイムだけを必要と考えていることがわかりショックを受けた　(2) 外に出ると　**2** エ　**3** Ⅰ イ　Ⅱ ウ　Ⅲ ア　**4** ア　**5** ウ　**6** エ　**7** イ　二　**1** Ａ イ　Ｂ エ　Ｃ ア　**2** Ⅰ 虫から栄養を得る　Ⅱ 光合成　Ⅲ クロロフィル　Ⅳ デンプン　**3** Ⅰ 窒素　Ⅱ 肥沃でない土地　Ⅲ 根　**4** 生育地を奪～とができる(ということ)　**5** 空気中の窒～料に変える(はたらき)　**6** ア ×　イ ×　ウ ×　エ ○　オ ○　三　① こくもつ　② かんだん　③ いこう　④ きび(しい)　⑤ すく(った)　四　下記を参照のこと。

●漢字の書き取り

四　① 聖火　② 臨時　③ 慣例　④ 絹　⑤ 幕

解　説

一　出典は高田由紀子《たかだゆきこ》の『スイマー』による。航は，仲間たちと水泳の県大会に出場することを目指していたが，練習量を増やすという提案を理解されなかったり，自分のタイムだけが必要とされていることを知ったりして，ショックを受ける。

1　(1)　見えないところから三人の話を聞いていた航は，龍之介《りゅうのすけ》の「あいつのタイムが必要なだけなんだろ？」という質問に，海人が「ああ」と答えたのを聞いてしまった。航は，海人と「泳いだら，違《ちが》う世界が見えるかも」と思って練習していただけに，海人が自分のタイムだけを必要としていたと知ってショックを受け，それ以上は聞きたくないと思って耳をふさいだのである。

(2)　海人の本音を聞いて傷ついた航の心情が，外に出た時に航に吹《ふ》きつけた「強い海風」や「重い雲の色を映し」た「鉛色《なまりいろ》」の「海」に象徴《しょうちょう》されている。

2　少し後の「バレてないと思ってんのかよ」という航の気持ちを表した言葉に着目する。航は，海人が自分のタイムだけを必要としていると思っているが，海人が「何事もなかったみたい」にふるまっているので，怒《いか》りを感じ，つき放すような態度をとって，「くちびるの裏側をかんだ」のである。

3　Ⅰ～Ⅲ　航は，父から佐渡に引っ越《こ》した理由を打ち明けられ，それまで「バリバリだった」と思い込《こ》んでいた父の姿とは違うことに，どう応じたらよいかわからず，首を横にふるのも，ぎこちなくなってしまった。そして，父が「ずっといい営業成績をあげ続けて，だれよりも早く昇進《しょうしん》する」ことだけを目標にしていたために，新入社員の時のような楽しさを感じられないでいたという話を聞き，航はスイミングを始めた時，「父さんの期待にこたえなきゃ」と思っていた自分のことを思い出し，自分と父が「似てる」と感じた。そして，今度は父の気持ちを理解したことを示そうために，「首を大きく横にふった」のである。

4　航は，海人だけではなく龍之介や信司も「一緒《いっしょ》に県大会に行く」と考えて，練習量を増やそうと提案したのに，練習についてこられなかったり，反対されたりしたので，どうしようもない悔《くや》しさを感じている。

5　ドリームブルーでの練習から一人で帰る海人を見て，航は「龍之介も信司も来なかった」のだと想像した。そんな時，父から「もうちょっとだけ，自分から手を伸《の》ばしてみれば」と言われ，さらに以前は自分一人でがんばっていたけれど，今は仲間がいると気づかされた。仲間と力を合わせることの大切さに気づいた航は，海人ともう一度がんばろうと思い，自分のほうから海人にかけよったのである。

6　航は，「おれ，ビクトリーの時と変わらない」と言い，自分のことだけしか考えていなかった当時のことを反省している。それに対して父は，今の航は「みんなのことも考えてる」と言い，変わらないと反省しているということは変わりたいと思っているのだろうと言って，航をはげましたと考えられるので，エが合う。

7　航の視点で物語が展開しているので，海人から自分のタイムだけが必要とされていると知りショックを受けたこと，水泳をやめようと思ったこと，さらには父と会話することで前向きな気持ちになれたことなど，航の心情が読者に伝わる文章になっている。

二　出典は田中修《たなかおさむ》の『植物のいのち』による。食虫植物であるハエトリグサや，緑肥作物のレンゲソウなど，肥沃《ひよく》ではない土地に生きている植物について説明されている。

１　A　食虫植物は，虫を食べるから「獰猛《どうもう》な生き物である」と考えられがちだが，食虫植物には「生き残るために，昆虫を食べざるを得ない事情」がある，という文脈になる。よって，前のことがらを受けて，それに反する内容を述べるときに用いる「しかし」が入る。　**B**　ハエトリグサの「原産地は，北アメリカの窒素《ちっそ》の養分をあまり含《ふく》まない痩《や》せた土地」であるため，ハエトリグサは「土の中から窒素」を「十分に吸収でき」ない，という文脈になる。よって，前のことがらを原因・理由として，後にその結果をつなげるときに用いる「そのため」が入る。　**C**　植物に施《ほどこ》される肥料の中でも「窒素肥料」が「特に必要」である理由は，窒素は「色素であるクロロフィル」や「タンパク質」や「遺伝子」などをつくるために必要な物質だからである，という文脈になる。よって，前のことがらの理由を述べるときに用いる「なぜなら」が入る。

２　Ⅰ～Ⅳ　多くの植物は，光合成によって生きるためのエネルギーや成長のための栄養を得ているが，ハエトリグサなどの食虫植物は，「虫から栄養を得る」ので，「光合成」をしないと思われがちである。しかし，ハエトリグサは，光合成のための光を吸収する「クロロフィル」という色素をもっており，ふつうの植物と同じように，成長や生きるための栄養素である「デンプン」を自分でつくることができる。

３　Ⅰ～Ⅲ　ふつうの植物は，生きていくために必要な「窒素」を含んだ養分を土の中から吸収するが，ハエトリグサは北アメリカの「肥沃でない土地」で生きており，土の中の「根」から養分を得られないため，虫を捕らえて食べるのである。

４　ハエトリグサが，虫を食べて養分をとるという「しくみを身につけてまで，肥沃でもない土地」に生きている利点は，「生育地を奪《うば》い合う競争をせずに他の植物たちが育つことができない土地で，〝密〟にならずに，生きていくことができる」からである。

５　ほとんどの植物は，空気中の窒素を窒素肥料として利用できないため，人間が植物に窒素肥料を与《あた》えなければならい。しかし，レンゲソウのもつ根粒菌《こんりゅうきん》は「空気中の窒素を窒素肥料に変える」ことができるので，レンゲソウは窒素の少ない土地でも生きていけるのである。

６　ア～オ　ハエトリグサは，「感覚毛」によって虫が触《ふ》れたことを感じ，「捕虫葉」を閉じることによって虫をつかまえる(ア…×)。このようにハエトリグサが虫をつかまえて食べるのは，「肥沃でない土地」では土から窒素を吸収できないからである(イ…×)。このように，窒素は「タンパク質やクロロフィル，遺伝子などをつくるため」に，植物には非常に重要な栄養素なのである(エ…〇)。また，レンゲソウは「根粒」をもっており，その中の「根粒菌」によって，空気中の窒素を窒素肥料に変えて生きているので，「自給自足の生活を続けている」といえる(ウ…×，オ…〇)。

三　漢字の読み

①　人間がその種子などを主食とする，米や麦や豆などの農作物。　②　寒さと暖かさ。　③　どうするつもりかという考え。　④　音読みは「ゲン」「ゴン」で，「厳格」「荘厳《そうごん》」などの熟語がある。　⑤　音読みは「キュウ」で，「救助」などの熟語がある。

四　漢字の書き取り

①　神にささげる神聖な火。　②　定まった時でなく，時々の事情に応じて行うこと。　③　以前から繰《く》り返し行われてきて，習慣のようになったことがら。　④　音読みは「ケン」で，「絹布」などの熟語がある。　⑤　布などをぬい合わせ，仕切りの装飾《そうしょく》に使われるもの。

2022年度　京 華 中 学 校

〔電　話〕(03) 3946－４４５１
〔所在地〕〒112-8612　東京都文京区白山５－６－６
〔交　通〕都営地下鉄三田線─「白山駅」より徒歩３分

＊**【適性検査Ⅰ】**はたて組みですので，最後に掲載してあります。

【適性検査Ⅱ】〈第１回午前・適性検査型試験〉(50分)〈満点：100点〉

〈編集部注：実物の入試問題では，図の大半がカラー印刷です。〉

１　次の会話は，**京太郎**《けいたろう》さんと**華子**《はなこ》さんが社会科の授業に向けて発表の準備をしているときの会話です。これを読んであとの問いに答えなさい。

京太郎：発表のテーマは「原子力発電所はすぐに廃止《はいし》するべきか」だけど，難しいテーマだよね。

華　子：そうね。ちなみに，あなたはどう考えているの？

京太郎：原子力発電所はすぐに廃止するべきだと思うよ。一度でも事故が起これば，環境汚染《かんきょうおせん》を引き起こすし，周辺に住む人たちの生活を壊《こわ》してしまうことにもなるよね。そんな危険性のある発電所は廃止した方がいいと思うんだ。

華　子：確かにね。でも，発表の時は，反対の立場をとる人たちの意見への反論も考えておくようにと，先生が言っていたわよね。

京太郎：どんな意見が考えられるかな？

華　子：例えば【資料１】を見ると，2011年の東日本大震災以降，日本では原子力発電の割合が減っている代わりに，火力発電の割合が増えているわね。この場合，排出《はいしゅつ》される二酸化炭素の量が増えて，地球温暖化に悪影響《あくえいきょう》を与《あた》えるのではないかしら。

【資料１】　日本における電源ごとの発電量の割合

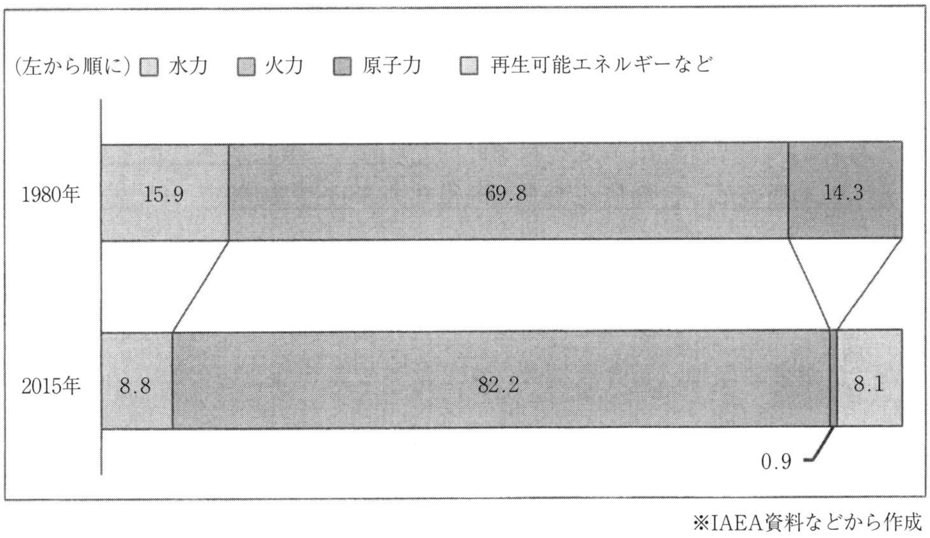

※IAEA資料などから作成

京太郎：確かに，環境問題への影響は考えないといけないね。ただ，地球温暖化問題については，日本だけじゃなくて，世界全体で考えなければいけない問題なんじゃないかな。

華　子：どういうこと？

京太郎：【資料２】を見ると，世界で排出されている二酸化炭素のうち，60％以上は発展途上国《はってんとじょうこく》から排出されているんだ。ちなみに，日本が排出している二酸化炭素は，全体の約３％だから，地球温暖化の問題を考えるのであれば，排出量が多い国から対策をとるべきだと思うんだ。

【資料２】　世界の二酸化炭素排出量（2015年）

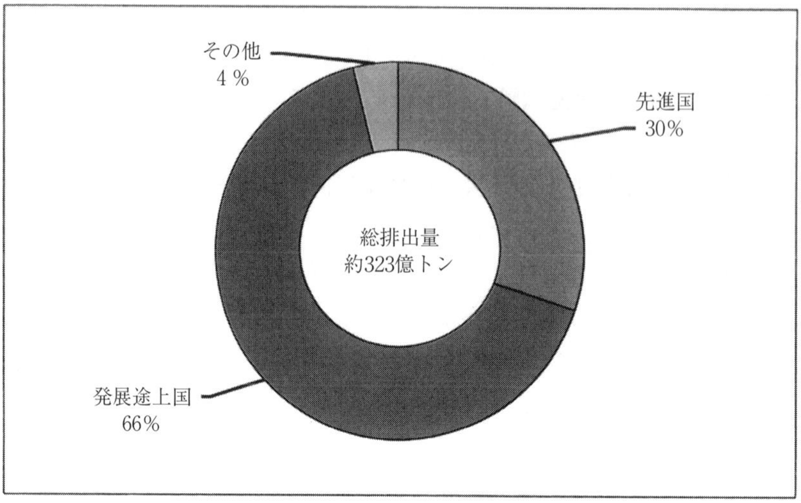

※環境省資料などから作成

華　子：排出量が多い国と言えば，例えばどのような国があるの？

京太郎：例えば，アメリカや中国などだよ。①先進国の二酸化炭素排出量の半分がアメリカのものだし，発展途上国の二酸化炭素排出量の約42％は中国のものだね。

問１　下線部①について，アメリカと中国の二酸化炭素排出量を解答欄にあわせて答えなさい。解答の際は，小数点以下を切り捨てて答えなさい。

華　子：こうした状況《じょうきょう》はずっと続いているの？

京太郎：そうだね。【資料３】によれば，1990年の時点で先進国グループと発展途上国グループの二酸化炭素排出量はほぼ同じで，その後はずっと発展途上国グループの二酸化炭素排出量の方が多いみたいだね。

華　子：うーん。確かにそうなんだけれども，別の見方もできるんじゃないかな？

京太郎：どういうこと？

華　子：例えば，②1990年の二酸化炭素排出量について，グループではなくて，一つの国あたりの平均で考えてみると，別の見方もできそうだなって思ったの。

【資料３】　世界における二酸化炭素排出量の推移

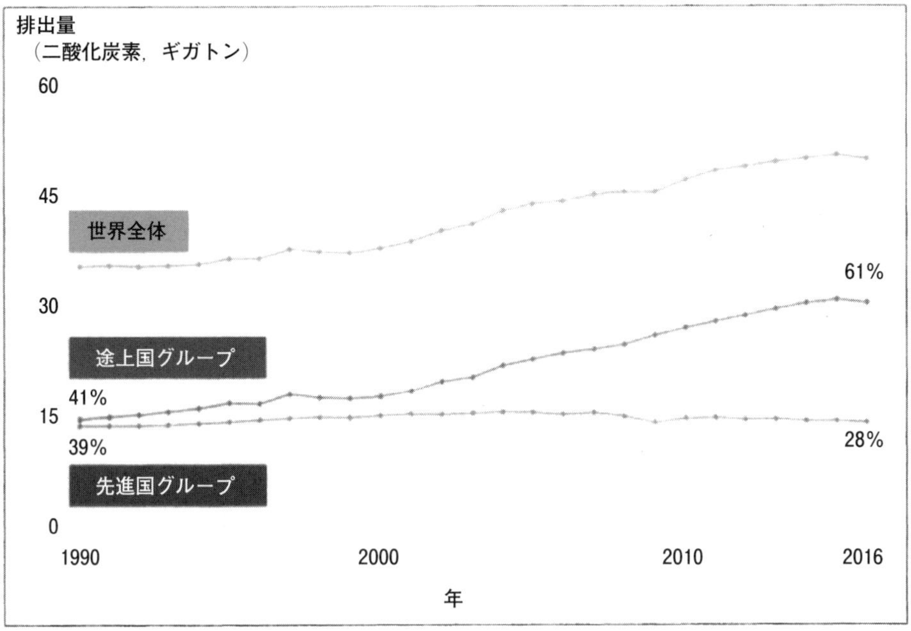

※鄭方婷氏(アジア経済研究所海外研究員)が算出・作成した表を一部改変

注：「途上国グループ」
国際連合機関などで発展途上国と位置付けられることの多い国々に中国を加えた約150カ国のグループを指す。

注：「先進国グループ」
OECD(経済協力開発機構)に加盟する約20カ国のグループを指す。

問２　下線部②について，華子さんの方法で【資料３】を読み取った場合，どのようなことが言えますか。その理由もあわせて説明しなさい。

京太郎：とにかく，地球温暖化への対策はよく考えないといけないね。その他に，反対の立場をとる人たちからはどんな意見が出ると思う？

華　子：例えば，原子力発電をやめてしまった場合，発電にかかる費用が高くなってしまう可能性はないのかしら？　【資料４】をみると，発電にかかる費用は原子力が一番安いみたいよ。

【資料４】　各発電にかかる費用①

	原子力	火力	水力
発電にかかる費用(/kWh)	5～6円	7～8円	8～13円

(発電にかかる費用は，発電所の建設費・燃料費・運転維持《いじ》費を合計して計算)

※『平成21年度エネルギーに関する年次報告(エネルギー白書)』より作成

京太郎：確かに【資料４】だと，原子力発電の費用が一番安いみたいだね。③けれども，【資料５】のように，原子力発電の費用の方が高いとする見方もあるみたいだよ。

【資料５】　各発電にかかる費用②

	原子力	火力	水力
発電にかかる費用(/kWh)	10.25円	9.91円	7.19円

※大島堅一『原発のコスト』(2011)より作成

問３　下線部③について，【資料５】では，【資料４】に含まれていない費用をいれて計算しているため，発電にかかる費用が高くなっています。どのような費用が含《ふく》まれていると考えられますか。次の【資料６】，【資料７】を読んで説明しなさい。

【資料６】　新聞記事①（2018年12月26日『朝日新聞』）

原子力施設《しせつ》の廃止費用1.9兆円　さらに膨《ふく》らむ恐《おそ》れも

日本原子力研究開発機構は26日，高速増殖《ぞうしょく》原型炉《ろ》もんじゅ（福井県）など原子力関連の79施設の廃止費用が少なくとも１兆９千億円に上るとの試算を発表した。施設の維持費やプルトニウムなど核《かく》物質の処理費は含まれておらず，実際にかかる費用は数千億円規模で膨らむ見通しだ。機構の予算の大半は国からの交付金に頼《たよ》っており，長期にわたり巨額《きょがく》の公費が投じられることになる。

注：「日本原子力研究開発機構」
　原子力に関する研究と技術開発を行う国立研究開発法人
注：「交付金」
　国などが特定の目的をもって支給するお金

【資料７】　新聞記事②（2021年8月18日『朝日新聞』）

電源三法交付金　UPZ自治体にも要望強まる

原子力発電所が立地する自治体などに国から支給される「電源三法交付金」について，新潟県や複数の自民党県議が東京電力柏崎刈羽《かりわ》原発の避難《ひなん》準備区域（５～30キロ圏内《けんない》，UPZ）のすべての自治体に交付するよう要望している。

〔中略〕

電源三法交付金は，1974年に施行された「電源三法」に基づいて立地自治体や隣接《りんせつ》する自治体に交付される。発電所などの設置や運転を円滑《えんかつ》にするのが目的だ。

京太郎：それぞれのデータの性質をちゃんと調べないといけないね。反対の立場をとる人たちから，あとはどんな意見が出そうかな？

華　子：あとは働く人たちの問題ね。原子力発電所やそれに関係する仕事をしている人たちは約５万人いるそうだけれど，この人たちは原子力発電所が廃止されたら仕事を失ってしまうよね。

京太郎：確かにそうだけれど，【資料８】によれば，原子力発電の代わりに再生可能エネルギーを導入すれば，それに関係する仕事が増えて，約59万人分の仕事が生まれるみたいだよ。

【資料８】　原子力発電を廃止したことによる雇用《こよう》への影響《えいきょう》①

<table>
<tr><td>ア</td><td>廃炉《はいろ》（原子炉施設の解体など）や再生可能エネルギー導入によって生じる雇用</td><td>34万人</td><td rowspan="2">（最大）
59万人</td></tr>
<tr><td>イ</td><td>波及《はきゅう》効果（アの影響で消費が増加したことによる，新たな雇用の創出）</td><td>25万人</td></tr>
</table>

※小野善康『エネルギー転換の経済効果』（2013）より作成

華　子：でも，【資料９】によると，原子力発電所を完全に廃止した場合，④<u>2030年には約486万人の失業者が出るそうよ。</u>

【資料９】　原子力発電を廃止したことによる雇用への影響②

原発比率（2030年度）	０％	15％	20～25％
失業者数	486万人	419万人	405～412万人

※日本経済団体連合会試算（2012）より作成

問４　下線部④について，【資料９】のように，なぜ原子力発電所やそれに関係する仕事に従事している人たち（約５万人）以上の失業者が出てしまうのでしょうか。【資料１】や【資料４】を参考にしながら，その理由を説明しなさい。

京太郎：確かに，働く人の問題は，もっと調べておかないといけないね。

華　子：⑤自分の意見を主張するときは，自分とは逆の意見を持つ人たちの意見も考えることが大事だね。あと，必ず根拠《こんきょ》となる資料やデータを調べることも必要だと思うよ。

京太郎：そうだね。発表をもっと良いものにするためにも，もう少し詳《くわ》しく調べてみよう。

問５　下線部⑤を踏《ふ》まえ，今回のテーマ(原子力発電所はすぐに廃止するべきか)に対する自分の意見を述べなさい。なお，次の【条件】にしたがって解答しなさい。

【条件】

◇解答欄＜１＞では，「廃止するべき」，「継続《けいぞく》するべき」のどちらかに○をつけること。どちらの立場をとるのかについては採点の対象にはならない。

◇解答欄＜２＞には，＜１＞の立場をとった理由を書くこと。

◇解答欄＜３＞には，自分の意見(＜２＞)を述べる際，根拠としてどのようなデータが必要になるのかを書くこと。問題文の【資料１】～【資料９】を使う場合は，その番号を書くこと。それ以外の場合は，どのようなデータが必要になるのかを具体的に説明すること。

2　次の**京太郎**さんと**華子**さんの会話を読んで，あとの問いに答えなさい。

華　子：この前ペットボトルのキャップを使って，アートを作ったというニュースを見たわ。

京太郎：ペットボトルは何からできているのだろう。たしか，プラスチックの一種だよね。

華　子：本体のボトルはポリエチレンテレフタラート(PET)，キャップはポリプロピレン(PP)，ラベルはポリスチレン(PS)というプラスチックで，それぞれ作られているよ。

京太郎：プラスチックにもいろいろな種類があるんだね。どんな違《ちが》いがあるのかな。

華　子：調べてみましょう。

【資料１】　各プラスチックの性質

	1 cm^3 あたりの質量(g)	燃え方の違い	その他の性質
PET	1.38～1.40	すすを出しながら燃える	透明《とうめい》で圧力に強い
PP	0.90～0.91	とけながら，激しく燃える	比較的《ひかくてき》，熱に強い
PS	1.05～1.07	すすを出しながら燃える	ガソリンにとける 発泡《はっぽう》スチロールの原料

問１　プラスチックの小片は見た目や硬《かた》さでは区別しにくいです。PET，PP，PSを見分けるには，どのような操作(実験)をして，どのような結果が出ればよいですか。２つの方法と結果を解答欄にあうように記しなさい。

華　子：プラスチックには「成形や加工がしやすい」，「軽い」，「さびない」，「衝撃《しょうげき》に強い」などの性質もあるよ。私たちの身のまわりには，これらの性質を利用したプラスチック製品が，たくさんあるよね。

京太郎：ペットボトルもそうだし，筆箱の中の定規も消しゴムもプラスチック製品だよ。プラスチックは石油から作られていると聞いたことがあるけれど，よく考えたら石油って，ガソリンや灯油とは違うのかな？

華　子：同じようだけど，少し違うね。石油は色々な成分が混ざった混合物で，主に石油ガス，ナフサ，灯油，軽油，重油と呼ばれる成分が含《ふく》まれているよ。私たちは，石油から分離《ぶんり》した成分を用途《ようと》ごとに使い分けていて，ほとんどのプラスチックは，そのうちの「ナフサ」という成分を原料にして作られるわ。

京太郎：灯油も軽油も重油も油だよね。どうやって分離するのかな。

華　子：【資料２】を見て。加熱した石油を精留塔《せいりゅうとう》の中に流し込むと，沸点《ふってん》の違いにより，それぞれの成分に分けられるのよ。このような分離の方法を分留《ぶんりゅう》というわ。ちなみに，沸点は液体が沸騰《ふっとう》し始める温度のことね。

【資料２】　石油の分留

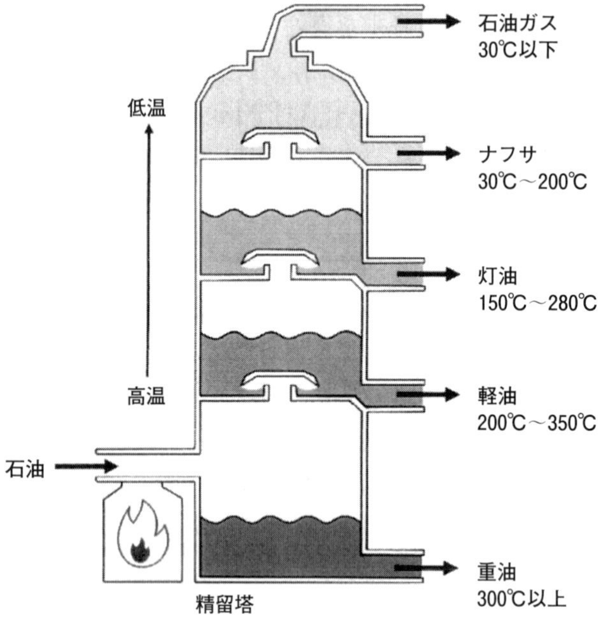

注：図中の温度はそれぞれの物質の沸点を示す。

問２　石油が分留される過程を沸点の違いに着目して説明しなさい。ただし，解答欄の書き始めに続けて記すこと。

華　子：プラスチックの原料に石油が使われていることを考えると，環境《かんきょう》問題や資源の有効利用についても意識しなければならないと思うわ。

京太郎：資源を無駄《むだ》にしないといえば，３Ｒ「リデュース」，「リユース」，「リサイクル」だよね。

華　子：よく知っているわね。プラスチックについての環境問題は世界中で注目されていて，日本でもレジ袋《ぶくろ》の有料化が始まったよね。

京太郎：この取り組みは，３Ｒでいえば，「(　ア　)」だね。

問３　３Ｒ「リデュース」，「リユース」，「リサイクル」のうち，(ア)にあてはまる語句を答えなさい。また，(ア)の活動について，レジ袋の取り組み以外に，あなたができることを１つ挙《あ》げなさい。

京太郎：プラスチックをリサイクルすることで，どのくらい石油の使用を減らすことができるのかな。

華　子：実際にリサイクルされたプラスチックのうち，36％くらいは石油と同じように，燃料として使われているらしいよ。

京太郎：ペットボトルが燃料として使われたとき，どのくらい石油の代わりになるかを考えてみよう。

【資料３】　ペットボトルの各部位の重さ

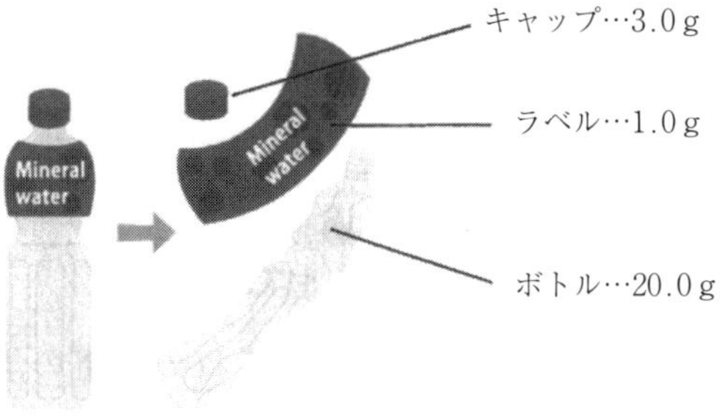

図の出典：日本容器包装リサイクル協会

【資料４】　プラスチック及《およ》び石油の燃焼時の発熱量

プラスチックの種類	1kgを燃焼させたときの発熱量
PET(ボトル)	約5500キロカロリー
PP(キャップ)	約10500キロカロリー
PS(ラベル)	約9500キロカロリー
石油	約12080キロカロリー

問４　何本のペットボトルを燃焼させれば，石油１kgを燃焼させたときと同等の発熱量が得られますか。

京太郎：思ったよりリサイクル効果が期待できるね。

華　子：あくまでも，発熱量だけどね。実際には，エネルギー効率とかを考える必要があるよ。それに，燃焼させるということは，二酸化炭素の排出《はいしゅつ》による温暖化や大気汚染など，他の環境問題も考える必要もでてくるよね。

京太郎：プラスチックに関わる環境問題には，海洋プラスチックごみ問題もあるよ。

華　子：プラスチックが自然界で分解されにくいため，マイクロプラスチックとして，長い間，海のごみとして残ってしまうんだよね。

京太郎：分解されないことが原因なら，分解されやすいプラスチックを作ればいいんじゃないかな。

華　子：実際に，微生物《びせいぶつ》の力で分解される生分解性プラスチックなど，新しいプラスチックが開発されているみたいだよ。

京太郎：これから，もっといろいろな特性をもったプラスチックがでてくるかもしれないね。

華　子：そういえば，2000年に白川英樹博士が電気を通すプラスチックを開発して，ノーベル賞を受賞したよね。

京太郎：それはすごいことだよね。いつかそんな発明がしたいな。

問５　プラスチックが電気を通すことで，どのようなことができるようになった，もしくは，できるようになると，あなたは考えますか。具体的な例を挙げ，その利点がわかるように答えなさい。

【適性検査Ⅲ】〈**第１回午前・適性検査型試験**〉（35分）〈満点：100点〉

1　次の図１のように，等間隔にたて５個，横５個に並んだ合計25個の点があります。**華子**《はなこ》さんと**京太郎**《けいたろう》さんはこれらの点から何個かの点を選び，それらを頂点とする多角形について話をしています。

<**図１**>

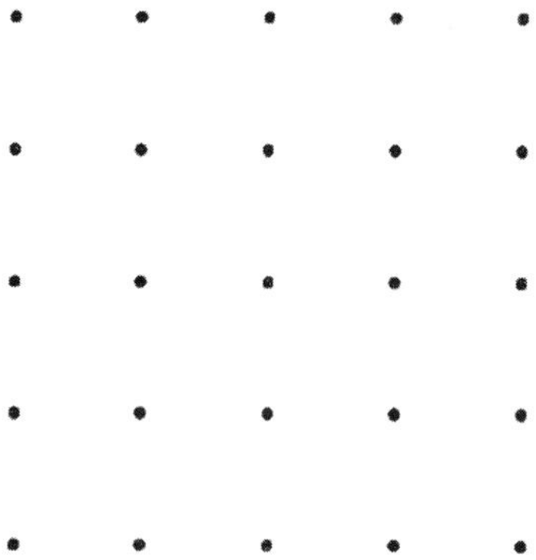

京太郎：たとえば，４個の点を選べば四角形ができるよね。

華　子：やってみましょう。

京太郎：あれ？　四角形にならない場合もあるね。

華　子：そうね。図２のように，点の選び方によって「①直線」,「②三角形」,「③四角形」になりそうね。

<**図２**>

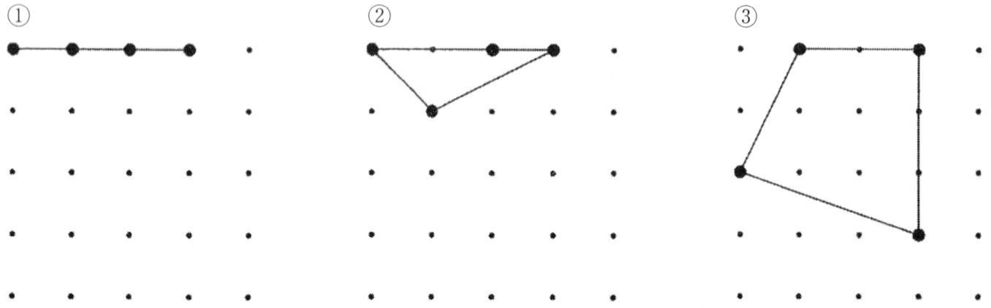

京太郎：図３のような場合もあるよ。これは四角形なのかな？

<**図３**>

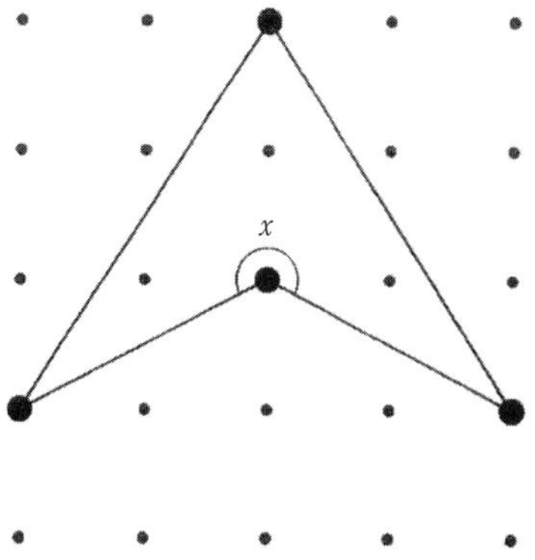

華　子：図２の③のような四角形とは違うけれど，４本の直線で囲まれていて，４つの頂点があ

るから，これは四角形ね。

京太郎：角 x のように角度が180度より大きくなると，へこんだ形になるんだね。

華　子：図２の③のような四角形を「へこみのない四角形」，図３のような四角形を「へこみのある四角形」と区別すると，４つの点を結んでできる図形は，「直線」，「三角形」，「へこみのある四角形」，「へこみのない四角形」になるのね。

京太郎：次は５つの点を選んでみよう。

華　子：いろいろな図形がかけそうね。

京太郎：そうだね。図４のように点を選ぶと，へこみのない五角形になるね。

＜図4＞

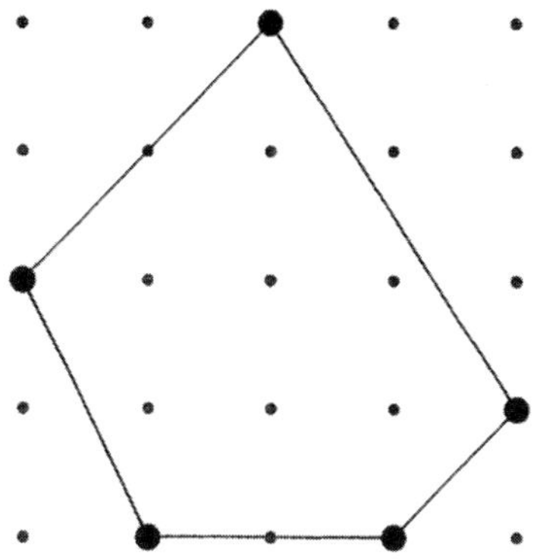

京太郎：この五角形の５つの角の和は何度になるのかな。

華　子：三角形の３つの角の大きさの和は知っているわよね。

京太郎：もちろんだよ。180度だよね。

華　子：そうね。三角形の３つの角の大きさの和をもとにすると，多角形の角の大きさの和を求めることができるわ。

問１　図４の五角形の５つの角の大きさの和は何度ですか。

京太郎：次はへこみのある五角形も調べてみようよ。

華　子：そうね。下の図５のような，へこみのある五角形の５つの角の大きさの和も，へこみのない五角形の５つの角の大きさの和を求めるときと同じように求められるわ。

＜図5＞

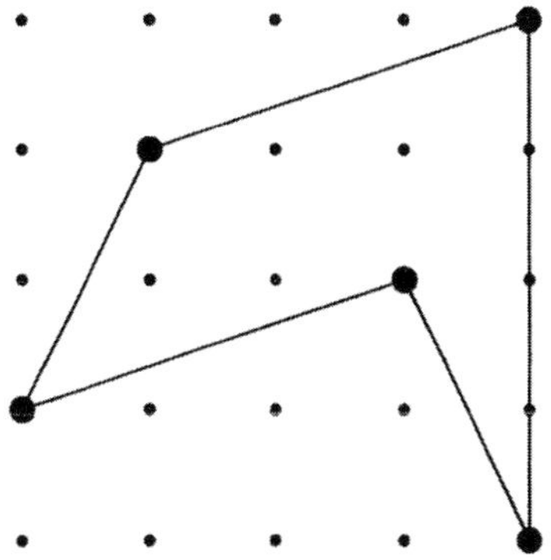

問２　図５の五角形の５つの角の大きさの和は何度ですか。

京太郎：もっといろいろな図形についても調べてみようよ。

問3　角の大きさの和が1440度である多角形は何角形ですか。また，25個の点からいくつかの点を選び，角の大きさの和が1440度の多角形をひとつかきなさい。

京太郎：次は，多角形の面積について調べてみよう。たて5個の点と横5個の点の間隔はそれぞれ2cmだよ。

華　子：下の図6はへこみのない六角形ね。面積を求めてみましょう。

＜図6＞

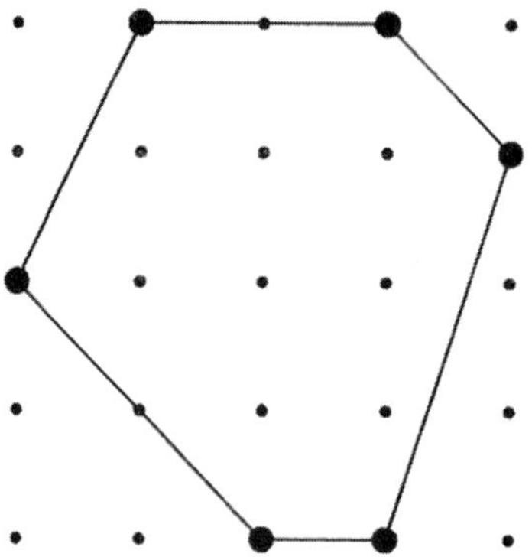

京太郎：面積は44cm^{2}だね。

華　子：どうやって求めたの？

京太郎：六角形をいくつかの正方形と三角形に分けて，面積を足し合わせたよ。

華　子：それはいい方法ね。大きい長方形の面積から，三角形の面積を引いても求められるわね。

京太郎：どちらの方法でも面積は求められるね。

問4　25個の点から5つの点を選び，面積が42cm^{2}で，へこみのない五角形と，へこみのある五角形をそれぞれひとつずつかきなさい。

2　**華子**さんと**京太郎**さんは買い物をしています。この問題では消費税を考えないものとします。

華　子：京太郎さん，果物をたくさん買ったのね。

京太郎：お母さんにおつかいを頼まれたんだ。

華　子：どれくらい買ったの？

京太郎：1個57円のみかんと1個90円のりんごをそれぞれたくさん買って，1542円だったよ。

華　子：みかんとりんごはそれぞれ何個買ったの？

京太郎：たくさんで忘れちゃったよ。袋から出さないと確認できないなあ。

華　子：じゃあ計算して求めてみましょう。

京太郎：57と90をそれぞれ何倍かして，足し合わせると，1542になる場合を考えるんだよね。計算が大変じゃない？

華　子：一の位に注目すれば，求めやすいわよ。

問1　京太郎さんが購入《こうにゅう》したみかんとりんごの個数をそれぞれ求めなさい。

京太郎：最近，ポイントカードにポイントを貯められるお店や，会員証を出すと割引されるお店が増えたね。

華　子：そうね。昨日私が行ったスーパーマーケットAでは，全品10%引きセールをやっていて，レジで割引券を見せるとその金額からさらに10%引きされるキャンペーンをやっていたわ。

京太郎：すごいお得だね。２つの割引を合わせて20%引きになったの？

華　子：店員さんに聞いたら，20%引きにはなっていないと言われたわ。10%引きの金額からさらに10%引きした金額は，20%引きした金額とどれくらい違うのかしら。

問２　定価1200円の商品を10%引きし，さらにその金額から10%引きした金額をX円とし，定価から20%引きした金額をY円とします。X円とY円ではどちらのほうが何円安くなりますか。解答欄のXとYのどちらかに○をつけ，金額を答えなさい。

京太郎：家にこんな広告が届いていたよ。

スーパーマーケットＢ　８月のお買い得情報

ポイントカードをご提示いただければ，支払い金額100円につき１ポイントが貯まります。

３のつく日はお買い得！

８月３日	**ポイント10倍**
８月13日	**お買い上げ金額より10%引き**
８月23日	**ポイント20倍**
８月30日	**お買い上げ金額より５%引き**
８月31日	**ポイント30倍**

※ポイントは次回のお買い物以降に１ポイントあたり１円でご利用いただけます。

※８月13日と８月30日にポイントを使う場合は，割引された後の金額から引かせていただきます。

華　子：これはお得ね。例えば８月13日に1000円分購入したら，10%引かれた900円が支払い金額になるのね。

京太郎：そうだよ。100円で１ポイントだから，このお買い物では９ポイントが貯まるよ。

華　子：８月３日の支払い金額が1000円のとき，100ポイント貯まるのね。

京太郎：そうだね。ポイントを貯めたいときはポイントが何倍かされる日に買い物をすればお得だね。例えば８月３日の支払い金額が1057円のとき，10倍される前のポイントは10ポイントだから，支払い金額が1000円のときと同じように100ポイント貯まるね。

華　子：８月３日に100ポイント貯まったとき，支払った金額は1000円とは限らないのね。

問３　京太郎さんはスーパーマーケットＢで８月23日に支払い金額が1300円の買い物をし，８月31日にも買い物をすると，合計で950ポイント貯まることがわかりました。８月31日に支払う金額はいちばん多くて何円ですか。ただし，はじめにポイントカードに貯まっているポイントは０ポイントで，８月31日の買い物では購入時にポイントを使わないものとします。考え方や式も書きなさい。

華　子：８月限定で，１日１個までしか買えない商品があって，全部で２個欲しいのよ。どの日を選んで買いに行けば，支払う金額がいちばん少なくなるかしら。

京太郎：ポイントがたくさん貯まる日に買い物をしても，貯まるポイントはその買い物では使えないんだよね。

華　子：そうね。ポイントがたくさん貯まる日に買い物をするなら，１回目にした方がよさそうね。

問４　１個1200円の商品を，広告の中の日付のうちの２日に分けて１個ずつ購入するとき，何日と何日に購入すれば支払う金額がいちばん少なくなりますか。購入する日と２日で支払う合計金額を答えなさい。ただし，はじめにポイントカードに貯まっているポイントは０ポイントとします。考え方や式も書きなさい。

上」の最も大きな要因を、【資料】のことばを使って答えなさい。

4．あなたはネット炎上の最も大きな要因を、どのようなことだと考えますか。次の条件にしたがって答えなさい。

・三五〇字以上四〇〇字以内で書きなさい。
・段落は二～四段落の構成で書きなさい。
・具体例を交えて書きなさい。

ンしていた間、自宅隔離《かくり》していた人々が作成した動画がフェイスブックなどを賑《にぎ》わしていました。日本でも外出を自粛する人たちのコミュニケーションツールとして、平時にも増して機能していたようです。

しかしその最中、プロレスラーの女性が自ら命を絶つ事件がありました。緊急事態宣言が解除される数日前のことですが、SNSを通じ、出演していたテレビ番組の内容をもとにした誹謗中傷が起きたのが要因だったと見られています。

匿名での投稿が可能なSNSは、書き込みに対する責任のタガが簡単に外れやすいものです。特に自粛期間という社会的縛《しば》りを強《し》いられる中、人の内面に溜《た》まった不安や欲求不満が爆発《ばくはつ》し、SNS上に心無い言葉として表現された可能性もおおいにあります。

日本のような世間体《せけんてい》の戒律《かいりつ》が厳しく、空気を読む必然性が高い国だと、普段《ふだん》思っていることをなかなか言語化できない。お酒の力を借りてやっと本音を言えるような環境《かんきょう》にあるからこそ、日本におけるSNSの使い勝手は、普段から言いたいことを言語化できているほかの国々とはどこか違《ちが》っているように感じられるのです。

一方、我家《わがや》のイタリア人義父母などは、しょっちゅう夫婦喧嘩《ふうふげんか》をしていますし、私も夫とネット越《ご》しだろうと、ガミガミやりあいます。大抵《たいてい》、私のほうが「これ以上話しても無理だ」と押《お》し黙《だま》るわけですが、夫はそれを「言語化への拒絶《きょぜつ》」と指摘します。「君はどうしてそんなにすぐに会話を遮断《しゃだん》するんだ」というので「会話じゃない、これは喧嘩《けんか》だ」と答えれば「喧嘩も立派なコミュニケーションであり、お互《たが》い思っていることをしっかり相手に伝えない限り何も解決しない」というわけです。

日本が西洋化する前までは、すべてを言葉に置《お》き換《か》えるわけではない日本人の精神性に見合った、それなりに柔和《にゅうわ》な社会環境があったはずだと思います。しかし、近代になって「誰でも自由に思ったことを発言するのが＊デモクラシー」という西洋式習慣が推奨《すいしょう》されるようになった一方で、肝心《かんじん》の日本人がいまだに言語のもつ凶暴性《きょうぼうせい》を扱《あつか》い慣れていない。

もちろんSNS特有の無責任性と凶暴性は世界共通の問題ですが、言語の取り扱いに慣れていないという日本人の性質が、頻繁《ひんぱん》に起こるネット上の炎上に表れているような気がしてなりません。

（ヤマザキマリ『たちどまって考える』による）

（注）

ネット炎上……ある人物や企業が発信した内容や行った行為について、インターネット上で批判的なコメントが殺到《さっとう》する現象。

リツイート……ツイッターにおいて他人の投稿を拡散したり、引用して再投稿すること。

フォロワー……特定のユーザーの更新状況《こうしんじょうきょう》を手軽に把握《はあく》できる機能設定を利用し、その人の活動を追っている者のこと。

キュレーション……特定の視点で収集、選別、編集した情報をインターネット上で新たに公開すること。

PV数……ページビュー数。ユーザーがページを閲覧した回数。

インフルエンサー……世間や人の思考・行動に大きな影響を与える人物のこと。

デモクラシー……民主的であること。

1. ――線部1に「最も炎上を……マスメディアなのである」とありますが、なぜ「マスメディア」が「最も炎上を巨大に、深刻なものにする」と筆者は考えているのですか。【文章Ⅰ】のことばを使って、百字以内でわかりやすく説明しなさい。

2. ――線部2「非実在型炎上」とはどのような「炎上」ですか。【文章Ⅱ】のことばを使って、百字以内で説明しなさい。

3. 【資料】において、筆者が考える現代の日本に特有の、「ネット炎

１日で１万５０００件以上というのは驚異《きょうい》的《てき》な数字である。これはあくまで投稿されている数なので、それを見ている人はもっと多いだろう。私自身、ＳＮＳ上で「こんなハッシュタグが流行《はや》っているらしい」と話題にしている人を多く見た。

「『東京脱出』というハッシュタグ（検索ワード）が拡散されている」と報じられていたが、それは誰《だれ》がどのように拡散していたのだろうか。確かに、たった28件でも拡散されているというのは嘘《うそ》ではない。また、記事の注意喚起《かんき》は確かに重要な視点である。しかし、ツイッターで多く拡散されていて、そういった考えの人が多く存在するというイメージを抱《いだ》かせるのは、果たして報道の在り方として正しいのだろうか。

その後、県外からの来訪に反対する動きが強まり、県外から来訪している人の自動車に対して煽《あお》ったり落書きしたりといった悪質な迷惑《めいわく》行為を行う「県外ナンバー狩《が》り」というものが話題になった。県外ナンバーの車を積極的に通報するような動きもあったらしい。

タイミングなどを考えれば、この「東京脱出」記事と、その後の類《るい》似《じ》記事をもとにした「東京脱出」という話題の拡散が、このような行為に影響を与《あた》えていた可能性も否定できない。

このような「作り上げられた炎上」の例はほかにもある。国民的アニメであるサザエさんの事例を見てみよう。

２０２０年４月26日のサザエさん放送において、磯野《いその》家がＧＷにレジャーに行く計画を立てたり、動物園を訪《おとず》れたりしたという内容が流れた。これに対し、「コロナで自粛《じしゅく》の中、ＧＷに出掛《でか》ける話なんてサザエさん不謹慎《ふきんしん》過ぎ！」などの批判が付き、炎上したと報じられた。

しかし、この件を最初に「デイリースポーツ」が報じて以降、むしろ前記のような批判に対する批判の投稿が相次いだ。「フィクションまで自粛しろというのか」「こんなことを本気で言っているならヤバい」「世の中息苦しい」などの声が多く投稿されたのである。

さらに著名人にもこうした批判に対して苦言を呈《てい》する人が現れ、それが拡散、多くのネットメディア・まとめブログが記事として取り上げるに至った。

確かに、アニメの登場人物がＧＷ中に外出しようとしただけで「不謹慎」と指摘《してき》されるのは、非常に窮屈《きゅうくつ》だと感じられる。これまでも何度か触《ふ》れている、いわゆる「不謹慎狩り」のようだ。

しかし、これも鳥海氏がツイートを分析した結果、なんと、サザエさんが放送されてから最初にメディアで取り上げられるまでの数時間で、「不謹慎だ」と言って批判していた人は「たった11人」しかいなかったらしい。事実、その後のツイートを私が確認《かくにん》しても、「不謹慎狩り」を批判する内容は大量に投稿されていたが、サザエさん自体を不謹慎な内容だと批判する投稿は、ほとんど皆無《かいむ》であった。

たった11人の批判で炎上が発生し、さらにその炎上に対する批判がこれほど盛り上がるというのは、不可解な話だ。しかし現実にツイート数が急増していたことは、ヤフー！リアルタイム検索で見たツイート数推移からも明らかである。

これを見ると、『サザエさん』放送時にはほとんど投稿されていなかった「サザエ　不謹慎」を含《ふく》むツイートが、最初にメディアで報道されてから急増し、さらにその後＊インフルエンサーがそれらの記事に言及《げんきゅう》したことで、瞬《またた》く間に広まっていったことが分かる。

「極端な人」が近年ネットで大きな力をふるうようになったのは事実だ。しかし、このように時としてメディアが作り上げたような、幻想《げんそう》の「極端な人」による騒動《そうどう》も存在するのである。

【資料】

今現在、過去のパンデミックにはなかったものがいくつか存在しています。たとえばＳＮＳもその一つです。世界の大都市がロックダウ

業などに大きな影響《えいきょう》が出ることは少ない。どんなにリツイートされてもそれを閲覧《えつらん》する人は限られているのだ。

では、大きな影響が出始めるのがどこからかというと、ネットメディアやまとめサイトで取り上げられてからである。ネットメディアとは、マスメディアの報道や独自取材をもとにしたオンライン上のメディアである。まとめサイトとは2ちゃんねる（現5ちゃんねる）やツイッターの投稿をまとめたサイト、あるいは「ＮＡＶＥＲまとめ」のような＊キュレーションメディアを指す。

いずれも中には月間＊ＰＶ数が1億を超《こ》えるものもあり、閲覧者は多い。このようなサイトの運営者は、ＰＶ数を稼《かせ》ぐことで広告収入を得ているため、過激なタイトルをつけたり、偏《かたよ》った見方で何かを叩《たた》く記事を書いたりすることも多い。

しかしながら、1最も炎上を巨大《きょだい》に、深刻なものにするのは、ネットメディアでもなければまとめサイトでもない。実は、テレビなどのマスメディアなのである。

ここに興味深い研究結果がある。帝京大学准教授《じゅんきょうじゅ》の吉野ヒロ子氏による炎上認知《にんち》経路に関する分析《ぶんせき》の結果、炎上を知る経路として最も多かったのはテレビのバラエティ番組（58・8％）だったのだ。一方、ツイッターは23・2％に留まっている。

つまり、炎上とはネット上の現象であるにもかかわらず、実際にはマスメディアが最も広く拡散させて「極端な人」に情報を届けているということがいえる。さらに、マスメディアは、炎上したことを取り上げてより厳しく追及《ついきゅう》する役割も果たしている。

【文章Ⅱ】

東京大学准教授の鳥海不二夫氏は、マスメディアが炎上を作り上げてしまう「2非実在型炎上」に警鐘《けいしょう》を鳴らす。

例えば、新型コロナウイルスの不安真《ま》っ只中《ただなか》の２０２０年4月7日、「＃東京脱出《だっしゅつ》」というハッシュタグが拡散されていると、以下のように朝日新聞で報じられた。

ツイッターでは「東京脱出」というハッシュタグ（検索《けんさく》ワード）が拡散されている。

だが、ウイルスを地方に運び、そこで広げてしまえば、新たなクラスター（感染者《かんせんしゃ》集団）を生んでしまうおそれも否定できない。専門家は注意を呼びかけている。

当時は東京都で感染者が急増している時期で、緊急《きんきゅう》事態宣言が出されて外出が難しくなる東京を離《はな》れ、地方に脱出しようとする人がこのようなハッシュタグを拡散しているというわけだ。

記事内では、女子学生が東京から静岡に帰省した結果、家族に感染させてしまった事例などを紹介《しょうかい》している。そのうえで、感染者が多く報告される首都圏《しゅとけん》からの移動によって地方でもクラスターが発生してしまう危険性があるとし、そのような動きに対して注意を呼びかけている。

なるほど、確かにそのようなハッシュタグを拡散し、緊急事態宣言下の東京から脱出して地方で自由を謳歌《おうか》しようなどと呼びかけていたら、問題行為といえるだろう。

しかし、鳥海氏のツイッター分析結果は、この「東京脱出」の意外な真実を浮《う》き彫《ぼ》りにした。何と、そのようなハッシュタグは、4月7日7時に記事が配信され、それが朝日新聞の公式ツイッターアカウントで通知されるまで、たった28件しか投稿・拡散されていなかったのである。その一方で、記事配信以降たった1日で、なんと1万５００件以上の投稿・拡散があったのだ。

二〇二二年度 京華中学校

【適性検査Ⅰ】〈第一回午前・適性検査型試験〉 （五〇分）〈満点：一〇〇点〉

一 次の1～10の――線部のカタカナは漢字に直し、漢字は読みをひらがなで、それぞれ答えなさい。

1. 失敗をネントウに置いて行動する。
2. 金属のセツゴウ部分からさびてくる。
3. 駅前にドウゾウが建つ。
4. 風にゆれるハタ。
5. 小学校の時の友人と会わなくなってヒサしい。
6. 私が間違《まちが》っていたら、その都度教えてください。
7. 正月に父から訓示を受ける。
8. 自転車で日本を縦断する。
9. 新入社員を採る。
10. 海岸線に沿って進む。

二 次の【文章Ⅰ】・【文章Ⅱ】はともに、山口真一著『正義を振《ふ》りかざす「極端《きょくたん》な人」の正体』の一節です。【文章Ⅰ】・【文章Ⅱ】と【資料】を読んで、あとの問いに答えなさい。

【文章Ⅰ】

ネットで誹謗《ひぼう》中傷が起こると、すぐにマスメディアでは「ネットが悪い」「匿名《とくめい》は害悪」「ネットでの誹謗中傷対策をしなければいけない」「ネットを規制すべき」などと報じられる。実際、私がメディアに出演していても、そのような論調に持っていきたいという圧力を感じることがある。

確かに、これまで見てきたように、ネットの持つ根源的な特徴《とくちょう》が、ネット上に誹謗中傷や極端な意見を蔓延《まんえん》させてしまっているのは事実である。

しかし、実は多くの場合、＊ネット炎上《えんじょう》などの多くの誹謗中傷や批判が集まる事例では、その背後にマスメディアがあるということを忘れてはいけない。

〈中略〉

炎上のメカニズムを簡単に述べるとこうだ。まず、企業《きぎょう》や人が行った行為《こうい》や発言について、それを不快に思う人が批判的に拡散を行う。ここでいう行為や発言は、ネット上のものに限らず、テレビでの発言や企業の不正行為など、多岐《たき》にわたる。火種が投下された状態といえるだろう。

次に、＊リツイートなどにより情報が徐々《じょじょ》にいきわたっていくと、批判的なことを非常に多く書《か》き込《こ》む一部の「極端な人」の目に留《と》まる。そうすると書き込み数は増加し、批判が集中――炎上が始まる。さらにそれがSNSで拡散されていき、いよいよ本格的に炎上ということになる。

先ほども述べたように、怒《いか》りの感情を伴《ともな》った投稿《とうこう》は、＊フォロワー数の多い人であるほど拡散してしまいがちである。そして、フォロワー数1万人を抱《かか》える人が1回リツイートボタンを押《お》して情報を拡散するだけで1万人に伝わり、そこからさらに拡散が繰《く》り返《かえ》されていくのだ。

しかし実は、ここまで見てきたようなSNS上の炎上拡散では、企

2022年度 京華中学校 ▶解答

※　編集上の都合により，第１回午前・適性検査型試験の解説は省略させていただきました。

適性検査Ⅰ　<第１回午前・適性検査型試験>（50分）<満点：100点>

解答

一　**1～5**　下記を参照のこと。　**6**　つど　**7**　くんじ　**8**　じゅうだん　**9**　と(る)　**10**　そ(って)　二　**1**　(例)　ネット上の現象であるにもかかわらず，マスメディアが最も広く情報を拡散し，批判的なことを非常に多くネット上に書きこむ一部の人に届ける上に，炎上したことを取り上げてより厳しく追及する役割も果たすから。　**2**　(例)　実際には少数の人しか投稿していない情報を，あたかも多くの人が投稿し，同じ考えの人が多く存在するというイメージをマスメディアが受け手に抱かせることによって発生する，つくり上げられた炎上。　**3**　(例)　自由に発言するのが民主的であるという西洋式習慣が推奨されるようになったのに，言語の凶暴性を扱い慣れていないという日本人の性質。　**4**　下記の作文例を参照のこと。

二　**4**　(例)

　ネット炎上の最も大きな要因を、私は日本人特有の群れたがる気質だと考える。文章Ⅰや文章Ⅱのとおり、炎上を大きくする最大の原因は拡散力を持つマスメディアだろうが、問題発言などをした企業や個人への批判に同調する人が少なければ炎上はしないからだ。

　もともと多民族国家ではなく、集団を乱さない規律を大切にしてきた日本では、異質なものをはい除しようとする向きがある。物議をかもしそうな発言や画像をわざと投稿してアクセス数をかせごうとする、いわゆる「炎上商法」も、群れたがる日本人の気質をたくみに利用しているといえる。多人数で特定の対象を批判することでみょうな一体感も生まれ、投稿のたびに炎上するタレントもいる。とく名でよい気楽さも手伝って批判は増えていくが、批判する側に立つことで優越感を抱き、ストレス解消をする人もいるだろう。

　安全に気持ちよくインターネットを利用するため、自分を律することも必要だと思う。

●漢字の書き取り

一　**1**　念頭　**2**　接合　**3**　銅像　**4**　旗　**5**　久(しい)

適性検査Ⅱ ＜第１回午前・適性検査型試験＞（50分）＜満点：100点＞

解答

1 **問１**　（アメリカ）48（億トン），（中国）89（億トン）　**問２**　（例）　途上国グループは150カ国で構成されるのに対して，先進国グループは20カ国で構成されているため，一つの国あたりの平均で考えた場合，1990年の二酸化炭素排出量は，途上国よりも先進国の方が多いといえる。
問３　（例）　原子力に関する研究と技術開発を行っている日本原子力研究開発機構に払われている国からの交付金や，原子力発電所が立地する自治体などに交付される電源三法交付金が含まれていると考えられる。　**問４**　（例）　発電にかかる費用は，原子力発電よりも火力発電の方が高いため，原子力発電をやめて火力発電にきりかえると，電気料金は高くなる。そのため，電気を多く使う工場などは負担が重くなり，倒産する会社があらわれると考えられるから。　**問５**　（例）　廃止するべき／原子力発電は二酸化炭素の排出量が火力発電に比べて少なく，クリーンなエネルギーだといわれるが，事故が起こったときの被害は大きく，廃炉のためにも大きな費用が必要となるから。／【資料６】および「福島第一原子力発電所の事故が起こった際の被害総額」に関するデータ（継続するべき／現在の日本では再生可能エネルギーの発電量が少なく，原子力発電を止めてしまうと，火力発電に頼らざるをえない。そうすると，二酸化炭素排出量を減らすことがむずかしい。また，多くの失業者が生まれると考えられるから。／【資料１】および【資料９】）
2 **問１**　（例）　**方法１**…各プラスチック小片を火にかける。　**結果１**…PPのみすすがでないので，PPを判断できる。／**方法２**…各プラスチック小片をガソリンに漬ける。　**結果２**…PSのみとけるので，PSを判断できる。　**問２**　（例）（加熱した石油が，精留塔の中に入ると，）沸点が高いものは液体として取り出され，沸点が低いものは気体となり，上部へ押し出される。上部にいくと温度が低くなるので，その場所の温度で沸点に達している物質は気体のまま さらに上部に押し出されるが，沸点に達しない物質は液体として取り出される。これらが繰り返され，成分が分離される。　**問３**　リデュース／**あなたができること**…（例）　マイボトルを持参すること。　**問４**　80本　**問５**　（例）　液晶のタッチパネルやタッチペンをプラスチックでつくることができるようになった。利点としては，軽量化や様々な形のものがつくれるといったことがあげられる。

適性検査Ⅲ ＜第１回午前・適性検査型試験＞（35分）＜満点：100点＞

解答

1 **問１**　540度　**問２**　540度　**問３**　十角形／**図**…（例）　右の図１　**問４**　（例）　**へこみのない五角形**…右の図２，**へこみのある五角形**…右の図３

図１
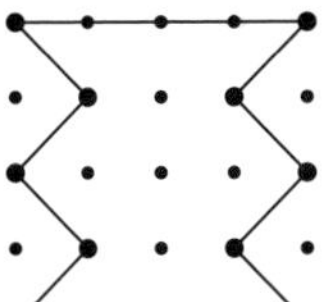

図２
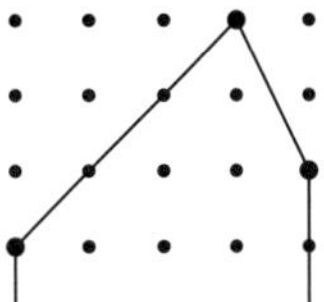

図３
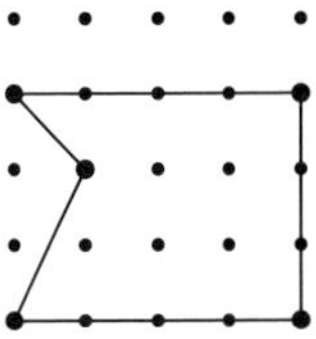

2 **問１** **みかん**…16個，**りんご**…７個　**問２** Ｙの方が12円安い　**問３** 2399円　**問４** 23日と30日に購入し，合計金額は2100円

2021年度　京 華 中 学 校

〔電　話〕(03) 3946－４４５１
〔所在地〕〒112-8612　東京都文京区白山５－６－６
〔交　通〕都営地下鉄三田線―「白山駅」より徒歩３分

【算　数】〈第１回午前試験〉（50分）〈満点：100点〉

1　次の $\square$ の中にあてはまる数を求めなさい。

(1)　$(3\times34-24)\div3=\square$

(2)　$5-\frac{4}{5}\times\frac{3}{8}+7.2=\square$

(3)　$2\frac{5}{8}\div12\div2\frac{1}{4}=\square$

(4)　$2.34\div0.9+1.25\times1.8=\square$

(5)　$987-(\square-65\times4)\times3=21$

2　次の問いに答えなさい。

(1)　十の位で四捨五入すると2000になる整数の中で，いちばん大きい数を求めなさい。

(2)　12と18の公倍数の中で400にいちばん近い数を求めなさい。

(3)　日の出が午前６時47分で日の入りが午後４時39分のとき，日の出から日の入りまでの時間は何時間何分ですか。

(4)　Ａ地点から2400m離《はな》れたＢ地点まで，時速４kmで歩くと何分かかりますか。

(5)　ある品物を定価の２割引きで買ったところ，代金は600円でした。この品物の定価は何円でしたか。

(6)　りんご４個とみかん３個の代金は620円で，りんご８個とみかん５個の代金は1180円です。りんご１個の値段は何円ですか。

(7)　太郎君と次郎君は双子の兄弟で，さらに，５歳《さい》年下の弟と３歳年上の兄がいます。現在，４人の年齢《れい》を合計すると54です。太郎君は何歳ですか。

(8)　Ｋ中学校の１年生120人に，兄や姉がいるかどうかを聞いたところ，兄がいる生徒は63人，姉がいる生徒は32人，兄も姉もいる生徒は16人でした。兄も姉もいない生徒は何人ですか。

3　次の問いに答えなさい。

(1)　下の図１で，四角形 ABCD の面積は何 cm^{2}ですか。

図１

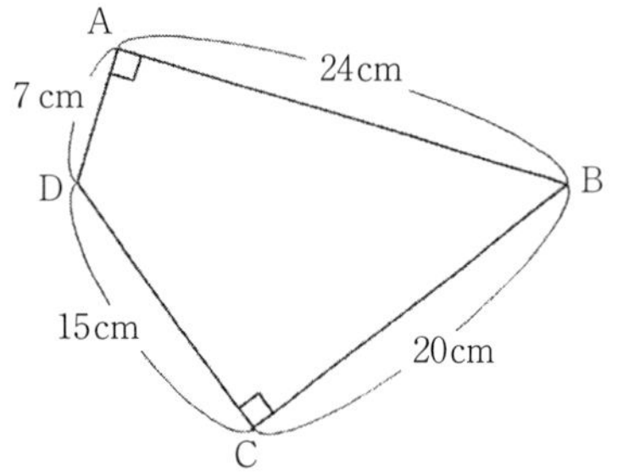

図２

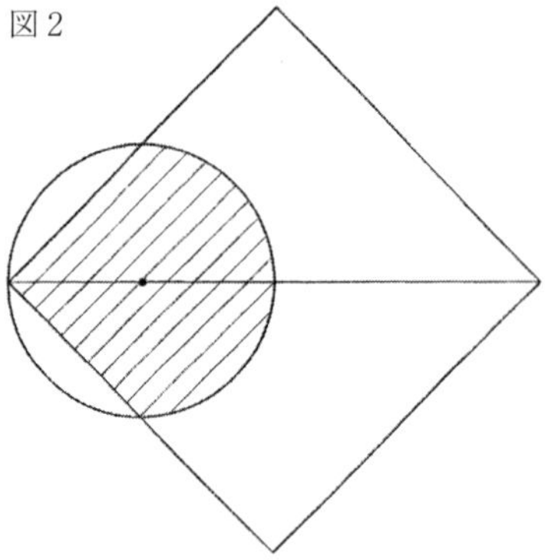

(2)　上の図２のように，半径２cm の円と対角線の長さが８cm の正方形を重ねました。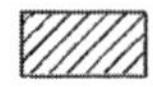 の部分の面積は何 cm^{2}ですか。ただし，円周率は3.14とします。

(3)　下の円グラフは，太郎君の１日の生活時間の割合を表したものです。家で勉強した時間は何時間何分ですか。

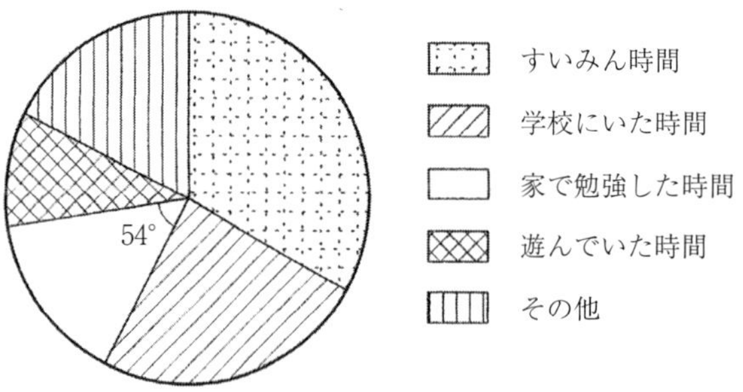

4　太郎君と次郎君は１周200m のコースを10周する競走をしました。はじめは太郎君がリードしていましたが，途中で次郎君が抜いて，そのまま次郎君が先にフィニッシュしました。右の表は，そのときの１周ごとにかかった時間を表しています。

次の問いに答えなさい。

(1)　はじめの1000m の太郎君の平均の速さは分速何 m でしたか。

(2)　次郎君が太郎君を抜いたのは何周目ですか。

	太郎	次郎
１周目	45秒	50秒
２周目	50秒	50秒
３周目	50秒	50秒
４周目	50秒	52秒
５周目	55秒	52秒
６周目	55秒	52秒
７周目	55秒	52秒
８周目	55秒	52秒
９周目	55秒	52秒
10周目	50秒	50秒

5　右の図は，正十角形を２本の対角線で五角形と三角形と六角形に分けたものです。

次の問いに答えなさい。

(1)　xの角の大きさは何度ですか。

(2)　六角形の面積は五角形の面積の何倍になりますか。

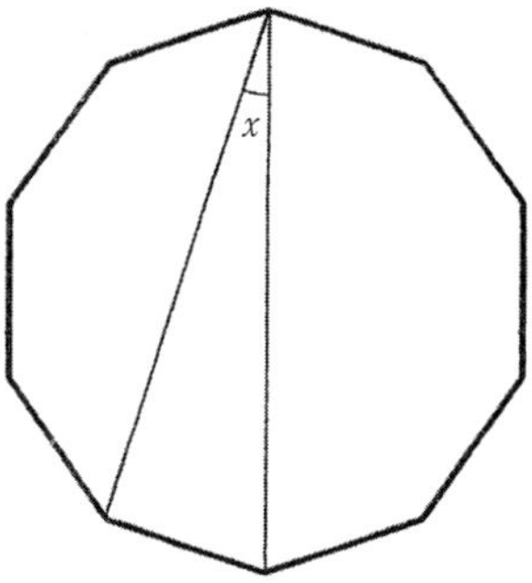

6　下の図のような，１辺が10cmの立方体と１辺が20cmの立方体を組み合わせた形の容器があります。この容器に，容積の$\frac{2}{3}$にあたる量の水を入れて，平らな床の上に置きます。

次の問いに答えなさい。

(1)　容器に入れる水の量は何cm^3ですか。

(2)　床から水面までの高さは何cmになりますか。

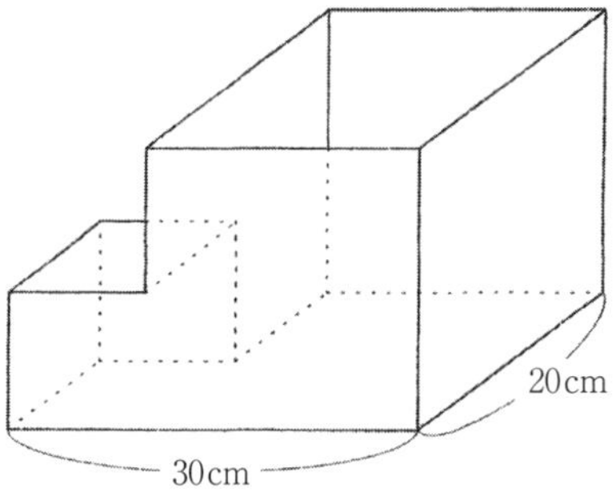

7　２桁《けた》の整数を次の４つのグループに分けます。

Ａグループ…４で割ると１あまる整数
Ｂグループ…４で割ると２あまる整数
Ｃグループ…４で割ると３あまる整数
Ｄグループ…４で割り切れる整数

Ａグループ	Ｂグループ	Ｃグループ	Ｄグループ
	10	11	12
13	14	15	16
17	18	19	20
⋮	⋮	⋮	⋮
⋮	⋮	⋮	⋮
⋮	⋮	⋮	96
97	98	99	

次の問いに答えなさい。

(1)　Ａグループの整数は何個ですか。

(2)　Ｄグループの整数の和を求めなさい。

(3)　各グループの整数の和を，小さい順に［ア］，［イ］，［ウ］，［エ］とするとき，［エ］と［イ］の差を求めなさい。

【社　会】〈第１回午前試験〉（理科と合わせて50分）〈満点：50点〉

1　次の(1)～(5)は歴史上の人物に関する文です。これらの文を読み，あとの問いに答えなさい。

(1)　朝廷と深いつながりがあることもあり，主君に重く用いられた。①近江《おうみ》国の城主にもなり，丹波《たんば》の地を攻めることにも力をつくした。本能寺の変で主君に謀反《むほん》をおこし，②山崎の戦いで負けた。

(2)　桶狭間の戦いで駿河《するが》国の大名を倒して天下に名をとどろかせた。将軍の足利義昭を利用し，権力を握《にぎ》っていった。③延暦寺の焼き打ちを行った。④室町幕府をほろぼしたが，家臣の謀反にあい，倒れた。

(3)　大内義隆の家臣である陶晴賢《すえはるかた》を破り，周防《すおう》国，長門《ながと》国を支配し，その後A出雲《いずも》国(現在の島根県東部)の尼子《あまご》氏を倒して10か国を治めた。息子たちに聞かせたと言われている，⑤「三本の矢」の教えは広く知られている。

(4)　戦国末期に⑥奥州をほぼ平定した。B関ヶ原の戦いでは東軍として戦い，戦後C仙台藩62万石の支配を任され，「独眼竜《どくがんりゅう》」とも言われた。

(5)　油売りから，一国の大名であった土岐《とき》氏への下剋上をはたした。「美濃《みの》のマムシ」とおそれられたが，⑦長良川の戦いで長男と争い敗れた。

問１　(1)～(4)で説明されている人物を，次の【語群】ア～コの中から一つずつ選び，記号で答えなさい。

【語群】

ア　明智光秀　　イ　毛利元就　　ウ　石田三成　　エ　織田信長　　オ　武田信玄

カ　上杉謙信　　キ　豊臣秀吉　　ク　伊達政宗　　ケ　島津義久　　コ　北条早雲

問２　二重下線部A～Cの位置を，次の地図中のア～オの中から一つずつ選び，記号で答えなさい。

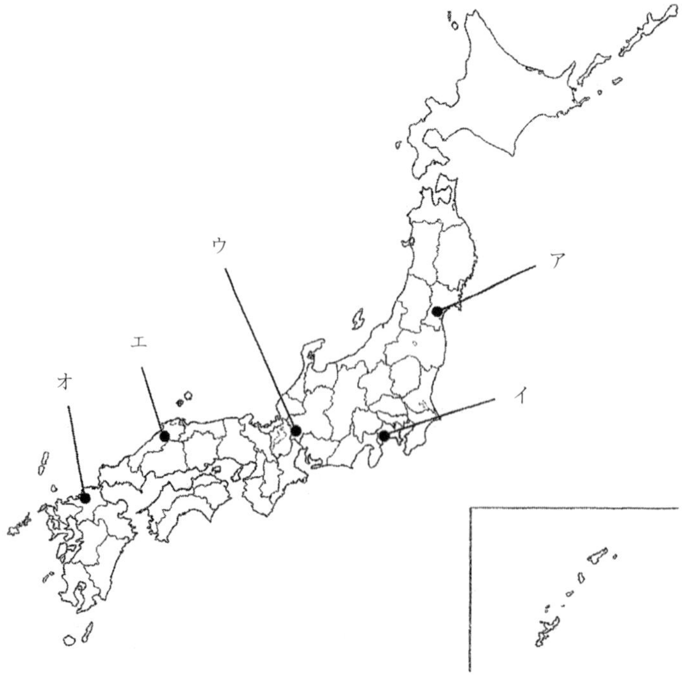

問３　下線部①について，近江国には日本で最も大きな面積の湖があります。この湖を次のア～エの中から一つ選び，記号で答えなさい。

ア　阿寒湖　　イ　浜名湖　　ウ　琵琶湖　　エ　宍道湖

問４　下線部②について，山崎の戦いで，(1)の人物は誰に負けたのですか。問１の【語群】ア～コの中から一つ選び，記号で答えなさい。

問５　下線部③について，延暦寺は誰が開きましたか。次のア～エの中から一つ選び，記号で答えなさい。

ア　行基　　イ　最澄　　ウ　空海　　エ　親鸞

問６　下線部④について，室町幕府の初代将軍は誰ですか。漢字４字で答えなさい。

問７　下線部⑤について，「三本の矢」の教えとは，どのような教えですか。次の文中の空らんにあてはまるように，10字以内で述べなさい。

【文章】

病だった父は三人の子を呼び，矢を一本ずつ持たせて「折ってみなさい」と言った。三人の子はたやすく矢を折った。次に「三本の矢をまとめて折ってみなさい」と言った。三人の子は，三本の矢を折ることができなかった。父は，自分が亡くなった後，三人の子に，どのようにしていけばいいかを矢を用いて示したとされる。つまり，一人でできないことも，兄弟が［　　　　　　］とうまくいくということを伝えたかったのである。

問８　下線部⑥について，奥州の平泉には，平安時代，藤原清衡《ふじわらのきよひら》が建立した寺院があります。この寺院と最も関係のあるものを次のア～エの中から一つ選び，記号で答えなさい。

ア

イ

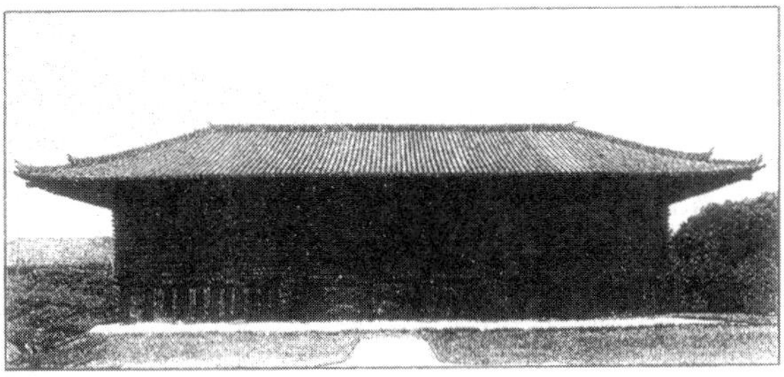

ウ

エ

問９　下線部⑦について，長良川は柿田川とともに日本三大清流の一つと言われています。残る一つの川は「日本最後の清流」とも呼ばれている四国地方の川ですが，その川を次のア～エの中から一つ選び，記号で答えなさい。

ア　球磨川　　イ　四万十川　　ウ　天竜川　　エ　最上川

2　次の会話文を読み，あとの問いに答えなさい。

京太郎：昨年の夏は本当に暑かったですね。

先　生：そうですね。昨年の８月18日には，５日連続で猛暑《もうしょ》日（最高気温が35℃を超えた日）となった地点が日本中で200を超えました。これは観測史上初めてだそうです。

京太郎：そんな記録があったのですね。

先　生：他にも，日本歴代最高気温は①埼玉県熊谷市が記録した41.1℃でしたが，８月17日に静岡県②浜松市が同じ41.1℃を記録したことも話題になりましたね。

京太郎：あの暑さを思い出すだけで，少し体調が悪くなりそうです。

先　生：実際，環境省と気象庁は，③７月１日から国民の健康を守るための情報発信を新しく始めました。それだけ日本の夏が暑くなってきていると言えますね。

京太郎：そう言えば，去年の夏はとても暑かったせいで野菜の値段も高くなったと聞きました。

先　生：確かに，野菜の値段が高くなったことはニュースにもなっていました。《 ④ 》省が発表した⑤データを見ても，野菜の値段が高くなっていたことが分かりますね。

京太郎：サラダを作る際も，生野菜は高いからと，親がスーパーで「カット野菜」を買ってくることが多かったです。

先　生：なるほど。例えば「レタス」の場合，特に７～８月に出荷されるものは，⑥標高の高い地域で，夏のすずしい気候を利用して栽培されているので，こうした暑さの影響を強く受けやすいですね。

京太郎：野菜によっても，暑さの影響を受けやすいものとそうでないものがあるのですね。先生の好きな野菜はなんですか？

先　生：私は「なす」が好きですね。ただ，値段が高かったので，私も買う回数は減りました。

京太郎：「なす」と言えば，高知県での生産が有名ですよね？

先　生：確かにそうですが，高知県は《 ⑦ 》を行っているので，７～８月の時期は《 ⑧ 》県から出荷されるものが最も多いですね。

京太郎：その県は，確か大河ドラマ『麒麟《きりん》がくる』のロケが行われた県ですよね。それに⑨世界遺産にもなった，江戸幕府の初代将軍である徳川家康がまつられている神社があることでも有名ですね。

先　生：その通り，よく覚えていますね。

問１　下線部①について，埼玉県は関東内陸工業地域に属する県です。この工業地域の説明として，正しいものを次のア～エの中から一つ選び，記号で答えなさい。

ア　石油化学コンビナートが多く，海外から輸入した石油を使った化学工業がさかんである。

イ　かつては中国大陸の鉄鉱石と地元から採れる石炭を利用した鉄鋼業がさかんであった。

ウ　組み立て工場が多く，電気機械や自動車などの機械工業がさかんである。

エ　太平洋ベルトに属さない工業地域であり，輪島塗などの伝統工業が発達している。

問２　下線部②について，浜松市は東海工業地域に属する都市です。この都市が出荷量・出荷額ともに日本一となっている工業製品を次のア～エの中から一つ選び，記号で答えなさい。

ア　洋食器　　イ　眼鏡　　ウ　楽器　　エ　製紙・パルプ

問３　下線部③について，関東甲信越のうち１都８県を対象に開始された情報発信システムの説明として，正しいものを次のア～エの中から一つ選び，記号で答えなさい。

ア　熱中症の危険性が極めて高い環境が予測される際，人びとに注意をうながすために「熱中症警戒アラート」が開始された。

イ　暑さによって体調が悪化する可能性がある地域の人びとに注意をうながすアプリ「COCOA」が開始された。

ウ　大雨の際に住民たちが取るべき行動を分かりやすく伝えるため，５段階の「大雨警戒レベル」での表現が開始された。

エ　ゲリラ豪雨などの気候情報を人びとに早く伝達するために「全国瞬時警報システム(Ｊアラート)」が開始された。

問４　《④》には，主に日本の第一次産業を管理する省庁の名前が入ります。解答らんにしたがって，漢字４字で答えなさい。

問５　下線部⑤について，以下の表は令和２年８月10日～12日における野菜８品目の価格について調べたものです。この表の説明として，正しいものを下のア～エの中から一つ選び，記号で答えなさい。

(価格の単位：円/kg)

品目	キャベツ	ねぎ	レタス	ばれいしょ	たまねぎ	きゅうり	トマト	なす
価格	291	1,054	993	626	312	717	701	817
前週比	119%	98%	112%	97%	103%	99%	100%	98%
平年比	184%	129%	242%	162%	108%	140%	117%	144%

注：前週比とは，１週間前の価格と現在(８月10日～12日)の価格を比較したものである。
平年比とは，過去５ヵ年の平均価格と現在(８月10日～12日)の価格を比較したものである。

(《④》省が発表した「食品価格動向調査(野菜)」をもとに作成)

ア　表中の８品目すべてが，前の週と比べて値段が高くなっている。

イ　１週間前の価格と比べた場合，最も値段が高くなっているのは「レタス」である。

ウ　過去５ヵ年の平均価格と比べた場合，最も値段が高くなっているのは「キャベツ」である。

エ　表中の８品目すべてが，過去５ヵ年の平均価格と比べて値段が高くなっている。

問６　下線部⑥について，こうした方法で栽培される「レタス」や「はくさい」などの野菜を何と言いますか，漢字４字で答えなさい。

問７　《⑦》に入る語句として，正しいものを次のア～エの中から一つ選び，記号で答えなさい。

ア　露地栽培　　イ　促成栽培　　ウ　抑制栽培　　エ　近郊農業

問８　《⑧》に入る県名として，正しいものを次のア～エの中から一つ選び，記号で答えなさい。

ア　秋田　　イ　岩手　　ウ　広島　　エ　栃木

問９　下線部⑨について，世界遺産の審査・登録を行っている国際連合の機関として，正しいものを次のア～エの中から一つ選び，記号で答えなさい。

ア　UNESCO　　イ　UNCTAD　　ウ　UNHCR　　エ　UNICEF

【理　科】〈第１回午前試験〉（社会と合わせて50分）〈満点：50点〉

1　次の文章を読んで，下の問いに答えなさい。

クジャクはキジ科の鳥類で，鮮《あざ》やかな大きな尾羽をもっている姿が有名です。この鮮やかな尾羽をもっているのはオスで，この尾羽を用いてメスに求愛行動を行います。クジャクは中国や東南アジアに生息していますが，沖縄県では観賞用に持ち込まれたものが定着して，もともと沖縄にいた生物を食べたり，農作物を荒らしたりすることが問題になっています。

問１　クジャクの姿として最も適当なものを，次のア～エから１つ選び，記号で答えなさい。

問２　クジャクのように，オスとメスで姿が大きく異なる生物として，最も適当なものを次のア～オから１つ選び，記号で答えなさい。

ア　オオカマキリ　　イ　カブトムシ　　ウ　アブラゼミ

エ　ショウリョウバッタ　　オ　ギンヤンマ

問３　一般的に鳥類がもっていない体のつくりとして，最も適当なものを次のア～オから１つ選び，記号で答えなさい。

ア　くちばし　　イ　うろこ　　ウ　羽毛　　エ　つめ　　オ　歯

問４　すべての鳥類がもつ特徴《とくちょう》として，最も適当なものを次のア～オから１つ選び，記号で答えなさい。

ア　肺で呼吸をする。

イ　体温がまわりの温度によって変化する。

ウ　空を飛ぶ。

エ　殻《から》のない卵を産む。

オ　四足歩行である。

問５　下線部について，「もともとその地域にいなかったのに，人間の活動によって他の地域から入ってきた生物のこと」を何といいますか。漢字で答えなさい。

問６　クジャクのように，もともと沖縄にいなかった生物として，最も適当なものを次のア～オから１つ選び，記号で答えなさい。

ア　ヤンバルクイナ

イ　イリオモテヤマネコ

ウ　マングース

エ　ハブ

オ　リュウキュウヤマガメ

2　図は，日本のある地点で冬に見られる代表的な星座を，午後８時に観察して記録したものです。その後，同じ場所で定期的に観察を続けました。下の問いに答えなさい。

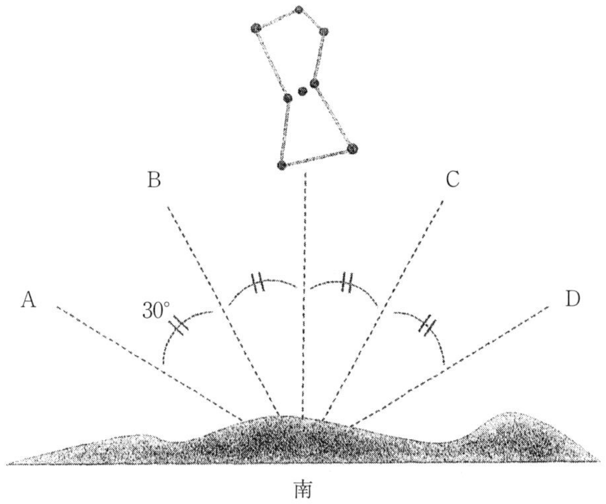

問１　この星座の名前は何ですか。

問２　次の①～③の時刻にこの星座を観察したとき，図のどの位置に見えますか。下のア～オから選び，それぞれ記号で答えなさい。

①　翌日の午前０時

②　翌日の午後６時

③　１か月後の午後８時

ア　Aの付近　　イ　Bの付近　　ウ　図と同じ位置　　エ　Cの付近　　オ　Dの付近

問３　次の文章は，この星座を同じ場所で定期的に観察したようすをまとめたものです。(①)～(③)にあてはまる適当な語句の組み合わせを下のア～クから選び，記号で答えなさい。また，(④)にあてはまる適当な語句を漢字で答えなさい。

この星座が同じ時刻に見える位置は，少しずつ(①)から(②)へ移動していく。また，この星座が南中する時刻は，しだいに(③)なっていることがわかった。

この星座がこのように移動するのは，地球が(④)していることによる見かけの動きである。

	①	②	③
ア	北	南	早く
イ	南	北	早く
ウ	北	南	遅く
エ	南	北	遅く
オ	東	西	早く
カ	西	東	早く
キ	東	西	遅く
ク	西	東	遅く

3　次の文章を読んで，下の問いに答えなさい。

　ものが水に溶けた液体を水溶液といい，溶けているものを(　Ａ　)といいます。水に溶ける量はものによって決まっており，固体の場合は，水の温度が高いほど多く溶けます。ものが水100ｇに溶ける限界の量[ｇ]を「溶解度《ようかいど》」といい，水の温度と溶解度の関係を示したものを溶解度曲線といいます。グラフは，ミョウバン，食塩，ホウ酸の溶解度曲線です。

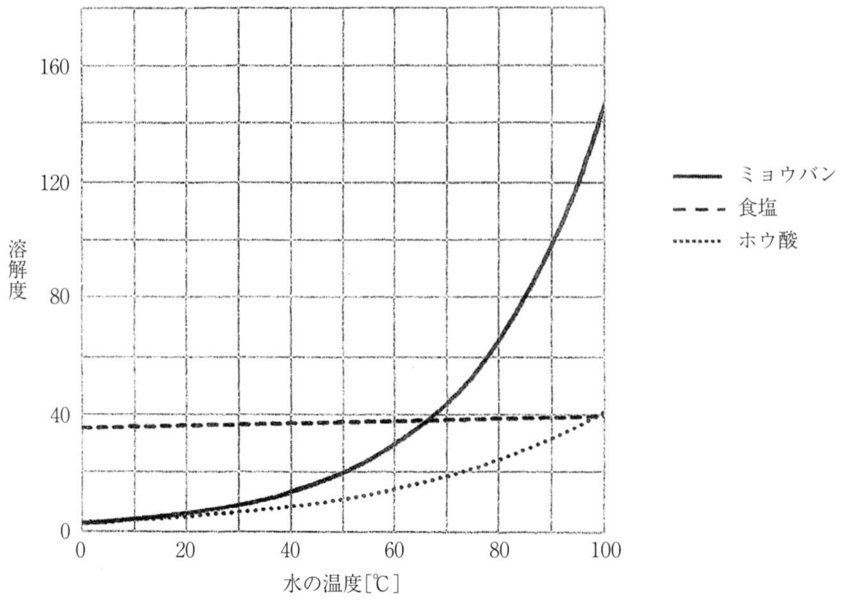

問１　文中の(Ａ)にあてはまる語句として適当なものを次のア～エから１つ選び，記号で答えなさい。

ア　溶液　　イ　溶質　　ウ　溶媒《ようばい》　　エ　飽和《ほうわ》

問２　文中の下線部について，水溶液の特徴を述べたものとして適当でないものを次のア～エから１つ選び，記号で答えなさい。

ア　水溶液のどこをとっても同じ濃さである。

イ　時間がたっても水と溶けたものが分かれない。

ウ　ろ紙でこすと溶けていたものがろ紙上に残る。

エ　溶けているものが見た目では判断できない。

問３　ミョウバン，食塩，ホウ酸のうち，水の温度による溶解度への影響《えいきょう》が最も小さいものはどれですか。

問４　50℃の水100ｇにミョウバンを限界量まで溶かします。溶かしたミョウバンは何ｇですか。また，そのときのミョウバン水溶液の濃度は何％ですか。割り切れない場合は，小数第２位を四捨五入して，小数第１位まで答えなさい。

問５　85℃の水200ｇにミョウバンを限界まで溶かした水溶液があります。これを50℃まで冷やしたときに溶けきれずに出てくるミョウバンは何ｇですか。

4　次の問いに答えなさい。ただし，回路中の豆電球，電池はすべて同じものを用いています。また，豆電球の明るさを表すときは，豆電球Ａが豆電球Ｂより明るい場合は「Ａ＞Ｂ」とし，同じ明るさの場合は「Ａ＝Ｂ」とします。

問１　図１は豆電球の模式図であり，図中のＸは，電気が流れると光る部分です。Ｘの名称を答えなさい。

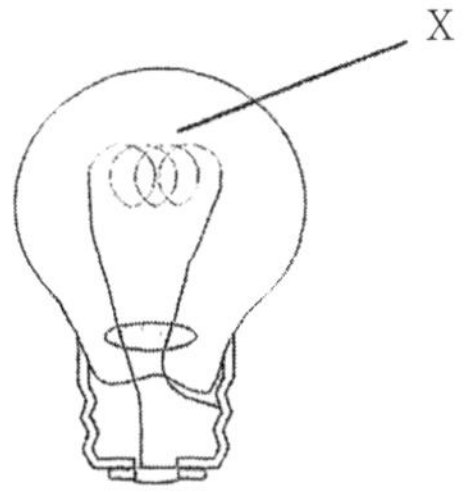

図１

問２　図１のＸは，主にタングステンという物質でできています。タングステンが用いられる理由として，適当でないものを次のア～エから１つ選び，記号で答えなさい。

ア　形状を細い状態に加工しやすいから。
イ　硬度《こうど》が高く，重いから。
ウ　融点《ゆうてん》が高いため，融《と》けにくいから。
エ　沸点《ふってん》が高いため，蒸発しにくいから。

問３　図２の回路のうち，豆電球ａ～ｃの明るさを，等号，または不等号を用いて明るい順に答えなさい。

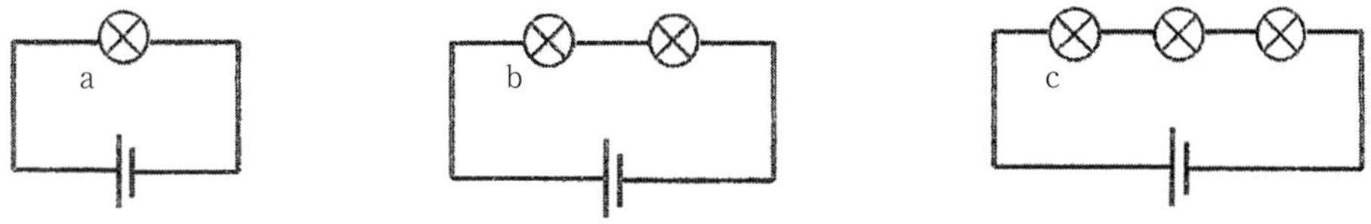

図２

問４　図３の回路のうち，豆電球ａ～ｃの明るさを，等号，または不等号を用いて明るい順に答えなさい。

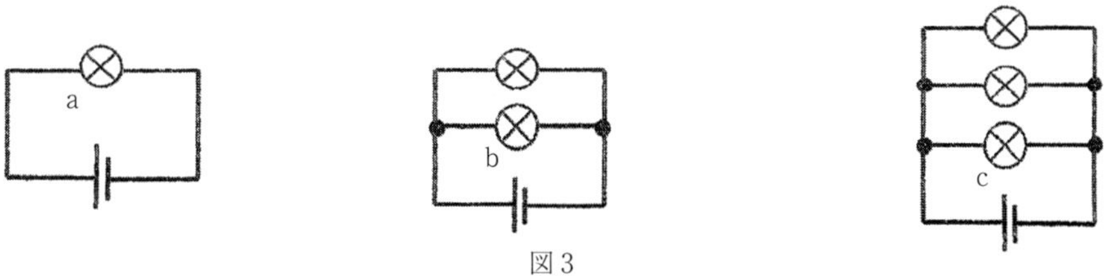

図３

問５　図４の回路のうち，電池が最も長持ちするのはどれですか。Ａ～Ｄから１つ選び，記号で答えなさい。

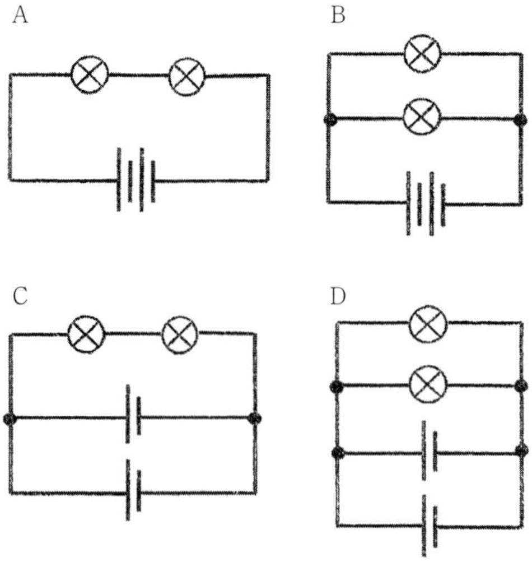

図４

問６　図５の豆電球ａ～ｄのうち，最も明るいのはどれですか。ａ～ｄから１つ選び，記号で答えなさい。

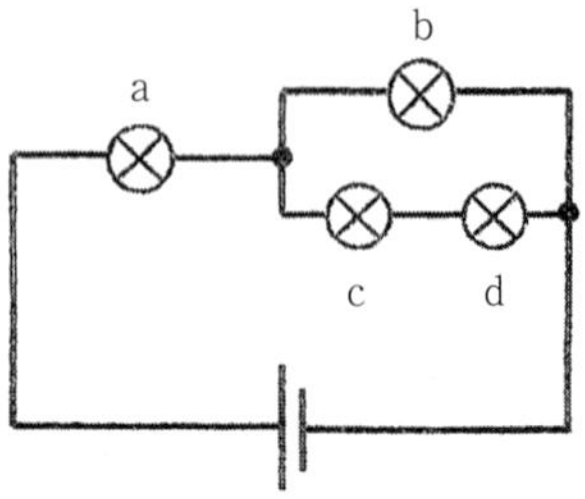

図５

問７　図５の豆電球ａ～ｄの明るさを，等号，または不等号を用いて明るい順に答えなさい。

5. ――線部3に「話し言葉では、その中心的な用法は『ぼかし』に変わります」とありますが、話し言葉で「ぼかし」の表現を使う理由を説明したつぎの文の□にあてはまることばを、指定字数でそれぞれ抜き出しなさい。

> よく知らないということをごまかすために時間稼ぎをしたり、［Ⅰ（十三字）］と考えたり、［Ⅱ（九字）］ことで相手との関係を悪くしないようにしたりするから。

6. 【文章Ⅲ】の内容をふまえて、「等」の正しい使い方の例として最も適当なものを選び、符号で答えなさい。

ア　推理小説、恋愛漫画《れんあいまんが》等の本を読む。

イ　受験にむけて図形問題、四字熟語等の勉強にはげむ。

ウ　カエル、犬等の動物を飼う。

エ　中華《ちゅうか》料理店、フランス料理店等のレストランを使う。

7. 【文章Ⅰ】〜【文章Ⅲ】について説明したものとして最も適当なものを選び、符号で答えなさい。

ア　Ⅰは法令での「等」の使用を望ましくないと考えているが、Ⅱ・Ⅲはルールを定めた使い方をすべきだとしている。

イ　Ⅰ・Ⅱは法律用語から「等」を取り除くほうがよいとしているが、Ⅲは慎重に扱うべきだと注意を促《うなが》している。

ウ　Ⅰ〜Ⅲはすべて「等」のことばについて、便利なものであるが使い方を注意しなければならないと述べている。

エ　Ⅰ・Ⅲは「等」のもつ便利さを認めながらも否定的であるのに対し、Ⅱはルールさえ定めれば問題はないとしている。

三

つぎの①〜⑤の――線部の漢字の読みを、それぞれひらがなで答えなさい。

① エコロジー活動を推進する。

② 複雑な手続きを簡略化する。

③ 彼《かれ》は命令に背いて行動した。

④ その地域に伝わる神様を拝む。

⑤ 潔く負けを認める。

四

つぎの①〜⑤の――線部のカタカナを、それぞれ漢字に直しなさい。

① 強風で店のカンバンがはずれる。

② チョメイな画家の一人だ。

③ 駅の売店でザッシを購入《こうにゅう》する。

④ そろそろシオドキだ。

⑤ 運動会がノびる。

す。しかし最近は事実未確認《みかくにん》であることをぼかしたり、＊言質《げんち》を与《あた》えなかったりするために使う用例が増えています。

たとえば「電車、バス等の公共交通機関を利用して下さい」という文。ここに「等」がないと、地下鉄やタクシーは除外されてしまうでしょう。この「等」は、厳密さを担保するためにあります。すべての公共交通機関を列挙するのも煩雑《はんざつ》ですから、「代表的な具体例＋など」で簡潔に表現できる意味もあります。

[C]、3話し言葉では、その中心的な用法は「ぼかし」に変わります。

たとえば私が「A大学の文学部には、X教授やY教授などがいる」と言ったとしましょう。他にも教授はいるが、名前は知らない。それがバレるのも決まりが悪い。そこでとっさの時間稼《かせ》ぎ、または他人からの突《つ》っ込《こ》みを回避《かいひ》するため、こう言うのです。

このぼかし用法は、表現を柔《やわ》らかくする効果もあります。「カラオケはいかがですか？」と言うより、「カラオケなどいかがですか？」と誘《さそ》うほうが角が立たない。これも話し言葉ならではです。

こうした用法は最近、ネットの影響《えいきょう》で書き言葉にも広がり、増えていると思います。

ネット上の文章は、多くの人の目に触《ふ》れ、記録として残ります。間違いを書けば、批判されるかもしれない。ネットならではの速報性も求められ、事実確認するヒマもない。こんな時、言い方をぼかしておこう、という心理がはたらく。新聞記事にも「など」は多いのですが、こうした「情報の安全性」という理由も大きいでしょう。

これは近年、助詞の「と」よりも「や」が好まれる現象と似ています。指示対象が二つだけなら「AとB」、三つ以上なら「AやB」ですが、AとBの二つしかないのに、「AやB」を選ぶ人が増えています。情報過多の今、「本当にAとBの二つだけ？」と問われると自信がない。そんな時、「AやB」「AやBなど」と言いがちです。

コロナ対策で東京都が当初作った休業の要請・協力一覧にも「遊興施設等」「大学、学習塾《がくしゅうじゅく》等」との表記が数多くあります。これも全業種を漏《も》れなく含めたい正確性と、行政の裁量の余地を残し、起こりうる批判はかわしたいとの考えがあるように思えます。

注意すべきは「等」の前の名詞です。公共交通機関を表す場合、「電車、バス等」はOKですが、「地下鉄、タクシー等」は問題です。「等」の前が代表的・典型的なものでないと、イメージが湧《わ》きません。あいまいさ回避のコツは、「等」を付けないことではなく、「等」の前の名詞を慎重《しんちょう》に選ぶことにあるのです。（聞き手・稲垣直人）

＊ コンプライアンス…ルールに従って公正に業務を行うこと。
玉虫色…見方や立場が変わると解釈が変わる表現。
言質…あとで証拠《しょうこ》となることば。

1. [A]～[C]にあてはまることばをそれぞれ選び、符号で答えなさい。

ア しかし　イ あるいは
ウ なぜなら　エ たとえば

2. [　]にあてはまることばを【文章Ⅰ】から四字で抜き出しなさい。

3. ――線部1「こうしたやり方」を説明したものとして最も適当なものを選び、符号で答えなさい。

ア 国民の支持を得るために必要以上に補助金を取り付ける手法。
イ 補助金の対象を広げるためにことばを都合良く利用する手法。
ウ 補助金をより弱い立場の国民のために多く使おうとする手法。
エ 法律用語でごまかして補助金を多く手に入れようとする手法。

4. ――線部2「日本もそろそろ、……来ている」と石川和男さんが考えるのはなぜですか。「国際化」「異文化」ということばを必ず用いて六十字以内で答えなさい。

治家や官僚による解釈《かいしゃく》で、法律を恣意的《しいてき》に読み変えられることにもつながります。実際、この国は、憲法や重要な法律の読み方を解釈で変えてしまう国です。

「等」のおかげで、より多くの国民を助けることもあります。しかし私は、2日本もそろそろ、法やルールの線引きを明確に定めるべき時に来ていると思います。（聞き手・稲垣直人）

【文章Ⅱ】

恣意的解釈、ルールが防ぐ　吉田利宏さん（元衆議院法制局参事）

私は衆議院法制局に15年勤め、主に議員立法をつくる際の補佐をしてきました。最初に自分が書いた法案を見せた時の上司の言葉を今でもよく覚えています。「ここにある『等』は何を指しますか？」

それまで日常的に使ってきた「等」は、「それ以外のさまざま」をひっくるめる言葉でしたから、具体的に何を指すか、と聞かれてびっくりしました。法令用語としての「等」は厳密に使わないといけない、と知りました。

具体的に言えば、「等」の前にはもっとも代表的なものを置くこと、「等」で省略されるものを必ず全て列挙できること、これが法文で「等」を使うための条件なのです。

これと正反対の、あいまいで便利な「等」が今、あふれています。会社の＊コンプライアンスの必要性が叫《さけ》ばれた頃《ころ》から、ビジネス文書で増えてきました。まだ立場や方針が完全に一致《いっち》していない同士でも、要所に「等」をつけておくと、全体として「同じ方向を向いている」という雰囲気《ふんいき》が出るのかもしれません。

行政の世界もそうです。コロナ危機は誰《だれ》にも想定外の事態だったはずです。まずは選択幅《せんたくはば》を広く取っておこうと、自粛《じしゅく》要請《ようせい》の予定対象として「遊興施設等」「劇場施設等」という表現が使われました。政治家の場合は、互《たが》いに主義や立場が違う者同士が歩み寄るため、「社会情勢等の変化に対応する等」などと＊玉虫色の言葉を使えば何となく調整できた気になる。

でも法律の文章では「等」は厳密な用語です。私は「等」と書いた掛《か》け軸《じく》を床《とこ》の間《ま》にかけてもいい、と思うほど大切だと考えています。法律は国民の権利義務にかかわりますから、小さい言葉ほど軽く扱《あつか》ってはいけないのです。

法文は抽象的《ちゅうしょうてき》なので、時代の現実に即《そく》した解釈がその都度必要になります。例えば、民法90条の「公の秩序又《ちつじょまた》は善良の風俗《ふうぞく》」が何を指すのか。ただ、その解釈は条文の目的に照らしていないといけません。そのためには、「等」のような小さな用語を足がかりに解釈を広げられてしまう可能性を、あらかじめ消しておく必要があるのです。

だから、法令用語は意味が変わらないよう、一定のルールの下で使われます。

例えば、「又は」も「若《も》しくは」も英語では同じ「ｏｒ」ですが、法令用語では最初に大きく分けるのが「又は」で次が「若しくは」と順番が決まっています。「死刑《しけい》又は無期若しくは5年以上の懲役《ちょうえき》」となるのです。

「あなたの行為《こうい》は、法律のこの『等』に含《ふく》まれますので違反《いはん》です」と罰則《ばっそく》を科されたらたまりません。恣意的な解釈を防ぐため、厳密なルールで使われるべきなのが法文の「等」。覚えておいて損はないと思います。（聞き手・中島鉄郎）

【文章Ⅲ】

安全期する「ぼかし用法」　石黒圭さん（国立国語研究所、日本語教育研究領域代表・教授）

「等」は、特に書き言葉では、正確性や厳密性を期すために使われま

ウ　落ちない指の油は家族を犠牲《ぎせい》にして仕事をしてきた社長の人生の象徴《しょうちょう》なのだと気づき、自分もそんな人生を歩めるに違《ちが》いないと確信したから。

エ　指の油がとれなくなるのはひたむきに仕事に打ち込んできた証であり、自分と尊敬している社長との間に共通点を見出したから。

7．――線部7に「余計に情けない気持ちになった」とありますが、琴葉はもともとどのようなことに対して「情けない」気持ちをいだいていましたか。三十五字以内で説明しなさい。

［二］　つぎの文章は令和二年六月十七日に朝日新聞に掲載《けいさい》された文章です。これを読んで、あとの問いに答えなさい。

気になりませんか？　日本語に「等」（など／とう）という言葉が頻繁《ひんぱん》に出てくることを。政治家の言葉、法律、ビジネス文書、新聞にもよく顔を出す「等」。その正体とは――。

【文章Ⅰ】

あいまいさ、世界で通じぬ　石川和男さん（元経済産業省官僚《かんりょう》）

官僚や政治家にとって、「等」は非常に便利な言葉です。法律で定めた範囲《はんい》を柔軟《じゅうなん》に広げたり、［　　］にしたりする働きがあるからです。

経済産業省の資源エネルギー庁にいた時、こんなことがありました。当時の私は、発電所を建設する際、その立地を受け入れた自治体に国が補助金を出し、発電所周辺の公共施設《しせつ》建設などに係る予算を付ける仕事をしていました。

［A］、国の補助金の使い道を定める「交付要綱《ようこう》」を書く仕事がありますが、補助金の対象には道路や橋だけでなく、「その他・アメニティー施設等」というような文言も加えたことがありました。この「等」一文字で、ほぼどんなものにも補助金を付けることが可能となります。

実際、水力発電所を建設することになったある自治体には、カラオケルームをつくることも許容しました。

地元の方々には感謝されましたが、こんな手法は霞《かすみ》が関《せき》では珍《めずら》しくありません。

［B］、国民のニーズは今きわめて多様化しており、道路や橋を造ってほしい国民もいれば、カラオケルームをつくってほしい国民もいる。そんな多様なニーズに、政治家も官僚も応えようとします。そうした時、「等」が威力《いりょく》を発揮するのです。

ただ、私はいま、1こうしたやり方が全面的に良いとは考えていません。このグローバル化時代、海外ではまず通用しないからです。それは、外国との交渉《こうしょう》を経験すると分かります。私は外国政府との交渉も担当した経験がありますが、法律や文書で、日本ほど「等」を多用している国はありません。海外の交渉担当者が困惑《こんわく》することもしばしばです。

米国やヨーロッパ、中国の政治・行政の法令では、「認める」「認めない」の一線をきっちり引くものです。これらの国々には、きわめて多種多様な民族がいます。言葉で明確にルールを定めなければ、行《い》き違《ちが》いやトラブルの元になるでしょう。

一方、日本では、「認める」「認めない」の境界線が、まるで絵の具がじんわりにじんでいるかのように、あいまいなことが多いのです。これは、異質なカルチャーが外から入ってきにくい島国であることも関係しているのかもしれません。

法律やルールの境界線をあいまいにできるということは、ときの政

「それより琴葉、オレに用？　どうして家に入らないんだ？」
いわれて、はっと思いだした。お母さんに、帰りがおそいとしかられそうだったから、天馬といっしょに入れば安全だろうともくろんだのだ。
思いだしたら、7余計に情けない気持ちになった。
「腹へった。早く帰ろう」
天馬は察したようにあたしの前に立つと、工場の隣《となり》の一軒家《いっけんや》にむかった。

（工藤純子『てのひらに未来』による）

1. ――線部1「日が長くなった……暗くなっていく」に用いられている表現技法として最も適当なものを選び、符号《ふごう》で答えなさい。
ア　直ゆ法　　イ　隠《いん》ゆ法
ウ　倒置《とうち》法　　エ　擬《ぎ》人法

2. ――線部2に「さよりのお父さんは……あこがれだ」とありますが、さよりの父親と大きく異なる琴葉の父親の様子が具体的に書かれたひと続きの二文を探し、初めの七字を抜《ぬ》き出しなさい。

3. ――線部3に「顔を見て、ほっとする」とありますが、その理由として最も適当なものを選び、符号で答えなさい。
ア　天馬が残っていれば、自分が機械を点検しなくて済むから。
イ　天馬一人が工場に残っていて、父親はいなかったから。
ウ　母親に問いただされても、天馬が味方してくれると思ったから。
エ　遅くなった理由を天馬と機械を点検していたことにできるから。

4. ――線部4に「天馬は文句ひとついわない」とありますが、その理由を説明したつぎの文の□にあてはまることばを、指定字数でそれぞれ抜き出しなさい。

自分はまだ［Ⅰ（三字）］なので、点検をすることで［Ⅱ（八字）］を理解でき、さらに［Ⅲ（七字）］という慣習に従ったりするのは当然だと考えているから。

5. ――線部5に「おもむろに後ろポケットから……書きはじめる」とありますが、「ノート」に込《こ》めた天馬の気持ちとして最も適当なものを選び、符号で答えなさい。
ア　新しい発見を書きとめておくことで少しでもミスを減らし、早く社長や先輩に迷惑《めいわく》をかけないようになりたいという気持ち。
イ　新しく知ったことをすぐに書きとめて着実に自分の身につけることで、少しでも早くあこがれの社長に近づきたいという気持ち。
ウ　社長や先輩よりやるべき業務が多いので、業務時間外に勉強をすることで自分の業務に支障がないようにしたいという気持ち。
エ　図やグラフの書き方は将来自分の工場を持つときに必要な能力なので、今のうちからしっかり練習をして身につけたいという気持ち。

6. ――線部6に「うれしそうなその顔」とありますが、天馬はなぜうれしそうな顔をしたのですか。その理由として最も適当なものを選び、符号で答えなさい。
ア　指に染み付いた油の量は身につけた技術の証《あかし》なので、自分はまだまだ色々な技術を学ぶことができるのだと楽しみに思えてきたから。
イ　機械油のついた自分の指を見て少しずつ社長の手に近づいてきたことを実感し、もう少しで社長と対等に話ができるようになると思ったから。

「また、雑用をおしつけられたんだ……」

あたしは、同情するようにいった。

朝は始業前に行って機械の電源を入れ、夕方には機械の点検と掃除《そうじ》をする。日中だって、材料を用意したりはこんだり、ときには買いものなんかの雑用までたのまれて……それなのに、4天馬は文句ひとついわない。

「ちがうよ。だれかにいわれたわけじゃない。オレはまだ、追い回しだから」

追い回し……古くさい言い方だ。

その昔、見習いは先輩《せんぱい》のいうことをきいて、あっちこっち走りまわっていたらしい。だから、追い回しという。

直接教わったりせず、技術は見て盗《ぬす》めというのも、そのころの慣習だ。今の時代、そんなことをいったらだれもついてこないだろうと思うのに、天馬は進んでそれを受けいれているように見える。

「こうやって点検していると、機械の構造や細部がよくわかるんだ。作業をしているときは、そんな余裕《よゆう》もないからさ」

はじめは、優等生ぶっているだけだと思っていた。でもだんだんと、それが本心であるとわかってきて……。

手先が器用な天馬は、モノ作りそのものがあっているようで、金属を見つめる目は生き生きとしている。

天馬は電源を確認《かくにん》し、重い扉に鍵《かぎ》をかけると表に出てきた。

そして、5おもむろに後ろポケットから丸めたノートをとりだすと、縁石《えんせき》にすわって何かを書きはじめる。わずかな明かりが照らすノートをのぞきこんだら、何やらびっしりと書いてあった。

図、グラフ、数字、記号……。あたしにはさっぱりわからないけれど、どうやら仕事に関することらしいとだけは、かろうじてわかった。

「仕事が終わっても勉強？　熱心すぎやしない？」

たまには、息をぬけばいいのに。お父さんの悪口でも、グチでもいってくれれば……と思うけど、あたしじゃ相手にならないのかもしれない。

「毎日、新しい発見があるんだ。だから書きとめておかないと、もったいない」

そんなふうにいわれると、返す言葉もなかった。

ふと、天馬の指先に目が行った。機械油で黒くよごれている。

「天馬、手をよく洗ったほうがいいよ。そのうち、お父さんみたいに落ちなくなっちゃうよ」

お父さんの指は、お風呂《ふろ》から上がっても黒いままだ。軍手をしているにもかかわらず、染《し》みこんだ機械油が、爪《つめ》のあいだやしわの一本一本に入りこんでいる。お父さんは気にしていないようだけど、あたしはすごく気になる。そのせいで、小学校に上がるくらいから、手をつながなくなっていた。

天馬はノートを閉《と》じると、はじめて気づいたというように、指先をじっと見つめた。

「そっか。社長の指の油、とれないのか……」

なぜか6うれしそうなその顔を、不思議に思う。

「ひとつの技術を身につけるにも、十年以上かかるっていわれてるんだ。オレも、早く社長みたいになりたいよ。そしたら、自分の工場をもって……」

胸がざわついた。

目標にむかって、つきすすむ天馬。

なんの夢もないあたし。

天馬はどんどん先に行ってしまう。ぜったいに追いつけない。あたしたちの距離《きょり》は、永遠にちぢまらない……そのことが、なぜかさびしい。

二〇二一年度　京華中学校

【国語】〈第一回午前試験〉（五〇分）〈満点：一〇〇点〉

一　つぎの文章を読んで、あとの問いに答えなさい。

帰るのが、すっかりおそくなった。

1日が長くなった空は、木炭を塗《ぬ》りかさねるように、ゆっくりと暗くなっていく。

帰り道、さよりに誘《さそ》われて、商店街に新しくできた雑貨屋さんによってみた。きらきらしてファンシーで、いいにおいのするショップだ。

「いいなぁ。こんな部屋に住んでみたい」

さよりが、ゆっくりと店内を見回す。

「さよりの家はお金持ちだから、好きな部屋に住めるじゃない」

少しだけ、ねたみをこめていってみた。

「ダメダメ。天蓋《てんがい》つきのベッドにしたいっていったら、ダメっていわれたもん」

「あたりまえでしょ」

2さよりのお父さんは、大手企業《きぎょう》の重役だ。毎日ぱりっとしたスーツを着て会社に行くお父さん像は、あたしのあこがれだ。

「琴葉《ことは》こそ、社長令嬢《れいじょう》じゃない。天蓋つきのベッド、ねだってみたら？」

「社長令嬢って、それ、いやみ？」

さよりの肩《かた》を、とんっとついた。

さばさばした性格のさよりとは、小学校のころから仲がいい。

社長令嬢はまちがってないけれど、あたしは社長令嬢のような思いをしたことがない。お父さんとお母さんは毎日のように仕事をしているから、友だちをまねいて、お誕生会《たんじょうかい》をやってもらったことがない。

毎年サンタクロースが来ないのは、赤い衣装《いしょう》に油がついてはまずいのだろうと、幼心《おさなごころ》に思っていた。

「あたし、これ買おうっと。あと、これと、これ……」

さよりが、次々と手にとっていくのを横目に、あたしは財布《さいふ》の中身を計算した。

そういえば、今月のおこづかいもまだもらってない。

さんざん迷ったあげく、サシェをひとつ手にとった。部屋においておくと、いい香《かお》りがする。

「ほんとうに芳香剤《ほうこうざい》が好きだねぇ」

さよりが、あきれたように笑った。

サシェを鼻に近づけて、深く息をすいこむと、バラのいい香りがした。

「うん、これに決めた」

あたしはそれを手にとって、レジにむかった。

それから、さよりと別れて時計を見たら、七時をすぎていた。

また、お母さんに小言をいわれる。

重い足取りで家の近くまで来ると、工場の窓から明かりがもれていた。錆《さ》びた扉《とびら》から、そっと中をのぞいてみる。お父さんだったら、すぐににげるつもりだった。

「天馬……、まだいたの？」

3顔を見て、ほっとする。

天馬が機械をひとつひとつのぞきこみながら、点検しているところだった。中に入りかけたあたしは、もわっとした空気にあわてて身をひいた。機械で熱くなった空気が行き場をなくして、工場の中がサウナのようになっている。

2021年度

京華中学校　▶解説と解答

算数　＜第１回午前試験＞（50分）＜満点：100点＞

解答

1　(1)　26　(2)　11.9　(3)　$\frac{7}{72}$　(4)　4.85　(5)　582　2　(1)　2049　(2)　396　(3)　９時間52分　(4)　36分　(5)　750円　(6)　110円　(7)　14歳　(8)　41人　3　(1)　$234cm^2$　(2)　$10.28cm^2$　(3)　３時間36分　4　(1)　分速240m　(2)　７周目　5　(1)　18度　(2)　$1\frac{2}{3}$倍　6　(1)　$6000cm^3$　(2)　12.5cm　7　(1)　22個　(2)　1188　(3)　55

解説

1　四則計算，逆算

(1)　$(3\times34-24)\div3=(102-24)\div3=78\div3=26$

(2)　$5-\frac{4}{5}\times\frac{3}{8}+7.2=5-\frac{3}{10}+7.2=5-0.3+7.2=4.7+7.2=11.9$

(3)　$2\frac{5}{8}\div12\div2\frac{1}{4}=\frac{21}{8}\div12\div\frac{9}{4}=\frac{21}{8}\times\frac{1}{12}\times\frac{4}{9}=\frac{7}{72}$

(4)　$2.34\div0.9+1.25\times1.8=2.6+2.25=4.85$

(5)　$65\times4=260$より，$987-(\square-260)\times3=21$，$(\square-260)\times3=987-21=966$，$\square-260=966\div3=322$　よって，$\square=322+260=582$

2　整数の性質，単位の計算，速さ，売買損益，相当算，消去算，和差算，集まり

(1)　十の位を四捨五入して2000になる整数は，1950以上2049以下である。よって，いちばん大きい数は2049となる。

(2)　12の倍数は{12，24，36，…}であり，18の倍数は{18，36，54，…}なので，12と18の公倍数の中でいちばん小さい数(最小公倍数)は36とわかる。よって，12と18の公倍数は36の倍数である。また，$400\div36=11$余り４より，36の倍数で400にいちばん近い数は，$36\times11=396$と求められる。なお，右の図１の計算から，12と18の最小公倍数は，$2\times3\times2\times3=36$と求めることができる。

図１

2) 12　18
3) 6　9
　　2　3

(3)　午前６時47分から正午までの時間は，12時－６時47分＝11時60分－６時47分＝５時間13分である。また，正午から午後４時39分までの時間は４時間39分だから，合わせると，５時間13分＋４時間39分＝９時間52分となる。

〔ほかの解き方〕　午後４時39分を24時せいで表すと，16時39分になる。よって，６時47分から16時39分までの時間は，16時39分－６時47分＝15時99分－６時47分＝９時間52分と求めることもできる。

(4)　(時間)＝(道のり)÷(速さ)で求める。ここで，１km＝1000ｍより，2400ｍ＝2.4kmとなるので，求める時間は，2.4÷４＝0.6(時間)とわかる。また，１時間＝60分より，これは，60×0.6＝36(分)となる。

(5)　定価の２割引きは，定価の，１－0.2＝0.8(倍)である。よって，(定価)×0.8＝600(円)と表すことができるから，(定価)＝600÷0.8＝750(円)と求められる。

(6)　２通りの代金を式に表すと，右の図２のア，イのようになる。アの買い方で，りんごとみかんの個数をそれぞれ２倍にすると，代金も２倍になるので，ウのようになる。次に，ウの式とイの式を比べると，みかん６個の代金とみかん５個の代金の差が，1240－1180＝60(円)とわかる。つまり，みかん，６－５＝１(個)の値段は60円である。すると，みかん３個の代金は，60×３＝180(円)になるから，これをアの式にあてはめると，りんご４個の代金は，620－180＝440(円)とわかる。よって，りんご１個の値段は，440÷４＝110(円)である。

図２

りんご×４＋みかん×３＝ 620(円)…ア
りんご×８＋みかん×５＝1180(円)…イ

⬇

りんご×８＋みかん×６＝1240(円)…ウ
りんご×８＋みかん×５＝1180(円)…イ

(7)　４人の年齢《ねんれい》の関係を図に表すと，下の図３のようになる。弟の年齢を５歳《さい》増やし，兄の年齢を３歳減らすと，太郎君の年齢の４倍が，54＋５－３＝56(歳)とわかる。よって，太郎君の年齢は，56÷４＝14(歳)である。

図３

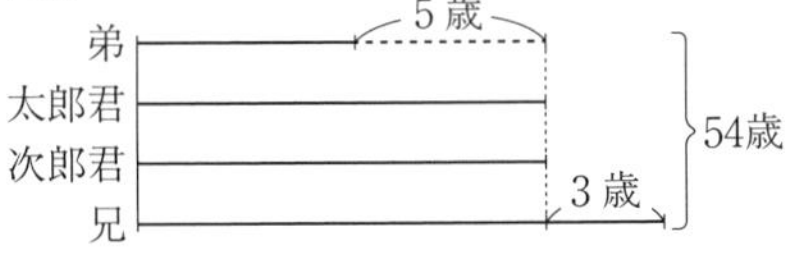

図４

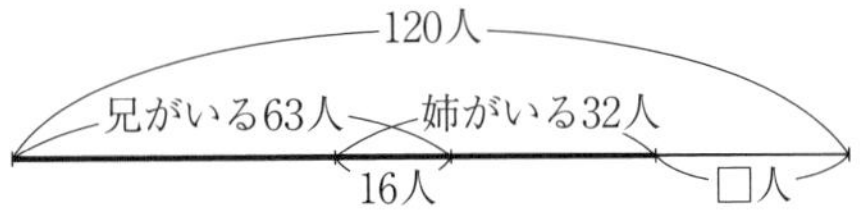

(8)　兄も姉もいない生徒の人数を□人として図に表すと，上の図４のようになる。図４で，兄と姉の少なくとも一方がいる生徒(太線部分)の人数は，63＋32－16＝79(人)である。よって，兄も姉もいない生徒の人数は，120－79＝41(人)と求められる。

3　面積，グラフ，割合と比

(1)　右の図１のようにＢとＤを結ぶ。三角形ADBの面積は，24×７÷２＝84(cm^2)，三角形DCBの面積は，20×15÷２＝150(cm^2)だから，四角形ABCDの面積は，84＋150＝234(cm^2)となる。

図１

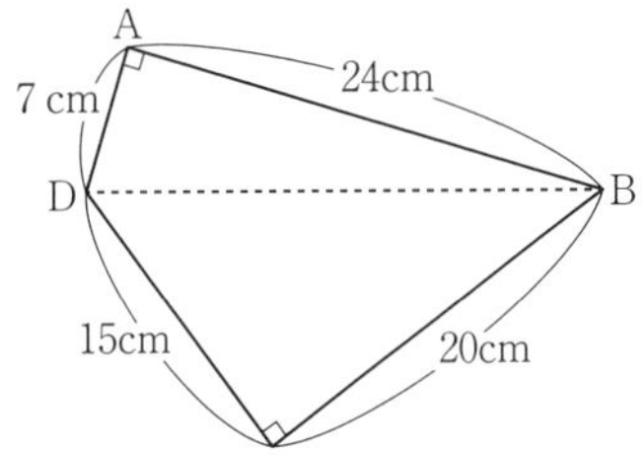

図２

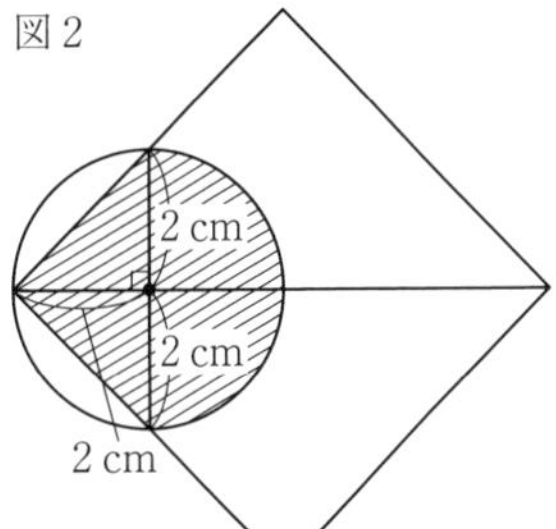

(2)　右の図２のように，斜線《しゃせん》部分は，底辺が，２＋２＝４(cm)で高さが２cmの三角形と，半径が２cmの半円に分けることができる。三角形の面積は，４×２÷２＝４(cm^2)，半円の面積は，２×２×3.14÷２＝6.28(cm^2)なので，合わせると，４＋6.28＝10.28(cm^2)となる。

(3)　円グラフの中心角の合計は360度である。また，家で勉強した時間を表すおうぎ形の中心角は54度だから，家で勉強したのは１日の，$\frac{54}{360}=\frac{3}{20}$とわかる。また，１日は24時間なので，家で勉強した時間は，$24\times\frac{3}{20}=\frac{18}{5}=3\frac{3}{5}$(時間)と求められる。これは，$60\times\frac{3}{5}=36$(分)より，３時間36分となる。

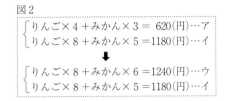

4 速さ，調べ

⑴　１周は200mだから，太郎君が，1000÷200＝５（周目）までにかかった時間の合計を求めると，45＋50＋50＋50＋55＝250（秒）となる。よって，（平均の速さ）＝（道のりの合計）÷（時間の合計）より，はじめの1000mの太郎君の平均の速さは秒速，1000÷250＝４（m）と求められる。これは分速に直すと，４×60＝240（m）となる。

⑵　かかった時間の合計を１周ごとに求めると，右の表の（　）のようになる。６周目までは次郎君の方が長いが，７周目からは太郎君の方が長くなるので，次郎君が太郎君を抜《ぬ》いたのは７周目とわかる。

	太郎	次郎
１周目	45秒（45秒）	50秒（50秒）
２周目	50秒（95秒）	50秒（100秒）
３周目	50秒（145秒）	50秒（150秒）
４周目	50秒（195秒）	52秒（202秒）
５周目	55秒（250秒）	52秒（254秒）
６周目	55秒（305秒）	52秒（306秒）
７周目	55秒（360秒）	52秒（358秒）
８周目	55秒（415秒）	52秒（410秒）
９周目	55秒（470秒）	52秒（462秒）
10周目	50秒（520秒）	50秒（512秒）

5 平面図形―角度，構成，面積

⑴　N角形の内角の和は，180×（N－２）で求められるから，十角形の内角の和は，180×（10－２）＝1440（度）となり，正十角形の１つの内角は，1440÷10＝144（度）とわかる。また，右の図１で，○印をつけた２つの角の大きさは等しいので，１つ分の大きさは，144÷２＝72（度）となる。さらに，ACは正十角形がぴったり入る円の直径だから，角ABCの大きさは90度である。よって，xの角の大きさは，180－（90＋72）＝18（度）と求められる。

図１

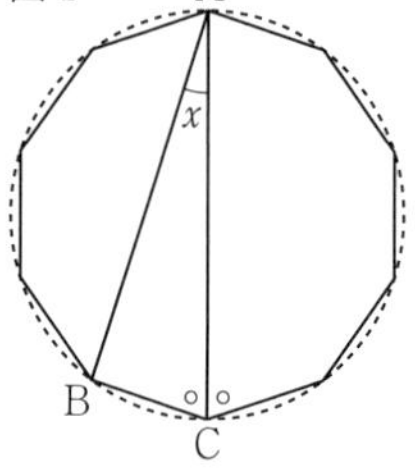

⑵　右の図２のように，正十角形は，斜線をつけた三角形と合同な10個の三角形に分けることができる。この三角形１個の面積を１とすると，六角形の面積は，１×５＝５となる。また，斜線をつけた三角形とかげをつけた三角形は，底辺と高さが等しいので，面積も等しい。よって，かげをつけた三角形の面積も１とわかる。さらに，ACの左側全体の面積も５だから，五角形の面積は，５－１×２＝３と求められる。したがって，六角形の面積は五角形の面積の，$5 \div 3 = \frac{5}{3} = 1\frac{2}{3}$（倍）である。

図２

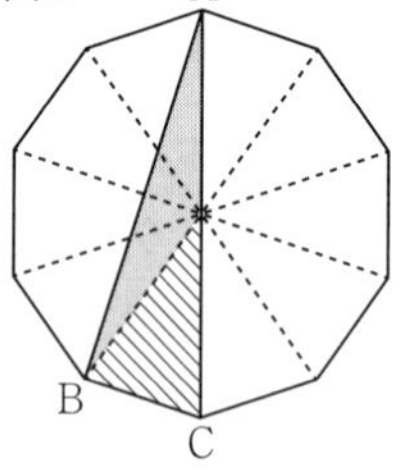

6 立体図形―水の深さと体積

⑴　１辺が10cmの立方体の体積は，10×10×10＝1000（cm^3），１辺が20cmの立方体の体積は，20×20×20＝8000（cm^3）だから，この容器の容積は，1000＋8000＝9000（cm^3）である。よって，容器に入れる水の量は，$9000 \times \frac{2}{3}$＝6000（cm^3）となる。

⑵　正面から見ると右の図のようになり，かげをつけた部分の水の量が6000cm^{3}である。このうち，アの部分の水の量は，20×20×10＝4000（cm^3）なので，イの部分の水の量は，6000－（1000＋4000）＝1000（cm^3）とわかる。よって，イの部分の高さは，1000÷（20×20）＝2.5（cm）だから，床から水面までの高さは，10＋2.5＝12.5（cm）となる。

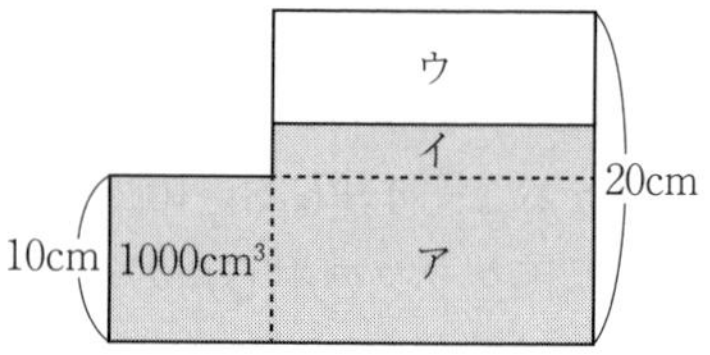

〔ほかの解き方〕　ウの部分の容積は，9000－6000＝3000（cm^3）なので，ウの部分の高さは，3000

÷(20×20)＝7.5(cm)である。よって，床から水面までの高さは，20－7.5＝12.5(cm)と求めることもできる。

7 数列

⑴　Ａグループの整数は，13に次々と４を加えてできる数列である。このような数列の□番目の数は，13＋４×(□－１)と表すことができるから，13＋４×(□－１)＝97より，□＝(97－13)÷４＋１＝22と求められる。よって，Ａグループの整数の個数は22個である。

⑵　Ｄグループの整数も４ずつ増える数列であり，⑴より，Ｄグループの整数の個数も22個とわかる。また，一定の数ずつ増える数列の和は，｛(はじめの数)＋(終わりの数)｝×(個数)÷２で求められるので，Ｄグループの整数の和は，(12＋96)×22÷２＝1188となる。

⑶　Ａグループの整数の和は，(13＋97)×22÷２＝1210である。また，ＢグループとＣグループの整数の個数はどちらも，22＋１＝23(個)だから，Ｂグループの整数の和は，(10＋98)×23÷２＝1242，Ｃグループの整数の和は，(11＋99)×23÷２＝1265と求められる。よって，ア＝1188，イ＝1210，ウ＝1242，エ＝1265なので，エとイの差は，1265－1210＝55となる。

社　会　＜第１回午前試験＞（理科と合わせて50分）＜満点：50点＞

解　答

1　問１　⑴　ア　⑵　エ　⑶　イ　⑷　ク　問２　Ａ　エ　Ｂ　ウ　Ｃ　ア
問３　ウ　問４　キ　問５　イ　問６　足利尊氏　問７　（例）　みんなで力を合わせる
問８　ア　問９　イ　2　問１　ウ　問２　ウ　問３　ア　問４　農林水産(省)
問５　エ　問６　高原野菜　問７　イ　問８　エ　問９　ア

解　説

1 歴史上の人物を題材とした問題

問１　⑴，⑵　織田信長は尾張《おわり》国(愛知県西部)出身の戦国大名で，1560年に桶狭間《おけはざま》の戦いで駿河《するが》の戦国大名・今川義元を破って名を上げた。その後，足利義昭を室町幕府の第15代将軍に立てて京都に入ったが，のちに対立して1573年に義昭を京都から追放し，室町幕府をほろぼした。また，仏教勢力と激しく対立し，比叡山延暦寺《ひえいざんえんりゃくじ》の焼き打ちを行ったり，各地の一向一揆《いっき》を鎮圧《ちんあつ》して総本山の石山本願寺を降伏《こうふく》させたりした。しかし，1582年，京都の本能寺で家臣の明智光秀《あけちみつひで》の謀反にあい，自害した(本能寺の変)。このとき中国地方に遠征《えんせい》していたが，知らせを聞き急いで京都にもどった羽柴《はしば》(豊臣)秀吉に山崎の戦いで，光秀は敗れた。　⑶　毛利元就《もとなり》は安芸《あき》国(広島県西部)出身の戦国大名で，大内義隆が家臣の陶晴賢《すえはるかた》に殺されたのち，1555年に晴賢と戦って勝利し，1566年には尼子氏を倒して現在の中国地方の10か国を領有する有力戦国大名となった。　⑷　伊達《だて》政宗は出羽国(山形県)出身の戦国大名で，戦国時代末期に東北地方の大部分を支配下に置いた。1590年，豊臣秀吉に服属したが，1600年の関ヶ原の戦いでは徳川方の東軍につき，戦のあとは初代藩主として仙台藩を治めた。幼少期に右目を失明したため，「独眼竜《どくがんりゅう》」ともよばれた。

問２　Ａ　出雲《いずも》は「現在の島根県東部」と説明されている。　Ｂ　関ヶ原は，滋賀県との県境に近い岐阜県南西部の盆地に位置している。　**C**　仙台は宮城県中部に位置し，同県の県庁所在地となっている。　なお，イは小田原，オは福岡の位置。

問３　近江《おうみ》国は滋賀県の旧国名である。滋賀県の中央部には日本最大の湖である琵琶湖が広がり，県の面積のおよそ６分の１を占《し》めている。なお，アの阿寒湖は北海道に，イの浜名湖は静岡県に，エの宍道《しんじ》湖は島根県にある。

問４　問１の(1)，(2)の解説を参照のこと。

問５　平安時代の初め，遣唐使船で唐(中国)に渡った最澄《さいちょう》は帰国後，天台宗を開き，比叡山(滋賀県・京都府)に延暦寺を建てて総本山とした。なお，アの行基は奈良時代の僧で，東大寺の大仏づくりに協力したことなどで知られる。ウの空海は平安時代の初めに真言宗を開き，高野山(和歌山県)に金剛峯寺《こんごうぶじ》を建てた僧，エの親鸞《しんらん》は鎌倉時代に浄土《じょうど》真宗を開いた僧である。

問６　足利尊氏は1333年，後醍醐《ごだいご》天皇のよびかけに応じて六波羅《ろくはら》探題を攻《せ》めほろぼし，鎌倉幕府倒幕に貢献《こうけん》した。しかし，その後，後醍醐天皇と対立し，京都に光明《こうみょう》天皇を立てて後醍醐天皇を奈良の吉野へと追いやった。そして1338年に光明天皇から征夷《せいい》大将軍に任じられ，京都に室町幕府を開いた。

問７　一本ずつであれば折れても，三本まとまると折ることができないという「三本の矢」の教えは，一人の力は弱くても，三人がまとまれば強くなる，つまり兄弟が仲よく力を合わせることによって，物事がうまくいくということを伝えている。

問８　平安時代後半，奥州藤原氏の初代清衡《きよひら》は，根拠《こんきょ》地とした平泉(岩手県)に中尊寺金色堂を建てた。内部の壁や柱などは金箔《きんぱく》でおおわれ，アに見える阿弥陀《あみだ》仏が安置された。なお，イは東大寺の正倉院(奈良県)，ウは清水寺(京都府)，エは東大寺の大仏(奈良県)。

問９　四国地方の高知県西部を流れる四万十《しまんと》川は，本流に大規模なダムがないことなどから，「日本最後の清流」ともよばれる。なお，アの球磨《くま》川は熊本県，ウの天竜川は長野県と静岡県，エの最上川は山形県を流れている。

[2] 最高気温についての会話文を題材とした問題

問１　埼玉県をふくむ関東内陸工業地域は，高速道路などを利用して部品を運びこみ，これを製品にするという組み立て型の工業が発達し，電気機械や自動車などの機械工業がさかんなので，ウが正しい。なお，アは京葉工業地域，イは北九州工業地域(地帯)，エは北陸工業地域にあてはまる説明。

問２　静岡県西部に位置する浜松市は日本のピアノ製造が始まった地として知られ，現在でも楽器の生産がさかんである。また，オートバイを中心とした輸送用機械機器の生産もさかんに行われている。

問３　ア　2020年，「熱中症警戒《しょうけいかい》アラート」が関東甲信地方の１都８県で先行的に開始されたので，正しい。　イ「COCOA」は新型コロナウイルス接触《せっしょく》確認アプリで，国内全域で導入された。　ウ　５段階の「大雨警戒レベル」は，2019年に全国を対象に開始された。　エ「全国瞬時警報システム(Ｊアラート)」は，弾道ミサイル攻撃《こうげき》に関する情報や緊急《きんきゅう》地震速報などの緊急情報を伝えるシステムで，2004年から開発・整備・実証実験が始まっている。

問４　第一次産業には農業，林業，水産業があてはまり，これらは農林水産省が中心となって管理している。

問５　ア　ねぎ，ばれいしょ，きゅうり，なすは，前週比が100％を下回っている。　イ　前週比が最も高いのはキャベツである。　ウ　平年比が最も高いのはレタスである。　エ　表中の８品目すべてで平年比が100％を超えているので，正しい。

問６　長野県の八ヶ岳山ろくや群馬県の嬬恋《つまごい》村などでは，高原のすずしい気候を利用し，レタスやはくさいなどの野菜を，ほかの産地のものが出回らない夏を中心に栽培して出荷する抑制《よくせい》栽培がさかんに行われている。こうしてつくられた野菜は「高原野菜」として，大都市などに出荷される。

問７　高知県や宮崎県の平野では，温暖な気候と温室やビニールハウスなどの施設を利用し，なすやピーマンなどの夏野菜の栽培時期を早めて出荷する促成《そくせい》栽培がさかんに行われている。なお，アの露地栽培は，屋外の畑で栽培する方法。ウの抑制栽培については，問６の解説を参照のこと。エの近郊農業は，大消費地である大都市の周辺で，大都市向けの野菜や花などを栽培する農業。

問８　「江戸幕府の初代将軍である徳川家康がまつられている神社」は，栃木県にある日光東照宮を指す。日光東照宮は，1999年に「日光の社寺」として世界文化遺産に登録された。

問９　UNESCO《ユネスコ》（国連教育科学文化機関）は教育や科学などを通して世界平和に貢献することを目指す国際連合の専門機関で，世界遺産の審査・登録も行っている。なお，イのUNCTADは国連貿易開発会議，ウのUNHCRは国連難民高等弁務官事務所，エのUNICEFは国連児童基金の略称。

理　科　＜第１回午前試験＞（社会と合わせて50分）＜満点：50点＞

解　答

[1] **問１**　エ　**問２**　イ　**問３**　オ　**問４**　ア　**問５**　（例）　外来種　**問６**　ウ

[2] **問１**　オリオン座　**問２**　①　オ　②　イ　③　エ　**問３**　**組み合わせ**…オ　④…公転　[3] **問１**　イ　**問２**　ウ　**問３**　食塩　**問４**　**限界量**…20ｇ　**濃度**…16.7％　**問５**　120ｇ　[4] **問１**　フィラメント　**問２**　イ　**問３**　ａ＞ｂ＞ｃ　**問４**　ａ＝ｂ＝ｃ　**問５**　Ｃ　**問６**　ａ　**問７**　ａ＞ｂ＞ｃ＝ｄ

解　説

[1] いろいろな動物についての問題

問１　つばさや尾の形から，アはペンギン，イはツバメ，ウはトンビやワシ，エはクジャク，オはカモメの姿と考えられる。

問２　カブトムシのオスには角があり，メスには角がない。

問３　鳥類にはくちばしや羽毛，つめはあるが歯がない。また，羽毛がついている部分にはうろこがないが，羽毛がついていない足にはうろこがある。

問４　鳥類は肺で呼吸し，まわりの温度が変化しても体温がほぼ変わらない恒温《こうおん》動物のなかまである。また，陸上にかたい殻《から》のある卵を産む。

問５，問６　もともとその地域にいなかったのに，人間の活動によって他の地域から入ってきた生物のことを外来種（外来生物，移入種，帰化種，侵入《しんにゅう》種）という。外来種には，マングースやアライグマ，ブラックバス（オオクチバス）などがいる。

[2] 星の動きについての問題

問１　図にえがかれたオリオン座は，冬を代表する星座である。オリオン座には，ベテルギウスとリゲルという２つの１等星がある。

問２　①　南の空に見える星は，東からのぼり，南の空高くを通って西にしずむ。これは，地球が１日に１回，東から西に向かって自転しているからである。地球は24時間に360度自転しているので，１時間あたりに自転する角度は，360÷24＝15(度)である。つまり，星は１時間に15度ずつ東から西へ動いて見える。よって，午後８時から翌日の午前０時までの４時間でオリオン座が動く角度は，15×４＝60(度)なので，図の位置から西に60度動いたＤの位置に見える。　②　翌日の同じ時刻にオリオン座を観察しても，位置はほとんど変わらない(約１度ずれる)。午後６時は，午後８時の２時間前である。２時間でオリオン座が動く角度は，15×２＝30(度)なので，図の位置から東に30度動いたＢの位置に見える。　③　地球が太陽の周りを12か月で360度公転している。地球が１か月あたりに公転する角度は，360÷12＝30(度)なので，星を毎日同じ時刻に観察すると，１か月に約30度ずつ動いて見える。よって，１か月後の午後８時には，図の位置から30度西に動いたＣの位置に見える。

問３　地球が太陽の周りを365日で360度公転しているので，１日で公転する角度は約１度である。つまり，毎日同じ時刻に見える位置は，約１度ずつ東から西へ動いて見える。星は１時間(60分間)に約15度ずつ東から西へ動いて見えるので，星が１度動くのにかかる時間は，60÷15＝４(分)である。つまり，星が南中する時刻は，毎日約４分ずつ早くなる。

3　ものの溶《と》け方についての問題

問１　ものが水に溶けた液体を水溶液《すいようえき》，溶けているものを溶質，溶かしている液体を溶媒《ようばい》という。

問２　水溶液をろ紙でこしても，溶けているものはろ紙のすき間を通りぬけるので，ろ紙上に残らない。

問３　グラフより，ミョウバンとホウ酸は，水の温度が高くなるほど，溶ける量が多くなっていくが，食塩は，水の温度が高くなっても溶ける量がほとんど変化しない。

問４　グラフより，50℃の水100ｇに溶かすことができるミョウバンの重さは20ｇで，このときにできるミョウバンの水溶液の重さは，100＋20＝120(ｇ)である。水溶液の濃度《のうど》は，水溶液全体の重さに対する溶質の重さの割合を百分率(％)で表したものなので，このミョウバンの水溶液の濃度は，$\frac{20}{120}$×100＝16.66…より，16.7％と求められる。

問５　グラフより，85℃の水100ｇに溶かすことができるミョウバンの重さは80ｇなので，85℃の水200ｇに溶かすことができるミョウバンの重さは，80×$\frac{200}{100}$＝160(ｇ)である。一方，50℃の水200ｇに溶かすことができるミョウバンの重さは，20×$\frac{200}{100}$＝40(ｇ)なので，溶けきれずに出てくるミョウバンの重さは，160－40＝120(ｇ)になる。

4　豆電球のつなぎ方についての問題

問１，問２　Ｘの部分をフィラメントといい，融点《ゆうてん》(固体から液体に変化する温度)や沸点《ふってん》(液体から気体に変化する温度)が高く，熱に強いタングステンという金属でできている。

問３　図２の豆電球ａに流れる電流の大きさを１とすると，豆電球ｂと豆電球ｃに流れる電流の大きさはそれぞれ$\frac{1}{2}$，$\frac{1}{3}$となる。豆電球に流れる電流の大きさが大きいほど，豆電球は明るく光るので，豆電球の明るさは，ａ＞ｂ＞ｃとなる。

問４　へい列につないだ豆電球は，それぞれが独立して電池に接続されていると考えることができるので，図３の豆電球ａに流れる電流の大きさを１とすると，豆電球ｂと豆電球ｃに流れる電流の大きさはどちらも１となる。よって，豆電球の明るさは，ａ＝ｂ＝ｃとなる。

問５　電池１個と豆電球１個をつないだときに電池に流れる電流の大きさを１とすると，図４のＡ～Ｄの電池１個に流れる電流の大きさは，Ａが１，Ｂが４，Ｃが$\frac{1}{4}$，Ｄが１である。電池に流れる電流の大きさが小さいほど電池は長持ちするので，Ａ～Ｄの中で電池が最も長持ちするのはＣである。

問６，問７　図５の豆電球ａに流れる電流を３とすると，豆電球ｂには２，豆電球ｃと豆電球ｄにはそれぞれ１の電流が流れる。よって，豆電球の明るさは，ａ＞ｂ＞ｃ＝ｄとなる。

国　語　＜第１回午前試験＞（50分）＜満点：100点＞

解　答

□一　**1**　ア　**2**　お父さんの指は　**3**　イ　**4**　Ⅰ　見習い　Ⅱ　機械の構造や細部　Ⅲ　技術は見て盗め　**5**　イ　**6**　エ　**7**　（例）　天馬は目標にむかってつきすすんでいるのに自分にはなんの夢もないこと。　□二　**1**　**A**　エ　**B**　ウ　**C**　ア　**2**　あいまい　**3**　イ　**4**　（例）　国際化社会には異文化が入ってくるため，言葉で明確にルールを定めなければ，行き違いやトラブルが増えるから。　**5**　Ⅰ　起こりうる批判はかわしたい　Ⅱ　表現を柔らかくする　**6**　エ　**7**　ア　□三　①　すいしん　②　かんりゃく　③　そむ(いて)　④　おが(む)　⑤　いさぎよ(く)　□四　下記を参照のこと。

●漢字の書き取り

□四　①　看板　②　著名　③　雑誌　④　潮時　⑤　延(びる)

解　説

□一　**出典は工《く》藤《どう》純《じゅん》子《こ》の『てのひらに未来』による。**主人公の琴葉《ことは》が，友だちのさよりや，父親の経営する工場で働く天馬との会話を通じて，今までの自分を顧《かえり》みたり，今の自分の生き方にさびしさや，情けなさを覚えたりする場面である。

1　空が暗くなっていく様子を，「木炭を塗《ぬ》りかさねるように」と表現しているところに着目する。「ようだ」「みたいだ」などの語を用いて，ある事物を直接的に他の事物にたとえる表現技法を直ゆ法という。また「ようだ」「みたいだ」などの語を用いないでたとえる表現技法を隠《いん》ゆ法という。倒置《とうち》法は，文の順序を入れかえて印象を強める表現技法。擬人《ぎじん》法は，人間ではないものの様子や状態を人間の動作になぞらえて表現する表現技法。

2　「毎日ぱりっとしたスーツ」を着て大企業《きぎょう》に勤めるさよりの父親とは対照的に，工場で働く琴葉の「お父さんの指」は，「軍手をしている」にもかかわらず「機械油が，爪《つめ》のあいだやしわの一本一本に入りこんで」いて，「お風呂《ふろ》から上がっても黒いまま」だった。琴葉は，父親の指の黒いことが気になって手をつながなくなっているくらいだったので，さよりの父親のような人に「あこがれ」たのだと考えられる。

3　琴葉は，帰宅するのが「七時をすぎ」ており，お母さんに「帰りがおそい」と「小言をいわれる」のではないかと，気が重くなった。また，家の隣《となり》にある工場に明かりがついていたので，お父さんだったらしかられると思いにげるつもりだったが，友だちのように話せる天馬しかいなかったので，とりあえず安心して一息ついたのである。

4　Ⅰ～Ⅲ　琴葉は，工場に残って一人で点検をしている天馬に，「また，雑用をおしつけられたんだ」と言って同情したが，天馬は，「点検していると，機械の構造や細部がよくわかる」から，「だれかにいわれたわけじゃない」と言い，自ら進んで点検をやっているということを琴葉に訴《うった》えた。琴葉は，昔の慣習のように，「技術は見て盗め」というやり方は今の時代では通用しないと思っているが，天馬は自分のことを，昔の「見習い」が「先輩《せんぱい》のいうことをきいて，あっちこっち走りまわっていた」ことに由来する「追い回し」だと言い，教えてもらわずに自分から学び取ることを当たり前のことだと考えている。

5　この後のところで，天馬が「早く社長みたいになりたいよ」と話していることに着目する。工場では「ひとつの技術を身につけるにも，十年以上かかる」と言われているので，天馬は，日々の「新しい発見」を「書きとめておかないと，もったいない」と思い，点検を通して学んだことや発見したことをすぐに書きとめるようにしているのである。

6　機械油で黒く汚《よご》れた指を見た琴葉が「お父さんみたいに落ちなくなっちゃうよ」と言ったが，天馬は「早く社長みたいになりたい」と思っているので，むしろ，黒く汚れた指という，社長と自分との共通点を見つけられたような気持ちになり，うれしかったのだと考えられる。

7　琴葉は，天馬が「自分の工場」を持つという「目標」にむかって，日々努力してつき進んでいるのとは対照的に，自分には「なんの夢もない」ということに思い至った。天馬と自分との「距《きょ》離《り》」が「永遠にちぢまらない」ほどに開いてしまったと感じ，琴葉は情けなくなったのである。

二　**出典は令和二年六月十七日付「朝日新聞」掲載《けいさい》の文章による**。日本語でよく使われている「等」という言葉について，行政や政治や日本語研究に携わっている人たちが，それぞれの立場から見解を述べている文章である。

1　**A**　「等」が「法律で定めた範囲《はんい》を柔軟《じゅうなん》」に広げるはたらきを持つ言葉であることの例として，資源エネルギー庁にいたときの「私」が，「交付要綱《ようこう》」に「その他・アメニティー施設《しせつ》等」という文言を書き加えたことが述べられている。よって，具体的な例をあげるときに用いる「たとえば」が入る。　**B**　「等」という一文字を加えることで水力発電所を建設するための補助金でカラオケルームがつくれるようになるといった「手法」が「霞《かすみ》が関では珍《めずら》しく」ないのは，多様化する「国民のニーズ」に対応するためだ，という文脈である。よって，後にことがらの理由を述べるときに用いる「なぜなら」を入れるのが適切である。　**C**　列挙するものがたくさんあるときは，「など」や「等」をつけることで「簡潔に表現できる」ようになるが，「話し言葉」において「など」をつけると「ぼかし」になってしまう，という文脈になる。よって，前のことがらを受けて，それに反する内容を述べるときに用いる「しかし」が入る。

2　「等」という言葉を用いると，「法律で定めた範囲を柔軟に広げ」たり，「認める」「認めない」の境界線を「まるで絵の具がじんわりにじんでいるかのよう」に「あいまい」にしたりすることができる。

3　いくら「国民のニーズ」が多様化しているといっても，「等」の一文字を加えるだけで，水力発電所を建設するための補助金を使ってカラオケルームまでつくれてしまうという，対象を広げるやり方は「海外ではまず通用しない」ので，「私」は「全面的に良い」とは考えていないのである。

4　少し前にある「ルール」に着目する。「米国やヨーロッパ，中国」などの国々には，「きわめて多種多様な民族」がいるため，「言葉で明確にルールを定め」ないと，「行き違いやトラブル」が起こってしまう。石川和男さんは，「グローバル化時代」の現在においては，「等」をつけて「線引き」をあいまいにすることで起こる「行き違いやトラブル」を回避《かいひ》するためにも，「法やルールの線引きを明確に定めるべき」だと考えている。

5　Ⅰ，Ⅱ　自分がそのことについての知識を持っていないということが「バレる」と「決まりが悪い」と思うときは，話し言葉で「など」を使うと，「時間稼《かせ》ぎ」をしたり，「突《つ》っ込《こ》みを回避」したりすることができる。また，「等」や「など」を用いる「ぼかし用法」を「話し言葉」に用いると，「表現を柔《やわ》らかく」し，「角が立たない」言い方になるので，良好な人間関係を保つことができるという効果もある。また，行政の文書において，「遊興施設等」や「大学，学習塾等」のように「等」を用いるのは，「全業種」を「漏《も》れ」がないように正確に含《ふく》めたいという考えと，「行政の裁量の余地を残し」て「起こりうる批判はかわしたい」という考えがあるからだと考えられる。

6　「等」によって「あいまいさ回避」をするためには，「等」の前の名詞を「代表的・典型的なもの」にすることが重要である。公共交通機関を表す場合に，「電車，バス等」が適切で，「地下鉄，タクシー等」が不適切なのは，「地下鉄」が「電車」の一部にすぎないものであることや，少人数しか乗れない「タクシー」が公共交通機関の典型ではないからである。つまり，「等」をつけることにより，受け手が何を示されているのか正確に理解できる表現でなければならない。アの「推理小説，恋愛漫画《れんあいまんが》等の本」では，小説や漫画のそれぞれの一分野が示されているだけで，「本」を代表している名詞とはいえないので不適切。イの「図形問題，四字熟語等の勉強」は，受験に向けての勉強として「四字熟語」は限定的な範囲しか示していないので，適切とはいえない。ウの「カエル，犬等の動物を飼う」は，飼う生き物として「カエル」は，示す範囲がせますぎるものなので，適切な表現とはいえない。エは，「レストラン」を指し示すために，レストランの典型ともいえる「中華料理店」と「フランス料理店」があげられているので，適切な「等」の用い方であるといえる。

7　【文章Ⅰ】では，「等」が「より多くの国民を助けること」もあるといった利点を認めつつも，外国では「等」が多用されておらず，「政治・行政の法令」において「等」を用いると「認める」か「認めない」かの「一線をきっちり引く」ことができなくなり，「行き違いやトラブルの元」になるので，「法やルール」において「等」の使用は望ましくないということが主張されている。これに対して，【文章Ⅱ】では，「等」は法律の文章において「厳密な用語」なので「厳密なルール」に基《もと》づいて使われるべきだと主張されており，【文章Ⅲ】では「等」の前の「名詞を慎重《しんちょう》に選ぶこと」が大切だと述べられているので，どちらも「等」の用い方のルールについて説明された文章だと考えられる。

三　漢字の読み

①　物事が進むようにすること。　②　「簡略化」は，手軽で簡単な状態にすること。　③　音読みは「ハイ」で，「背任」などの熟語がある。　④　音読みは，「ハイ」で，「礼拝」などの熟語がある。　⑤　音読みは「ケツ」で，「清潔」などの熟語がある。

四　漢字の書き取り

①　店の名や商品の宣伝などを書いた板。　②　名前が広く知られていること。　③　いろいろなことがらを記載《きさい》した書物。　④　物事を始めたり終えたりするのに適している機会。　⑤　音読みは「エン」で，「延期」などの熟語がある。

2021年度　京華中学校

〔電　話〕 (03) 3946－４４５１
〔所在地〕 〒112-8612　東京都文京区白山５－６－６
〔交　通〕 都営地下鉄三田線―「白山駅」より徒歩３分

＊【適性検査Ⅰ】はたて組みですので，最後に掲載してあります。

【適性検査Ⅱ】〈第１回午前・適性検査型試験〉（50分）〈満点：100点〉

〈編集部注：実物の入試問題では，図の大半がカラー印刷です。〉

1　次の会話＜１＞～＜４＞は，**京太郎**《けいたろう》さんが**華子**《はなこ》さんとあるテーマパークへ遊びに行き，そのときに体験したできごとを先生に話している会話です。これを読んであとの問いに答えなさい。

＜１＞

京太郎：先生，この前の休みを利用して，親戚《しんせき》の華子さんとKパークに行きました。とてもおもしろかったです。

先　生：楽しめたようで何よりですね。たくさんのアトラクションに乗れましたか？

京太郎：連休にもかかわらず，比較的《ひかくてき》人混みが少なかったので，たくさんのアトラクションに乗れました。これがKパークのマップです。このマップを頼りに効率的にまわることができました。

先　生：一番効率の良いまわり方を考えるのも大変ですよね。なるべく無駄《むだ》のないようにまわりたいですね。

問１　【図１】の現在地から３つのアトラクションをすべてまわり，現在地まで戻ってくるとき，かかる時間は最短で何分ですか。ただし，各アトラクションの所要時間や待ち時間は考えないものとします。

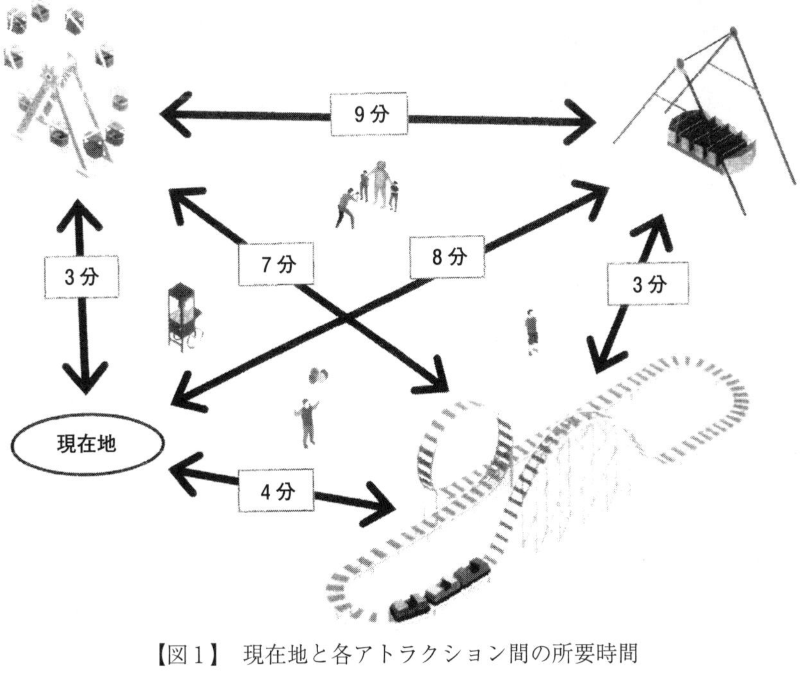

【図１】　現在地と各アトラクション間の所要時間

＜２＞

先　生：Ｋパークには，さまざまなテーマのエリアがありますね。京太郎さんの一番好きなエリアはどこですか？

京太郎：僕は宇宙をテーマにしたエリアが好きです。宇宙船のジェットコースターはスリルがありました。このエリアには，レストランなどの飲食店がいくつもあったので，ここでお昼を食べました。

先　生：何を食べたのですか？

京太郎：ハンバーガーです。とてもおいしかったです。でも，どのお店もあまりお客さんが入っていませんでした。

先　生：新しいアトラクションのあるエリアが新設されるようですね。京太郎さんの食べたハンバーガーショップは新しいエリアに移転するみたいです。

京太郎：そうなんですか！

京太郎さんが感じているように，宇宙エリアのお店は昨年にくらべて来客数が減っています。５つのお店(カレーハウス・ハンバーガーショップ・ステーキハウス・ピザハウス・パンケーキ屋)がありますが，１日当たりの平均売上額は，【資料１】のようになっています。

【資料１】　各ショップの１日当たりの平均売上額，昨年の同じ時期との比較

１日当たりの平均売上高　(単位：万円)

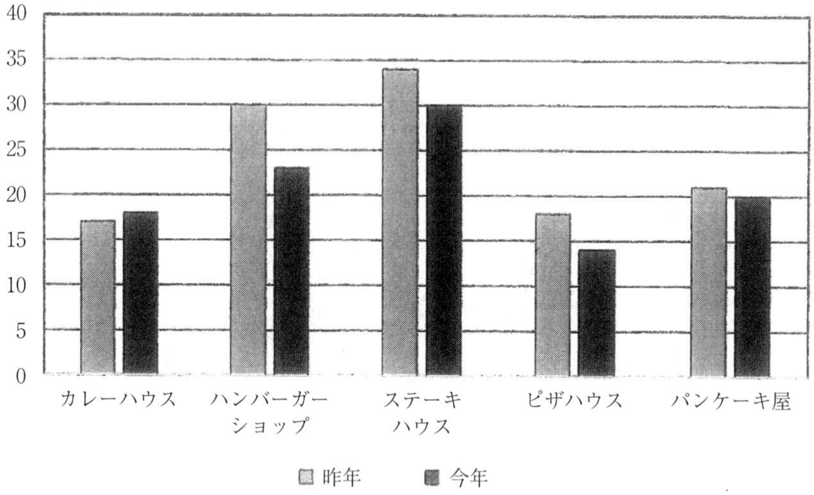

このままでは，お店を続けるのが難しくなりそうです。ただし，経営が苦しいかどうかを知るためには，売上(収入)だけでなく，経費(お店を経営するために必要なさまざまな支出)がどれくらいかかっているかを知る必要があります。

次のページの【資料２】は，宇宙エリアの５つのお店で，１日当たりどのくらいの経費がかかっているかを調べたものです。

【資料２】　各ショップの１日当たりの平均必要経費(万円)

お店	材料費	光熱費 (電気・ガス代)など	人件費 (従業員に払うお金)
カレーハウス	6	2	6
ハンバーガーショップ	10	3	8
ステーキハウス	12	3	8
ピザハウス	3	1	7
パンケーキ屋	7	2	5

問２　なぜ，ハンバーガーショップが新しいエリアに移転するお店として選ばれたのでしょうか。【資料１】と【資料２】を参考にして，理由を考えなさい。

＜３＞

京太郎：新しいエリアでハンバーガーショップは成功するのでしょうか。

先　生：そうですね。宇宙エリアでは売上が悪かったので，新しいエリアに移転するなら，いろいろな工夫が必要ですね。

京太郎：どんなことを工夫すればいいですか？

先　生：お店が繁盛《はんじょう》するかどうか，さまざまなことを考えなければなりません。また，必ず成功する方法があるわけでもないのです。できるかぎり知恵をしぼって，魅力《みりょく》的なお店を考えることが大切ですね。

京太郎：実は学校の総合学習で，このことをテーマに発表したいと考えています。僕たちの班は，ハンバーガーショップを新しくオープンするために，どんなことに気をつければいいのかを調べることにしました。【資料３】は，僕たちが専門家にインタビューをして分かったことです。

【資料３】　飲食店を成功させるためのアドバイス

Ａさん 経営コンサルタント	仕入れを安くすることで利益率が上がります。そのために安い材料をさがすことが大切ですが，それによって料理の質が下がるのはよくないですね。余計な経費をおさえるために人件費を安くすることも大切ですが，給料を安くしすぎると，店員が意欲的に働けなくなることも考えなければなりません。
Ｂさん インテリア・ コーディネーター	お客さんにとって過ごしやすく，心地よい空間をつくることが大切です。リフォームで窓を大きくすれば，明るく広い空間をつくることができます。照明を工夫すれば，店内の雰囲気を変えることもできますよ。ただし，リフォームにはお金がかかるので，予算と相談しながら考える必要がありますね。
Ｃさん オーナー・シェフ	お店が成功するかどうかは，何よりも魅力的な料理を出せるかどうかにかかっています。優秀な料理人をやとい，質の高い食材を仕入れることが必要です。また，そのお店でしか食べられないオリジナル・メニューを考えることも大切です。
Ｄさん 広告代理店勤務	新しいお店を知ってもらうためには，宣伝が絶対に必要です。どんなにリフォームをして魅力的なメニューをつくっても，それを知ってもらわなければ来客数は増えません。だからこそ，お金をたくさんかけてインパクトのある広告をつくりましょう。宣伝は，すればするほど効果が上がります。

先　生：どれも大切なアドバイスですね。ただし，お店の経営者にとって大切なことは，かぎられた予算の中で，バランスを考えて，よりよい経営方法を見つけていく，ということです。ですから，【資料３】のアドバイスを，すべてそのまま使ってよいということではありません。

京太郎：僕たちの班は，このアドバイスを参考にして，【資料４】のような３つの案にしぼりました。

【資料４】　京太郎さんの班が考えた新しいハンバーガーショップ

X案	新メニューの開発に力を注《そそ》ぎます。腕《うで》のよいコックをやとい，また従業員のアイデアをつのって新しいメニューをつくります。ハンバーグの素材の味を生かすために，和牛のひき肉を使って，バンズにもこだわり，よだれの出るような，オンリーワンのハンバーガーをつくろうと思います。
Y案	お店の内装にこだわりましょう。新しいエリアのアトラクションやマスコットに合わせた内装をつくり，楽しく食事ができる雰囲気をつくりたいと思います。そして，せっかく新しいお店にするので，たくさんの人に知ってもらう必要があります。
Z案	やはりコストカットが必要です。以前のエリアで売上が下がったのは人件費の割合が高くなったことも原因でした。そのために，セルフレジを導入し，メニューをデジタル化するのがいいと思います。

問３　あなたならX・Y・Zのどの案を選びますか。また，その案を実行するためにあなたが「工夫」したり「注意」したりすることは何ですか。【資料３】と【資料４】を参考にして説明しなさい。

＜４＞

先　生：このテーマパークには，マスコットもいるのですね。

京太郎：はい。５体います。今度新しいマスコットが１体増えるそうで，話題になっていました。

問４　Ｋパークには５体のマスコット（【資料５】）がいて，そのぬいぐるみが発売されています。今度，新たに「ウサギ」のマスコット（次のページの【資料６】）を加え，そのぬいぐるみを発売します。発売に際しては，ぬいぐるみを買って欲しいターゲット（【資料７】）と，それに合わせた設定や特徴《とくちょう》を決める予定です。あなたなら，どのような内容にしますか。①～③のターゲットから１つ選び，マスコットの性別や設定，ぬいぐるみの特徴を考えなさい。また，他のマスコットとの関係性や，園内のショップからの声（【資料８】）を参考にして，その理由も説明しなさい。

【資料５】　マスコットの設定とぬいぐるみの特徴

名前	性別	マスコットの設定	ぬいぐるみの特徴
クマ男	オス	メインマスコット	サイズが３種類（大・中・小）ある。
クマ子	メス	クマ男の恋人	サイズが３種類（大・中・小）ある。
ネコ美	メス	クマ子の友人	多くの着せかえ用の服が販売されている。
カメ吉	オス	クマ男の友人	やや大きめで，クッションになっている。
ヘビ丸	オス	カメ吉のライバル	少し小さく，腕に巻き付けることができる。

ぬいぐるみのイメージ図

クマ男　クマ子　ネコ美　カメ吉　ヘビ丸

【資料６】　新しいマスコットのぬいぐるみ(イメージ図)

【資料７】　ぬいぐるみを買って欲しいターゲット

①　家族連れ：両親(40代)＋息子(小学校高学年)＋娘《むすめ》(園児)

②　恋人《こいびと》同士：社会人(20代前半)の男女

③　友人同士：男子高校生のグループ

【資料８】　園内のショップからの声

・どの年齢《ねんれい》層でも「クマ男」のぬいぐるみは人気です。
・男女でぬいぐるみを買う場合は「クマ男」と「クマ子」のセットが多いです。
・５体のぬいぐるみの中で，最も売れていないのは「ネコ美」のぬいぐるみです。
・男子高校生には「ヘビ丸」が人気です。腕に巻いて，園内をまわっています。
・少しヘビが怖《こわ》いのか，小さい子どもには「ヘビ丸」はあまり人気がないです。
・荷物は郵送できるので，年齢が高い人は「カメ吉」のぬいぐるみを買って自宅に送る人が多いです。部屋のインテリアにするそうです。
・男性はオスのぬいぐるみを，女性はメスのぬいぐるみを買う傾向《けいこう》が強いです。
・小さい子どもをつれている親は，ぬいぐるみの材質を気にしているようです。

2　次の会話＜１＞～＜４＞は，**1** で京太郎さんが話題にしたＫパークに行った際の華子さんとの会話です。これを読んであとの問いに答えなさい。

＜１＞

京太郎：次はあのアトラクションに乗りたいな。

華　子：どのアトラクション？

京太郎：えーっと，あのアトラクションだよ。思い出せないな。頭の中では思い浮かんでいるんだけどな。そうだ。ちょっと調べてみるね。

―①京太郎はスマートフォンで検索《けんさく》を始める―

京太郎：そうそう。メリーゴーランドだ。

華　子：いいね。乗りましょう。

問１　インターネットを用いて，キーワードを入力することで，関連したWebサイトを検索することができます。下線部①について，京太郎さんの頭の中には【図１】のようなイメージが浮かんでいますが，この名称（メリーゴーランド）を思い出すことができません。どのようなキーワードを入力すれば，この名称にたどり着くことができるでしょうか。検索するのに適切なキーワードを３つあげなさい。

【図１】　メリーゴーランド（京太郎の頭の中のイメージ）

＜２＞

華　子：やっとメリーゴーランドに着いたね。どの馬に乗ろうかな。

京太郎：内側のほうが速く回っているね。僕は速いほうがいいから，内側の馬に乗ろうと思うよ。

華　子：②本当に内側のほうが速いのかな？

京太郎：どういうこと？

華　子：（　　　　　）

問２　下線部②について，このメリーゴーランドは２段の回転台からできています。小さい台と大きい台では回る速さが異なっており，大きい台は１分間に2.5回転，小さい台は１分間に５回転します(【図２Ａ】)。中心から３ｍにある小さい台の乗り物と中心から８ｍにある大きい台の乗り物は，それぞれ１分間に何ｍ進んでいることになりますか(【図２Ｂ】)。ただし，円周率は3.14として答えなさい。

問３　問２の解答にもとづいて，会話文中の(　)に入る華子さんの説明を考えなさい。

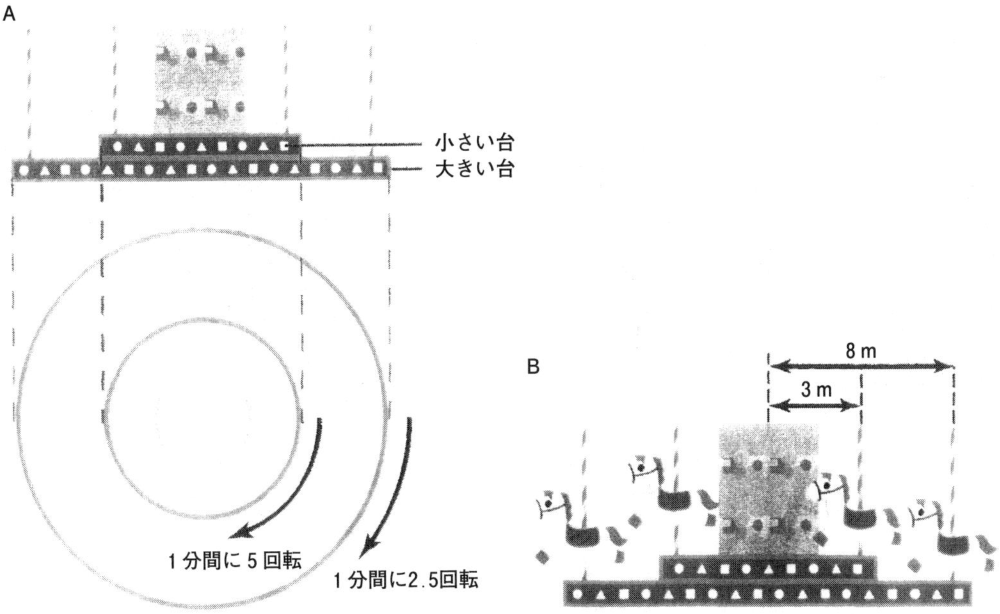

【図２】　Ｋパークのメリーゴーランドの構造

＜３＞

華　子：ちょっと疲《つか》れたね。あそこの売店で休憩《きゅうけい》しようか。

京太郎：そうしようか。なにか飲み物を買ってくるね。

—京太郎が飲み物を買ってくる—

京太郎：ストローが紙でできているね。

華　子：本当だね。プラスチックごみによる海の汚染《おせん》が問題になっているからね。

京太郎：どういうこと？

華　子：プラスチックは石油からつくられていて，いろいろな種類があるよ。洋服やペットボトル，さらにはビニールの袋《ふくろ》や発泡《はっぽう》スチロールの容器などさまざまなものに使われているね。これらのごみが適切に処理されなくて，最終的には海に行きついてしまうそうだよ。

京太郎：確かに浜辺にビニールやペットボトルのごみを見かけることも多いね。

華　子：③プラスチックは自然界でなかなか分解されないから，長い間残ってしまうと聞いたことがあるよ。

京太郎：分解されるようなプラスチックがあればいいのにね。

華　子：プラスチックは丈夫《じょうぶ》なのが魅力だからね。でも，自然界で分解されるような「生分解性プラスチック」の開発も進んでいるそうだよ。

京太郎：なるほどね。

華　子：この前，④インターネットで牛乳から生分解性プラスチックをつくる方法を見つけたから，次の休みの日につくってみようよ。

問４　下線部③について，【表１】は，ごみが自然界で分解されるのに要する期間の例です。本文を参考にして，プラスチック製品が自然界で分解されるまでに長い期間がかかるのはなぜか説明しなさい。

【表１】　ごみが自然界で分解されるのに要する期間

ごみの種類	期間
プラスチック製の飲み物のボトル	450年
新聞紙	６か月

問５　下線部④について，京太郎さんと華子さんは後日，牛乳からプラスチックをつくり，実際に自然界で分解されるかを確かめるために，以下のような実験をしました。その結果(【表２】)，牛乳からつくられた「生分解性プラスチック」であっても，海ではなかなか分解されない可能性が出てきました。それはなぜか説明しなさい。

［実験手順１］　同じ容器を２つ用意し，同じ量の土を入れた。
［実験手順２］　同じ大きさの作製したプラスチックをそれぞれの容器の同じ位置に入れた。
［実験手順３］　それぞれの容器にふたをし，１つは段ボールに入れて，玄関《げんかん》(35℃)に放置した。もう１つは冷蔵庫の中(４℃)に入れて，２週間放置した。

【表２】　実験の結果

放置場所	結果
玄関	体積が小さくなり，分解が進んでいた。
冷蔵庫の中	固いまま，ほとんど分解されていなかった。

＜４＞

京太郎：おなかがすいたので，カレーライスでも食べない？
華　子：いいね。
京太郎：僕は，トッピングで卵を追加しよう。やはり黄身の色の濃《こ》い卵はいいよね。
華　子：黄身の色と卵の味はほとんど関係ないと聞いたことがあるよ。
京太郎：そうなんだ。黄身の色が濃い卵は栄養価の高い卵を産むニワトリの品種だからだと思っていたよ。黄身の色は，何で決まるのかな。
華　子：ニワトリの品種によって黄身の色が変わるのかな。⑤エサで黄身の色が変わると聞いたような気がするよ。

問６　下線部⑤について，「卵の黄身の色はニワトリの品種ではなくニワトリが食べるエサによって決まる」と仮説を立てたとします。養鶏場《ようけいじょう》Ａで育てたニワトリの品種ａ(色の薄《うす》い黄身の卵を産む)と，養鶏場Ｂで育てたニワトリの品種ｂ(色の濃い黄身の卵を産む)がいるとして，この仮説を確かめるためには，どのような実験をして，どのような結果が得られるとよいのか，説明しなさい。

【適性検査Ⅲ】〈第１回午前・適性検査型試験〉（35分）〈満点：100点〉

1　**京太郎**《けいたろう》さんと**華子**《はなこ》さんは，図形についての話をしています。

京太郎：１辺が８cmの正方形の紙を用意したよ。この紙を折った後で，切ってから広げたらどうなるか試してみよう。

華　子：どうやってやるの。

京太郎：まずは**図１**のように辺BCが辺ADの上にぴったり重なるように折ろう。次に，辺CFが辺BEの上にぴったり重なるように折って，小さい正方形を作ろう。

図１

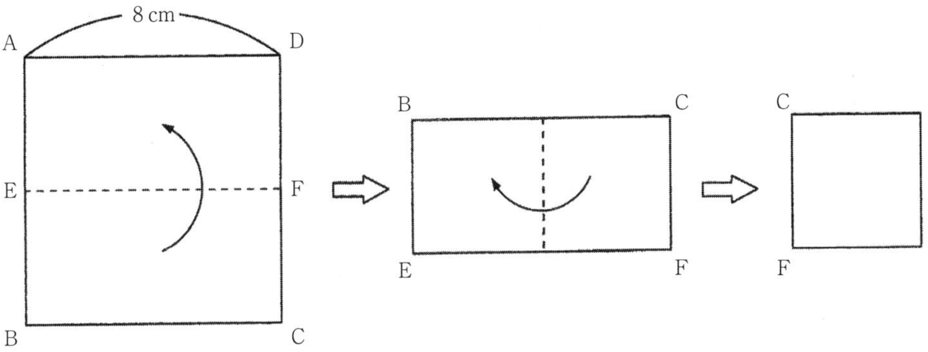

華　子：次はどうするの。

京太郎：**図２**のように各頂点と辺のちょうど真ん中に印をつけよう。それから，この点と点を線で結んでその線で切ってみよう。

図２

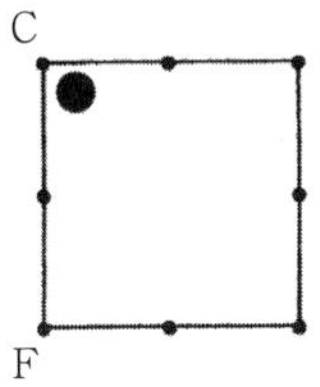

華　子：何か注意することはあるの。

京太郎：切る場所を間違えないように，このままの向きで左上に●印をかいておこう。

華　子：どうして。

京太郎：裏にしたり向きを変えたりすると，同じように切っても，切ってから広げてできる図形が変わってしまうことがあるからだよ。

華　子：そうなの。

京太郎：例えば，アの太線で紙を切ってから広げてできる図形と，紙を回転させてイの太線で紙を切ってから広げてできる図形を比べてみよう。

ア

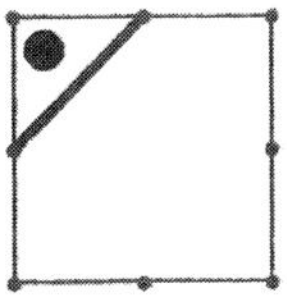

イ

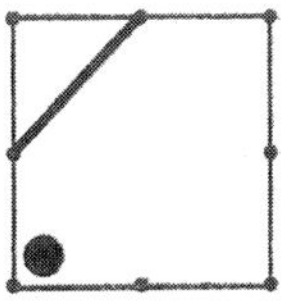

問１　２人はアとイの太線で紙を切ってから広げてみました。それぞれ何枚に切り分けられるか答えなさい。答えのみ書きなさい。

京太郎：次は直線だけでなく，曲線でも切ってみよう。

華　子：どうするの。

京太郎：まずはウのように１本の対角線と半円を点線でかいてみよう。

華　子：次はどうするの。

京太郎：次はエのように切る部分を太線でかいてみるね。

華　子：その太線で切ってみましょう。

ウ

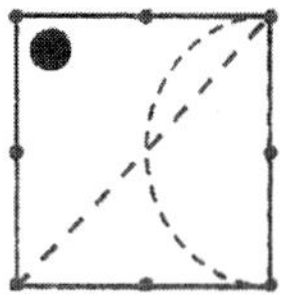

エ

問２　２人はエの太線で紙を切ってから広げてみました。紙を広げたときにできる図形のうち，いちばん大きい図形の面積を求めなさい。

ただし，円周率は3.14とします。考え方や式も書きなさい。

京太郎：今度は正六角形の紙を使ってみよう。

まずは**図３**のように辺ADが辺BCの上にぴったり重なるように折ろう。次に，EがDの上にぴったり重なるように折ろう。最後にFがAの上にぴったり重なるように折って，正三角形を作ろう。

華　子：その後はどうするの。

京太郎：今回もこのままの向きで上に●印をかいておこう。

図３

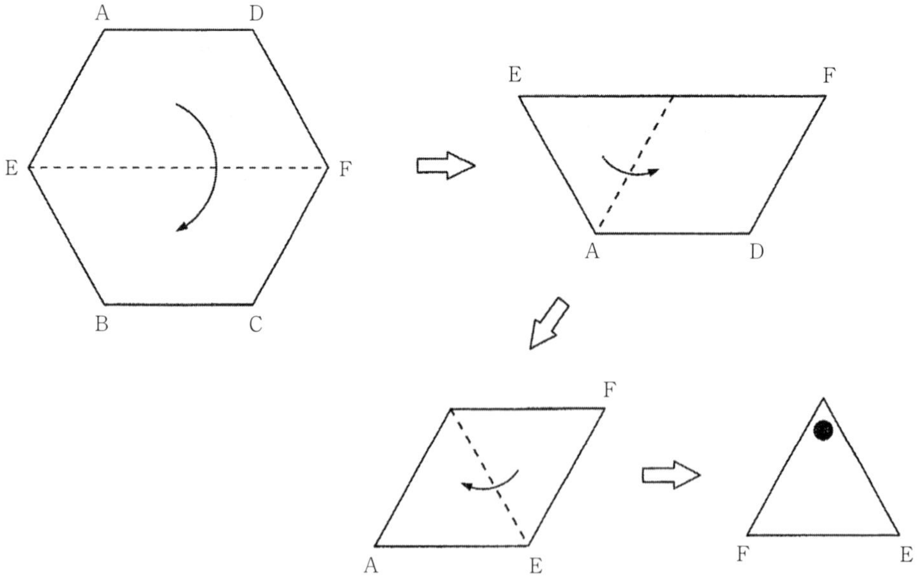

華　子：他には何かするの。

京太郎：今回は**図４**のように各頂点と辺を３等分するところに印をつけよう。

図４

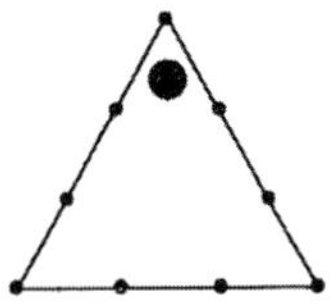

京太郎：これで切り分ける準備ができたよ。印をつけた点と点を直線で結んでその線で切ってみよう。まず，オのように太線をかいてみよう。

オ

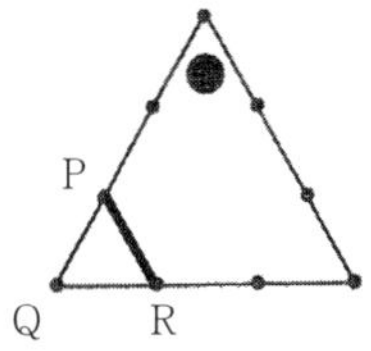

華　子：三角形 PQR は正三角形になるわね。
図４の正三角形は三角形 PQR が何個分になるかしら。

問３　**図４**の正三角形の面積は三角形 PQR の面積の何倍ですか。答えのみ書きなさい。

京太郎：じゃあ，オの太線で切ってみるね。

華　子：上手く切れたわね。紙を広げてみましょう。４つに切り分けられたわ。そのうち３つの図形は合同ね。

問４　(1)　合同な図形の名前を答えなさい。

(2)　合同な図形の１つの面積は最初の正六角形の面積の何倍ですか。考え方や式も書きなさい。

京太郎：**図４**の正三角形を使って他の切り方も試してみようよ。

華　子：うん，やってみましょう。

京太郎：見て，切り分けられた図形の中に正三角形があるよ。

華　子：どうやって切り分けたの。

問５　(1)　紙を**図４**の印をつけた点と点を通る１本の直線で１回だけ切ってから広げたときに，切り分けられた図形の中に正三角形がありました。どのような線で切りましたか。解答用紙の正三角形に線をかきなさい。

(2)　切り分けられた正三角形の面積は最初の正六角形の面積の何倍ですか。考え方や式も書きなさい。

2 **京《けい》太《た》郎《ろう》**さんと**華《はな》子《こ》**さんは華子さんが昨日レストランに行ったときの話をしています。
下の表はレストランのメニューです。

メニュー

A：	ステーキ(1000円)	ハンバーグ(900円)	カレー(800円)
B：	ライス(200円)	ナン(170円)	パン(150円)
C：	パフェ(400円)	ショートケーキ(350円)	白玉ぜんざい(300円)

☆表示価格はすべて税抜《ぬ》き価格です。
☆消費税込《こ》みの代金が小数になるときは，小数点以下を切り捨てます。

華　子：割引券を持っていたから，ご飯を食べにレストランに行ったの。私が持っていた割引券はこの３枚よ。

㋐５％割引券

☆A・B・Cの３種類の中からそれぞれ１つずつ選んでください。
　＊ステーキを選ぶときは，ライスかパンを選んでください。
　＊ハンバーグを選ぶときは，ライスかパンを選んでください。
　＊カレーを選ぶときは，ライスかナンを選んでください。
☆選んだ３つの合計金額から５％割引きします。

㋑パン40円割引券

☆パン代を40円割引きします。
☆㋐５％割引券と一緒に使えます。そのときは，パン代を40円割引きした後の合計金額から５％割引きします。

㋒ステーキ・ライス割引券

☆ステーキとライスを一緒に注文するとステーキとライスの合計金額のみ10％割引きします。
☆他の割引券とは一緒に使えません。

京太郎：例えば，カレーとナンとショートケーキを注文して㋐の割引券を使うといくらになるの。
華　子：消費税が10％かかるから，５％割引きの計算をした後に消費税を考えないといけないわね。

問１　カレーとナンとショートケーキを注文するとき，㋐５％割引券を使って支《し》払《はら》うと消費税込みの代金はいくらになりますか。考え方や式も書きなさい。

京太郎：この㋐の割引券を使えるように，**A**・**B**・**C**からそれぞれ１つずつ選ぶと，その選び方は全部で何通りあるのかな。

華　子：割引券を読むと選び方は限られてくるわね。

問２　㋐５％割引券を使えるように，**A**・**B**・**C**からそれぞれ１つずつ選ぶと，その選び方は全部で何通りありますか。考え方や式も書きなさい。

京太郎：昨日，華子さんは何を注文したの。

華　子：ヒントをあげるから何を食べたか当ててみて。

私は**A**・**B**・**C**から１つずつ選んで注文したの。もちろん割引券を使ったけど，割引券を使わないで消費税も加えないと合計1500円になるわ。

京太郎：それだとまだいくつか選べてしまうから，もう少しヒントをもらえないかな。

華　子：さっきのヒントの合計1500円になるものの中で，持っていた割引券を使うといちばん安くなるわ。

問３　華子さんが注文したものは何ですか。**A**・**B**・**C**から１つずつ選びなさい。また，華子さんが注文したものの代金は消費税込みでいくらでしたか。ただし，割引券を使った後に消費税10％を加えることとします。考え方や式も書きなさい。

ってしまったのです。

そのため、「ニッチ」という生物の種の基本的な考え方が、自分の社会的役割を再考するのに、とても参考になるのではないでしょうか。私はそう思います。

（稲垣栄洋『はずれ者が進化をつくる　――生き物をめぐる個性の秘密』による）

1．――線部１「二つの意見」とはどのような意見ですか。八〇字以内で説明しなさい。

2．――線部２「ガウゼの実験」からわかったのはどのようなことですか。八〇字以内で説明しなさい。

3．――線部３に「ニッチの考え方は、……じつに参考になる話のように思えます」とありますが、これはどういうことですか。一〇〇字以内で説明しなさい。

4．〰〰線部に「これが『ナンバー１が大切なのか、オンリー１が大切なのか？』という問いに対する自然界の答えです」とありますが、人間社会におけるこの問いについてあなたはどのように答えますか。あなたが考える人間社会を明らかにしたうえで、つぎの条件にしたがって答えなさい。

・三五〇字以上四〇〇字以内で書きなさい。
・段落は二段落以上の構成で書きなさい。

で土を食べて生きるというナンバー1になるために、足を捨ててしまったのです。

　オケラはどうでしょうか。

　オケラはコオロギの仲間です。地面の上にはたくさんの種類のコオロギがいますが、地面の下で穴を掘《ほ》って暮らしているコオロギなんて他にいません。それだけで、間違いなくナンバー1なのです。

　アメンボはどうでしょう。

　アメンボのニッチもすごいです。

　何しろ陸の上でも、水の中でもありません。地上にはたくさんの生き物がいます。水中にもたくさんの生き物がいます。しかし、水面という範囲《はんい》ではアメンボは最強の肉食昆虫《こんちゅう》です。

　ミミズもオケラも、アメンボもみんなみんなすごいニッチを持っているのです。

　「フレーム理論」というものがあります。

　たとえば、あなたが魚だったとしましょう。水の中であればスイスイと泳ぎ回るあなたも、陸の上に上げられたとたんにピチピチとはねることしかできません。陸上ではどんなに歯を食いしばって努力しても、他の生き物のように陸の上を歩くことはできません。あなたにとって大切なことは、水を探すことなのです。

　あるいは、あなたがダチョウだったとしましょう。ダチョウは世界最大の鳥です。あなたは、誰《だれ》よりも強い脚力《きゃくりょく》で速く走ることができます。太い足で蹴《け》り上《あ》げるキック力は猛獣《もうじゅう》たちも恐《おそ》れるほどです。しかし、どうして他の小鳥のように空を飛べないのかと悩《なや》み始めたら、ダチョウはとてもダメな鳥になってしまいます。ダチョウは陸の上で力を発揮します。飛ぼうとしてはダメなのです。

　あなたは自分のことをダメな存在だと思うことがあるかもしれません。しかし、本当にそうでしょうか。あなたは陸の上でもがいている魚になっていないでしょうか。飛ぶことに憧《あこが》れるダチョウになっていないでしょうか。

　誰にも自分の力を発揮できる輝《かがや》ける場所があります。ダメなのはあなたではなく、あなたに合わない場所なのかもしれません。

　持っている力を発揮できるニッチを探すことが大切なのです。

　勘違《かんちが》いしてはいけないのは、この時限で紹介した「ニッチ」という考え方は、モンシロチョウやアフリカゾウといった、生物の種の単位での話です。

　人間という生物は自然界の中で確かなニッチを確立しているのですから、本当は私たち個人個人がニッチを探す必要などありません。

　しかし、3ニッチの考え方は、今まさに個性の時代を生きようとしている私たちにとっても、じつに参考になる話のように思えます。

　人間は、「助け合う」ということを発達させてきました。助け合いを通して、さまざまな役割分担を行い、社会を築いてきたのです。

　たとえば力の強い人たちは、獲物《えもの》を獲《と》りに狩《か》りに行きます。目の良い人たちは、果物などの食べ物を探しに行きます。泳ぐのが得意な人は魚を獲り、手先の器用な人たちは道具を作ったり、調理の得意な人は食べ物を調理しました。神に祈《いの》る人がいたり、子どもたちの面倒《めんどう》を見る人がいたり、人間は古くから役割分担をしていたのです。そうした役割分担によって、人間社会は発達していきました。「得意な人が得意なことをする」、これが人間の作り上げた社会です。

　人間の一人ひとりが、社会の中のさまざまなポジションで、さまざまな役割を果たすことは、さまざまな生物種が、生態系の中でそれぞれの役割を担《にな》っているのと同じです。

　しかし、社会は高度に複雑になり、役割分担もまたわかりにくくなってしまいました。誰がどんな役割分担を担っているかもわからないし、社会の中で自分が得意なのは何なのかも、簡単には見出《みいだ》せなくな

1なのです。

自然界には、わかっているだけで一七五万種の生物が生存していると言われているのですから、少なくとも一七五万通りのナンバー1があるということになります。

ナンバー1になる方法はいくらでもあるということなのです。

ナンバー1しか生きられない。これが自然界の鉄則です。

自然界に暮らす生き物は、すべてがナンバー1です。どんなに弱そうに見える生き物も、どんなにつまらなく見える生き物も、必ずどこかでナンバー1なのです。

ナンバー1になる方法はいくらでもあります。

この環境《かんきょう》であれば、ナンバー1、この空間であればナンバー1、このエサであればナンバー1、この条件であればナンバー1……。こうしてさまざまな生き物たちがナンバー1を分け合い、ナンバー1しか生きられないはずの自然界に、多種多様な生き物が暮らしているのです。

自然界は何と不思議なのでしょう。

そして、ナンバー1はたくさんいますが、それぞれの生物にとって、ナンバー1になるポジションは、その生物だけのものです。すべての生物は、ナンバー1になれる自分だけのオンリー1のポジションを持っているのです。そして、オンリー1のポジションを持っているということは、オンリー1の特徴《とくちょう》を持っているということになります。

つまり、すべての生物はナンバー1であり、そして、すべての生物はオンリー1なのです。

これが「ナンバー1が大切なのか、オンリー1が大切なのか？」という問いに対する自然界の答えです。

ナンバー1しか生きられない。これが自然界の鉄則です。

しかし、ナンバー1になる方法はたくさんあります。

そして、地球上に棲むすべての生物は、ナンバー1になれるものを持っているのです。このナンバー1になれるオンリー1のポジションのことを生態学では「ニッチ」といいます。

「ニッチ」という言葉は、もともとは、装飾品《そうしょくひん》を飾《かざ》るために教会の壁面《へきめん》に設けたくぼみのことです。

一つのくぼみには、一つの装飾品しか掛《か》けることができないように、一つのニッチには一つの生物種しか入ることができません。

私たちのまわりには、たくさんの生き物がいます。弱そうな生き物もいます。人間と比べると、単純でつまらない存在に見える生き物もたくさんいます。しかし、すべての生物がナンバー1になれる自分だけのニッチを持っているのです。

「ぼくらはみんな　生きている」の歌詞で歌いだされる子どもたちに人気の唱歌「手のひらを太陽に（やなせたかし作詞・いずみたく作曲）」には、こんな歌詞があります。

ミミズだって　オケラだってアメンボだって
みんな　みんな生きているんだ
友だちなんだ

ミミズもオケラも、アメンボも、けっして強い生き物には思えません。優秀《ゆうしゅう》な生き物にも思えません。

しかし、この生き物たちのニッチには、驚かされます。

ミミズは、肉食でも草食でもありません。土の中で土を食べて生きています。土の中で土を食べる生き物の中でミミズは最強です。

じつは、手も足もないミミズは、ずいぶんと単純な生き物に思えるかもしれませんが、ミミズの祖先は、もともとは頭や移動のための足のような器官をもつ生物だったと考えられています。しかし、土の中

最初のうちは、ゾウリムシもヒメゾウリムシも共存しながら増えていきますが、やがてゾウリムシは減少し始め、ついにはいなくなってしまいます。そして、最後には、ヒメゾウリムシだけが生き残ったのです。

二種類のゾウリムシは、エサや生存場所を奪《うば》い合《あ》い、ついにはどちらかが滅《ほろ》ぶまで競《きそ》い合います。そのため、一つの水槽に二種類のゾウリムシが共存することはできないのです。

これが自然界の厳しい鉄則なのです。

「ナンバー1しか生きられない」

競争は水槽の中だけではありません。

自然界は、弱肉強食、激しい競争や争いが日々繰《く》り広《ひろ》げられている世界です。あらゆる生き物がナンバー1の座を巡《めぐ》って、競い合い、争い合っているのです。

しかし、不思議なことがあります。

自然界には、たくさんの生き物がいます。

もし、ナンバー1の生き物しか生き残れないとすれば、この世の中には、ナンバー1である一種類の生き物しか生き残れないことになります。それなのに、どうして自然界には、たくさんの種類の生き物がいるのでしょうか。

ゾウリムシだけを見ても、自然界にはたくさんの種類のゾウリムシがいます。

もし、ガウゼの実験のようにナンバー1しか生きられないとすれば、水槽の中と同じように、自然界でも一種類のゾウリムシだけが生き残り、他のゾウリムシは滅んでしまうはずです。しかし、自然界にはたくさんの種類のゾウリムシがいます。

これは、どうしてなのでしょうか？

じつは、ガウゼが行った実験には、続きがあります。そして、この実験が大きなヒントとなるのです。

続きの実験では、ガウゼはゾウリムシの一種類を変えて、ゾウリムシとミドリゾウリムシという二種類で実験をしてみました。

すると、どうでしょう。

驚《おどろ》くことに、どちらのゾウリムシも滅ぶことなく、二種類のゾウリムシは、一つの水槽の中で共存をしたのです。

これは、どういうことなのでしょうか。

じつは、ゾウリムシとミドリゾウリムシとは、違《ちが》う生き方をしていました。

ゾウリムシは、水槽の上の方にいて、浮《う》いている大腸菌《だいちょうきん》をエサにしています。これに対して、ミドリゾウリムシは水槽の底の方にいて、酵母菌《こうぼきん》をエサにしているのです。

そのため、ゾウリムシとヒメゾウリムシのときのような争いは起きなかったのです。

「ナンバー1しか生きられない」

これは、間違いなく自然界の鉄則です。

しかし、ゾウリムシもミドリゾウリムシも、どちらもナンバー1の存在として生き残りました。

つまり、ゾウリムシは水槽の上の方でナンバー1、ミドリゾウリムシは水槽の底の方のナンバー1だったのです。

このように、同じ水槽の中でも、ナンバー1を分け合うことができれば、競い合うこともなく共存することができます。生物学では、これを「棲《す》み分《わ》け」と呼んでいます。

自然界には、たくさんの生き物が暮らしています。

つまり、すべての生き物は棲み分けをしながら、ナンバー1を分け合っています。

そのように、自然界に生きる生き物は、すべての生き物がナンバー

二〇二一年度 京華中学校

【適性検査Ⅰ】〈第一回午前・適性検査型試験〉（五〇分）〈満点：一〇〇点〉

一 つぎの1～10の――線部のカタカナは漢字に直し、漢字は読みをひらがなで、それぞれ答えなさい。

1. 種子が発芽した。
2. お金を工面する。
3. 自動車の往来がはげしい。
4. 肥えた土地に畑を作る。
5. 的を射た意見だ。
6. 商品をバイバイする。
7. 虫のヒョウホンを作る。
8. 先生の研究心にはケイフクする。
9. 何もない土地をタガヤす。
10. 必要ないものをノゾく。

二 つぎの文章を読んで、あとの問いに答えなさい。

「世界に一つだけの花」（詞曲・槇原敬之《まきはらのりゆき》）という歌に、次のような歌詞があります。

「ナンバー1《ワン》にならなくてもいい。もともと特別なオンリー1」

この歌詞に対しては、大きく1二つの意見があります。

一つは、この歌詞の言うとおり、オンリー1であることが大切という意見です。

何もナンバー1にだけ価値があるわけではありません。私たち一人ひとりが特別な個性ある存在なのだから、それで良いのではないか。これはもっともな意見です。

一方、別の意見もあります。

そうは言っても、世の中は競争社会です。オンリー1で良いと満足してしまっては、努力する意味がなくなってしまいます。世の中が競争社会だとすれば、やはりナンバー1を目指さなければ意味がないのではないか。これも、納得《なっとく》できる意見です。

オンリー1で良いのか、それともナンバー1を目指すべきなのか。

あなたは、どちらの考えに賛成するでしょうか？

じつは、生物たちの世界は、この問いかけに対して、明確な答えを持っているのです。

「ナンバー1しか生きられない」

じつは、生物の世界では、これが鉄則です。

理科の教科書には、ナンバー1しか生きられないという法則を証明する「2ガウゼの実験」と呼ばれる実験が紹介《しょうかい》されています。

旧ソビエトの生態学者ゲオルギー・ガウゼは、ゾウリムシとヒメゾウリムシという二種類のゾウリムシを一つの水槽《すいそう》でいっしょに飼う実験を行いました。

すると、どうでしょう。

2021年度

京華中学校　▶解答

※　編集上の都合により，第１回午前・適性検査型試験の解説は省略させていただきました。

適性検査Ⅰ　＜第１回午前・適性検査型試験＞（50分）＜満点：100点＞

解答

一　1　はつが　2　くめん　3　おうらい　4　こ(えた)　5　い(た)　6～10　下記を参照のこと。　二　1　(例)　一人ひとりが特別な個性あるオンリー１であることが大切だという意見と，オンリー１で満足しては競争社会で努力する意味がないので，ナンバー１を目指すべきだという意見。　2　(例)　一つの水槽でゾウリムシとヒメゾウリムシを飼うと，エサや生存場所を奪い合った末ヒメゾウリムシが生き残るように，生物の世界ではナンバー１しか生きられないということ。　3　(例)　社会は高度に複雑化して役割分担がわかりにくくなったが，すべての生物がナンバー１になれるオンリー１のポジションを持つというニッチの考え方は，人間が自分の社会的役割を再考するうえで参考になるということ。　4　下記の作文例を参照のこと。

二　4　(例)

　人間社会は役割分担によって発達したという筆者の意見には共感できる。たとえば生きるうえで欠かせない農作物は、生産者や、生産者が使う農具や機械を作る人、市場や小売店で働く人などがいるから食たくに並ぶ。私たちも先生方のほか、警備員さんや事務員さん、教科書や文具を作る人などのおかげで学校で学べている。日々の生活はさまざまな人の役割分担のうえに成立しているのだ。

　すべての生物はナンバー1になれる自分だけのニッチを持っているとも筆者は述べているが、グローバル化が進み、多様性や個性が重視される今日の人間社会でも、一人ひとりがナンバー1になれるオンリー1のポジションを目指すことが、自分の得意なものに集中的に取り組んで成果をあげるうえでも、きめ細やかで多種多様なサービスを可能にするうえでも望ましいと思う。みんなが個性を生かし、ちがいを認め合い、尊重し合えれば平和な社会の実現にも近づくはずだ。

●漢字の書き取り

一　6　売買　7　標本　8　敬服　9　耕(す)　10　除(く)

適性検査Ⅱ ＜第１回午前・適性検査型試験＞（50分）＜満点：100点＞

解　答

1 **問１**　19分　**問２**　（例）【資料１】より，５つのお店の中で，ハンバーガーショップの売り上げの落ちこみが一番大きい。また，【資料２】のハンバーガーショップの必要経費を【資料１】の平均売上高から引くと，最も利益が少なくなるから。　**問３**　（例）　X（案）／**工夫する点**…新しいメニューを食べたお客さんにアンケートを取り，よりおいしくなるようにする。／**注意する点**…材料の仕入れに経費がかかり過ぎないように気をつける。　**問４**　（例）　**ターゲット**…②／**性別**…オス／**マスコットの設定**…クマ男とクマ子のペット／**ぬいぐるみの特徴**…大・中・小のサイズがあり，クマ男と同じような服を販売する。／**理由**…【資料８】を見ると，男女でぬいぐるみを買う場合は，クマ男とクマ子のセットが一番売れているので，新しいマスコットをそのペットにすることで，すでにクマ男やクマ子のセットを買っている男女のグループにも買ってもらいやすくなるから。

2 **問１**　（例）　遊園地，馬，アトラクション　**問２**　**小さい台の乗り物**…94.2m，**大きい台の乗り物**…125.6m　**問３**　（例）　確かに，小さい台の方が１分間に多く回っているけれど，大きい台にある乗り物の方が１分間に多く進んでいるから，外側に乗った方が速いんじゃないかな。　**問４**　（例）　新聞紙の原料である紙は自然界にある木材などからつくられ，分解する生物がいるため分解されやすいが，プラスチックは石油から人工的につくられ，自然界に分解する生物がいないので，分解されるには時間がかかると考えられるから。　**問５**　（例）　実験から生分解性プラスチックでも，冷蔵庫の中では分解が進んでいなかった。このことから，海は冷蔵庫と同じように冷たい環境もあるので，分解されない可能性があると考えられるから。　**問６**　（例）　**実験**…養鶏場Ａのエサで品種ａと品種ｂを育てた場合と，養鶏場Ｂのエサで品種ａと品種ｂを育てた場合の，卵の黄身の色を確認する。　**結果**…養鶏場Ａのエサで育てたときは，品種ａでも品種ｂでも，黄身の色が薄くなり，養鶏場Ｂのエサで育てたときは，品種ａでも品種ｂでも，黄身の色が濃くなる。

適性検査Ⅲ ＜第１回午前・適性検査型試験＞（35分）＜満点：100点＞

解　答

1 **問１**　**ア**…５枚，**イ**…３枚　**問２**　36.56cm^2　**問３**　９倍　**問４**　(1)　ひし形　(2)　$\frac{1}{27}$倍　**問５**　(1)　（例）　右の図　(2)　$\frac{2}{9}$倍

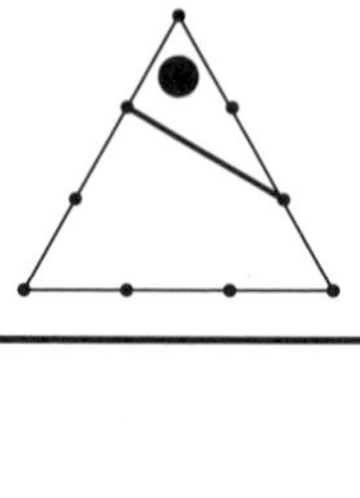

2 **問１**　1379円　**問２**　18通り　**問３**　**Ａ**…ステーキ，**Ｂ**…ライス，**Ｃ**…白玉ぜんざい，**代金**…1518円

2025年度用

中学スーパー過去問

■編集人 声の教育社・編集部
■発行所 株式会社 声の教育社
〒162-0814 東京都新宿区新小川町8-15
☎03-5261-5061㈹ FAX03-5261-5062
https://www.koenokyoikusha.co.jp

※本書の内容についての一切の責任は当社にあります。内容・解説・解答・その他は当社ホームページよりお問い合わせ下さい。

東京都／神奈川県／千葉県／埼玉県／茨城県／栃木県ほか

2025年度用
声の教育社版

中学受験案内

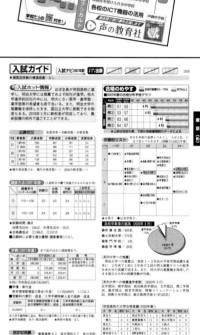

■全校を見開き2ページでワイドに紹介！

■中学～高校までの授業内容をはじめ部活や行事など、6年間の学校生活を凝縮！

■偏差値・併願校から学費・卒業後の進路まで、知っておきたい情報が満載！

私立・国公立353校掲載

Ⅰ 首都圏（東京・神奈川・千葉・埼玉・その他）の私立・国公立中学校の受験情報を掲載。

合格情報

近年の倍率推移・偏差値による合格分布予想グラフ・入試ホット情報ほか

学校情報

授業、施設、特色、ICT機器の活用、併設大学への内部進学状況と併設高校からの主な大学進学実績ほか

入試ガイド

募集人員、試験科目、試験日、願書受付期間、合格発表日、学費ほか

Ⅱ 資　料

(1)私立・国公立中学の合格基準一覧表（四谷大塚、首都圏模試、サピックス）

(2)主要中学早わかりマップ

(3)各校の制服カラー写真

(4)奨学金・特待生制度，帰国生受け入れ校，部活動一覧

Ⅲ 大学進学資料

(1)併設高校の主要大学合格状況一覧

(2)併設・系列大学への内部進学状況と条件

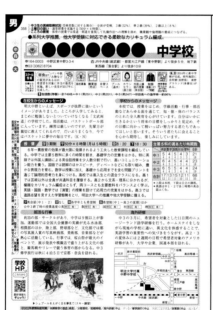

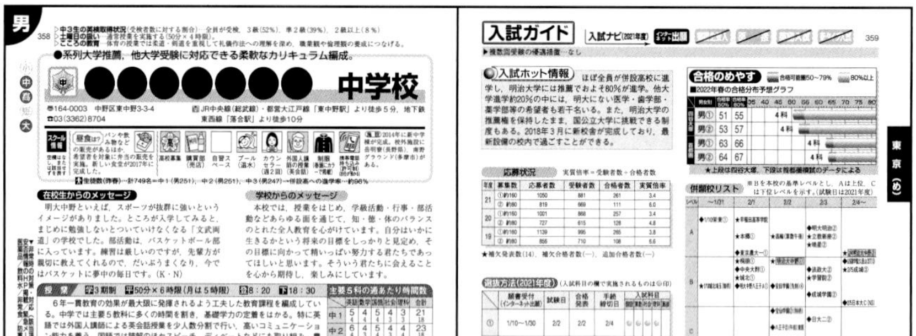

志望校・併願校をこの１冊で選ぶ！決める!!

過去問で君の夢を応援します

声の教育社

〒162-0814　東京都新宿区新小川町8-15
TEL.03-5261-5061　FAX.03-5261-5062
https://www.koenokyoikusha.co.jp

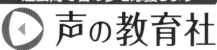

よくある解答用紙のご質問

01

実物のサイズにできない

拡大率にしたがってコピーすると，「解答欄」が実物大になります。配点などを含むため，用紙は実物よりも大きくなることがあります。

02

A3用紙に収まらない

拡大率164％以上の解答用紙は実物のサイズ（「出題傾向＆対策」をご覧ください）が大きいために，Ａ３に収まらない場合があります。

03

拡大率が書かれていない

複数ページにわたる解答用紙は，いずれかのページに拡大率を記載しています。どこにも表記がない場合は，正確な拡大率が不明です。

04

１ページに２つある

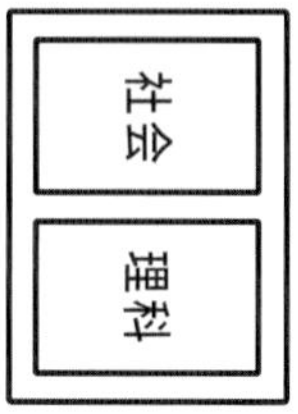

１ページに２つ解答用紙が掲載されている場合は，正確な拡大率が不明です。ほかの試験回の同じ教科をご参考になさってください。

京華中学校

【別冊】入試問題解答用紙編

禁無断転載

解答用紙は本体からていねいに抜きとり、別冊としてご使用ください。

※　実際の解答欄の大きさで練習するには、指定の倍率で拡大コピーしてください。なお、ページの上下に小社作成の見出しや配点を記載しているため、コピー後の用紙サイズが実物の解答用紙と異なる場合があります。

●入試結果表

— は非公表

年度	回	項目		国語	算数	社会	理科	2科合計	4科合計	2科合格	4科合格
2024	第1回午前	配点(満点)		100	100	50	50	200	300	最高点	最高点
		合格者平均点	特選	70.5	60.5	42.0	39.3		212.3	一貫　—	特選　—
			一貫	57.9	46.0	34.3	34.7	120.6*	172.9		一貫　—
		受験者平均点	特選	60.6	48.7	33.6	34.4		177.3	最低点	最低点
			一貫	53.6	38.9	30.2	31.5	84.5*	154.2	一貫　112	特選　202
		キミの得点									一貫　160
	第1回午後	配点(満点)		100	100	50	50	200	300	最高点	最高点
		合格者平均点	特選	71.3	73.4	40.1	39.9	144.7	224.7	特選　—	特選　—
		受験者平均点	特選	63.4	50.8	34.0	32.5	114.2	180.7	最低点	最低点
		キミの得点								特選　132	特選　210
年度	回	項目		国語	算数	社会	理科	2科合計	4科合計	2科合格	4科合格
2023	第1回午前	配点(満点)		100	100	50	50	200	300	最高点	最高点
		合格者平均点	特選	70.9	70.9	36.6	38.1		216.5	一貫　—	特選　—
			一貫	63.9	54.2	35.0	33.1	118.1	186.2		一貫　—
		受験者平均点	特選	66.6	62.1	35.2	35.3		199.2	最低点	最低点
			一貫	53.4	41.2	31.5	28.4	94.6	154.5	一貫　121	特選　210
		キミの得点									一貫　163
	回	項目		適性I	適性II	適性III			3科合計		3科合格
	第1回午前・適性検査型	配点(満点)		100	100	100			300		最高点
		合格者平均点	特選	62.1	62.3	43.4			167.8		特選　—
		受験者平均点	特選	39.8	56.7	35.7			132.2		最低点
		キミの得点									特選　197
年度	回	項目		国語	算数	社会	理科	2科合計	4科合計	2科合格	4科合格
2022	第1回午前	配点(満点)		100	100	50	50	200	300	最高点	最高点
		合格者平均点	特選	65.2	63.5	35.7	29.9		194.3	一貫　—	特選　—
			一貫	61.8	61.2	34.2	26.7	123.0	183.9		一貫　—
		受験者平均点	特選	63.2	59.5	34.4	28.3		185.4	最低点	最低点
			一貫	52.2	44.9	28.5	22.6	97.1	148.2	一貫　121	特選　—
		キミの得点									一貫　152

〔参考〕満点(合格者最低点)　2022年：第1回午前・適性検査型 300(特選 —)
2021年：第1回午前 200(2科：一貫 94)　300(4科：特選 190　一貫 141)
第1回午前・適性検査型 300(特選 184)

※　表中のデータは学校公表のものです。ただし、2～4科合計は各教科の平均点を合計したものなので、目安としてご覧ください(*は学校公表のもの)。

２０２４年度　京華中学校

算数解答用紙　第１回午前

番号		氏名	

評点	／100

1 (1)　(2)　(3)

2 (1) 個　(2) kg　(3) 年後　(4) 円

(5) あと　台　(6) g　(7) 個　(8) 個

3 (1) 度　(2) cm^2　(3) cm^2　(4) 個

4 (1) 人　(2) %

5 (1) cm,　cm　(2) cm　(3)

6 (1) 分速　m　(2) 分　秒後　(3) km

7 (1)　(2)

(注) この解答用紙は実物を縮小してあります。Ｂ４用紙に122%拡大コピーすると、ほぼ実物大で使用できます。(タイトルと配点表は含みません)

〔算　数〕100点(推定配点)

1～7　各４点×25＜５の(1)は完答＞

2024年度　京華中学校

社会解答用紙　第１回午前

番号		氏名	

評点	／50

1

問1　問2

問3　問4

問5　問6

問7　問8

問9

問10　問11

問12

2

問1

問2　の戦い

問3　問4

問5　問6

問7　問8

（注）この解答用紙は実物を縮小してあります。Ａ３用紙に147％拡大コピーすると，ほぼ実物大で使用できます。（タイトルと配点表は含みません）

〔社　会〕50点(推定配点)

1　問１　２点　問２，問３　各３点×２　問４，問５　各２点×２　問６　３点　問７，問８　各２点×２　問９～問11　各３点×３　問12　２点　2　問１　２点　問２　３点　問３　２点　問４，問５　各３点×２　問６　２点　問７　３点　問８　２点

２０２４年度　京華中学校

理科解答用紙　第１回午前

番号		氏名		評点	／50

1

問１	問２	問３	問４	問５	問６

2

問１		問２

問３

問４		問５
気体B	捕集方法	

3

問１	問２	問３

問４	問５	問６

問７

4

問１		問２	
おもり	長さ	Aののび	Bののび
g	cm	cm	cm

問３	問４		問５
	Aののび	Bののび	
g	cm	cm	g

（注）この解答用紙は実物を縮小してあります。Ａ３用紙に144％拡大コピーすると、ほぼ実物大で使用できます。（タイトルと配点表は含みません）

〔理　科〕50点（推定配点）

1　各２点×６　2　問１　各１点×２　問２　２点　問３　３点　問４　各１点×２　問５　３点　3　問１　２点　問２～問５　各１点×４　問６　２点　問７　３点　4　各３点×５＜問１，問２，問４は完答＞

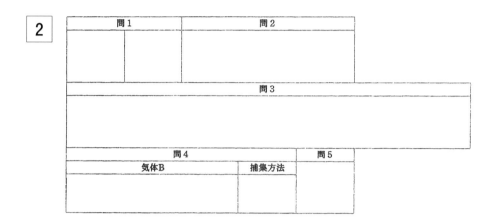

二〇二四年度　京華中学校

国語解答用紙　第一回午前

番号　　氏名　　評点　／100

一
1 A　B　C
2
3
4 Ⅰ　Ⅱ　Ⅲ
5
6　7　8

二
1 A　B　C　D
2
3 Ⅰ　Ⅱ　Ⅲ
4
5
6
7 ア　イ　ウ　エ　オ

三
①　②　③　④　⑤　う

四
①　②　③　④　がる　⑤　める

（注）この解答用紙は実物を縮小してあります。Ａ３用紙に156％拡大コピーすると、ほぼ実物大で使用できます。（タイトルと配点表は含みません）

〔国　語〕100点（推定配点）

一　1，2　各2点×4　3，4　各3点×4　5　10点　6～8　各3点×3　二　1　各2点×4　2～5　各3点×6　6　10点　7　各1点×5　三，四　各2点×10

２０２４年度　京華中学校

算数解答用紙　第１回午後

番号		氏名		評点	／100

1
(1)　(2)　(3)

2
(1)　(2) m　(3) m　(4) 円
(5) 席　(6) 円　(7) 点　(8) 通り

3
(1) cm^2　(2) 度　(3) cm

4
(1) 日　(2) 日

5
(1) 毎分 m　(2) 毎分 m　(3) km

6
(1) ：　(2) cm^2　(3) cm

7
(1) cm^2　(2) cm^3　(3) cm^2

(注) この解答用紙は実物を縮小してあります。B４用紙に122%拡大コピーすると、ほぼ実物大で使用できます。(タイトルと配点表は含みません)

〔算　数〕100点(推定配点)

1～7　各４点×25

２０２４年度　京華中学校

社会解答用紙　第１回午後

番号		氏名		評点	／50

1

問1　問2

問3　(1)　(2)　問4

問5　問6　記号　語句

問7　(1)　林　(2)

問8

2

問1　主君の知らないところで、　　　　を防ぐため。

問2　問3

問4　問5　問6

問7　織　問8　宣言

問9　問10　月　日

問11

(注) この解答用紙は実物を縮小してあります。A３用紙に147%拡大コピーすると、ほぼ実物大で使用できます。(タイトルと配点表は含みません)

〔社　会〕50点(推定配点)

1　問１～問５　各２点×６　問６　３点＜完答＞　問７　(1)　３点　(2)　２点　問８　２点　2　問１　４点　問２～問６　各２点×５　問７，問８　各３点×２　問９　２点　問10，問11　各３点×２

２０２４年度　京華中学校

理科解答用紙　第１回午後

番号		氏名		評点	／50

1

問1	問2	問3	問4

問5	問6
	L

2

問1 ①	問1 ②	問1 ③	問2	問3
			%	℃

問4	問5	問6

3

問1	問2	問3 B	問3 C

問4	問5 E	問5 F	問6	問7

4

問1	問2	問3

問4	問5	問6
g	g	g

（注）この解答用紙は実物を縮小してあります。Ｂ４用紙に136％拡大コピーすると、ほぼ実物大で使用できます。（タイトルと配点表は含みません）

〔理　科〕50点(推定配点)

1　各２点×６　2　問１　各１点×３　問２～問６　各２点×５　3　問１～問３　各１点×４　問４　２点　問５　各１点×２　問６，問７　各２点×２　4　問１～問５　各２点×５＜問２，問３は完答＞　問６　３点

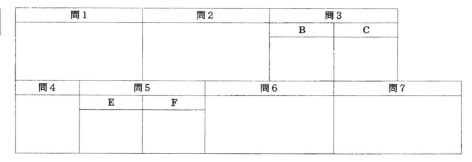

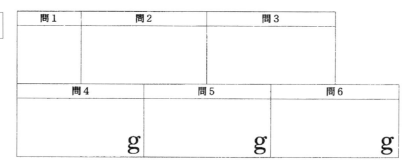

二〇二四年度　京華中学校

国語解答用紙　第一回午後

番号		氏名		評点	/100

一

1 A　B　C　D

2

3

4 バスケ部を辞めた理由を、……と慎吾が考えていること。

5

6

7 Ⅰ　Ⅱ

8

二

1 A　B　C

2 Ⅰ　Ⅱ　Ⅲ　Ⅳ　Ⅴ

3

4

5

6

7 ア　イ　ウ　エ　オ

三

①　②　③　④ える　⑤ いる

四

①　②　③　④ んだ　⑤

(注) この解答用紙は実物を縮小してあります。A３用紙に150%拡大コピーすると、ほぼ実物大で使用できます。(タイトルと配点表は含みません)

〔国　語〕100点(推定配点)

一　1, 2　各2点×5　3　4点　4　10点　5　4点　6, 7　各2点×4　8　4点　二　1, 2　各2点×8　3, 4　各3点×2　5　5点　6　3点　7　各2点×5　三, 四　各2点×10

２０２３年度　京華中学校

算数解答用紙　第１回午前

番号		氏名		評点	／100

1
(1)　(2)　(3)
(4)　(5) 時間　分

2
(1) 個　(2) 秒速　m　(3) 円　(4) 本
(5) %　(6) 通り　(7) 人

3
(1) 度　(2) cm^2　(3) cm^3

4
(1) 点　(2) 点

5
(1) 毎分　m　(2) 分後　(3) 分　秒後

6
(1) cm^3　(2) cm^2

7
(1) 番目　(2) < 1 >　< 2 > 番目

〔算　数〕100点(推定配点)

1～7　各４点×25

（注）この解答用紙は実物を縮小してあります。Ｂ５→Ｂ４（141%）に拡大コピーすると、ほぼ実物大の解答欄になります。

２０２３年度　　京華中学校

社会解答用紙　第１回午前

番号		氏名	

評点	／50

1

問1　問2　問3

問4　問5

問6　問7

問8　問9　問10

問11　問12

2

問1　問2　問3　庁

問4　(1)

(2)

問5　問6　問7

問8　問9　問10

（注）この解答用紙は実物を縮小してあります。Ｂ５→Ｂ４（141％）に拡大コピーすると、ほぼ実物大の解答欄になります。

〔社　会〕50点（推定配点）

1　各２点×12　2　問１～問３　各２点×３　問４　(1)　３点　(2)　２点　問５～問７　各２点×３　問８～問10　各３点×３

２０２３年度　京華中学校

理科解答用紙　第１回午前

番号		氏名		評点	／50

1

問1	問2	問3	問4	問5	問6

2

問1	問2	問3	問4	
			ア	イ

問5

3

問1	問2	問3
	%	g

問4	問5
g	

4

問1	問2	問3		問4

問5	問6		問7

問8

（注）この解答用紙は実物を縮小してあります。Ｂ５→Ｂ４（141%）に拡大コピーすると、ほぼ実物大の解答欄になります。

〔理　科〕50点（推定配点）

1～4　各２点×25＜4の問１，問３，問６は完答＞

二〇二三年度　京華中学校

国語解答用紙　第一回午前

番号		氏名		評点	/100

一

1 A　B　C　D

2

3

4

5

6 Ⅰ　Ⅱ　Ⅲ

7

8

二

1 A　B　C

2 (1)

(2)

(3) 初め 〜 終わり を受けた。

3 Ⅰ　Ⅱ　Ⅲ　Ⅳ　Ⅴ

4　5

6　7

三

①　②　③　④ びる　⑤ る

四

①　②　③　④ げる　⑤

(注) この解答用紙は実物を縮小してあります。B5→A3(163%)に拡大コピーすると、ほぼ実物大の解答欄になります。

〔国　語〕100点(推定配点)

一 1 各2点×4　2〜5 各3点×4　6 各3点×3　7 10点　8 4点　二 1 各2点×3　2 各3点×3　3 各2点×5　4〜7 各3点×4　三, 四 各2点×10

２０２３年度　　京華中学校　第１回午前・適性検査型

適性検査Ⅱ解答用紙 No.1

番号		氏名		評点	／100

1

【問１】

【問２】

最初は［　　］案が採用されるはずだったが、３人が棄権したことで、［　　］案が採用される。

【問３】

【問４】

案

【問５】どれか１つを選び、その理由を説明する

【方法①】・【方法②】・【方法③】・【方法④】・【方法⑤】・【方法⑥】

そう考えた理由（【方法⑥】を選んだ場合はルールの内容も説明すること）

適性検査Ⅱ解答用紙　No.２

2

【問１】

キリンの首が長くなったのは［　　　　］

［　　　　　　　　］高い

ところにある餌が食べられるようになったため。

【問２】

a（　　　　）％　　b（　　　　）％

考え方

【問３】

c　　d

【問４】（２つ答える）

【問５】

（注）この解答用紙は実物を縮小してあります。196％拡大コピーすると、ほぼ実物大の解答欄になります。

〔適性検査Ⅱ〕100点(推定配点)

1　問１　10点　問２　各５点×2　問３　10点　問４　５点　問５　15点　2　問１　10点　問２　a・b…５点＜完答＞，考え方…５点　問３，問４　各５点×4＜問３は各々完答＞　問５　10点

２０２３年度　　　京華中学校　第１回午前・適性検査型

適性検査Ⅲ解答用紙

番号		氏名		評点	／100

1

【問１】
＿＿＿＿の方が＿＿＿＿円安い

【問２】
直径＿＿＿＿m

【問３】

【問４】
＜考え方や式＞

＜答え＞午後＿＿＿時＿＿＿分＿＿＿秒

2

【問１】
＿＿＿＿曜日

【問２】
＜考え方や式＞

＜答え＞＿＿＿月＿＿＿日＿＿＿曜日

【問３】

【問４】

【問５】
＜考え方や式＞

＜答え＞＿＿＿＿曜日

（注）この解答用紙は実物を縮小してあります。185％拡大コピーをすると、ほぼ実物大の解答欄になります。

〔適性検査Ⅲ〕100点(推定配点)

1　問１　10点＜完答＞　問２，問３　各５点×２　問４　15点　2　問１　10点　問２　15点　問３，問４　各10点×２　問５　20点

二〇二三年度　京華中学校　第一回午前・適性検査型

適性検査Ⅰ解答用紙

番号		氏名		評点	/100

一

1	2	3	4	5　い
6	7	8	9	10　める

二

1

80

2 感情に補強されたつながりは、

3

4

（注）この解答用紙は実物を縮小してあります。192%拡大コピーをすると、ほぼ実物大の解答欄になります。

〔適性検査Ⅰ〕100点(推定配点)

一　各1点×10　二　1，2　各15点×2　3　20点　4　40点

２０２２年度　京華中学校

算数解答用紙　第１回午前

番号		氏名		評点	／100

1

(1)	(2)	(3)	(4)	(5)

2

(1) 個	(2) 円	(3) cm	(4) 個
(5) m^2	(6) %	(7) 日	(8) 個

3

(1) cm^3	(2) 度	(3) cm^2	(4) cm^2

4

(1) 人	(2) 人

5

(1) km	(2) 時　分　秒	(3) 時　分

6

(1) 点	(2) 個

(3)

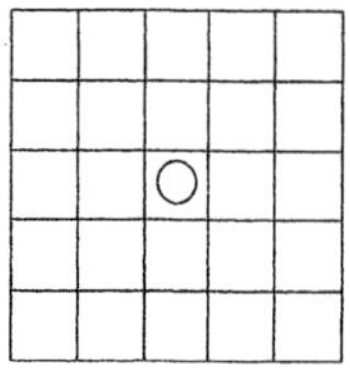

（注）この解答用紙は実物を縮小してあります。Ｂ５→Ａ３(163%)に拡大コピーすると、ほぼ実物大の解答欄になります。

〔算　数〕100点(推定配点)

1～6　各４点×25

２０２２年度　京華中学校

社会解答用紙　第１回午前

番号		氏名	

評点	／50

1

問1　　遺跡　問2

問3　問4　問5

問6　問7　問8　問9

問10　問11　問12　問13

問14　問15

2

問1　問2　問3　問4

問5　問6　問7

問8　　政策

（注）この解答用紙は実物を縮小してあります。Ｂ５→Ｂ４（141%）に拡大コピーすると、ほぼ実物大の解答欄になります。

〔社　会〕50点（推定配点）

1　各２点×15　2　問１～問４　各２点×４　問５～問８　各３点×４

２０２２年度　　京華中学校

理科解答用紙　第１回午前

番号		氏名		評点	／50

1

問1		問2	問3
A	B		

問4	問5

2

問1	問2	問3	問4	問5
			倍	

問6	
(1)	(2)

3

問1	問2	問3
	→ →	

問4	問5	問6
		℃

4

問1	問2	問3

問4		
と	と	と

（注）この解答用紙は実物を縮小してあります。Ｂ５→Ｂ４(141%)に拡大コピーすると、ほぼ実物大の解答欄になります。

〔理　科〕50点(推定配点)

1～4　各２点×25<3の問２は完答>

二〇二三年度　京華中学校

国語解答用紙　第一回午前

番号		氏名		評点	/100

一

1 (1) (2)

2

3 Ⅰ Ⅱ Ⅲ

4

5

6

7

二

1 A B C

2 Ⅰ Ⅱ Ⅲ Ⅳ

3 Ⅰ Ⅱ Ⅲ

4 初め ～ 終わり ということ

5 初め ～ 終わり はたらき

6 ア イ ウ エ オ

三

① ② ③ ④ しい ⑤ つた

四

① ② ③ ④ ⑤

（注）この解答用紙は実物を縮小してあります。B５→A３（163％）に拡大コピーすると、ほぼ実物大の解答欄になります。

〔国　語〕100点（推定配点）

一　1　(1)　10点　(2)　4点　2　4点　3　各2点×3　4～7　各4点×4　二　1～3　各2点×10　4，5　各5点×2　6　各2点×5　三，四　各2点×10

２０２２年度　京華中学校　第１回午前・適性検査型

適性検査Ⅱ解答用紙　No.1

番号		氏名		評点	／100

1

【問１】	
アメリカ　　　　億トン	中国　　　　億トン

【問２】

【問３】

【問４】

【問５】どちらかに○をしなさい。

＜１＞原子力発電所は、　廃止するべき　・　継続するべき

＜２＞自分の意見とその理由

＜３＞必要なデータ

適性検査Ⅱ解答用紙　No.２

2

【問１】

方法１

結果１

方法２

結果２

【問２】

加熱した石油が、精留塔の中に入ると、

【問３】

（　ア　）にあてはまる語句 ＿＿＿＿＿＿＿＿＿＿＿＿

あなたができること

【問４】

本

【問５】

（注）この解答用紙は実物を縮小してあります。182％拡大コピーすると、ほぼ実物大の解答欄になります。

〔適性検査Ⅱ〕100点(推定配点)

1　問１　各５点×２　問２〜問５　各10点×４　2　問１　各５点×２＜各々完答＞　問２　10点　問３　(ア)にあてはまる語句…５点，あなたができること…10点　問４　５点　問５　10点

２０２２年度　京華中学校　第１回午前・適性検査型

適性検査Ⅲ解答用紙

番号		氏名		評点	／100

1

【問１】	【問２】
＿＿＿＿＿＿度	＿＿＿＿＿＿度

【問３】

＿＿＿＿＿＿角形

【問４】

＜へこみのない五角形＞

＜へこみのある五角形＞

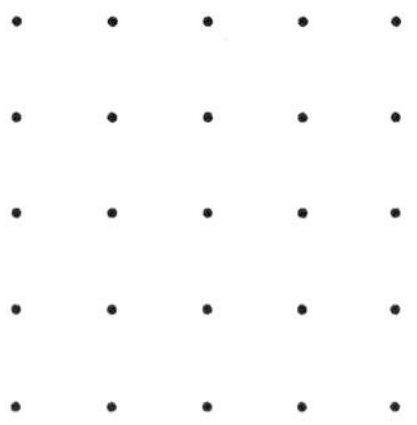

2

【問１】	【問２】
みかん＿＿＿＿個、りんご＿＿＿＿個	（Ｘ・Ｙ）の方が＿＿＿＿円安い

【問３】

＜考え方や式＞

＜答え＞＿＿＿＿＿＿円

【問４】

＜考え方や式＞

＜答え＞＿＿＿日と＿＿＿日に購入《こうにゅう》し、合計金額は＿＿＿＿円

（注）この解答用紙は実物を縮小してあります。185％拡大コピーをすると、ほぼ実物大の解答欄になります。

〔適性検査Ⅲ〕100点(推定配点)

1 問1，問2　各10点×2　問3　各5点×2　問4　各10点×2　2 問1，問2　各10点×2＜各々完答＞　問3，問4　各15点×2＜問4は完答＞

二〇二二年度　京華中学校　第一回午前・適性検査型

適性検査Ⅰ解答用紙

番号		氏名		評点	/100

一

1	2	3	4	5 しい
6	7	8	9 る	10 って

二

1

2

3

4

300

（注）この解答用紙は実物を縮小してあります。196%拡大コピーをすると、ほぼ実物大の解答欄になります。

〔適性検査Ⅰ〕100点(推定配点)

一　各1点×10　二　1，2　各18点×2　3　14点　4　40点

２０２１年度　京華中学校

算数解答用紙　第１回午前

番号		氏名		評点	／100

1

(1)	(2)	(3)	(4)	(5)

2

(1)	(2)	(3)　時間　分	(4)　分
(5)　円	(6)　円	(7)　歳	(8)　人

3

(1)　cm^2	(2)　cm^2	(3)　時間　分

4

(1)　分速　m	(2)　周目

5

(1)　度	(2)　倍

6

(1)　cm^3	(2)　cm

7

(1)　個	(2)	(3)

（注）この解答用紙は実物を縮小してあります。Ｂ５→Ａ３（163%）に拡大コピーすると、ほぼ実物大の解答欄になります。

〔算　数〕100点(推定配点)

1～7　各４点×25

２０２１年度　　京華中学校

社会解答用紙　第１回午前

番号		氏名		評点	／50

1

問1　(1)　　(2)　　(3)

(4)

問2　A　　B　　C

問3　　問4　　問5

問6

問7

問8　　問9

2

問1　　問2　　問3

問4　　省　　問5

問6　　問7

問8　　問9

（注）この解答用紙は実物を縮小してあります。Ｂ５→Ｂ４（141%）に拡大コピーすると、ほぼ実物大の解答欄になります。

〔社　会〕50点(推定配点)

1　問１〜問５　各２点×10　問６，問７　各３点×２　問８，問９　各２点×２　2　問１〜問３　各２点×３　問４　３点　問５　２点　問６　３点　問７〜問９　各２点×３

２０２１年度　　京華中学校

理科解答用紙　第１回午前

番号		氏名	

評点	／50

1

問１	問２	問３	問４

問５	問６

2

問１	問２ ①	問２ ②	問２ ③
座			

問３ 組み合わせ	問３ ④

3

問１	問２	問３

問４ 限界量	問４ 濃度	問５
g	%	g

4

問１	問２	問３

問４	問５	問６

問７

（注）この解答用紙は実物を縮小してあります。Ｂ５→Ｂ４（141%）に拡大コピーすると、ほぼ実物大の解答欄になります。

〔理　科〕50点（推定配点）

1～4　各２点×25＜4の問３，問４，問７は完答＞

二〇二二年度　京華中学校

国語解答用紙　第一回午前

番号		氏名		評点	/100

一
1
2
3
4　Ⅰ　Ⅱ　Ⅲ
5　6
7

二
1　A　B　C
2
3
4
5　Ⅰ　Ⅱ
6
7

三　①　②　③　いて　④　む　⑤　く

四　①　②　③　④　⑤　びる

（注）この解答用紙は実物を縮小してあります。B５→A３(163%)に拡大コピーすると、ほぼ実物大の解答欄になります。

〔国　語〕100点(推定配点)

一　1～3　各４点×３　4　各３点×３　5，6　各４点×２　7　10点　二　1　各３点×３　2，3　各４点×２　4　10点　5　各３点×２　6，7　各４点×２　三，四　各２点×10

2021年度　京華中学校　第1回午前・適性検査型

適性検査Ⅱ解答用紙 No.1

番号		氏名		評点	／100

1

【問1】

分

【問2】

【問3】

＿＿＿＿＿＿案

工夫する点

注意する点

【問4】

ターゲット ＿＿＿＿　性別 ＿＿＿＿

マスコットの設定

ぬいぐるみの特徴

理由

（注）この解答用紙は実物を縮小してあります。179%拡大コピーをすると、ほぼ実物大の解答欄になります。

２０２１年度　　京華中学校　第１回午前・適性検査型

適性検査Ⅱ解答用紙　No.２

2

【問１】キーワード			

【問２】

小さい台の乗り物は，1分間に ＿＿＿＿＿＿＿＿ m 進む

大きい台の乗り物は，1分間に ＿＿＿＿＿＿＿＿ m 進む

【問３】

【問４】

【問５】

【問６】

実験

結果

〔適性検査Ⅱ〕100点(推定配点)

1　問１　5点　問２　10点　問３　15点＜完答＞　問４　20点＜完答＞　2　問1，問２　各５点×2＜問２は完答＞　問3〜問６　各10点×4＜問６は完答＞

適性検査Ⅲ解答用紙　No.１

番号		氏名		評点	／100

1

【問１】答えのみ書きなさい
＜ア＞　　＜イ＞
＿＿＿＿枚　　＿＿＿＿枚

【問２】
＜考え方や式＞

＜答え＞
＿＿＿＿＿＿cm²

【問３】答えのみ書きなさい
＿＿＿＿＿倍

【問４】
(1)＜図形の名前＞

(2)＜考え方や式＞

＜答え＞
＿＿＿＿＿＿倍

【問５】
(1)

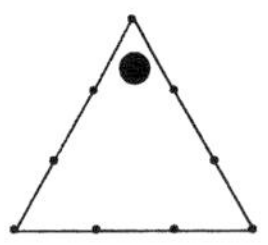

(2)＜考え方や式＞

＜答え＞
＿＿＿＿＿＿倍

（注）この解答用紙は実物を縮小してあります。196％拡大コピーをすると、ほぼ実物大の解答欄になります。

２０２１年度　京華中学校　第１回午前・適性検査型

適性検査Ⅲ解答用紙　No.２

２

【問１】
＜考え方や式＞

＜答え＞

＿＿＿＿＿＿＿円

【問２】
＜考え方や式＞

＜答え＞

＿＿＿＿＿＿＿通り

【問３】
＜考え方や式＞

＜答え＞

A＿＿＿＿＿＿＿＿

B＿＿＿＿＿＿＿＿

C＿＿＿＿＿＿＿＿

＿＿＿＿＿＿＿＿円

〔適性検査Ⅲ〕100点(推定配点)

１　問１　各４点×２　問２　10点　問３　４点　問４　(1)　４点　(2)　10点　問５　(1)　４点　(2)　10点　２　問１，問２　各15点×２　問３　20点＜完答＞

二〇二二年度　京華中学校　第一回午前・適性検査型

適性検査Ⅰ解答用紙

番号		氏名		評点	/100

一

1	2	3	4　えた	5　た
6	7	8	9　す	10　く

二

1

2

3

4

（注）この解答用紙は実物を縮小してあります。196％拡大コピーをすると、ほぼ実物大の解答欄になります。

〔適性検査Ⅰ〕100点(推定配点)

一　各1点×10　二　1，2　各15点×2　3　20点　4　40点

Memo

Memo